Zur Strafbarkeit von Betriebsratsmitgliedern

Europäische Hochschulschriften
European University Studies
Publications Universitaires Européennes

Reihe II **Rechtswissenschaft**
Series II Law
Série II Droit

Band/Volume **5657**

Anna-Luise Achenbach

Zur Strafbarkeit von Betriebsratsmitgliedern

Eine Analyse strafbarer Handlungen zum Nachteil des Arbeitgebers anhand praxisrelevanter Fallkonstellationen

PL ACADEMIC RESEARCH

Bibliografische Information der Deutschen Nationalbibliothek
Die Deutsche Nationalbibliothek verzeichnet diese Publikation in der Deutschen Nationalbibliografie; detaillierte bibliografische Daten sind im Internet über http://dnb.d-nb.de abrufbar.

Zugl.: Göttingen, Univ., Diss., 2014

D 7
ISSN 0531-7312
ISBN 978-3-631-65516-0 (Print)
E-ISBN 978-3-653-04891-9 (E-Book)
DOI 10.3726/978-3-653-04891-9

PL Academic Research ist ein Imprint der Peter Lang GmbH.
Peter Lang – Frankfurt am Main · Bern · Bruxelles · New York · Oxford · Warszawa · Wien

Diese Publikation wurde begutachtet.

www.peterlang.com

Vorwort

Die vorliegende Arbeit wurde im Sommersemester 2013 von der Juristischen Fakultät der Georg-August-Universität zu Göttingen als Dissertation angenommen. Rechtsprechung und Literatur sowie Stand der Gesetzgebung wurden bis August 2013 berücksichtigt.

Danken möchte ich meinem Doktorvater Herrn Prof. Dr. Uwe Murmann, der sich bereitwillig zur Übernahme der Betreuung meines Dissertationsvorhabens erklärt hat. Er stand mir stets als Ansprechpartner zur Verfügung und gab mir hilfreiche Hinweise und Anregungen. Bedanken möchte ich mich bei ihm insbesondere auch für die zügige Erstellung des Erstgutachtens. Des Weiteren bedanke ich mich bei Herrn Prof. Dr. Olaf Deinert, der sich bereit erklärte, das Zweitgutachten für diese Arbeit zu erstellen.

Der größte Dank gebührt meiner Familie, insbesondere meinen Eltern, meiner Schwester Christine und meinem Mann Matthias. Sie haben immer an mich und das Gelingen dieser Arbeit geglaubt, wenn mir Zweifel kamen. Mein Mann Matthias hat mich während der Promotion immer wieder motiviert, diese Arbeit zu Ende zu schreiben. Er hat mir unermüdlich und mit unglaublicher Geduld zur Seite gestanden. Danke!

Anna-Luise Achenbach — Frankfurt am Main, Juli 2014

Inhaltsverzeichnis

Einleitung

Im Rahmen aufsehenerregender Wirtschaftsstrafprozesse der letzten Jahre saßen neben Vorständen und Aufsichtsräten auch Betriebsräte auf der Anklagebank. Prominentestes Beispiel ist wohl die „Volkswagen-Affäre". Das Landgericht Braunschweig verurteilte den Gesamtbetriebsratsvorsitzenden der Volkswagen AG mit Urteil vom 22.2.2008 wegen Beihilfe und Anstiftung zur Untreue sowie wegen Anstiftung zur Betriebsratsbegünstigung zu einer Gesamtfreiheitsstrafe von zwei Jahren und neun Monaten, da er u. a. Sonderbonuszahlungen erhalten hatte, die seiner betriebsinternen Gehaltsstufe nicht entsprachen.[1] Der Bundesgerichtshof bestätigte diese Entscheidung mit Urteil vom 17.9.2009 hinsichtlich der Verurteilung wegen Beihilfe und Anstiftung zur Untreue.[2] Ebenfalls wegen Untreue angeklagt war der Betriebsratsvorsitzende der Mannesmann AG im sog. Mannesmann-Prozess. Ihm wurde vorgeworfen, als Mitglied des Aufsichtsratsausschusses für Vorstandsangelegenheiten der früheren Mannesmann AG zusammen mit anderen Mitgliedern dieses Gremiums die Zuerkennung freiwilliger Sonderzahlungen und die Abgeltung von Pensionsansprüchen, die in engem zeitlichen Zusammenhang mit der Übernahme der Mannesmann AG durch die britische Vodafone Airtouch plc. standen, vorgenommen zu haben. Mit Urteil vom 22.2.2004 sprach das Landgericht Düsseldorf alle Angeklagten frei.[3] Auf die Revision der Staatsanwaltschaft hob der Bundesgerichtshof die Freisprüche auf und verwies die Sache zu neuer Verhandlung und Entscheidung an eine andere Strafkammer des Landgerichts Düsseldorf zurück,[4] woraufhin das Verfahren gegen Auflagen nach § 153 a StPO eingestellt wurde.[5] Nicht im Zusammenhang mit Vermögensdelikten sondern wegen Nötigung ermittelte die Generalstaatsanwaltschaft Stuttgart gegen den Gesamtbetriebsratsvorsitzenden der DaimlerChrysler AG.

1 LG Braunschweig, Urteil v. 22.2.2008, 6 KLs 20/07; dazu ausführlicher unter ....
2 BGHSt 54, 148 ff.
3 LG Düsseldorf, Urteil v. 22.7.2004, Az. XIV 5/03.
4 BGHSt 50, 331 ff.
5 LG Düsseldorf, Urteil v. 29.11.2006, Az. XIV 5/03; vgl. FAZ v. 29.11.2006 (http://www.faz.net/aktuell/wirtschaft/recht-steuern/mannesmann-prozess-kein-freispruch-zweiter-klasse-1382610.html).

Verschiedenen Presseberichten zufolge hatte dieser eine bundesweite Streikwelle im Jahr 2004 jedenfalls mitveranlasst im Rahmen derer zehntausende Arbeitnehmer wiederholt ihre Arbeit niedergelegt hatten, um einen angekündigten Abbau von bis zu 6.000 Arbeitsplätzen aufgrund einer geplanten Verlagerung von Produktionsstätten zu verhindern.[6] Das Verfahren wurde gemäß § 170 Abs. 2 StPO eingestellt.[7]

Fälle der geschilderten Art geben Anlass, sich mit der Verantwortlichkeit von Betriebsratsmitgliedern im Kontext von Betriebsverfassungsrecht und Strafrecht zu beschäftigen. Arbeitsstrafrecht in seiner traditionellen Form ist „Arbeitgeberstrafrecht" zur Verstärkung des Arbeitnehmerschutzes.[8] Es zeichnet sich jedoch ein Wandel hin zu einem Arbeitsstrafrecht auch zur Disziplinierung der Arbeitnehmerseite ab. Bei elementarer Verletzung arbeitsrechtlicher Grundregeln werden verstärkt auch die kollektiv-arbeitsrechtlichen Akteure zur Verantwortung gezogen und wird deren Verhalten strafrechtlich sanktioniert. Es ist sogar von einer *„Verstrafrechtlichung des Arbeitsrechts"* die Rede.[9] Diese neue Form des Arbeitsstrafrechts als einem Arbeitsstrafrecht zur Disziplinierung auch der Arbeitnehmer(vertreter) ist ein neues, bislang kaum erforschtes Rechtsgebiet.[10] Die vorliegende Arbeit befasst sich vor diesem Hintergrund mit der Frage der Strafbarkeit von Betriebsräten. Es wird untersucht, unter welchen Voraussetzungen Betriebsräte bei Verstößen gegen die Vorschriften des Betriebsverfassungsgesetzes strafbare Handlungen zum Nachteil des Arbeitgebers begehen.

---

6 Große Vorholt, Der betriebsratsgeführte Arbeitskampf, Rn. 3; FAZ v. 16.7.2004 und 23.7.2005; vgl. dazu ausführlicher unter 2. Teil/D. II. 1.

7 Große Vorholt, Der betriebsratsgeführte Arbeitskampf, Rn. 33 mit Verweis auf die nicht veröffentlichte Verfügung der Generalstaatsanwaltschaft Stuttgart v. 6.10.2005, Az. 23 ZS 1634/05.

8 Rieble/Klebeck, NZA 2006, 758; aus dem Vorwort von Rieble/Junker/Giesen zu „Arbeitsstrafrecht im Umbruch".

9 Aus dem Vorwort von Rieble/Junker/Giesen zu „Arbeitsstrafrecht im Umbruch".

10 Fritz, Koppelungsgeschäfte, S. 164. Zum Arbeitsstrafrecht zur Disziplinierung von Betriebsräten finden sich nur vereinzelt Beiträge, vgl. den Aufsatz von Rieble und Klebeck „Strafrechtliche Risiken der Betriebsratsarbeit", NZA 2006, 758 ff., das Referat von Große Vorholt „Der betriebsratsgeführte Arbeitskampf zwischen Strafrecht und der Verteidigung kollektiver Arbeitnehmerinteressen" im Rahmen des 5. Ludwigsburger Rechtsgesprächs sowie das Arbeitspapier der Hans Böckler Stiftung mit dem Titel „Die strafrechtliche Verantwortung von Betriebsratsmitgliedern".

A. Sanktionsmöglichkeiten bei betriebsverfassungswidrigem Verhalten und Grundsatz der ultima ratio

Aus gesetzeswidrigem Verhalten von Betriebsratsmitgliedern können sich einerseits betriebsverfassungsrechtliche Konsequenzen ergeben, andererseits kann auch eine strafrechtliche Verantwortlichkeit des betreffenden Betriebsratsmitglieds gegeben sein. Zentrale Sanktionsvorschrift des Betriebsverfassungsgesetzes bei der Verletzung betriebsverfassungsrechtlicher Pflichten und Befugnisse ist § 23 Abs. 1 BetrVG. Danach kann ein Betriebsratsmitglied wegen grober Verletzung seiner gesetzlichen Pflichten auf Antrag eines Viertels der wahlberechtigten Arbeitnehmer, des Arbeitgebers, einer im Betrieb vertretenen Gewerkschaft oder des Betriebsrats aus dem Betriebsrat ausgeschlossen werden.[11] Zusätzlich haben Rechtsprechung und Lehre Unterlassungs- und Schadensersatzansprüche des Arbeitgebers gegen das gesetzwidrig handelnde Betriebsratsmitglied entwickelt.[12] Als weitere arbeitsrechtliche Sanktionen kommt bei pflichtwidrigem Verhalten eines Betriebsratsmitglieds die Möglichkeit einer außerordentlichen Kündigung durch den Arbeitgeber nach Maßgabe des § 626 BGB i. V. m. § 103 BetrVG in Betracht. Soweit es um strafrechtliche Sanktionen geht, enthält das Betriebsverfassungsgesetz im sechsten Teil mit den §§ 119 und 120 zum Schutz der Betriebsverfassung und ihrer Mitglieder sowie dem Geheimnisschutz spezielle betriebsverfassungsrechtliche Strafvorschriften. Daneben können die allgemeinen Strafvorschriften des Strafgesetzbuches bei betriebsverfassungswidrigem Verhalten der Betriebsratsmitglieder zur Anwendung kommen.

In diesem Kontext wird der Vorwurf der Kriminalisierung der Betriebsratstätigkeit erhoben. Man könne den Eindruck erlangen, dass das Betriebsratsamt per se in strafrechtlicher Hinsicht besonders risikobehaftet sei.[13] In der Tat erscheint der Einsatz des Strafrechts aus arbeits- und betriebsverfassungsrechtlicher Sicht im Hinblick auf eine vertrauensvolle Zusammenarbeit von Arbeitgeber und Betriebsrat nach § 2 Abs. 1 BetrVG wenig förderlich. Das Gebot der vertrauensvollen Zusammenarbeit zwischen Arbeitgeber

---

11 Wegen des Antragserfordernisses, insbesondere des 25 %igen Quorums, wird diese Regelung vielfach als unzureichend erachtet, vgl. Fischer, BB 2007, 997; Rieble/Klebeck, NZA 2006, 758, 759.

12 Vgl. Belling, Die Haftung des Betriebsrats und seiner Mitglieder für Pflichtverletzungen, S. 47 ff.

13 Vgl. Sparchholz/Trümner, Die strafrechtliche Verantwortlichkeit von Betriebsratsmitgliedern, S. 7.

und Betriebsrat dient dem Wohl der Arbeitnehmer und des Betriebs und ist Ausdruck des der Betriebsverfassung zugrunde liegenden Kooperationsmodells. Danach beruht die Betriebsverfassung im Gegensatz zu dem auf Konfrontation angelegten Tarifsystem „primär auf dem Gedanken des Zusammenwirkens“[14]. In einem frühen Urteil des Bundesarbeitsgerichts aus dem Jahr 1967 stellte das Gericht hierzu fest: *„Das gibt allerdings den einzelnen Betriebsratsmitgliedern keinen Freibrief für jedes beliebige Verhalten. Auch das einzelne Betriebsratsmitglied hat sich vielmehr bei seiner Betriebsratstätigkeit innerhalb der Grenzen zu halten, die sich aus den allgemeinen Vorschriften der Rechtsordnung, insbesondere des Zivil- und Strafrechts, ergeben.“*[15] Der soziale Zweck der Betriebsverfassung ist kein Strafausschließungsgrund.[16] Allerdings darf das Strafrecht Wertentscheidungen der vorstrafrechtlichen Verhaltensnormen, deren Missachtung unter Strafe stehen soll, nicht zuwiderlaufen. Denn das Strafrecht ist nur ultima ratio der Rechtsordnung. Als subsidiärer Rechtsschutz darf es bei der Durchsetzung aufgestellter Verhaltensnormen keine weitergehenden und damit eigenständigen Verhaltensbefehle schaffen, die sich ganz oder teilweise in Widerspruch zu den vorstrafrechtlichen Rechtsordnungen setzen würden.[17]

B. Ziel und Aufbau der Untersuchung

Vor dem Hintergrund eines augenscheinlich in den Fokus rückenden strafrechtlich relevanten Verhaltens von Betriebsräten untersucht die vorliegende Arbeit mögliche strafrechtliche Konsequenzen betriebsverfassungswidrigen Verhaltens. Dass sich Betriebsratsmitglieder strafbar machen können, wenn sie gegen geltende Strafgesetze verstoßen, ist klar. Die dieser Arbeit zugrunde liegende Frage lautet daher vielmehr, inwieweit bei Verstößen von Betriebsratsmitgliedern in ihrer Funktion als Amtsträger gegen das Betriebsverfassungsgesetz auch Straftatbestände erfüllt sein können. Ziel dieser Untersuchung ist es, anhand praxisrelevanter Sachverhaltskonstellationen unter Bezugnahme auf bundes- und landesarbeitsgerichtliche Entscheidungen aufzuzeigen, in welchen Situationen eine Strafbarkeit von Betriebsratsmitgliedern bei Ausübung ihres Amtes gegeben sein kann.

---

14 BVerfGE 50, 290, 372; Richardi-*Richardi*, § 2, Rn. 5.

15 BAG 5.9.1967 AP Nr. 8 zu § 23 BetrVG 1972.

16 Fritz, Koppelungsgeschäften, S. 164; Rieble/Klebeck, NZA 2006, 758, 769.

17 Große Vorholt, Der betriebsratsgeführte Arbeitskampf, Rn. 12 f.; zum ultima ratio Grundsatz vgl. BVerfG NJW 1975, 573, 576 f.; Roxin, Strafrecht AT 1, § 2, Rn. 97 ff.

Die Untersuchung gliedert sich in zwei Hauptteile: Im ersten Teil werden die betriebsverfassungsrechtlichen Grundlagen dargestellt, im zweiten Teil, dem Schwerpunkt dieser Arbeit, erfolgt die Untersuchung einzelner Straftatbestände. Dazu werden im ersten Teil zunächst der Betriebsrat als Gremium innerhalb der Betriebsverfassung vorgestellt und die ihm im Rahmen seines Wirkungskreises zugewiesenen Aufgaben erläutert. Daran schließen sich Ausführungen zur Rechtsstellung des Betriebsrats und zu den Grundlagen der Zusammenarbeit zwischen Betriebsrat und Arbeitgeber (Betriebspartner) an. Es werden die grundlegenden Verhaltensvorgaben vorgestellt, die das Verhältnis der Betriebspartner prägen.

Zu Beginn des zweiten Teils der Arbeit wird der Frage nach der strafrechtlichen Verantwortlichkeit des einzelnen Betriebsratsmitglieds im Zusammenhang mit seinem Abstimmungsverhalten im Gremium nachgegangen. Da das deutsche Strafrecht eine Strafbarkeit von juristischen Personen und Personenvereinigungen nicht kennt, können nur natürliche Personen als Täter bestraft werden.[18] Eine strafrechtliche Haftung des Betriebsrats als Gremium scheidet demnach aus. Als möglicher Täter kommt nur das unmittelbar handelnde Betriebsratsmitglied, das alle Merkmale eines Straftatbestands in eigener Person verwirklicht, in Betracht. Zudem wird untersucht, ob und inwieweit eine strafrechtliche Einzelverantwortlichkeit der an der Beschlussfassung beteiligten Betriebsratsmitglieder besteht.

Sodann erfolgt die den Schwerpunkt der Arbeit bildende Untersuchung möglicher Straftatbestände, die bei einem Verstoß gegen die im ersten Teil dargestellten Verhaltensvorgaben verwirklicht sein können. Das Gewicht liegt dabei auf den Vorschriften des Strafgesetzbuches, da die Strafvorschriften nach dem Betriebsverfassungsgesetz bereits Gegenstand anderer Arbeiten waren.[19] Innerhalb der Prüfung wird unterschieden nach den Strafvorschriften zum Schutz des Vermögens (§§ 263, 266 StGB), zum Schutz der Willensfreiheit (§ 240 StGB), zum Schutz der Willensfreiheit und des Vermögens (§ 253 StGB) und zum Schutz von Betriebs- und Geschäftsgeheimnissen (§ 120 Abs. 1 Nr. 1, Abs. 3 Satz 2 BetrVG; § 17 UWG; §§ 38 Abs. 1 Nr. 2 c), 39 Abs. 2 Nr. 3 WpHG i. V. m. § 14 Abs. 1 Nr. 2 WpHG). Angesichts der Fülle möglicher Verstöße gegen das Betriebsverfassungsgesetz liegt das Augenmerk dieser Arbeit auf der Analyse

18 Jescheck/Weigand, Strafrecht AT, S. 227; MK-*Joecks*, Vor § 25, Rn. 16; Sch/Sch-*Heine*, Vorbem §§ 25 ff., Rn. 119.

19 Vgl. Krumm-Mauermann, Rechtsgüterschutz durch die Straf- und Bußgeldvorschriften des Betriebsverfassungsgesetzes; Sax, Die Strafbestimmungen des Betriebsverfassungsrechts.

praxisrelevanter Fallkonstellationen. Dazu sind den im Folgenden zu untersuchenden Straftatbeständen Fallbeispiele aus der Rechtsprechung des Bundesarbeitsgerichts oder der Landesarbeitsgerichte vorangestellt, die nach den theoretischen Ausführungen und Erörterungen auf ihre strafrechtliche Relevanz begutachtet werden.

1. Teil: Betriebsverfassungsrechtliche Grundlagen

Der erste Teil der Arbeit beschäftigt sich mit den betriebsverfassungsrechtlichen und zivilrechtlichen Grundlagen, anhand derer im zweiten Teil der Untersuchung die Begutachtung der einzelnen Straftatbestände erfolgt. Eine Auseinandersetzung mit den Grundstrukturen des Betriebsverfassungsgesetzes ist unerlässlich, um zunächst pflichtwidriges Handeln des Betriebsrats erkennen und analysieren und dann strafrechtlich bewerten zu können.

Seine gesetzliche Grundlage findet der Betriebsrat heute im Betriebsverfassungsgesetz 1972 in der Fassung der Bekanntmachung vom 25.9.2001, das zuletzt durch Art. 3 Abs. 4 G vom 20. April 2013 geändert wurde (BetrVG).[20] Das Streben nach Arbeitnehmervertretung und Mitbestimmung reicht zurück bis in die erste Hälfte des 19. Jahrhunderts.[21] Die erste nennenswerte Kodifizierung der betrieblichen Mitspracherechte erfolgte dann jedoch erst zur Zeit der Weimarer Republik durch die Verordnung über Tarifverträge, Arbeiter- und Angestelltenausschüsse und Schlichtung von Arbeitsstreitigkeiten (TVVO) vom 23.12.1918.[22] Das darauf folgende Betriebsrätegesetz vom 4.2.1920, das als Vorläufer der heutigen Betriebsverfassung gilt, gewährte den Arbeitnehmern erstmals Mitwirkungsrechte auch in sozialen und personellen Angelegenheiten.[23] Diese Errungenschaften der Arbeiterbewegung wurden unter der Herrschaft der Nationalsozialisten zunichte gemacht und lebten erst mit dem Betriebsverfassungsgesetz 1952 wieder auf. Schließlich wurde am 18.1.1972 das heute geltende BetrVG erlassen, das auf dem Betriebsverfassungsgesetz 1952 aufbaut und eine konsequente Weiterentwicklung der bisherigen Regelungen enthält, die an die veränderten wirtschaftlichen, technischen und sozialen Verhältnisse angepasst wurden.[24]

Grundlegendes Anliegen des Betriebsverfassungsgesetzes ist es, die übergeordnete Stellung des Arbeitgebers im Betrieb zu begrenzen und den Interessen der Arbeitnehmer Geltung zu verschaffen. Im sog. Mitbestimmungsurteil vom 1.3.1979 führt das Bundesverfassungsgericht aus: Die Unternehmensmitbestimmung *„hat*

---

20 BGBl. I S. 868, 914.

21 Edenfeld, Betriebsverfassungsrecht, Rn. 29.

22 Edenfeld, Betriebsverfassungsrecht, Rn. 31.

23 Edenfeld, Betriebsverfassungsrecht, Rn. 31.

24 v. Hoyningen-Huene, Betriebsverfassungsrecht, § 2, Rn. 6.

die Aufgabe, die mit der Unterordnung der Arbeitnehmer unter fremde Leitungs- und Organisationsgewalt in größeren Unternehmen verbundene Fremdbestimmung durch die institutionelle Beteiligung an den unternehmerischen Entscheidungen zu mildern und die ökonomische Legitimation der Unternehmensleitung durch eine soziale zu ergänzen.“[25] Das Betriebsverfassungsgesetz sieht zur Durchsetzung der institutionellen Beteiligung der Arbeitnehmer im Betrieb deren Mitwirkung und Mitbestimmung in erster Linie in betrieblichen, in einigen Fällen aber auch in unternehmensbezogenen, wirtschaftlichen Angelegenheiten vor und räumt den Arbeitnehmern insofern Einfluss auf Entscheidungen des Arbeitgebers bzw. Unternehmers ein. Die betriebsverfassungsrechtliche Mitbestimmung, die an die Beziehung zwischen Arbeitgeber und Arbeitnehmern anknüpft, ist eine Form arbeitsrechtlicher Mitbestimmung.[26] Sie betrifft in erster Linie die Ordnung des Betriebs, Arbeitsbedingungen und den Umgang mit den Arbeitnehmern. Bei der unternehmensbezogenen Mitbestimmung geht es um die Beteiligung der Arbeitnehmer an der Auswahl und Kontrolle der Unternehmensleitung.[27] Die diesbezügliche Mitwirkung und Mitbestimmung in wirtschaftlichen Angelegenheiten gemäß §§ 106 ff. BetrVG wird wesentlich ergänzt durch die Gesetze über die Unternehmensmitbestimmung.[28]

A. Aufgaben und Wirkungskreis des Betriebsrats

Das Betriebsverfassungsgesetz gliedert sich in drei Hauptteile. Im ersten Hauptteil werden organisatorische Fragen wie die verschiedenen Organe und Einrichtungen der Betriebsverfassung, die Wahl des Betriebsrats (§§ 7 bis 20 BetrVG) und seine Amtszeit (§§ 21 ff. BetrVG), die innere Organisation (§§ 26 ff., 39 ff. BetrVG) sowie die Rechtsstellung der einzelnen Betriebsratsmitglieder (§§ 37, 38 BetrVG) behandelt. Im zweiten Hauptteil finden sich die Regelungen zur Mitbestimmung. Die in den §§ 74 ff. BetrVG, insbesondere §§ 87 ff. BetrVG kodifizierte Mitwirkung und Mitbestimmung der Arbeitnehmer bildet das Kernstück der Betriebsverfassung. Der dritte Hauptteil enthält verschiedene Sonderregelungen.

Aufgabe des Betriebsrats ist es, als Repräsentant der Belegschaft im Betrieb die einseitigen Entscheidungen des Arbeitgebers zu kontrollieren und im gesetzlich vorgesehenen Rahmen zu beeinflussen, mitzugestalten oder abzuändern.[29]

---

25 BVerfGE 50, 290, 350; unmittelbar bezieht sich dieses Urteil auf das Mitbestimmungsgesetz v. 4.5.1976.

26 Richardi-*Richardi*, Einl. Rn. 4.

27 Richardi-*Richardi*, Einl. Rn. 4; Richardi-*Annuß*, Vor § 106, Rn. 12.

28 Richardi-*Annuß*, Vor § 106, Rn. 1.

29 v. Hoyningen-Huene, Betriebsverfassungsrecht, § 4, Rn. 49.

Dabei ist der Betriebsrat nicht auf eine reine Abwehrfunktion beschränkt, sondern kann und soll die Interessen der Belegschaft aktiv wahrnehmen, solange er nicht in die dem Arbeitgeber obliegende Leitung des Betriebs eingreift.[30] Die Mitgestaltung und Einflussnahme des Betriebsrats auf Entscheidungen des Arbeitgebers führt insofern zu einer Einschränkung des betriebsverfassungsrechtlich betroffenen Bereichs des Direktionsrechts des Arbeitgebers.[31]

Die einzelnen Pflichten und Befugnisse des Betriebsrats führt das Betriebsverfassungsgesetz nicht zusammenhängend auf und enthält auch keine abschließende Aufzählung derselben. Sie finden sich verstreut in verschiedenen Vorschriften, die die Mitwirkung und Mitbestimmung in sozialen, personellen und wirtschaftlichen Angelegenheiten regeln.[32] Grundlegende Regelungen hinsichtlich des Zusammenwirkens von Arbeitgeber und Betriebsrat sowie über die Art und Weise, in der Zuständigkeiten wahrzunehmen und Entscheidungen zu treffen sind, enthalten § 74 BetrVG und § 2 Abs. 1 BetrVG. Die vier tragenden Prinzipien der gemeinsamen Zusammenarbeit sind danach die Friedenspflicht gemäß § 74 Abs. 2 Satz 1 und 2 BetrVG, das Verbot parteipolitischer Betätigung gemäß § 74 Abs. 2 Satz 3 BetrVG und das in § 78 BetrVG enthaltene Diskriminierungsverbot.[33] Der vierte, die gesamten Beziehungen des Betriebsverfassungsgesetzes prägende Grundsatz ist das Gebot der vertrauensvollen Zusammenarbeit gemäß § 2 Abs. 1 BetrVG, wonach Arbeitgeber und Betriebsrat unter Beachtung der geltenden Tarifverträge vertrauensvoll zum Wohl der Arbeitnehmer und des Betriebs zusammenarbeiten. Allgemeine Aufgaben schreibt § 80 Abs. 1 BetrVG fest. Die Vorschrift enthält einen Aufgabenkatalog, wonach der Betriebsrat vor allem darüber zu wachen hat, dass die zugunsten der Arbeitnehmer geltenden Gesetze, Verordnungen, Unfallverhütungsvorschriften, Tarifverträge und Betriebsvereinbarungen durchgeführt werden und Maßnahmen, die dem Betrieb und der Belegschaft dienen, beim Arbeitgeber zu beantragen hat. Die in § 80 Abs. 1 BetrVG enthaltenen Befugnisse bestehen auch ohne ein besonderes Beteiligungsrecht.[34] Konkrete Befugnisse des Betriebsrats finden sich in den §§ 87 bis 113 BetrVG, die Regelungen zu den Mitwirkungs- und Mitbestimmungsrechten sowie dem Beschwerderecht enthalten.[35]

---

30 Edenfeld, Betriebsverfassungsrecht, Rn. 192/193.

31 v. Hoyningen-Huene, Betriebsverfassungsrecht, § 4, Rn. 49.

32 Edenfeld, Betriebsverfassungsrecht, Rn. 192/193.; v. Hoyningen-Huene, Betriebsverfassungsrecht, § 11, Rn. 90.

33 v. Hoyningen-Huene, Betriebsverfassungsrecht, § 4, Rn. 49.

34 Edenfeld, Betriebsverfassungsrecht, Rn. 192/193.

35 Hierzu unter 1. Teil/…

B. Rechtsstellung des Betriebsrats nach dem Betriebsverfassungsgesetz

Zunächst sollen die Rechtsstellung des Betriebsrats nach dem Betriebsverfassungsgesetz, insbesondere dessen Rechtsnatur, das Rechtsverhältnis der Betriebspartner sowie die Rechts- und Vermögensfähigkeit des Betriebsrats näher beleuchtet werden. Diese Fragen sind insbesondere im Hinblick auf die Abwicklung der Betriebsratskosten zwischen Betriebsrat und Arbeitgeber nach § 40 Abs. 1 BetrVG und eine mögliche damit im Zusammenhang stehende Strafbarkeit wegen Betrugs gemäß § 263 StGB und wegen Untreue gemäß § 266 StGB von Bedeutung.[36] Sodann werden die Handlungsformen des Betriebsrats als Gremium dargestellt.

I. Rechtsnatur des Betriebsrats

Die Rechtsnatur des Betriebsrats ist seit jeher umstritten, da sich die Form der Wahrnehmung der Arbeitnehmerinteressen nicht eindeutig einordnen lässt.[37] Einigkeit besteht jedenfalls insoweit, als der Betriebsrat nicht als juristische Person zu qualifizieren ist.[38] Dies beruht darauf, dass das deutsche Recht unter Ablehnung des Systems der freien Körperschaftsbildung dem System der Normativbedingungen und dem Konzessionssystem folgt.[39] Danach wird, wenn das Gesetz die Form der juristischen Person vorsieht, diese ausdrücklich angeordnet (vgl. §§ 21, 22, 80 BGB, § 1 Abs. 1 AktG, § 13 GmbHG, § 17 Abs. 1 GenG).[40] Das Gremium Betriebsrat wird nach dem Gesetz jedoch weder als juristische Person eingetragen noch kann ihm dieser Status verliehen werden.[41] Davon abgesehen werden die verschiedensten Ansichten zur Qualifizierung der Rechtsnatur des Betriebsrats vertreten. So wird der Betriebsrat als gesetzlicher Vertreter der Belegschaft[42], als Organ

---

36 Vgl. dazu unter 1. Teil/C.III; 2. Teil/B. II./C.
37 H/S/W/G/N/R-*Rose*, Einl., Rn. 88.
38 Richardi-*Richardi*, Einl., Rn. 108; Triebel, Die Haftung des Betriebsrats, S. 31; v. Hoyningen-Huene, Betriebsverfassungsrecht, § 4, Rn. 3.
39 Soergel-*Hadding*, BGB, Vor § 21, Rn. 18 ff.
40 Rosset, Rechtssubjektivität, S. 39.
41 Triebel, Die Haftung des Betriebsrats, S. 29.
42 Kaskel, Arbeitsrecht, S. 287.

der Betriebsverfassung[43], als Träger eines privaten Amtes[44] oder als eigenständiger Verwalter[45] bezeichnet.[46]

Im Rahmen der vorliegenden Arbeit wird die in der Literatur heute ganz überwiegend vertretene Auffassung geteilt, wonach der Betriebsrat entgegen den vorgenannten Ansichten Repräsentant der Belegschaft ist.[47] Betrachtet man die Vorgaben des Betriebsverfassungsgesetzes ergibt sich folgendes Bild: Der Betriebsrat ist zur Wahrnehmung seiner Befugnisse durch allgemeine Wahlen legitimiert, an denen alle wahlberechtigten Personen des Betriebs teilnehmen können (§§ 7 ff. BetrVG). Er kann während seiner Amtsdauer nicht abgewählt werden.[48] Die ihm vom Gesetz übertragenen Rechte nimmt der Betriebsrat im eigenen Namen wahr. Dabei ist er von Weisungen der Arbeitnehmer unabhängig. Der Betriebsrat hat bei seiner Tätigkeit die Interessen der Arbeitnehmer zu berücksichtigen und zu deren Wohl, aber auch zum Wohl des Betriebes mit dem Arbeitgeber zusammenzuarbeiten (§ 2 Abs. 1 BetrVG). Er hat die kollektiven Interessen der Belegschaft wahrzunehmen, und zwar auch die Interessen derjenigen Arbeitnehmer, die nicht wahlberechtigt sind oder ihn nicht gewählt haben. Auf seine Mitwirkungs- und Mitbestimmungsrechte kann der einzelne Arbeitnehmer nicht verzichten.[49] Kennzeichnend für die rechtliche Stellung des Betriebsrats ist danach zum einen, dass er durch (betriebs-)demokratische Wahl legitimiert ist, zum anderen dass er die Mitwirkungs- und Mitbestimmungsrechte der Arbeitnehmer im eigenen Namen und unabhängig von Weisungen der Arbeitnehmer ausübt.[50] Unter Berücksichtigung dieser Kennzeichen bietet sich für die Beschreibung der Stellung des Betriebsrats die aus dem Staatsrecht stammende Bezeichnung „Repräsentant" an.[51]

---

43 BAG 19.7.1977 AP Nr. 1 zu § 77 BetrVG 1972; 25.10.1988 AP Nr. 110 zu Art. 9 GG Arbeitskampf; Zöllner/Loritz/Hergenröder, Arbeitsrecht, S. 476.

44 Belling, Die Haftung des Betriebsrates, S. 115, 131.

45 Neumann-Duesberg, Betriebsverfassungsrecht, S. 234 ff.

46 Zur ausführlichen Darstellung der verschiedenen Ansichten vgl. Bergwitz, Die Rechtsstellung des Betriebsrats, S. 110 ff.

47 D/K/K/W-*Schneider*, Einl., Rn. 112; Fitting, § 1, Rn. 188; Franzen, NZA 2008, 250; GK-*Franzen*, § 1, Rn. 64 mwN; H/S/W/G/N/R-*Rose*, Einl., Rn. 97; Richardi-*Richardi*, Einl., Rn. 101; Rückert, Koppelungsgeschäfte, S. 76; v. Hoyningen-Huene, Betriebsverfassungsrecht, § 4, Rn. 3.

48 Der Wahlturnus ist in § 13 BetrVG festgelegt. Die Möglichkeit der vorzeitigen Abwahl sieht diese Regelung nicht vor.

49 GK-*Franzen*, § 1, Rn. 63.

50 GK-*Franzen*, § 1, Rn. 64

51 Bergwitz, Die Rechtsstellung des Betriebsrats, S. 421 ff.; GK-*Franzen*, § 1, Rn. 64; H/S/W/G/N/R-*Rose*, Einl., Rn. 97.

II. Rechtsverhältnis zwischen Betriebsrat und Arbeitgeber

Zu der Frage nach der rechtlichen Beziehung zwischen Betriebsrat und Arbeitgeber macht das Betriebsverfassungsgesetz keine eindeutigen Angaben. Es verweist vielmehr an verschiedenen Stellen auf das Verhältnis der Betriebspartner und das Bestehen einer rechtlichen Beziehung, die über eine nur zufällige Verbindung der Betriebspartner hinausgeht (vgl. §§ 2 Abs. 1, 37, 40, 74 Abs. 1, 75, 78 BetrVG).[52] Wie diese rechtliche Beziehung gestaltet sein soll, wird im Einzelnen unterschiedlich beurteilt.[53] Einigkeit herrscht lediglich insoweit, als nach der Rechtsprechung des Bundesarbeitsgerichts und der ganz überwiegenden Literaturmeinung zwischen den Betriebspartnern ein gesetzliches Schuldverhältnis besteht, was vor allem aus dem Gebot der vertrauensvollen Zusammenarbeit aus § 2 Abs. 1 BetrVG und den sich daraus ergebenden Rücksichtnahme- und Kooperationspflichten abgeleitet wird. Hinsichtlich der Einzelheiten dieses Schuldverhältnisses gehen die Ansichten jedoch auseinander. Die Rechtsprechung und ein Teil der Lehre sprechen von einem Dauerschuldverhältnis[54], teilweise wird die Beziehung zwischen Arbeitgeber und Betriebsrat im Schrifttum als ein Dauerrechtsverhältnis unter Einschluss einzelner aus den jeweiligen Normen, wie beispielsweise § 40 BetrVG, resultierender gesetzlicher Schuldverhältnisse bezeichnet,[55] wieder andere sind der Auffassung, es handele sich um ein Treuhandverhältnis[56].[57]

Für die Einordnung des Rechtsverhältnisses der Betriebspartner als ein Dauerschuldverhältnis spricht Folgendes: Die Beziehung zwischen Betriebsrat und Arbeitgeber wird maßgeblich bestimmt durch die Rechte und

---

52 Fritz, Koppelungsgeschäfte, S. 40.

53 Vgl. hierzu die ausführliche Darstellung bei Ottmann, Das betriebsverfassungsrechtliche Rechtsverhältnis zwischen Arbeitgeber und Betriebsrat, S. 4 ff.

54 BAG 3.5.1994 AP Nr. 23 zu § 23 BetrVG 1972; v. Hoyningen-Huene, Betriebsverfassungsrecht, § 4, Rn. 10, 16; ders. FS-Wiese, S. 178; Ottmann, Das betriebsverfassungsrechtliche Rechtsverhältnis zwischen Arbeitgeber und Betriebsrat, S. 38 ff.; Belling, Die Haftung des Betriebsrats und seiner Mitglieder für Pflichtverletzungen, S. 318, wonach durch die Bildung des Betriebsrats kraft Gesetzes ein „Betriebsverhältnis" i. S. e. Dauerschuldverhältnisses zustande komme; Konzen, ZfA 1985, 469, 474 spricht von einem einheitlichen gesetzlichen Schuldverhältnis zwischen Arbeitgeber und Betriebsrat.

55 GK-*Wiese*, Einl., Rn. 100; Richardi-*Thüsing*, § 40, Rn. 42.

56 Heinze, ZfA 1988, 53, 75 f.

57 Eine detaillierte Darstellung der verschiedenen Ansichten findet sich bei v. Hoyningen-Huene, FS-Wiese, S. 177 ff.

Pflichten, die in den einzelnen Mitwirkungstatbeständen normiert sind.[58] Auch wenn Mitbestimmungs- und Mitwirkungsrechte fremdnützig für die Arbeitnehmer ausgeübt werden, stellen sie subjektive Rechte des Betriebsrats dar. Der Betriebsrat kann vom Arbeitgeber daher verlangen, in den gesetzlichen Mitbestimmungstatbeständen beteiligt zu werden.[59] Daneben finden sich im Betriebsverfassungsgesetz weitere Vorschriften, die bereits ihrer Formulierung nach schuldrechtliche Ansprüche des Betriebsrats begründen. So wird in §§ 80 Abs. 2, 91 Satz 1, 93, 95 Abs. 2 Satz 1, 96 Abs. 1 Satz 2, 98 Abs. 2 104 Satz 1 BetrVG ausdrücklich das Wort „verlangen" verwendet.[60] Zudem können aus dem Gebot der vertrauensvollen Zusammenarbeit nach § 2 Abs. 1 BetrVG und den sich daraus ableitenden Kooperations- und Rücksichtnahmepflichten ebenfalls schuldrechtliche Ansprüche zwischen Arbeitgeber und Betriebsrat begründet werden.[61] Die einzelnen gesetzlich geregelten Tatbestände der Rechtsbeziehungen zwischen den Betriebspartnern haben demnach eine derart ausgeprägte obligationsmäßige Struktur, dass sie als Schuldverhältnis im Sinne des § 241 BGB zusammengefasst werden können.[62] Weiteres Kennzeichen eines Dauerschuldverhältnisses ist, dass die geschuldeten Leistungen in einem dauernden Verhältnis bzw. in wiederkehrenden, sich über einen längeren Zeitraum erstreckenden Einzelleistungen bestehen. Dieses Dauerhaftigkeitskriterium kommt im Verhältnis der Betriebspartner dadurch zum Ausdruck, dass das Schuldverhältnis auf unbestimmte Zeit begründet wird, nämlich solange der Betrieb existiert und ein Betriebsrat von der Belegschaft gewählt wird.[63]

III. Rechts- und Vermögensfähigkeit des Betriebsrats

Im Rahmen der Erfüllung seiner Aufgaben und der Wahrnehmung seiner Befugnisse kommt der Betriebsrat in vielerlei Hinsicht mit Dritten in Kontakt. So kann der Betriebsrat z. B. Sachverständige gemäß § 80 Abs. 3 BetrVG oder Berater gemäß § 111 Satz 2 BetrVG bei der Durchführung seiner Aufgaben beauftragen oder die Betriebsratsmitglieder können nach § 37 Abs. 6 BetrVG an

58 BAG 3.5.1994 AP Nr. 23 zu § 23 BetrVG 1972.

59 Jawad, Rechtsfähigkeit des Betriebsrats, S. 119, S. 129 ff.; v. Hoyningen-Huene, FS-Wiese, S. 178.

60 v. Hoyningen-Huene, FS-Wiese, S. 178.

61 BAG 3.5.1994 AP Nr. 23 zu § 23 BetrVG 1972; Witt, Kooperationsmaxime, S. 128.

62 v. Hoyningen-Huene, FS-Wiese, S. 178.

63 MHArbR-*v. Hoynigen-Huene*, § 300, Rn. 15.

kostenpflichtigen Schulungen teilnehmen. Es stellt sich daher die Frage, ob der Betriebsrat aus den im Rahmen seines Wirkungskreises geschlossenen Verträgen selbst berechtigt und verpflichtet wird, oder ob der Arbeitgeber oder das jeweils handelnde Betriebsratsmitglied Vertragspartner des Dritten werden. Dies hängt davon ab, ob und in welchem Umfang man eine Rechts- und Vermögensfähigkeit des Betriebsrats annimmt.

1. Partielle Rechts- und Vermögensfähigkeit des Betriebsrats

Rechtsfähigkeit, als die Fähigkeit Träger von Rechten und Pflichten zu sein,[64] kommt nach dem Bürgerlichen Gesetzbuch natürlichen und/oder juristischen Personen zu. Natürliche Personen sind nach § 1 BGB von Geburt an umfassend rechtsfähig. Bei juristischen Personen, die eine künstliche Schöpfung des Gesetzes sind, beruht diese Fähigkeit auf der Anerkennung durch die Rechtsordnung. Da der Betriebsrat als Gremium weder eine natürliche noch eine juristische Person des Privatrechts, sondern lediglich Repräsentant der Belegschaft ist, besitzt er keine eigene Rechtspersönlichkeit im allgemeinen zivilrechtlichen Sinne.[65] Allerdings weist das Betriebsverfassungsgesetz dem Betriebsrat selbst – wie bereits erwähnt – zahlreiche Ansprüche zu. Auch Inhaber von Rechten und Träger von Pflichten kann der Betriebsrat nach den Vorschriften des Betriebsverfassungsgesetzes sein (vgl. §§ 74 Abs. 2, 77 Abs. 2 Satz 1, 79, 80, 82 Abs. 2, 83 Abs. 1 Satz 3, 85 Abs. 1, 99 Abs. 1 Satz 3, 107 Abs. 3 Satz 4 BetrVG).[66] So sind insbesondere die Mitwirkungs- und Mitbestimmungsrechte in erster Linie dem Betriebsrat als Gremium und nicht dessen Mitgliedern zur gemeinsamen Ausübung eingeräumt.[67] Zudem kann der Betriebsrat gemäß § 10 2. HS ArbGG Vollstreckungsgläubiger und -schuldner sein.[68] Aus der Gesamtschau dieser Vorschriften wird deutlich, dass nach der Konzeption des Betriebsverfassungsgesetzes der Betriebsrat in gewissem Umfang durchaus Zuordnungs- und damit Rechtssubjekt sein soll und sein kann. Auch die Vorschrift des § 40 Abs. 1 BetrVG, die die Kostentragungspflicht des Arbeitgebers normiert, spricht für ein solches Verständnis. Die Vorschrift, die noch im Einzelnen dargestellt wird,[69] begründet ein gesetzliches Schuldverhältnis zwischen Arbeitgeber und Betriebsrat. Diese

64 Palandt-*Ellenberger*, Vor § 1, Rn. 1.
65 BAGE 52, 1,10; 99, 208, 211; 112 96, 97; MHArbR-*v. Hoyningen-Huene*, § 299, Rn. 19.
66 Veit, Die funktionelle Zuständigkeit des Betriebsrats, S. 127.
67 Jawad, Rechtsfähigkeit des Betriebsrats, S. 119.
68 Veit, Die funktionelle Zuständigkeit des Betriebsrats, S. 128.
69 Vgl. dazu unter 1. Teil/C. III.

schuldrechtliche Verbindung weist dem Betriebsrat einen vermögensrechtlichen Anspruch zu. Insoweit muss der Betriebsrat dann auch Träger von Rechten und Pflichten und Inhaber von Vermögenswerten sein können.[70] Die ganz herrschende Meinung in Literatur und Rechtsprechung erkennt dem Betriebsrat daher zu Recht eine partielle Rechts- und Vermögensfähigkeit zu.[71]

2. *Beschränkung der Rechts- und Vermögensfähigkeit auf das Innenverhältnis*

In welchem Umfang die Teilrechts- und Vermögensfähigkeit des Betriebsrats besteht, d. h., ob der Betriebsrat als Gremium im Rahmen seines Wirkungskreises auch selbst Verträge mit Dritten abschließen kann, wird unterschiedlich beurteilt.

Ein Teil der arbeitsrechtlichen Lehre lehnt eine rechtsgeschäftliche Bindungsfähigkeit des Betriebsrats ab und begrenzt dessen Rechts- und Vermögensfähigkeit auf das Innenverhältnis der Betriebspartner. Zum Abschluss von Verträgen mit Dritten sei der Betriebsrat als Gremium nicht in der Lage.[72] Nach anderer im Schrifttum vertretener Auffassung besteht die Teilrechts- und Vermögensfähigkeit des Betriebsrats auch im Außenverhältnis. Im Rahmen seines Wirkungskreises könne der Betriebsrat Hilfsgeschäfte selbst wirksam abschließen.[73]

Das Bundesarbeitsgericht hat die Frage des Umfangs der Teilrechts- und Vermögensfähigkeit bislang nicht ausdrücklich entschieden. Jedenfalls im Innenverhältnis gegenüber dem Arbeitgeber geht das Gericht aber ebenfalls von einer begrenzten Vermögensfähigkeit des Betriebsrats aus: Wenn der Betriebsrat im Rahmen des durch § 40 Abs. 1 BetrVG begründeten gesetzlichen Schuldverhältnisses im Rahmen der ihm gesetzlich zugewiesenen Aufgaben Inhaber vermögensrechtlicher Ansprüche sein könne, bedinge dies zugleich in diesem Umfang seine partielle Vermögensfähigkeit.[74]

---

70 GK-*Wiese*, Einl., Rn. 100; Jawad, Rechtsfähigkeit des Betriebsrats, S. 197 ff.

71 BAGE 52, 1, 10; 99, 208, 211; 112 96, 97; BAG 13.5.1998 AP Nr. 55 zu § 80 BetrVG 1972; D/K/K/W-*Wedde*, Einl., Rn. 123; Fitting, § 1, Rn. 194 f.; GK-*Wiese*, Einl., Rn. 100; GK-*Franzen,* § 1, Rn. 72; GK-*Weber*, § 40, Rn. 175; Jawad, Rechtsfähigkeit des Betriebsrats, S. 226 ff.; MHArbR-*v. Hoyningen-Huene*, § 199, Rn. 19; Richardi-*Richardi*, Einl., Rn. 113.

72 GK-*Wiese*, Einl., Rn. 100; H/S/W/G/N/R-*Rose*, Einl., Rn. 102; Jawad, Rechtsfähigkeit des Betriebsrats, S. 159 ff.; MHArbR-*v. Hoyningen-Huene*, § 199, Rn. 19; W/P/K-*Preis*, § 1, Rn. 45.

73 D/K/K/W-*Wedde*, Einl., Rn. 141; Fitting, § 1, Rn. 207; GK-*Franzen*, § 1, Rn. 73; Richardi-*Richardi*, Einl., Rn. 113; Rosset, Rechtssubjektivität, S. 42.

74 BAGE 99, 208, 211; 112 96, 97; BAG 13.5.1998 AP Nr. 55 zu § 80 BetrVG 1972.

Der Bundesgerichtshof, der sich unlängst mit der Verpflichtung des Betriebsrats aus einem durch das Gremium im Zusammenhang des § 111 Satz 2 BetrVG geschlossenen Beratervertrag zu befassen hatte, schloss sich grundsätzlich der Literaturauffassung an, die den Betriebsrat in Bezug auf Hilfsgeschäfte mit Dritten als partiell rechts- und vermögensfähig ansieht.[75] Der Bundegerichtshof begründet seine Auffassung damit, dass der Betriebsrat nach der Rechtsprechung des Bundesarbeitsgerichts[76] im Falle der Hinzuziehung eines Beraters oder Sachverständigen gegen den Arbeitegber einen Anspruch auf Freistellung in Höhe der dadurch entstandenen erforderlichen Kosten nach § 40 Abs. 1 BetrVG erwerbe, welcher an den Berater oder Sachverständigen abgetreten werden könne und sich in einen Zahlungsanspruch verwandele. Ein solcher Freistellungsanspruch des Betriebsrats gegen den Arbeitgeber setzte aber das Bestehen einer entsprechenden Verpflichtung des Betriebsrats gegenüber dem externen Gläubiger voraus.[77] Als weiteres Argument zieht der Bundegserichtshof eine Parallele zum *„strukturell und funktionell“* vergleichbaren Personalrat, den das Bundesverwaltungsgericht als teilrechtsfägig erachtet habe.[78] Desweiteren stellt der Bundesgerichtshof vor allem praktische Erwägungen an, wonach zum einen kaum ein Berater ohne vertragliche Grundlage Dienstleistungen an den Betriebsrat erbringen werde. Zum anderen bestehe das Bedürfnis nach der Hinzuziehung eines externen Beraters gerade im Bereich des § 111 BetrVG in Konfliktsituationen zwischen Arbeitgeber und Betriebsrat. Könne der Betriebsrat in einer solchen Situation nicht selbst einen Vertrag mit einem Dritten abschließen, würde dies nach Einschätzung des Bundesgerichtshofs dazu führen, dass der Betriebsrat ein Tätigwerden des Arbeitgebers gegebenfalls erst gerichtlich erstreiten müsse.[79]

Der Umfang der Teilrechtsfähigkeit des Betriebsrats ist nach Auffassung des Bundegerichtshofs auf den Umfang beschränkt, in welchem dem Betriebsrat ein Erstattungsanspruch gegenüber dem Arbeitgeber zusteht d.h., das *„rechtliche Können“* folgt nach Ansicht des Gerichts dem *„vermögensmäßigen Können“* des Betriebsrats. Gleiches soll für die Vertretungsmacht der Betriebsratsmitglieder

---

75 BGH, Urteil v. 25.10.2012, Az. III ZR 266/11, Rn. 16 ff.

76 Vgl. BAG 29.7.2009 AP Nr. 93 zu § 40 BetrVG 1972; BAG, Beschluss v. 9.12.2009, Az. 7 ABR 90/07.

77 BGH, Urteil v. 25.10.2012, Az. III ZR 266/11, Rn. 13, 16.

78 BGH, Urteil v. 25.10.2012, Az. III ZR 266/11, Rn. 14; BVerwG, Urteil v. 9.3.1992, Az. 6 P 11.90.

79 BGH, Urteil v. 25.10.2012, Az. III ZR 266/11, Rn. 17.

gelten.[80] Werde der Betriebsrat bei Überschreitung der Grenzen der Vertretungsmacht nicht verpflichtet, hafte das handelnde Betriebsratsmitglied analog § 179 Abs. 1 BGB.[81]

Nach der hier vertretenen Auffassung ist eine Ausdehnung der Teilrechts- und Vermögensfähigkeit des Betriebsrats auf sog. Hilfsgeschäfte abzulehnen, da sie nicht in Einklang mit der Rechtsnatur des Betriebsrats als Repräsentant der Belegschaft zu bringen ist. Die für eine Teilrechtsfähigkeit auch gegenüber Dritten vorgebrachten Argumente vermögen nicht zu überzeugen. Soweit als maßgebliche Begründung für die Teilrechtsfähigkeit des Betriebsrats angeführt wird, dass der vom Bundesarbeitsgericht anerkannte Freistellungsanspruch des Betriebsrats gegen den Arbeitgeber notwendigerweise einen Anspruch des Dritten gegenüber dem Betriebsrat voraussetze, ist diese Annahme nicht ohne weiteres zutreffend. Zunächst einmal legt der Wortlaut des § 40 Abs. 1 BetrVG nur die Kostentragungspflicht des Arbeitgebers fest. Wie diese im Einzelnen durchzuführen ist und welche schuldrechtlichen Beziehungen zwischen wem bei der Teilnahme des Betriebsrats am Rechtsverkehr entstehen, ist der Vorschrift gerade nicht zu entnehmen.[82] Aus dieser gesetzlichen Kostentragungspflicht des Arbeitgebers leitet das Bundesarbeitsgericht sodann einen abtretbaren Freistellungsanspruch ab. Über den Gläubiger dieses Anspruchs sagt das Betriebsverfassungsgesetz jedoch nichts. Der Freistellungsanspruch muss also nicht zwingend dem Betriebsrat als Gremium, sondern kann ebenso den einzelnen Betriebsratsmitgliedern zustehen, wenn diese erforderliche Aufwendungen im Zusammenhang mit ihrem Betriebsratsamt tätigen. Daher ist es ebenso denkbar, dass das handelnde Betriebsratsmitglied gegenüber dem Dritten berechtigt und verpflichtet wird und nicht notwendigerweise eine Verpflichtung des Betriebsrats entsteht.[83] Gleiches gilt für die Abtretung des Freistellungsanspruchs als solche. Die Abtretung kann auch das Betriebsratsmitglied vornehmen, dem der Freistellungsanspruch gegen den Arbeitgeber zusteht.[84] Es hat sich also gezeigt, dass allein aus der Existenz und der Abrtetbarkeit eines Freistellungsanspruchs des Betriebsrats nicht zwingend eine Teilrechtsfähigkeit des Betriebsrats gegenüber Dritten abgeleitet werden kann.

---

80 BGH, Urteil v. 25.10.2012, Az. III ZR 266/11, Rn. 27 ff.; umfassender: D/K/K/W-*Wedde*, Einl., Rn. 141; Fitting, § 1, Rn. 207; GK-*Franzen*, § 1, Rn. 73; Richardi-*Richardi*, Einl., Rn. 113; Rosset, Rechtssubjektivität, S. 42, die den Betriebsrat im Rahmen seines gesetzlichen Wirkungskreises als vollständig rechts- und vermögensfähig ansehen.

81 BGH, Urteil v. 25.10.2012, Az. III ZR 266/11, Rn. 33 ff.

82 Vgl. 1.Teil/BC.III.2.

83 Franzen, FS-v.Hoyningen-Huene, S. 87, 92.

84 Franzen, FS-v.Hoyningen-Huene, S. 87, 92.

Soweit eine Teilrechtsfähigkeit des Betriebsrats gegenüber Dritten mit einem Verweis auf die Rechtsprechung des Bundesverwaltungsgerichts[85] zur Teilrechtsfähigkeit des Personalrats begründet wird, ist hierzu festzuhalten, dass das Bundesverwaltungsgericht in seiner in Bezug genommen Entscheidung die Teilrechtsfähigkeit des Personalrats ausdrücklich auf die dort streitgegenständliche Konstellation beschränkt hat, in welcher der Personalrat im personalvertretungsrechtlichen Beschlussverfahren einen Rechtsanwalt mit der Wahrnehmung seiner Aufgaben beauftragt hatte. Das Bundesverwaltungsericht hat in seiner Entscheidung vor allem auf die Rechtsposition des Personalrats im personalvertretungsrechtlichen Beschlussverfahren abgestellt und mit der Position des Personalrats in der öffentlichen Verwaltung argumentiert.[86] Ein Verweis auf die Rechtsprechung des Bundesverwaltungsgerichts ohne weitere Erläuterung, weshalb entsprechendes auch für den Betriebsrat gelten soll, vermag daher ebenfalls keine tragfähige Grundlage für eine Teilrechtsfähigkeit des Betriebsrats zu bilden.[87]

Wenn als Argument für eine partielle Rechts- und Vermögensfähigkeit des Betriebsrats auch im Verhältnis zu Dritten vorgebracht wird, dass kaum ein Berater ohne vertragliche Grundlage Dienstleistungen an den Betriebrat erbringen werde und sich die Hinzuziehung eines externen Beraters gerade im Bereich des § 111 BetrVG in Konfliktsituationen zwischen Arbeitgeber und Betriebsrat als schwierig erweisen könne, sind diese Arguemente ebenso wie der Einwand, dass die *„Bedürfnisse des Rechtsverkehrs"*[88] eine Erweiterung der Teilrechts- und Vermögensfähigkeit erforderlich machten, zum einen keine rechtlichen Argumente, sondern ausschließlich praktische Erwägungen. Zum anderen ist nicht ersichtlich, weshalb ein Vertrag mit dem Betriebsrat, der über kein eigenes Vermögen verfügt, zu einer größeren Bereitschaft des Dritten, einen Vertrag abzuschließen, führen soll.[89] Schließlich sind allein für die Praxis wünschenswerte Konsequenzen nicht geeignet, den Betriebsrat, bei dem es sich nach der hier vertretenen Auffassung um einen Repräsentanten der Belegschaft handelt, als juristische Person zu qualifizieren und ihn mit Rechten und Pflichten auch gegenüber außerhalb der Betriebsverfassung stehenden Dritten auszustatten.

---

85 BVerwG, Urteil v. 9.3.1992, Az. 6 P 11.90.

86 BVerwG, Urteil v. 9.3.1992, Az. 6 P 11.90, Rn. 23 ff.

87 Franzen, FS-v.Hoyningen-Huene, S. 87, 95 f.

88 Rosset, Rechtssubjektivität, S. 42; ähnlich auch BGH, Urteil v. 25.10.2012, Az. III ZR 266/11.

89 Franzen, FS-v.Hoyningen-Huene, S. 87, 93; OLG Frankfurt, Urteil v. 21.9.2011, Az. 1 U 184/10, Rn. 25 (zitiert nach juris).

Eine Verpflichtung des Betriebsrats gegenüber Dritten ist vor dem Hintergrund von Sinn und Zweck des § 40 Abs. 1 BetrVG zudem nicht erforderlich. § 40 Abs. 1 BetrVG hat zum Ziel, durch die Belastung des Arbeitgebers mit den erforderlichen Betriebsratskosten eine sinnvolle Betriebsratsarbeit zu ermöglichen. Die Arbeitnehmer sollen mit den Betriebsratskosten hingegen nicht belastet werden. Hierzu ist ein Vertragsschluss durch den Betriebsrat als Gremium jedoch nicht notwendig. Die Kostentragungspflicht des Arbeitgebers kann auch unter Anwendung der allgemeinen zivilrechtlichen Regeln gewahrt werden, indem die einzelnen Betriebsratsmitglieder als Stellvertreter oder Bote gemäß §§ 164 ff. BGB für den Arbeitgeber handeln.[90] Soweit einzelne Vorschriften des Betriebsverfassungsgesetzes, wie z. B. § 80 Abs. 3 BetrVG oder § 111 Satz 2 BetrVG, dem Betriebsrat die Hinzuziehung eines Sachverständigen oder eines Beraters ermöglichen, regeln diese nur das betriebsinterne Recht des Betriebsrats. Eine darüber hinausgehende Auslegung in der Weise, dass das Auftreten des Betriebsrats als Vertragspartner vorausgesetzt werde, kann diesen Vorschriften nicht entnommen werden.[91] Schließlich war es ausweislich der Begründung zum Regierungsentwurf das Motiv des historischen Gesetzgebers, in der zu schaffenden Betriebsverfassung Aufgaben und Beteiligungsrechte des Betriebsrats festzulegen und sein Verhältnis zum Arbeitgeber und zur Belegschaft zu gestalten. Eine Regelung eventueller Außenbeziehungen war hingegen nicht beabsichtigt.[92]

3. *Die Rechtsbeziehungen des Betriebsrats zu Dritten*

Konsequenz der hier nicht geteilten Auffassung, wonach der Betriebsrat auch gegenüber Dritten im Rahmen seines gesetzlichen Wirkungskreises bzw. im Rahmen des § 40 Abs. 1 BetrVG teilrechts- und vermögensfähig sein soll, wäre, dass dieser selbst aus den von ihm geschlossenen Rechtsgeschäften verpflichtet wird. Nach der hier vertretenen Ansicht kann der Betriebsrat mangels Rechts- und Vermögensfähigkeit nicht selbst im Rechtsverkehr auftreten. Die Teilnahme des Betriebsrats am Rechtsverkehr erfolgt vielmehr über den Arbeitgeber oder die Mitglieder des Betriebsrats. Als Vertragspartner des Dritten kommen daher nur der Arbeitgeber und die einzelnen Betriebsratsmitglieder, jedenfalls aber nicht das Gremium, in Betracht.[93]

---

90 v. Hoyningen-Huene, FS-Blomeyer, S. 148; vgl. dazu unter 1.Teil/C.III.3.

91 v. Hoyningen-Huene, FS-Blomeyer, S. 150.

92 BT-Drucks. 6/1786, S. 31 ff.; v. Hoyningen-Huene, FS-Blomeyer, S. 148.

93 v. Hoyningen-Huene, FS-Blomeyer, S. 150.

Zunächst besteht die Möglichkeit, dass der Arbeitgeber aufgrund seiner Kostentragungspflicht nach § 40 Abs. 1 BetrVG für den Betriebsrat am Rechtsverkehr teilnimmt und die erforderlichen Rechtsgeschäfte abschließt. Wird der Arbeitgeber nicht selbst tätig, kann auch ein Betriebsratsmitglied als Stellvertreter oder Bote gemäß §§ 164 ff. BGB im Namen des Arbeitgebers und im Rahmen einer ihm erteilten Vertretungsmacht am Rechtsverkehr teilnehmen. Ob das Handeln des Betriebsratsmitglieds vom Umfang der hierfür erforderlichen Vertretungsmacht gedeckt ist, ist im jeweiligen Einzelfall zu ermitteln. Überschreitet das Betriebsratsmitglied die Grenzen seiner Vertretungsmacht, haftet es persönlich gemäß § 179 Abs. 1 BGB.[94] Handelt das Betriebsratsmitglied nicht als Stellvertreter oder Bote für den Arbeitgeber, sondern tritt es im eigenen Namen oder für das Gremium auf, wird das Betriebsratsmitglied aus dem von ihm abgeschlossenen Rechtsgeschäft selbst verpflichtet. Fällt das geschlossene Rechtsgeschäft in den betriebsverfassungsrechtlichen Wirkungsreis des Betriebsrats, hat der Arbeitgeber auf der Grundlage des § 40 Abs. 1 BetrVG die Kosten zu übernehmen. Eine persönliche Verpflichtung des handelnden Betriebsratsmitglieds wird ebenfalls begründet, wenn es sich um ein Rechtsgeschäft handelt, das außerhalb des betriebsverfassungsrechtlichen Wirkungskreises des Betriebsrats liegt.[95] In diesem Fall besteht jedoch kein Anspruch auf Übernahme der entstandenen Kosten nach § 40 Abs. 1 BetrVG.[96] Eine andere Möglichkeit, als den Arbeitgeber über die Regeln der Stellvertretung gemäß §§ 164 ff. BGB zu verpflichten, besteht nicht. Insbesondere begründet § 40 Abs. 1 BetrVG keine unmittelbare Verpflichtung des Arbeitgebers oder gar die Befugnis des Betriebsrats, über Vermögenswerte des Arbeitgebers zu verfügen.[97] Für eine gesetzliche Vertretung des Arbeitgebers durch den Betriebsrat bzw. dessen Mitglieder auf der Grundlage des § 40 Abs. 1 BetrVG enthält das Betriebsverfassungsgesetz keinerlei Anhaltspunkte.[98]

IV. Handeln als Gremium

Als Repräsentant der Belegschaft kann der Betriebsrat konsequenterweise nicht vom Arbeitgeber eingesetzt werden, sondern muss von der Belegschaft gemäß

94 Vgl. BGH, Urteil v. 25.10.2012, Az. III ZR 266/11; nach Auffassung des Bundesgerichtshofs in seinem Urteil vom 25.10.2012 zu Az. III ZR 266/11 haftet das handelnde Betriebsratsmitglied analog § 179 Abs. 1 BGB, wenn es die Grenzen seiner Vertretungsmacht nach § 40 Abs. 1 BetrVG zur Vertretung des Betriebsrats überschreitet.

95 MHArbR-*v. Hoynigen-Huene*, § 299, Rn. 24.

96 Zur Kostentragungspflicht im Einzelnen unter 1. Teil/...

97 GK-*Weber*, § 40, Rn. 18; Richardi-*Thüsing*, § 40, Rn. 44; v. Hoyningen-Huene, FS-Blomeyer, S. 149.

98 v. Hoyningen-Huene, FS-Blomeyer, S. 149.

§§ 7 ff. BetrVG nach demokratischen Grundsätzen gewählt werden. Die regelmäßigen Betriebsratswahlen finden gemäß § 13 Abs. 1 BetrVG alle vier Jahre statt. Handlungsform des Betriebsrats sind nach § 33 BetrVG Beschlüsse. Die Entscheidungsfindung erfolgt durch Betriebsratssitzungen nach § 30 BetrVG. Der Betriebsratsvorsitzende vertritt den Betriebsrat gemäß § 26 Abs. 2 BetrVG im Rahmen der gefassten Beschlüsse. Er ist Sprecher mit Vertretungsbefugnis für das Gremium. Zudem ist er Ansprechpartner des Arbeitgebers und daher Empfänger der für den Betriebsrat bestimmten Willenserklärungen.[99] Nach den gesetzlichen Vorgaben hat aber der Betriebsrat als Gremium und als eigentlicher Gegenspieler des Arbeitgebers das Verhandlungsprimat.[100] Insofern geht das Betriebsverfassungsgesetz auch davon aus, dass der Betriebsrat die Mitwirkungs- und Mitbestimmungsrechte grundsätzlich mit all seinen Mitgliedern ausübt. Die Beteiligungsrechte sind folglich dem Betriebsrat als Gremium zugewiesen.[101]

C. Grundlagen der Zusammenarbeit zwischen Arbeitgeber und Betriebsrat

Nachdem nun das Gremium „Betriebsrat" und seine rechtliche Stellung innerhalb der Betriebsverfassung erläutert wurden, geben die folgenden Ausführungen einen Überblick über die Grundzüge der Zusammenarbeit der Betriebspartner. Hierbei werden das Gebot der vertrauensvollen Zusammenarbeit gemäß § 2 Abs. 1 BetrVG, das Ehrenamts- und Lohnausfallprinzip gemäß § 37 BetrVG, die Kostentragungspflicht des Arbeitgebers für aus der Betriebsratstätigkeit entstehende Kosten gemäß § 40 Abs. 1 BetrVG, die Grundstruktur der Mitwirkungs- und Mitbestimmungsrechte des Betriebsrats, das betriebsverfassungsrechtliche Arbeitskampfverbot gemäß § 74 Abs. 2 Satz 1 1. HS BetrVG sowie die Geheimhaltungspflicht gemäß § 79 BetrVG näher dargestellt. Diese Vorschriften prägen die Betriebsverfassung maßgeblich und bestimmen die Zusammenarbeit von Betriebsrat und Arbeitgeber im Betrieb. Im zweiten Teil der Arbeit wird untersucht, welche Straftatbestände bei einem Verstoß gegen die vorgenannten Bestimmungen verwirklicht sein können.

I. Gebot der vertrauensvollen Zusammenarbeit

Das Gebot der vertrauensvollen Zusammenarbeit gemäß § 2 Abs. 1 BetrVG durchdringt als allgemeiner Grundsatz der Betriebsverfassung sämtliche

---

99 H/S/W/G/N/R-*Rose*, Einl., Rn. 99.
100 H/S/W/G/N/R-*Rose*, Einl., Rn. 101.
101 H/S/W/G/N/R-*Rose*, Einl., Rn. 99.

betriebsverfassungsrechtlichen Beziehungen zwischen Arbeitgeber und Betriebsrat und regelt übergreifend die Zusammenarbeit der Betriebspartner.[102] In § 2 Abs. 1 BetrVG heißt es:

> *„Arbeitgeber und Betriebsrat arbeiten unter Beachtung der geltenden Tarifverträge vertrauensvoll und im Zusammenwirken mit den im Betrieb vertretenen Gewerkschaften und Arbeitgebervereinigungen zum Wohl der Arbeitnehmer und des Betriebs zusammen."*

Das Gebot der vertrauensvollen Zusammenarbeit zwischen Arbeitgeber und Betriebsrat, das auch als Kooperationsmaxime bezeichnet wird, dient dem Wohl der Arbeitnehmer und des Betriebs und ist Ausdruck des der Betriebsverfassung zugrunde liegenden Kooperationsmodells. Danach beruht die Betriebsverfassung im Gegensatz zu dem auf Konfrontation angelegten Tarifsystem *„primär auf dem Gedanken des Zusammenwirkens"*[103]. Damit das Gebot der vertrauensvollen Zusammenarbeit keine Leerformel bleibt, erfordert das Verhalten der Betriebspartner wechselseitiges Vertrauen und Rücksichtnahme.[104] Dies wiederum setzt gegenseitige Offenheit und Ehrlichkeit voraus.[105] Vor diesem Hintergrund ist es den Betriebspartnern nach Maßgabe des Gebots der vertrauensvollen Zusammenarbeit verboten, gezielt gegen die andere Seite zu arbeiten, um diese nicht in ihrer Funktion innerhalb der Betriebsverfassung zu stören.[106] Über das schlichte Nichtstören der anderen Seite hinaus bedeutet eine vertrauensvolle Zusammenarbeit nach § 2 Abs. 1 BetrVG für den Arbeitgeber, dass er die gesetzlich geschaffene Einwirkungsmöglichkeit des Betriebsrats auf seinen Rechtskreis anerkennt, umgekehrt hat der Betriebsrat bei der Verfolgung der Arbeitnehmerinteressen die Rechte und Rechtsgüter des Arbeitgebers zu berücksichtigen.[107]

Inhaltlich gibt der Grundsatz der vertrauensvollen Zusammenarbeit den gesetzlich vorgeschriebenen Weg zur Erreichung der durch das Betriebsverfassungsgesetz vorgesehenen Aufgaben und Ziele vor.[108] Hierbei handelt es sich nicht nur um einen Programmsatz, sondern um unmittelbar geltendes Recht.[109] Insofern stellt das Gebot der vertrauensvollen Zusammenarbeit zum einen eine Auslegungsregel dar, kann zum anderen aber auch Grundlage von Rechten und Pflichten sein.[110] Da die

102 Witt, Kooperationsmaxime, S. 53.
103 BVerfGE 50, 290, 372; Richardi-*Richardi*, § 2, Rn. 5.
104 H/S/W/G/N/R-*Rose*, § 2, Rn. 48.
105 Witt, Kooperationsmaxime, S. 49.
106 Richardi-*Richardi*, § 2, Rn. 13.
107 Richardi-*Richardi*, § 2, Rn. 13.
108 GK-*Franzen*, § 2, Rn. 11.
109 BAG 21.2.1978 AP Nr. 1 zu § 74 BetrVG 1972.
110 GK-*Franzen*, § 2, Rn. 5; Richardi-*Richardi*, § 2, Rn. 17.

Vorschrift eine Konkretisierung des Grundsatzes von Treu und Glauben im Betriebsverfassungsrecht ist, gelten die zu § 242 BGB entwickelten Grundsätze auch für das Verhältnis der Betriebspartner und können zur inhaltlichen Bestimmung der Kooperationsmaxime herangezogen werden.[111] Als Auslegungsregel legt die Vorschrift den Rahmen hinsichtlich der Art und Weise der Erfüllung gesetzlich normierter Aufgaben und Pflichten fest.[112] So darf beispielsweise eine geschuldete Leistung entsprechend § 242 BGB nicht zur Unzeit oder an einem unangemessenen Ort erbracht werden.[113] Als Grundlage zur Begründung von Rechten und Pflichten durch § 2 Abs. 1 BetrVG sind die im Rahmen von § 242 BGB zur Begründung von Nebenpflichten entwickelten Fallgruppen im Grundsatz übertragbar. Aus der Kooperationsmaxime können daher bei Vorliegen bestimmter Interessenkonstellationen auf ein bestimmtes Verhalten gerichtete Pflichten eines Betriebspartners folgen.[114] Der konkrete Inhalt der Pflicht ermittelt sich im Rahmen einer einzelfallbezogenen Interessenabwägung. Geht es um die Begründung von Pflichten des Betriebsrats und entsprechender Rechte des Arbeitgebers, spielen Vorliegen und Berechtigung eines bestimmten Interesses des Arbeitgebers eine maßgebliche Rolle.[115] Soweit es um das Interesse des Arbeitgebers an einem ungestörten Funktionieren der Betriebsverfassung und an einer ungehinderten Wahrnehmung betriebsverfassungsrechtlicher Aufgaben geht, lässt sich aus § 2 Abs. 1 BetrVG die Pflicht des Betriebsrats und seiner Mitglieder ableiten, den Arbeitgeber bei der Erfüllung seiner betriebsverfassungsrechtlichen Aufgaben zu unterstützten und nicht zu behindern.[116] Allerdings vermag nicht jedes legitime Interesse des Arbeitgebers auch ein i. S. v. § 2 Abs. 1 BetrVG schützenswertes Interesse zu begründen. Vielmehr ist der Kreis schutzwürdiger Rechtsgüter auf die Betriebsverfassung und die sich daraus ergebenden Aufgaben zu beschränken, so dass am Schutz sonstiger Rechtsgüter außerhalb des Betriebsverfassungsrechts kein i. S. v. § 2 Abs. 1 BetrVG schützenswertes Interesse des Arbeitgebers bestehen kann. Denn würde man aus jedem generell bestehenden Interesse des Arbeitgebers eine umfassende Pflicht des Betriebsrats und seiner Mitglieder zur Erhaltung der bestehenden Rechtsgüter des Betriebspartners herleiten, würde dies zu einer nicht erforderlichen und außer Verhältnis stehenden Begünstigung des Arbeitgebers aus den betriebsverfassungsrechtlichen Vorschriften führen. Auch liefe dies dem Benachteiligungsverbot des § 78 Satz 2 BetrVG zuwider, wonach einem

111 Witt, Kooperationsmaxime, S. 29 ff., 72 ff.; ders., BB 1986, 2194.
112 Richardi-*Richardi*, § 2, Rn. 8, 18; Witt, Kooperationsmaxime, S. 78 ff.
113 Witt, Kooperationsmaxime, S. 78 f.
114 Witt, Kooperationsmaxime, S. 81.
115 Witt, Kooperationsmaxime, S. 83, 113.
116 Witt, Kooperationsmaxime, S. 114.

Arbeitnehmer aus der Übernahme des Betriebsratsamtes keine Nachteile erwachsen dürfen.[117] Eine umfassende Pflicht zur Erhaltung der Rechtsgüter des Arbeitgebers auf der Grundlage des § 2 Abs. 1 BetrVG ist daher abzulehnen.[118] Schutzpflichten, die auf die Erhaltung der bestehenden Rechtsgüter des Arbeitgebers ohne betriebsverfassungsrechtlichen Bezug gerichtet sind, lassen sich nur auf das Arbeitsverhältnis der Betriebsratsmitglieder stützen.[119] Danach haben die Betriebsratsmitglieder als Arbeitnehmer im Rahmen ihrer arbeitsvertraglichen Nebenpflichten gemäß §§ 611 Abs. 1, 241 Abs. 1 BGB die Interessen des Arbeitgebers in zumutbarem Umfang zu wahren und die Sachen des Arbeitgebers, insbesondere Arbeitsgeräte, Waren etc., vor Schäden zu bewahren.[120]

Adressaten des Gebots der vertrauensvollen Zusammenarbeit sind neben dem Arbeitgeber und dem Betriebsrat auch die einzelnen Betriebsratsmitglieder im Rahmen der Ausübung ihrer betriebsverfassungsrechtlichen Aufgaben. Denn die Aufgaben des Betriebsrats werden nicht nur durch gemeinsam gefasste Beschlüsse, sondern auch durch individuelles Verhalten der Betriebsratsmitglieder wahrgenommen.[121]

II. Ehrenamts- und Lohnausfallprinzip

Das Ehrenamtsprinzip und das Lohnausfallprinzip kennzeichnen die Rechtsstellung der Betriebsratsmitglieder und sind grundlegende Merkmale der Betriebsratstätigkeit. Beide Prinzipien sind in § 37 BetrVG verankert. Dort heißt es:

> *(1) „Die Mitglieder des Betriebsrats führen ihr Amt unentgeltlich als Ehrenamt."*
> *(2) „Mitglieder des Betriebsrats sind von ihrer beruflichen Tätigkeit ohne Minderung des Arbeitsentgelts zu befreien, wenn und soweit es nach Umfang und Art des Betriebs zur ordnungsgemäßen Durchführung ihrer Aufgaben erforderlich ist."*
> *(6) „Die Absätze 2 und 3 gelten entsprechend für die Teilnahme an Schulungs- und Bildungsveranstaltungen, soweit diese Kenntnisse vermitteln, die für die Arbeit des Betriebsrats erforderlich sind. (...)."*

Das in § 37 Abs. 2 BetrVG geregelte Lohnausfallprinzip und der damit verbundene Anspruch der Betriebsratsmitglieder auf Zahlung des vollen Arbeitsentgelts

---

117 Vgl. § 78 Satz 2 und § 37 BetrVG; Witt, Kooperationsmaxime, S. 114.

118 Zu den einzelnen, das Gesetz ergänzenden Pflichten des Betriebsrats vgl. GK-*Franzen*, § 2, Rn. 49; Witt, Kooperationsmaxime, S. 117 ff.

119 Witt, Kooperationsmaxime, S. 126.

120 Palandt-*Weidenkaff*, § 611, Rn. 40.

121 BAG 21.2.1978 AP Nr. 1 zu § 74 BetrVG 1972, GK-*Franzen*, § 2, Rn. 7; Witt, Kooperationsmaxime, S. 113.

kann im Hinblick auf eine mögliche Betrugsstrafbarkeit gemäß § 263 Abs. 1 StGB von Bedeutung sein, wenn ein Betriebsratsmitglied – ohne erforderlichen Betriebsratsaufgaben nachgegangen zu sein – aufgrund eines täuschungsbedingten Irrtums des Arbeitgebers das volle Arbeitsentgelt erhält.

1. Unentgeltlichkeit des Ehrenamts

Das Amt des Betriebsrats ist nach § 37 Abs. 1 BetrVG ein privates, unentgeltlich geführtes Ehrenamt, zu dessen Übernahme die Arbeitnehmer nicht verpflichtet werden können.[122] Zweck des § 37 BetrVG ist es, zusammen mit §§ 38, 40 BetrVG und den besonderen Kündigungsschutzvorschriften für Betriebsräte[123] die innere Unabhängigkeit und Unparteilichkeit der Betriebsratsmitglieder und damit eine ordnungsgemäße Durchführung der Aufgaben des Betriebsrats zu gewährleisten.[124] Das Ehrenamtsprinzip und der Grundsatz der Unentgeltlichkeit konkretisieren das in § 78 Satz 2 BetrVG normierte Benachteiligungs- und Begünstigungsverbot. Danach dürfen die Mitglieder des Betriebsrats für ihre Amtsführung keinerlei Vorteile jeglicher Art erhalten, sollen umgekehrt aber auch keinen Nachteil durch ihre Betriebsratstätigkeit erleiden.[125] An den Begriff der Unentgeltlichkeit i. S. d. § 37 Abs. 1 BetrVG ist im Interesse der Unabhängigkeit der Betriebsratsmitglieder ein strenger Maßstab anzulegen.[126] Unentgeltlichkeit bedeutet, dass dem Betriebsratsmitglied aufgrund seines Amtes weder vom Arbeitgeber noch von anderen Personen eine Vergütung oder sonstige geldwerte Vorteile gewährt werden dürfen.[127] Zu solchen unzulässigen Vorteilen zählen beispielsweise die Zahlung von Betriebsratszulagen für konkrete Mehrbelastungen oder erhöhte Anforderungen[128], die Zahlung von Sitzungsgeldern oder die Gewährung längerer Freizeit.[129]

2. Arbeitsbefreiung und Lohnausfallprinzip

§ 37 Abs. 2 BetrVG bestimmt die Voraussetzungen der „Vergütung“ der Betriebsratsmitglieder für ihre Amtstätigkeit. Danach sind die Mitglieder des Betriebsrats

---

122 Hromadka/Maschmann, Arbeitsrecht 2, § 16, Rn. 233.

123 Vgl. §§ 15, 16 KSchG, § 103 BetrVG.

124 GK-*Weber*, § 37, Rn. 6; Richardi-*Thüsing*, § 37, Rn. 2.

125 Hromadka/Maschmann, Arbeitsrecht 2, § 16, Rn. 234; v. Hoyningen-Huene, Betriebsverfassungsrecht, § 10, Rn. 2.

126 v. Hoyningen-Huene, Betriebsverfassungsrecht, § 10, Rn. 2.

127 BAG 20.10.1993 AP Nr. 90 zu § 37 BetrVG 1972; GK-*Weber*, § 37, Rn. 9.

128 Rieble, NZA, 2008, 276.

129 Hromadka/Maschmann, Arbeitsrecht 2, § 16, Rn. 234.

von ihrer beruflichen Tätigkeit, d. h. der durch den Arbeitsvertrag festgelegten Funktion, ohne Minderung des Arbeitsentgelts zu befreien, wenn und soweit es nach Umfang und Art des Betriebes zur ordnungsgemäßen Durchführung ihrer Aufgaben erforderlich ist. Gemäß § 37 Abs. 6 BetrVG gilt diese Regelung entsprechend für die Teilnahme an Schulungs- und Bildungsveranstaltungen, soweit diese Kenntnisse vermitteln, die für die Arbeit des Betriebsrats erforderlich sind. Daraus folgt zunächst, dass die Betriebsratsmitglieder in ihrer Eigenschaft als Arbeitnehmer grundsätzlich verpflichtet sind, ungeachtet der Übernahme des Betriebsratsamtes, ihrer Arbeitspflicht und sonstigen arbeitsvertraglichen Pflichten weiterhin nachzukommen. Sie sollen jedoch wegen der Inanspruchnahme durch betriebsverfassungsrechtliche Aufgaben nicht benachteiligt werden und ihre Amtstätigkeit daher grundsätzlich während der Arbeitszeit ausüben.[130] Hierzu sind sie vom Arbeitgeber von ihren arbeitsvertraglichen Verpflichtungen zu befreien, behalten aber ihren Anspruch auf das regelmäßige Arbeitsentgelt gemäß § 611 Abs. 1 BGB i. V. m. § 37 Abs. 2 BetrVG, das sie im „Normalfall" erhalten hätten (sog. Lohn- oder Entgeltausfallprinzip).[131] Die Betriebsratstätigkeit tritt kraft Gesetzes an die Stelle der regulären Arbeitsleistung.[132] Das Entgeltausfallprinzip basiert auf der hypothetischen Arbeitsleistung und orientiert sich daran, was der Arbeitnehmer verdient hätte, wenn er vertragsgemäß gearbeitet hätte.[133] Dadurch soll verhindert werden, dass das Ehrenamt zu Einkommenseinbußen führt, was sich nachteilig auf die Bereitschaft zur Übernahme eines Betriebsratsamtes auswirken würde.[134]

a) Vornahme erforderlicher Betriebsratsaufgaben oder Teilnahme an Schulungs- und Bildungsveranstaltungen

Voraussetzung der Arbeitsbefreiung ist zunächst, dass das Betriebsratsmitglied Geschäfte wahrnimmt, die zu den Amtsobliegenheiten des Betriebsrats gehören, oder an einer Schulungs- oder Bildungsveranstaltung teilnimmt. Befasst sich das Betriebsratsmitglied mit Angelegenheiten, die nicht in den gesetzlich

---

130 GK-*Weber*, § 37, Rn. 17 mwN.

131 BAG 21.11.1978 AP Nr. 34 zu § 37 BetrVG 1972; v. Hoyningen-Huene, Betriebsverfassungsrecht, § 10, Rn. 3.

132 Rieble, NZA 2008, 276.

133 Zu dem fortzuzahlenden Arbeitsentgelt gehören neben der Grundvergütung alle Zuschläge für Mehr-, Über-, Nacht-, Sonntags- oder Feiertagsarbeit sowie Erschwernis- und Sozialzulagen. Nicht dazu gehören dagegen Beträge, die nicht für die Arbeit selbst, sondern als Aufwendungsersatz gezahlt werden, Ehrich/Hoß, NZA 1996, 1075, 1081.

134 Rieble, NZA 2008, 276, 277.

zugewiesenen Aufgabenbereich gehören, besteht kein Anspruch auf Arbeitsbefreiung. Dies gilt auch bei der irrtümlichen Annahme, dass eine Angelegenheit zu den Amtsobliegenheiten zähle.[135] Zu den Amtsobliegenheiten gehören vor allem die Teilnahme an Sitzungen des Betriebsrats (§ 30 BetrVG) und der Ausschüsse (§§ 27, 28 BetrVG), die Durchführung von Sprechstunden (§ 39 Abs. 1 BetrVG), die Teilnahme an Besprechungen mit dem Arbeitgeber (§ 74 Abs. 1 BetrVG) oder die Teilnahme an Schulungs- und Bildungsveranstaltungen (§ 37 Abs. 6 und 7 BetrVG).[136]

Zudem fordert § 37 Abs. 2 BetrVG, dass die Arbeitsbefreiung nach Umfang und Art des Betriebes zur ordnungsgemäßen Durchführung der Aufgaben der Betriebsratsmitglieder erforderlich ist. Dementsprechend müssen nach § 37 Abs. 6 BetrVG bei der Schulungs- oder Bildungsveranstaltung Kenntnisse vermittelt werden, die für die Arbeit des Betriebsrats erforderlich sind. Dem Interesse des Arbeitgebers, die Vorschrift nach einem streng objektiven Maßstab auszulegen, steht das Interesse des Betriebsrats gegenüber, nicht in jedem Fall mit dem Risiko einer Fehleinschätzung der Erforderlichkeit belastet und damit in seiner Handlungsfähigkeit beschränkt zu werden. Daher besteht im Hinblick auf die Erforderlichkeit der Arbeitsbefreiung ein Beurteilungsspielraum des Betriebsrats.[137] Die Erforderlichkeit der Arbeitsbefreiung bestimmt sich insofern weder nach rein objektiven Maßstäben noch ausschließlich nach subjektiven Erwägungen der Betriebsratsmitglieder.[138] Entscheidend dafür, ob eine Tätigkeit eines Betriebsratsmitglieds als erforderlich i. S. d. § 37 Abs. 2 BetrVG angesehen werden kann, ist, dass das betreffende Betriebsratsmitglied bei gewissenhafter Überlegung und bei vernünftiger Würdigung aller Umstände die Arbeitsversäumnis für notwendig halten durfte, um den betriebsverfassungsrechtlichen Aufgaben gerecht zu werden. Dabei ist auf das Urteil eines vernünftigen Dritten

---

135 BAG, Urteil v. 21.6.2006, Az. 7 AzR 418/05; GK-*Weber*, § 37, Rn. 21; Richardi-*Thüsing*, § 37, Rn. 15.

136 Nicht zu den Aufgaben des Betriebsrats gehört z. B. die Teilnahme als Zuhörer an einer Gerichtsverhandlung über eine Änderungskündigung nach ordentlicher Anhörung des Betriebsrats (vgl. BAG 19.5.1983 AP Nr. 44 zu § 37 BetrVG 1972; 31.8.1994 AP Nr. 98 zu § 37 BetrVG 1972) oder die Beratung eines Arbeitnehmers in sozialversicherungsrechtlichen oder steuerrechtlichen Fragen (vgl. LAG Köln, Beschluss v. 30.6.2000, Az. 11(12) TaBV 18/00; BAG 11.12.1973 AP Nr. 5 zu § 80 BetrVG 1972).

137 BAG 6.11.1973 AP Nr. 5 zu § 37 BetrVG 1972; GK-*Weber*, § 37, Rn. 21, 34, 195; MHArbR-*Joost*, § 308, Rn. 26; Richardi-*Thüsing*, § 37, Rn. 15.

138 GK-*Weber*, § 37, Rn. 33.

abzustellen.[139] Der Umfang der erforderlichen Arbeitsbefreiung richtet sich nach den Umständen des Einzelfalls.[140] Das gilt sowohl für die Dauer der Arbeitsbefreiung des einzelnen Betriebsratsmitglieds als auch für die Zahl der Betriebsratsmitglieder. Dabei kommt es vor allem auf die Art und Größe des Betriebes sowie auf die sich daraus ergebenden Aufgaben an.[141] Im Hinblick auf eine Überprüfung der Erforderlichkeit sieht das Bundesarbeitsgericht eine abgestufte Darlegungslast vor: Hat der Arbeitgeber unter Beachtung des Grundsatzes der vertrauensvollen Zusammenarbeit aufgrund der betrieblichen Situation und des vom Betriebsratsmitglied genannten Zeitaufwands Zweifel an der Erforderlichkeit der Betriebsratstätigkeit, hat das Betriebsratsmitglied dem Arbeitgeber stichwortartige Angaben zur Art der Betriebsratstätigkeit und deren Dauer zu machen, die diesem zumindest eine Plausibilitätskontrolle ermöglichen. Solange das Betriebsratsmitglied dieser Darlegungspflicht nicht nachkommt, kann der Arbeitgeber den Lohn zurückhalten. Erhält der Arbeitgeber die stichwortartigen Angaben, geht die Darlegungslast zunächst auf ihn über. Er hat sodann seinerseits darzulegen, aus welchen Gründen unter Berücksichtigung der stichwortartigen Angaben des Betriebsratsmitglieds sich begründete Zweifel an der Erforderlichkeit der angegebenen Tätigkeit ergeben. Erst dann hat das Betriebsratsmitglied substantiiert darzulegen, aufgrund welcher Umstände es die Arbeitsbefreiung für erforderlich halten durfte.[142]

b) Abmeldepflicht

Liegen die Voraussetzungen des § 37 Abs. 2 BetrVG vor, „sind" die Betriebsratsmitglieder von ihrer Arbeitspflicht zu „befreien". Hierauf haben sie ebenso wie der Betriebsrat einen Anspruch. Umstritten ist insoweit, ob die Arbeitsbefreiung eine Zustimmung des Arbeitgebers, d. h. eine Willenserklärung, erfordert oder ob die Befreiung bei Vorliegen der Voraussetzungen des § 37 Abs. 2 BetrVG kraft Gesetzes eintritt. Teilweise wird hierzu vertreten, dass für die Fälle längerer, voraussehbarer notwendiger Arbeitsbefreiung eine ausdrückliche oder schlüssige Erklärung des Arbeitgebers erforderlich sei.[143] Zutreffend wird

---

139 BAG AP Nr. 58 zu § 37 BetrVG 1972; 11.3.1998 AP Nr. 57 § 40 BetrVG 1972; GK-*Weber*, § 37, Rn. 33 f; H//S/W/G/N/R-*Glock*, § 37, Rn. 26; a. A. Richardi-*Thüsing*, § 37, Rn. 25; D/K/K/W-*Wedde*, § 37, Rn. 31, wonach es auf das Urteil eines vernünftigen Betriebsrats ankommen soll.

140 BAG 21.11.1978 AP Nr. 34 zu § 37 BetrVG 1972.

141 GK-*Weber*, § 37, Rn. 36.

142 BAG NZA 1995, 961, 963; Ehrich/Hoß, NZA 1996, 1075, 1079 f.

143 Dütz, DB 1976, 1428, 1430; H/S/W/G/N/R-*Glock*, § 37, Rn. 46.

dagegen von Rechtsprechung und großen Teilen des Schrifttums vorgebracht, dass die Abhängigkeit der Arbeitsbefreiung von einer Zustimmung des Arbeitgebers zu einer erheblichen Beeinträchtigung der unabhängigen Amtsführung des Betriebsrats und seiner Mitglieder führe. Es dürfe auch nicht vom Willen des Arbeitgebers abhängen, ob eine bestimmte Betriebsratsaufgabe rechtzeitig erfüllt werden könne.[144] Dieser Ansicht folgend ist das Betriebsratsmitglied daher bereits von Gesetzes wegen von der Arbeitsleistung befreit, wenn dies zur Erfüllung von Betriebsratsaufgaben erforderlich ist.

Verlässt das Betriebsratsmitglied seinen Arbeitsplatz, um eine Aufgabe nach dem Betriebsverfassungsgesetz wahrzunehmen, hat es sich wie jeder andere Arbeitnehmer aufgrund arbeitsvertraglicher Nebenpflicht bei dem Arbeitgeber abzumelden.[145] Wie es die Abmeldung im Einzelnen vornimmt, steht dem Betriebsratsmitglied jedoch frei. Eine mündliche Abmeldung ist ausreichend und muss auch nicht persönlich erfolgen.[146] Bei der Abmeldung hat das Betriebsratsmitglied allgemein auf die Wahrnehmung betriebsverfassungsrechtlicher Aufgaben hinzuweisen und den Ort sowie die voraussichtliche Dauer der Betriebsratstätigkeit anzugeben. Nicht erforderlich ist es, nähere Angaben zur Art der beabsichtigten Betriebsratstätigkeit zu machen,[147] da die Abmeldung allein dem Zweck dient, dem Arbeitgeber die Arbeitsverteilung zu erleichtern und den Arbeitsausfall des Betriebsratsmitglieds zu überbrücken.[148]

Von der Abmeldepflicht zu trennen ist der Anspruch der Betriebsratsmitglieder auf Zahlung des regelmäßigen Arbeitsentgelts gemäß § 611 Abs. 1 BGB i. V. m. § 37 Abs. 2 BetrVG. Zu dessen Voraussetzungen gehört die ordnungsgemäße Abmeldung nicht, so dass auch ein Betriebsratsmitglied, das sich vor der Erledigung von Betriebsratsaufgaben nicht beim Arbeitgeber abgemeldet hat, seinen Vergütungsanspruch behält. Voraussetzung des Entgeltfortzahlungsanspruchs ist lediglich, dass es sich um Betriebsratsaufgaben handelt und die Arbeitsbefreiung zur Wahrnehmung der Amtsobliegenheiten erforderlich ist.[149]

---

144 BAG 6.8.1981 AP Nr. 39 zu § 37 BetrVG 1972; BAG NZA 1995, 961, 962; Beule, Die arbeitsvertragliche Stellung des nach § 37 Abs. 2 BetrVG gelegentlich befreiten Betriebsratsmitglieds, S. 50; D/K/K/W-*Wedde*, § 37, Rn. 43; GK-*Weber*, § 37, Rn. 46; Richardi-*Thüsing*, § 37, Rn. 26.

145 BAG 15.7.1992 AP Nr. 9 zu § 611 BGB Abmahnung; BAG NZA 1995, 961, 962.

146 BAG 6.8.1981 AP Nr. 40 zu § 37 BetrVG 1972; 13.5.1997 AP Nr. 119 zu § 37 BetrVG 1972.

147 BAG NZA 1995, 961, 962.

148 GK-*Weber*, § 37, Rn. 48.

149 Ehrich/Hoß, NZA 1996, 1075, 1079.

Da die Betriebsratstätigkeit nach § 37 Abs. 2 BetrVG kraft Gesetzes zwar an die Stelle der regulären Arbeitspflicht tritt, die Eigenschaft des Betriebsratsmitglieds als Arbeitnehmer aber bestehen bleibt, setzt der Entgeltfortzahlungsanspruch äquivalent zum Arbeitslohnanspruch aber voraus, dass das Betriebsratsmitglied während der Dauer der Arbeitsbefreiung erforderliche Betriebsratsaufgaben auch tatsächlich wahrnimmt.

III. Kosten und Sachaufwand des Betriebsrats

1. Kostentragungspflicht des Arbeitgebers

§ 40 BetrVG statuiert die Kostentragungspflicht des Arbeitgebers für die aus der Betriebsratstätigkeit entstehenden Kosten. Hierzu heißt es in § 40 BetrVG:

> *(1) „Die durch die Tätigkeit des Betriebsrats entstehenden Kosten trägt der Arbeitgeber."*
> *(2) „Für die Sitzungen, die Sprechstunden und die laufende Geschäftsführung hat der Arbeitgeber in erforderlichem Umfang Räume, sachliche Mittel, Informations- und Kommunikationstechnik sowie Büropersonal zur Verfügung zu stellen."*

Die in der Vorschrift des § 40 Abs. 1 StGB enthaltene Kostentragungspflicht des Arbeitgebers sowie der damit korrespondierende Kostenerstattungs- oder Freistellungsanspruch des Betriebsrats und seiner Mitglieder können in strafrechtlicher Hinsicht von Bedeutung sein, wenn ein Betriebsratsmitglied den Arbeitgeber durch Täuschung zu einer in Wahrheit unberechtigten Kostentragung veranlasst. Es stellt sich dann die Frage, ob ein solches Verhalten den Tatbestand des Betrugs gemäß § 263 Abs. 1 StGB erfüllt. Soweit dem Betriebsrat ein finanzieller Vorschuss gewährt wird und diese Mittel zu betriebsratsfremden oder nicht erforderlichen Zwecken eingesetzt werden, ist eine Strafbarkeit wegen Untreue gemäß § 266 Abs. 1 StGB zu erwägen.

Der Arbeitgeber hat die aus der Tätigkeit des Betriebsrats und seiner Ausschüsse sowie der Tätigkeit einzelner Betriebsratsmitglieder entstehenden Kosten als Teil des betrieblichen Aufwands zu tragen. Zu den messbaren Gesamtkosten des Betriebsrats zählen u. a. die Lohnkosten für die Betriebsratsmitglieder während der Betriebsratstätigkeit (§§ 37 Abs. 2, 38 BetrVG), die Lohnkosten für die Arbeitnehmer während der Teilnahme an Betriebsversammlungen (§ 44 Abs. 1 BetrVG) oder die aus Anlass des Besuchs der Sprechstunde oder sonstiger Inanspruchnahme des Betriebsrats (§ 39 Abs. 3 BetrVG) anfallenden Kosten. Sonstige durch die Tätigkeit des Betriebsrats entstehende Kosten hat der Arbeitgeber nach § 40 Abs. 1 BetrVG zu übernehmen. Die zur Bewältigung der Aufgaben des Betriebsrats erforderlichen Sach- und Hilfsmittel sind nach § 40 Abs. 2 BetrVG zur Verfügung zu stellen. Diese gesetzlichen Regelungen tragen zum einen der Ausgestaltung des Betriebsratsamtes als unentgeltliches Ehrenamt (§ 37 Abs. 1 BetrVG) Rechnung und sollen eine Benachteiligung oder Begünstigung eines Betriebsratsmitglieds wegen seiner Betriebsratstätigkeit verhindern (§ 78 Satz 2 BetrVG). Zum anderen soll der Betriebsrat durch die umfassende Kostentragungspflicht des Arbeitgebers in die Lage versetzt werden, seinen Aufgaben und Verpflichtungen pflichtgemäß nachzukommen, ohne hierdurch finanziell belastet zu werden.[150] In diesem Kontext verbietet es das Umlageverbot des § 41 BetrVG, die Betriebsratskosten in irgendeiner Weise auf die Arbeitnehmer umzulegen.

In Übereinstimmung mit § 37 Abs. 2 BetrVG müssen die Kosten für Tätigkeiten angefallen sein, die der Durchführung von Betriebsratsaufgaben dienen.[151] Dazu zählen vor allem Geschäftsführungskosten wie Fahrt- und Reisekosten, Druckkosten für Rundschreiben und Informationsblätter sowie Kosten für die Hinzuziehung eines Sachverständigen (§ 80 Abs. 3 BetrVG) oder Beraters (§ 111 Satz 2 BetrVG). Ebenfalls nach § 40 Abs. 1 BetrVG hat der Arbeitgeber als persönliche Kosten der Betriebsratsmitglieder die von ihnen getätigten Aufwendungen wie Telefonauslagen oder Kosten für Schulungs- und Bildungsveranstaltungen (§ 37 Abs. 4 und 7 BetrVG) zu tragen.[152] Obwohl § 40 Abs. 1 BetrVG nicht ausdrücklich auf die Erforderlichkeit abstellt, hat der Arbeitgeber nach einhelliger Auffassung nur die erforderlichen, d. h. die für die zur ordnungsgemäßen Amtsausübung des Betriebsrats notwendigen Kosten zu tragen.[153] Insoweit besteht auch hier ein Beurteilungsspielraum des Betriebsrats im Hinblick auf die Erforderlichkeit der Kosten, so dass es darauf ankommt, ob das betreffende Betriebsratsmitglied bei gewissenhafter Überlegung und bei vernünftiger Würdigung aller Umstände nach dem Urteil eines vernünftigen Dritten die Kostenverursachung für notwendig halten durfte.[154] Darüber hinaus ist die Kostentragungspflicht durch den aus § 2 Abs. 1 BetrVG abzuleitenden Grundsatz der Verhältnismäßigkeit begrenzt. Danach muss der Aufwand in einem angemessenen Verhältnis zu den betrieblichen Gegebenheiten stehen und der Betriebsrat ist verpflichtet, weniger aufwändige Mittel zu verwenden, soweit sie ihm zur

150 Thies, Kosten und Sachaufwand des Betriebsrats, S. 7.

151 GK-*Weber*, § 40, Rn. 9; H/S/W/G/N/R-*Glock*, § 40, Rn. 10.

152 Vgl. 1. Teil/C. II. 2. a).

153 BAG 27.9.1974 AP Nr. 8 zu § 40 BetrVG 1972; BAG NZA 796, 798; BAG 16.1.2008 AP Nr. 92 zu § 40 BetrVG 1972; GK-*Weber*, § 40, Rn. 10; H/S/W/G/N/R-*Glock*, § 40, Rn. 10; Richardi-*Thüsing*, § 40, Rn. 6.

154 Vgl. 1. Teil/C. II. 2. a).

Verfügung stehen und zur Erfüllung seiner Aufgaben ebenso geeignet sind.[155] Da der Betriebsrat und die Betriebsratsmitglieder bei der Wahrnehmung ihrer gesetzlichen Aufgaben keiner Kontrolle durch den Arbeitgeber unterliegen, brauchen sie keine detaillierte Auskunft über ihre derzeitige oder geplante Tätigkeit zu geben. Soweit der Betriebsrat die Aufwendungen unter Berücksichtigung der genannten Voraussetzungen für erforderlich halten darf, ist eine vorherige Zustimmung des Arbeitgebers grundsätzlich nicht erforderlich.[156]

2. *Abwicklung der Kostentragungspflicht*

§ 40 Abs. 1 BetrVG beschränkt sich seinem Wortlaut nach auf die Feststellung der Kostentragung durch den Arbeitgeber. Wie diese im Einzelnen durchzuführen ist, wenn der Betriebsrat in Kontakt zu Dritten tritt und Rechtsgeschäfte abgeschlossen werden, ist der Vorschrift nicht zu entnehmen. Wie bereits gesehen, kann der Betriebsrat mangels Rechts- und Vermögensfähigkeit im Außenverhältnis selbst nicht Kostenschuldner sein. Daher besteht zum einen die Möglichkeit, dass der Arbeitgeber im Zuge seiner Kostentragungspflicht gemäß § 40 Abs. 1 BetrVG für den Betriebsrat am Rechtsverkehr teilnimmt und die erforderlichen Rechtsgeschäfte selbst abschließt oder sich durch die Mitglieder des Betriebsrats gemäß §§ 164 ff. BGB vertreten lässt.[157] Zum anderen besteht die Möglichkeit, dass die Betriebsratsmitglieder im eigenen Namen oder für das Gremium im Rechtsverkehr auftreten. Das handelnde Betriebsratsmitglied wird dann aus dem abgeschlossenen Rechtsgeschäft selbst verpflichtet. Die entstandenen erforderlichen und verhältnismäßigen Kosten hat der Arbeitgeber nach § 40 Abs. 1 BetrVG zu übernehmen.

a) Inhalt des Anspruchs

Durch § 40 Abs. 1 BetrVG wird im Verhältnis zwischen Betriebsrat und Arbeitgeber ein gesetzliches Schuldverhältnis begründet,[158] aus dem sich unmittelbare Ansprüche des Betriebsrats und der Betriebsratsmitglieder auf Leistungen des

---

155 BAG 28.6.1995 AP Nr. 48 zu § 40 BetrVG 1972; H/S/W/GN/R-*Glock*, § 40, Rn. 10; MHArbR-*Joost*, § 221, Rn. 4; Richardi-*Thüsing*, § 40, Rn. 7; a. A. D/K/K/W-*Wedde*, § 40, Rn. 5; Rieble/Klebeck, NZA 2006, 758, 762 sprechen in diesem Zusammenhang auch vom „Gebot der Sparsamkeit" für den Betriebsrat.

156 BAG NZA 1995, 796, 798; Ehrich/Hoß, NZA 1996, 1075.

157 v. Hoyningen-Huene, FS-Blomeyer, S. 152.

158 Fitting, § 40, Rn. 90, 92; GK-*Weber*, § 40, Rn. 16; Jawad, Rechtsfähigkeit des Betriebsrats, S. 199; MHArbR-*Joost*, § 309, Rn. 30.

Arbeitgebers ergeben können.[159] Ist ein Vertrag mit einem Dritten noch nicht abgeschlossen, kann der Betriebsrat vom Arbeitgeber zunächst beanspruchen, dass dieser die zur Betriebsratstätigkeit erforderlichen Rechtsgeschäfte abschließt.[160] Ist ein Vertragsschluss durch die Betriebsratsmitglieder erfolgt, ohne dass sie vom Arbeitgeber hierzu bevollmächtigt gewesen wären, haben sie im Rahmen der Erforderlichkeit einen vom Anspruch des Betriebsrats abgeleiteten Leistungsanspruch gegenüber dem Arbeitgeber.[161] Inhaltlich sieht dieser entweder Befreiung von der begründeten Verbindlichkeit oder Kostenerstattung vor. Hat ein Betriebsratsmitglied eine eigene Verpflichtung begründet, ist aber noch keine Zahlung an den Gläubiger erfolgt, besteht im Rahmen der erforderlichen und verhältnismäßigen Kosten ein Anspruch auf Befreiung von der Verbindlichkeit gegen den Arbeitgeber gemäß § 257 BGB.[162] Wie der ersatzpflichtige Arbeitgeber die Befreiung vornehmen will, kann er wählen. Zum einen kann er gemäß § 267 BGB als Dritter die Leistung bewirken, wenn der Gläubiger nicht widerspricht, mit der Folge, dass die Schuld des Betriebsratsmitglieds gemäß § 362 BGB erlischt.[163] Zum anderen kann er mit befreiender Wirkung die Schuld nach §§ 414, 415 BGB übernehmen.[164] Wurde die Forderung des Dritten bereits erfüllt, wandelt sich der Anspruch auf Befreiung in einen Erstattungsanspruch gegen den Arbeitgeber um. Dieser folgt nach der ganz überwiegenden Meinung der arbeitsrechtlichen Lehre unmittelbar aus § 40 Abs. 1 BGB und kann ebenfalls auch von den Mitgliedern des Betriebsrats geltend gemacht werden.[165]

b) Nachweispflicht

Die entstandenen Kosten sind vom Betriebsrat bzw. dem Betriebsratsmitglied entsprechend dem Rechtsgedanken des § 666 BGB im Einzelnen nachzuweisen

---

159 GK-*Weber*, § 40, Rn. 16.

160 v. Hoyningen-Huene, FS-Blomeyer, S. 152.

161 BAG 21.11.1978 AP Nr. Nr. 35 zu § 37 BetrVG 1972.

162 BAG 21.11.1978 AP Nr. Nr. 35 zu § 37 BetrVG 1972; GK-*Weber*, § 40, Rn. 17; MHArbR-*Joost*, § 309, Rn. 29.

163 Vgl. Palandt-*Grüneberg*, § 267, Rn. 5 f.

164 Vgl. Palandt-*Grüneberg*, § 257, Rn. 2.

165 BAG 18.1.1989 AP Nr. 28 zu § 40 BetrVG 1972; Fitting, § 40, Rn. 90, 92; GK-*Weber*, § 40, Rn. 17; Jawad, Rechtsfähigkeit des Betriebsrats, S. 199; MHArbR-*Joost*, § 309, Rn. 30. Nach anderer Ansicht folgt die Abwicklung der Kostentragungspflicht nach den allgemeinen zivilrechtlichen Vorschriften des Bürgerlichen Gesetzbuches, da sich § 40 Abs. 1 BetrVG auf die Normierung der Kostentragungspflicht des Arbeitgebers beschränke, vgl. v. Hoyningen-Huene, FS-Blomeyer, S. 141, 148 ff.; Richardi-*Thüsing*, § 40, Rn. 42.

und abzurechnen. Der Arbeitgeber muss durch den Erhalt der Nachweise in der Lage sein, den Umfang der Kostenerstattungspflicht zu prüfen. Nicht erstattungsfähige Beträge muss er erkennen können.[166] Unterbleibt ein ausreichender Nachweis, kann der Arbeitgeber die Befreiung von der Verbindlichkeit oder die Kostenerstattung verweigern.[167] Durch die Abrechnungs- und Nachweispflicht soll sichergestellt werden, dass nur tatsächlich entstandene Kosten vom Arbeitgeber übernommen werden. Auch im Hinblick auf das Benachteiligungs- und Begünstigungsverbot des § 78 Satz 2 BetrVG und den Grundsatz der Unentgeltlichkeit des Ehrenamts spielt der Abrechnungsnachweis eine wichtige Rolle, da hierdurch sichergestellt wird, dass die Mitglieder des Betriebsrats nicht begünstigt oder benachteiligt werden und keine „versteckte" Vergütung erhalten.

3. *Kostenvorschuss*

Da den Betriebsratsmitgliedern nach § 78 Satz 2 BetrVG aus ihrer Amtstätigkeit keine persönlichen Belastungen erwachsen dürfen, sind der Betriebsrat bzw. das einzelne Betriebsratsmitglied berechtigt, für voraussichtliche Aufwendungen einen angemessenen Vorschuss in Form einer Geldleistung von dem Arbeitgeber zu verlangen.[168] Zum Teil wird die rechtliche Grundlage hierfür in § 669 BGB gesehen.[169] Da das Handeln des Betriebsrats und die eingegangenen Verpflichtungen der Betriebsratsmitglieder aber nicht immer dem Interesse des Arbeitgebers entsprechen müssen, dieser die Kosten gemäß § 40 Abs. 1 BetrVG aber zu tragen hat, sind die Vorschriften des Bürgerlichen Gesetzbuches zum Auftrag nicht heranzuziehen. Vielmehr leitet sich die Vorschusspflicht aus dem Gebot der vertrauensvollen Zusammenarbeit der Betriebspartner gemäß § 2 Abs. 1 BetrVG ab.[170] Anstatt für das jeweils geplante Geschäft einen Vorschuss zu zahlen, kann der Arbeitgeber auch zu Gunsten des Betriebsrats einen sog. Dispositionsfond einrichten.[171] Damit stellt der Arbeitgeber einen bestimmten Geldbetrag

166 BAG 28.6.1995 AP Nr. 47 zu § 40 BetrVG 1972; GK-*Weber*, § 40, Rn. 20 f.; H/S/W/G/N/R-*Glock*, § 40, Rn. 91; v. Hoyningen-Huene, FS-Blomeyer, S. 154.

167 BAG 28.6.1995 AP Nr. 47 zu § 40 BetrVG 1972.

168 GK-*Weber*, § 40, Rn. 23 mwN; H/S/W/G/N/R-*Glock*, § 40, Rn. 91; Richardi-*Thüsing*, § 40, Rn. 43; Rosset, Rechtssubjektivität, S. 44 f.; v. Hoyningen-Huene, FS-Blomeyer, S. 141, 154; Witt, Kooperationsmaxime, S. 104, 163.

169 Richardi-*Thüsing*, § 40, Rn. 43; Rosset, Rechtssubjektivität, S. 44.

170 GK-*Weber*, § 40, Rn. 23; Witt, Kooperationsmaxime, S. 104, 163; v. Hoyningen-Huene, FS-Blomeyer, S. 141, 154.

171 GK-*Weber*, § 40, Rn. 24 mwN; H/S/W/G/N/R-*Glock*, § 40, Rn. 73; Richardi-*Thüsing*, § 40, Rn. 43; v. Hoyningen-Huene, FS-Blomeyer, S. 155.

zur Verfügung, den der Betriebsrat ohne sofortige Abrechnung im Einzelfall für die Betriebsratstätigkeit verwenden kann.[172] Eine Abrechnung über die verwendeten Mittel hat in angemessenen Zeitabständen zu erfolgen.[173] Da der Betriebsrat keine generelle sondern nur eine auf das Innenverhältnis beschränkte Rechts- und Vermögensfähigkeit besitzt, kann er nicht Eigentümer des Fonds sein. Als pauschalisierter Vorschuss auf zukünftige Forderungen bleiben die in den Fonds eingezahlten Gelder im Vermögen des Arbeitgebers. Der Betriebsrat kann jedoch bestimmen, zu welchen Zwecken das Geld eingesetzt wird.[174] Der Arbeitgeber kann dem Betriebsrat auch dadurch Geld zur Verfügung stellen, dass er ein Konto mit Verfügungsbefugnis des Betriebsrats einrichtet oder dem Betriebsrat eine Portokasse oder Kreditkarte überlässt.[175]

IV. Koppelungsgeschäfte im Rahmen der betrieblichen Mitbestimmung

Im vierten Teil des Betriebsverfassungsgesetzes finden sich unter der Überschrift „Mitwirkung und Mitbestimmung der Arbeitnehmer“ die Vorschriften zu den Beteiligungsrechten der Arbeitnehmer und des Betriebsrats. Mitwirkung und Mitbestimmung unterscheiden sich vor allem im Hinblick auf die Intensität der Beteiligung. Einfache Mitwirkungsrechte wie die Unterrichtung (z. B. §§ 80 Abs. 2, 81, 90 Abs. 1, 92 Abs. 1 Satz 1, 99 Abs. 1 Satz 1, 111 Satz 1 BetrVG), die Anhörung (§ 102 Abs. 1 BetrVG), die Beratung (z. B. §§ 90 Abs. 2 Satz 1, 106 Abs. 1 Satz 2, 111 Satz 1 BetrVG) oder das Widerspruchsrecht (§ 102 Abs. 3 BetrVG) weisen die schwächeren Beteiligungsformen auf. Sie geben dem Betriebsrat zwar die Möglichkeit, auf die Entscheidung des Arbeitgebers einzuwirken. Der Arbeitgeber bleibt in seiner Entscheidung jedoch frei, so dass es auf einen entgegenstehenden Willen des Betriebsrats letzten Endes nicht ankommt.[176] Das nächststärkere Beteiligungsrecht ist die Zustimmung, die der Betriebsrat unter bestimmten Voraussetzungen verweigern darf, in allen anderen Fällen aber erteilen muss. Verweigert der Betriebsrat seine Zustimmung, so kann der Arbeitgeber beim Arbeitsgericht beantragen, die Zustimmung zu ersetzen (§ 99 BetrVG). Die stärkste Form der Beteiligung bilden die eigentlichen Mitbestimmungsrechte. Hier wirkt der Betriebsrat gleichberechtigt an der Entscheidung des Arbeitgebers mit. Diese „echten“ Mitbestimmungsrechte zeichnen sich dadurch aus, dass

172 Franzen, NZA 2008, 250, 251.
173 GK-*Weber*, § 40, Rn. 24.
174 v. Hoyningen-Huene, FS-Blomeyer, S. 155.
175 v. Hoyningen-Huene, FS-Blomeyer, S. 141, 154.
176 Wiese, Initiativrecht, S. 20.

die Durchführung einer solchen Maßnahme eine Einigung zwischen Betriebsrat und Arbeitgeber zwingend erfordert. Kommt eine Einigung nicht zustande, entscheidet die Einigungsstelle als innerbetriebliche Schlichtungsstelle. Die Zustimmung des Betriebsrats kann nicht durch eine Entscheidung des Arbeitsgerichts ersetzt werden. Der Arbeitgeber ist auch nicht befugt, die Maßnahme ohne Zustimmung des Betriebsrats vorläufig anzuordnen. Eine einseitige Anordnung des Arbeitgebers ist nach der von der herrschenden Meinung in Rechtsprechung und Literatur vertretenen Theorie der notwendigen Mitbestimmung rechtswidrig und unwirksam.[177]

Den Kernbereich der Mitbestimmungsrechte bilden die sozialen Angelegenheiten nach § 87 BetrVG. Daneben sieht das Betriebsverfassungsgesetz Mitbestimmungsrechte des Betriebsrats auch in personellen Angelegenheiten gemäß §§ 94, 95, 98 BetrVG oder im Rahmen der Aufstellung eines Sozialplans gemäß §§ 112, 112 a BetrVG vor. Diese Materien, die eine Einigung der Betriebspartner zwingend erfordern, werden als (zwingend) mitbestimmungspflichtige Angelegenheiten bezeichnet. Sie räumen dem Betriebsrat ein Mitspracherecht hinsichtlich des Inhalts einer Maßnahme ein. Einige der mitbestimmungspflichtigen Angelegenheiten beinhalten neben dem Erfordernis einer Einigung der Betriebspartner ein Initiativrecht des Betriebsrats. Das Initiativrecht berechtigt den Betriebsrat, neue betriebliche Regelungen vorzuschlagen und Änderungen erstmalig anzustoßen. Der Arbeitgeber muss sich dann auf eine Verhandlung über die Vorschläge des Betriebsrats einlassen; nach wie vor ist jedoch eine Einigung Voraussetzung für eine wirksame Umsetzung der Maßnahme. Kommt keine Einigung zustande, kann der Betriebsrat eine Entscheidung der Einigungsstelle herbeiführen. Der Betriebsrat ist somit nicht gezwungen abzuwarten, bis der Arbeitgeber beschließt, eine bestimmte Materie betrieblich zu regeln, sondern kann über die Anrufung der Einigungsstelle einseitig die Regelung einer Materie erzwingen.[178] Initiativrechte des Betriebsrats bestehen in sozialen Angelegenheiten nach § 87 Abs. 1 BetrVG[179], bei der Aufstellung von Auswahlrichtlinien in

---

177 BAG (GS) 3.12.1991 AP Nr. 52 zu § 87 BetrVG 1972 Lohngestaltung; BAGE 109, 369, 377; Fitting, § 87, Rn. 599; GK-*Wiese*, § 87, Rn. 98 ff.; D/K/K/W-*Klebe*, § 87, Rn. 5; a. A. H/S/W/G/N/R-*Worzalla*, § 87, Rn. 103; Richardi-*Richardi*, § 87, Rn. 104 ff.

178 Fritz, Koppelungsgeschäfte, S. 88; Wiese, Initiativrecht, S. 82.

179 BAG 14.11.1974 AP Nr. 1 zu § 87 BetrVG 1972; 12.8.1982 AP Nr. 3 zu § 87 BetrVG 1972 Kurzarbeit; D/K/K/W-*Klebe*, § 87 Rn. 26; Fritz, Koppelungsgeschäfte, S. 92 ff.; Richardi-*Richardi*, § 87, Rn. 65. Unterschiedlich wird teilweise der Umfang des Initiativrechts beurteilt. Streitig ist, ob die Reichweite des Initiativrechts des Betriebsrats mit der des einzelnen Mitbestimmungstatbestands identisch ist oder ob das

Betrieben mit mehr als 500 Arbeitnehmern gemäß § 95 Abs. 2 BetrVG[180], bei der Durchführung betrieblicher Bildungsmaßnahmen in den Grenzen des § 98 Abs. 2 BetrVG[181] sowie bei der Aufstellung des Sozialplans gemäß §§ 112, 112 a BetrVG[182]. In diesen Fällen ist der Betriebsrat auch hinsichtlich des „Ob" der Maßnahme mitbestimmungsberechtigt.

Die Notwendigkeit einer Einigung der Betriebspartner im Bereich der echten Mitbestimmung führt zu einer Abhängigkeit des Arbeitgebers vom Betriebsrat bei der Durchführung mitbestimmungspflichtiger Maßnahmen und stärkt die Verhandlungsposition des Betriebsrats. Nach einer vom Zentrum für Arbeitsbeziehungen und Arbeitsrecht (ZAAR) bundesweit stichprobenartig durchgeführten Umfrage bezeichneten etwa die Hälfte der teilnehmenden Unternehmen die Verschleppung von mitbestimmungspflichtigen Regelungen durch den Betriebsrat als „gängige Praxis". Die Zeitkomponente werde gezielt ausgenutzt, um auf den Arbeitgeber Druck auszuüben oder Maßnahmen zu verhindern. 40 % der befragten Unternehmen gaben an, ihr Betriebsrat stelle sachwidrige Koppelungsforderungen.[183]

1. Begriff des Koppelungsgeschäfts

Ein Koppelungsgeschäft liegt vor, wenn der Betriebsrat seine Zustimmung zu einer mitbestimmungspflichtigen Maßnahme davon abhängig macht, dass der Arbeitgeber in einer anderen Angelegenheit Vorteile gewährt oder sich hierzu verpflichtet.[184] Typischerweise kommen Koppelungsgeschäfte im Bereich der mitbestimmungspflichtigen Angelegenheiten gemäß § 87 BetrVG, dort insbesondere bei einer geplanten vorübergehenden Verkürzung oder Verlängerung der betriebsüblichen Arbeitszeit nach § 87 Abs. 1 Nr. 3 BetrVG oder im Zusammenhang mit der Durchführung eines Interessenausgleichs und der Aufstellung

---

Initiativrecht bei grundsätzlicher Anerkennung in bestimmtem Umfang der Einschränkung bedarf. Eine Untersuchung der einzelnen Tatbestände des § 87 Abs. 1 BetrVG findet sich bei Wiese, Initiativrecht, S. 25 ff.

180 Richardi-*Thüsing*, § 95, Rn. 47.

181 D/K/K/W-*Buschmann*, § 98, Rn. 1; Fritz, Koppelungsgeschäfte, S. 90.

182 Wiese, Initiativrecht, S. 23.

183 Studie des Zentrums für Arbeitsbeziehungen und Arbeitsrecht aus den Jahren 2004/2005 in: Rieble/Klumpp/Gistel, Rechtsmißbrauch in der Betriebsverfassung, Rn. 7, 9.

184 Brandl, Koppelungsgeschäfte, S. 4; Eich, ZfA 1988, 93; Gentz, NZA 2004, 1011; Rieble/Klumpp/Gistel, Rechtsmißbrauch in der Betriebsverfassung, Rn. 76.

eines Sozialplans gemäß §§ 112, 112 a BetrVG zum Tragen.[185] In beiden Fällen verfügt der Betriebsrat über eine besonders starke Verhandlungsposition:

Im Bereich des § 87 Abs. 1 Nr. 3 BetrVG ermöglicht es das zwingende Erfordernis einer Einigung der Betriebspartner dem Betriebsrat, auf den an einer zügigen Durchsetzung der beabsichtigten Maßnahme interessierten Arbeitgeber Druck auszuüben, indem er seine Zustimmung verweigert, um auf die Entscheidung des Arbeitgebers in einer anderen, sachfremden Angelegenheit Einfluss zu nehmen. Für den Arbeitgeber ergibt sich daraus eine Zwangslage, da er nur gemeinsam mit dem Betriebsrat die beabsichtigte Maßnahme rechtswirksam durchführen kann. Zwar steht dem Arbeitgeber die Möglichkeit offen, die Einigungsstelle anzurufen. Dies bringt jedoch zum einen die hohen, vom Arbeitgeber zu tragenden Kosten des Einigungsstellenverfahrens mit sich, zum anderen kann die Anrufung der Einigungsstelle eine erhebliche zeitliche Verzögerung für die Durchführung der beabsichtigten Maßnahme bedeuten.[186] Im Extremfall kann sich die gewünschte Maßnahme bis zum Spruch der Einigungsstelle durch Zeitablauf erledigt haben. Beabsichtigt der Arbeitgeber z. B. eine Verlängerung der betriebsüblichen Arbeitszeit gemäß § 87 Abs. 1 Nr. 3 BetrVG, besteht zudem das Risiko drohender Nutzungs- bzw. Ertragsausfallschäden oder drohender Schadensersatzforderungen von Seiten Dritter, wenn Leistungen nicht rechtzeitig erbracht oder Lieferungen nicht rechtzeitig erfolgen konnten.[187]

Beabsichtigt der Arbeitgeber eine Betriebsänderung i. S. d. § 111 Satz 3 BetrVG, hat er die in §§ 112 ff. BetrVG normierten Voraussetzungen, insbesondere die Vorschriften über die Durchführung eines Interessenausgleichs und die Aufstellung eines Sozialplans, zu berücksichtigen. Unter einem Interessenausgleich nach § 112 Abs. 1 Satz 1 BetrVG versteht das Gesetz die Einigung zwischen Unternehmer und Betriebsrat über die geplante Betriebsänderung. Inhaltlich muss sich die Einigung auf das „Ob“, „Wann“ und „Wie“ der Betriebsänderung beziehen.[188] Ein Sozialplan ist nach der Legaldefinition des § 112 Abs. 1 Satz 2 BetrVG die Einigung der Betriebspartner über den Ausgleich oder die Milderung der wirtschaftlichen Nachteile, die den Arbeitnehmern infolge der Betriebsänderung entstehen. Zwar stellt der Interessenausgleich kein Mitbestimmungsrecht dar, das es dem Betriebsrat ermöglicht, eine Einigung mit dem Arbeitgeber zu

185 Studie des Zentrums für Arbeitsbeziehungen und Arbeitsrecht aus den Jahren 2004/2005 in: Rieble/Klumpp/Gistel, Rechtsmißbrauch in der Betriebsverfassung, Rn. 9, 76, 84; Neef, NZA 1997, 65, 66.

186 Brandl, Koppelungsgeschäfte in der Rechtsordnung, S. 5 f.

187 Rieble/Klumpp/Gistel, Rechtsmißbrauch in der Betriebsverfassung, Rn. 88.

188 Richardi-*Annuß*, § 112, Rn. 13, 14.

erzwingen, da die Einigungsstelle im Interessenausgleichsverfahren eine Einigung gemäß § 112 Abs. 3 Satz 2 BetrVG lediglich zu versuchen hat, sie aber keinen bindenden Einigungsvorschlag machen kann. Der Interessenausgleich muss freiwillig zustande kommen, so dass für den Arbeitgeber der Versuch eines Interessenausgleichs ausreichend ist, um den gesetzlichen Vorgaben zur Durchführung einer Betriebsänderung zu entsprechen.[189] Allerdings sanktioniert § 113 BetrVG sowohl den fehlenden Versuch eines Interessenausgleichs durch den Arbeitgeber als auch die Abweichung von einem geschlossen Interessenausgleich mit dem Entstehen von Nachteilsausgleichsansprüchen der gekündigten Arbeitnehmer. Bei der Aufstellung eines Sozialplans ist gemäß § 112 Abs. 4 BetrVG hingegen eine Einigung der Betriebspartner über den Sozialplan zwingend erforderlich. Kommt keine Einigung zustande, entscheidet die Einigungsstelle über die Aufstellung eines Sozialplans. Beide Instrumente können den Unternehmer dazu veranlassen, den Betriebsrat zu einem für ihn wohlwollenden Verhalten zu bewegen, da sie Voraussetzung einer Betriebsänderung sind. In der Regel wird der Unternehmer die Betriebsänderung auch schnell durchführen wollen. Denn wird eine geplante Betriebsänderung bekannt, kann dies zur Folge haben, dass es zu Absatzschwierigkeiten der Produkte des Unternehmens kommt und innerhalb der Belegschaft große Unruhe und Unsicherheit entsteht, solange nicht klar ist, ob Rationalisierungsmaßnahmen getroffen werden sollen. Auch der Sanierungserfolg eines Unternehmens kann von einer zügigen Durchführung der Betriebsänderung abhängen, da mögliche Investoren oder Übernahmeinteressenten verunsichert sein könnten.[190]

Dieses „Dilemma aus Zeitdruck und Einigungszwang“[191] führt häufig dazu, dass der Betriebsrat an den Arbeitgeber herantritt und mitteilt, seine Zustimmung zu einer beabsichtigten mitbestimmungspflichtigen Maßnahme zu verweigern, sollte der Arbeitgeber nicht auf die Forderung des Betriebsrats eingehen. Lässt sich der Arbeitgeber darauf ein und „erkauft“ sich die Zustimmung zu einer die Beschäftigten belastenden Maßnahme, indem er die Forderung des Betriebsrats erfüllt, liegt ein Koppelungsgeschäft vor.

2. *Zulässigkeit der Zustimmungsverweigerung*

Es liegt in der Natur der Sache, dass Arbeitgeber und Betriebsrat im Ausgangspunkt regelmäßig von unterschiedlichen Interessen geleitet werden und daher

189 Richardi-*Annuß*, § 112, Rn. 23.

190 Neef, NZA 1997, 65, 66.

191 Fritz, Koppelungsgeschäfte, S. 4.

versuchen, ihre eigenen Anliegen bestmöglich durchzusetzen. Die betriebliche Mitbestimmung soll vor diesem Hintergrund gewährleisten, dass Arbeitgebermaßnahmen arbeitnehmerinteressengerecht umgesetzt werden. Um für alle Beteiligten akzeptable Lösungen zu erreichen, ist das Ziel der Verhandlung regelmäßig ein Kompromiss. Dafür ist auch erforderlich, dass der Betriebsrat auf die beabsichtigte Maßnahme nicht nur mit Zustimmung oder Ablehnung reagieren darf, sondern dass er seine Zustimmung auch an kompensierende Bedingungen knüpfen kann, ohne die die Maßnahme sonst scheitern würde.[192] Insofern ist es dem Betriebsrat grundsätzlich nicht verwehrt, mit dem Arbeitgeber zu verhandeln. Es liegt aber auf der Hand, dass es eine Grenze des rechtlich zulässigen Verhandelns geben muss. Diese Grenze wird im zweiten Teil der Arbeit unter strafrechtlichen Gesichtspunkten untersucht. Es wird der Frage nachgegangen, ob die soeben beschriebene Art der „Verhandlung" durch Verknüpfung von Zustimmung und Gegenleistung eine Nötigung gemäß § 240 StGB darstellt, d. h., ob der Arbeitgeber durch die in Aussicht gestellte Zustimmungsverweigerung derart unter Druck gesetzt wird, dass eine Sanktionierung mit den Mitteln des Strafrechts notwendig erscheint. Dabei kommt es darauf an, ob der Betriebsrat das ihm zustehende Mitbestimmungsrecht nach freiem Belieben ausüben und damit auch seine Zustimmung nach freiem Belieben verweigern darf oder ob er hierbei gebunden ist.

Stimmt der Betriebsrat einer vom Arbeitgeber geplanten Maßnahme nicht zu, ist zu unterscheiden, ob er seine Zustimmung nur aus bestimmten Gründen verweigern kann oder ob er in seiner Entscheidung grundsätzlich frei ist. Im Bereich der Mitbestimmung bei personellen Einzelmaßnahmen gemäß § 99 Abs. 2 BetrVG hat der Gesetzgeber bestimmte abschließende Zustimmungsverweigerungsgründe vorgegeben. Nur unter diesen Voraussetzungen kann der Betriebsrat seine Zustimmung verweigern. Ist keiner der vorgegebenen Zustimmungsverweigerungsgründe gegeben, hat der Betriebsrat seine Zustimmung zu erteilen. Verweigert er sie aus anderen Gründen, ist die Weigerung unzulässig und somit unbeachtlich.

Nicht so eindeutig lässt sich hingegen die Frage beantworten, ob und in welchem Umfang der Betriebsrat im Rahmen der „echten" Mitbestimmungsrechte seine Zustimmung verweigern darf. Dort hat der Gesetzgeber keine Verweigerungsgründe festgelegt, so dass der Betriebsrat das Mitbestimmungsrecht nach pflichtgemäßem Ermessen auszuüben hat.[193] Allerdings darf er sich hierbei nach

---

192 Rieble, Klumpp, Gistel, Rechtsmißbrauch in der Betriebsverfassung, Rn. 66.
193 GK-*Wiese*, § 87, Rn. 84.

dem Grundsatz der vertrauensvollen Zusammenarbeit gemäß § 2 Abs. 1 BetrVG ausschließlich von sachlichen Erwägungen leiten lassen.[194] Da die Vorschrift eine Konkretisierung des allgemein geltenden Grundsatzes von Treu und Glauben ist, sind die zu § 242 BGB entwickelten Grundsätze auch bei der Ausübung der Mitbestimmungsrechte zu berücksichtigen.[195] Eine der zu § 242 BGB entwickelten Fallgruppen ist die der unzulässigen Rechtsausübung, die sich auf die zu missbilligende, gegenwärtige Ausübung eines Rechts bezieht.[196] Danach ist die Ausübung eines Rechts unzulässig, wenn dafür offensichtlich jedes eigene, schützenswerte Interesse fehlt und sie lediglich auf die Benachteiligung der anderen Seite abzielt.[197] Verweigert der Betriebsrat seine Zustimmung ohne Angabe von Gründen aus völlig fernliegenden Gründen, allein um die Umsetzung einer Maßnahme zu verhindern und den Arbeitgeber dadurch zu schädigen, ist weder ein schützenswertes Interesse des Betriebsrats noch der Arbeitnehmer erkennbar. Die Zustimmungsverweigerung ist in diesen Fällen rechtsmissbräuchlich und somit unzulässig.[198] Aber auch unterhalb der Willkürgrenze stellt sich die Frage, ob und unter welchen Voraussetzungen der Betriebsrat seine Zustimmung verweigern darf.

a) Zustimmungsverweigerung nicht an bestimmte Gründe gebunden

Die Rechtsprechung und ein Teil des Schrifttums ziehen aus den in § 99 Abs. 2 BetrVG abschließend geregelten Zustimmungsverweigerungsgründen den Umkehrschluss, dass im Bereich der echten Mitbestimmung mangels explizit genannter Verweigerungsgründe der Betriebsrat bei der Verweigerung seiner Zustimmung nicht an bestimmte Gründe gebunden sei.[199] Der Betriebsrat sei daher berechtigt, seine Zustimmung aus von ihm für sinnvoll gehaltenen Gründen zu verweigern. Er sei lediglich durch den Grundsatz der vertrauensvollen Zusammenarbeit eingeschränkt, im Übrigen aber in seiner Entscheidung frei.[200]

194 Rieble, Klumpp, Gistel, Rechtsmißbrauch in der Betriebsverfassung, Rn. 66.

195 H/S/W/G/N/R-*Worzalla*, § 87, Rn. 74; Richardi-*Richardi*, § 2, Rn. 19.

196 MK/BGB-*Roth/Schubert*, § 242, Rn. 235.

197 Witt, BB 1986, 2194; ders., Kooperationsmaxime, S. 130.

198 Rieble, Klumpp, Gistel, Rechtsmißbrauch in der Betriebsverfassung, Rn. 61.

199 LAG Düsseldorf, Beschlus v. 12.12.2007, Az. 12 TaBVGa 8/07; LAG Hamm, Beschluss v. 9.2.2007, Az. 10 TaBV 54/06; Hessisches LAG, Beschluss v. 13.10.2005, Az. 5/9 TaBV 51/05, das aber einen sachlichen Bezug zum Zweck des Mitbestimmungsrechts fordert; LAG Nürnberg, Beschluss v. 06.11.1990, NZA 1991, 281; Arbeitsgericht Hamburg, AiB 1994 120; D/K/K/W-*Klebe*, § 87, Rn. 9; MHArbR-*Matthes*, § 242, Rn. 42 f.

200 v. Hoyningen-Huene, DB 1987, 1426, 1427.

b) Zustimmungsverweigerung an den Normzweck gebunden

Dieser Umkehrschluss vermag jedoch nicht zu überzeugen. Zum einen scheitert eine solche Schlussfolgerung bereits an der Vergleichbarkeit der beiden Vorschriften. Der Anwendungsbereich des § 87 Abs. 1 BetrVG umfasst, anders als die Vorschrift § 99 BetrVG, eine solche Bandbreite an möglichen Verhandlungsgegenständen und Verhandlungspositionen, dass eine ausdrückliche Aufzählung von Verweigerungsgründen nicht möglich und auch nicht sinnvoll wäre. Gäbe der Gesetzgeber einen Katalog an Zustimmungsverweigerungsgründen vor, ginge zudem der dem Betriebsrat zustehende weite Beurteilungsspielraum verloren, der es ihm ermöglicht, auf die einzelnen Regelungsmaterien einzugehen.[201] Zum anderen ist nicht alles, was das Betriebsverfassungsgesetz nicht ausdrücklich verbietet, automatisch erlaubt.[202] Mit der ganz überwiegenden Meinung im Schrifttum ist die äußerste Grenze für Einwände und Bedenken gegen eine Maßnahme nach § 87 Abs. 1 BetrVG in dem Normzweck des jeweiligen Mitbestimmungstatbestands zu sehen.[203] Diese Beschränkung in der Ausübung der Mitbestimmungsrechte folgt aus dem Gebot der vertrauensvollen Zusammenarbeit gemäß § 2 Abs. 1 BetrVG. Anders als zwei Kaufleute des Vertragsrechts, die grundsätzlich alles miteinander vereinbaren dürfen, sind dem Betriebsrat nur bestimmte Kompetenzen eingeräumt.[204] Da der Betriebsrat kein originärer Träger von Privatautonomie ist, leitet er seine Aufgaben nicht aus unmittelbar eigenen Rechten her, sondern ausschließlich aus der gesetzlichen Aufgabenübertragung. Dieser zugewiesene Aufgabenbereich legt zugleich die Grenzen seines Handelns fest. Die gewährten Mitbestimmungsrechte werden ihrerseits durch den Zweck des jeweiligen Rechts beschränkt. Auch die Zustimmungsverweigerung muss somit denjenigen Interessen Rechnung tragen, um derentwillen dem Betriebsrat das Mitbestimmungsrecht zusteht.[205] Da die Sachverhalte, die eine Mitbestimmung des Betriebsrats in sozialen Angelegenheiten erfordern, nicht derart präzise und eng gefasst werden können, dass eine abschließende

---

201 Brandl, Koppelungsgeschäfte, S. 149; Konzen, FS-Zöllner, 799, 819; Rieble, Klumpp, Gistel, Rechtsmißbrauch in der Betriebsverfassung, Rn. 78.

202 Rieble, Klumpp, Gistel, Rechtsmißbrauch in der Betriebsverfassung, Rn. 79.

203 Brandl, Koppelungsgeschäfte, S. 150 f; Brossette, ZfA, 379, 398 ff.; Gentz, NZA 2004, 1011; GK-*Franzen*, § 2, Rn. 14; Franzen, ZfA 2005, 315, 343 f.; Konzen, FS-Zöllner, 799, 819; Rieble, Klumpp, Gistel, Rechtsmißbrauch in der Betriebsverfassung, Rn. 66; Rückert, Koppelungsgeschäfte, S. 64 ff.; Worzalla, Mitbestimmung des Betriebsrats in Eil- und Notfällen, S. 103.

204 Brossette, ZfA 1992, 379, 399.

205 Brandl, Koppelungsgeschäfte, S. 150; Franzen, ZfA 2005, 315, 344.

Aufzählung aller Gestaltungsvarianten möglich wäre, sind die Grenzen der Mitbestimmung nicht ohne weiteres klar zu erkennen und der Schutzzweck des Mitbestimmungstatbestands ist insofern durch Auslegung zu ermitteln. Dieser liegt in aller Regel im Schutz der Arbeitnehmer, wobei es aber nicht generell um einen unbestimmten und unlimitierten Arbeitnehmerschutz, sondern um Arbeitnehmerinteressen und Arbeitnehmerschutz in dem gesetzlich umschriebenen Sachbereich geht.[206] Um im Einzelfall festzustellen, ob sich der Betriebsrat in den Grenzen seines Mitbestimmungsrechts bewegt, ist der Schutzzweck des jeweiligen Mitbestimmungstatbestands zu ermitteln. Dieser ist dann mit den vom Betriebsrat angeführten Verweigerungsgründen zu vergleichen. Stimmen die beiden Zwecke nicht überein, ist die Weigerung normzweckwidrig und damit unberechtigt.[207] Der Betriebsrat hat seine Zustimmung zu erteilen. Gleiches gilt für das Koppelungsgeschäft. Dieses stellt eine missbräuchliche Rechtsausübung dar, wenn der durch das Koppelungsansinnen verfolgte Zweck über den Normzweck des Mitbestimmungsrechts hinausgeht.[208]

V. Arbeitskampfverbot

§ 74 Abs. 2 BetrVG statuiert als Konkretisierung des Gebots der vertrauensvollen Zusammenarbeit die Friedenspflicht für Arbeitgeber und Betriebsrat innerhalb des Betriebs. Hierdurch sollen der Betriebsfrieden und der störungsfreie Arbeitsablauf gewährleistet werden.[209] § 74 Abs. 2 BetrVG enthält dazu drei abgestufte, sich ergänzende Verbote: das Verbot des Arbeitskampfes zwischen Arbeitgeber und Betriebsrat, das Verbot parteipolitischer Betätigung sowie das allgemeine Verbot jeglicher Betätigung, durch die der Arbeitsablauf oder der Frieden des Betriebs beeinträchtigt wird:

> *„Maßnahmen des Arbeitskampfes zwischen Arbeitgeber und Betriebsrat sind unzulässig; Arbeitskämpfe tariffähiger Parteien werden hierdurch nicht berührt. Arbeitgeber und Betriebsrat haben Betätigungen zu unterlassen, durch die der Arbeitsablauf oder der Frieden des Betriebs beeinträchtigt werden. Sie haben jede parteipolitische Betätigung im Betrieb zu unterlassen; die Behandlung von Angelegenheiten tarifpolitischer, sozialpolitischer, umweltpolitischer und wirtschaftlicher Art, die den Betrieb oder seine Arbeitnehmer unmittelbar betreffen, wird hierdurch nicht berührt."*

---

206 Gentz, NZA 2004, 1011, 1012.

207 Brandl, Koppelungsgeschäfte, S. 141; Rieble, Klumpp, Gistel, Rechtsmißbrauch in der Betriebsverfassung, Rn. 61.

208 Brandl, Koppelungsgeschäfte, S. 141; Rieble, Klumpp, Gistel, Rechtsmißbrauch in der Betriebsverfassung, Rn. 77 ff.

209 GK-*Kreutz*, § 74, Rn. 33.

Insbesondere das in Satz eins enthaltene Arbeitskampfverbot kann in strafrechtlicher Hinsicht Bedeutung erlangen, wenn der Betriebsrat einen Arbeitskampf initiiert, um gegenüber dem Arbeitgeber ein für die Belegschaft günstiges Verhalten durchzusetzen. Es stellt sich dann die Frage, ob ein solches Verhalten die Tatbestände der Nötigung gemäß § 240 StGB und, soweit das Vermögen des Arbeitgebers berührt ist, der Erpressung gemäß § 253 StGB erfüllt.

Das betriebsverfassungsrechtliche Arbeitskampfverbot gemäß § 74 Abs. 2 Satz 1 1. HS BetrVG trägt dem Umstand Rechnung, dass Arbeitskämpfen einerseits ein natürlicher Interessengegensatz über die Ausgestaltung von Arbeits- und Wirtschaftsbedingungen zwischen Arbeitnehmern und Arbeitgebern zugrunde liegt,[210] andererseits die Konzeption des Betriebsverfassungsgesetzes von einer Kooperation der Betriebspartner ausgeht.[211] Auch wenn zwischen Betriebsrat und Arbeitgeber gegensätzlich gelagerte Interessen bestehen, haben sie diese dem Wohl des Betriebs als gemeinsamem Interesse unterzuordnen. Aus diesem Grund sind zur Sicherung des Betriebsfriedens und des Arbeitsablaufs den Verbotsadressaten des § 74 Abs. 2 Satz 1 1. HS BetrVG Maßnahmen des Arbeitskampfes untersagt.

1. *Maßnahmen und Mittel des Arbeitskampfes*

Gemäß § 74 Abs. 2 Satz 1 1. HS BetrVG sind Maßnahmen des Arbeitskampfes zwischen Betriebsrat und Arbeitgeber sind unzulässig. Eine Definition des Begriffs Arbeitskampf findet sich im Gesetz nicht. Nach einhelliger Auffassung im Schrifttum bildet die Bezeichnung Arbeitskampf den Oberbegriff für alle zielgerichteten kollektiven Störungen der arbeitsvertraglichen Beziehungen durch die Arbeitgeber- oder Arbeitnehmerseite, um zur Erreichung eines bestimmten Ziels Druck auf die andere Seite auszuüben.[212] Ein solches Verständnis steht im Einklang mit der Rechtsprechung des Bundesarbeitsgerichts, das schon in einer Entscheidung aus dem Jahr 1958 als Arbeitskampfmaßnahmen alle Maßnahmen, „*die den Verhandlungspartner bewusst und gewollt unter den unmittelbaren Druck eingeleiteter Arbeitskämpfe setzen und damit seine Entscheidungsfreiheit beeinträchtigen sollen*“, bezeichnet hat. Kampfmaßnahmen in diesem Sinne seien alle Maßnahmen, die an die Stelle des freien Verhandelns den Zwang zum Bewilligen der Forderung des Partners oder jedenfalls ein Nachgeben setzten,

---

210 Kissel, Arbeitskampfrecht, § 36, Rn. 1.

211 BVerfGE 50, 290, 372; vgl. 1. Teil/C. I.

212 GK-*Kreutz*, § 74, Rn. 46; H/S/W/G/N/R-*Worzalla*, § 74, Rn. 11; Kissel, Arbeitskampfrecht, § 13, Rn. 3; MüArb-*Ricken*, § 193, Rn. 3.

und zwar aus Furcht vor den Nachteilen oder Verlusten, die der Arbeitskampf mit sich bringe.[213] Keine Arbeitskampfmaßnahme liegt dagegen vor, wenn auf die Gegenseite zwar Druck ausgeübt wird, es aber zu keiner kollektiven Störung der Arbeitsbeziehungen kommt. Nicht unter das Arbeitskampfverbot fällt damit beispielsweise die Drohung des Betriebsrats, die Einigungsstelle anzurufen oder ein arbeitsgerichtliches Verfahren einzuleiten, um dadurch psychologischen Druck auf den Arbeitgeber auszuüben. Ebenso handelt es sich nicht um eine Arbeitskampfmaßnahme des Betriebsrats, wenn er seine Zustimmung in einer mitbestimmungspflichtigen Angelegenheit davon abhängig macht, dass der Arbeitgeber in einer anderen Angelegenheit Zugeständnisse macht.[214] Wegen des absoluten Verbotscharakters ist es für die Unzulässigkeit des jeweiligen Kampfmittels nach § 74 Abs. 2 Satz 1 1. HS BetrVG gleichgültig, ob es nach allgemeinem Arbeitskampfrecht zulässig oder rechtswidrig ist.[215] Das klassische Arbeitskampfmittel der Arbeitnehmerseite ist der Streik. Daneben kommen als sonstige Arbeitskampfmittel der Arbeitnehmer Betriebsbesetzungen und Betriebsblockaden, Boykott, die verabredete, individualrechtliche Krankmeldung (sog. Go sick) oder Massenkündigungen seitens der Arbeitnehmer in Betracht.[216] Die Arbeitskampfmittel Streik, Betriebsbesetzung und Betriebsblockade werden im Folgenden näher dargestellt.

a) Streik

Die Störung der Arbeitsbeziehungen durch die Arbeitnehmerseite erfolgt in der Regel durch Streik. Kennzeichen eines Streiks ist die vollständige oder teilweise Verweigerung der arbeitsvertraglichen Beziehungen durch die Arbeitnehmer. In der Grundform des Streiks soll durch die gemeinschaftliche Vorenthaltung der geschuldeten Arbeitsleistung der Produktionsablauf im Betrieb gestört werden, um dadurch Druck auf den Arbeitgeber auszuüben, dass er die vorenthaltene Arbeitskraft nicht unter Fortführung des Betriebes wirtschaftlich nutzen kann, er an der Weiterführung des Betriebs gehindert wird und ihm dadurch wirtschaftliche Nachteile entstehen.[217] Ziel eines Streiks ist es, die Verhandlungsbereitschaft des Arbeitgebers zu beeinflussen und eine für die Arbeitnehmer positive Regelung einer bestimmten Angelegenheit zu erzielen. Neben dieser

---

213 BAG 31.10.1958 AP Nr. 2 zu § 1 TVG Friedenspflicht.

214 GK-*Kreutz*, § 74, Rn. 47.

215 GK-*Kreutz*, § 74, Rn. 47; Zöllner/Loritz/Hergenröder, Arbeitsrecht, § 41, Rn. 1.

216 Vgl. die vertiefende Darstellung der einzelnen Kampfmittel, insbesondere der Arbeitnehmerseite bei Kissel, Arbeitskampfrecht, § 14, Rn. 1 ff.; § 61, Rn. 1 ff.

217 Kissel, Arbeitskampfrecht, § 14, Rn. 1 f.; Zechlin, Sreik, Strafrecht, Polizei, S. 42.

Grundform gibt es zahlreiche andere Erscheinungsformen des Streiks. So kann ein Streik etwa auch in der Form geführt werden, dass nicht die an sich geschuldete Arbeitsleistung gänzlich oder partiell vorenthalten wird, sondern (auch) zusätzliche Arbeitsleistungen wie Überstunden oder Sonntagsarbeit verweigert werden. Varianten einer solchen beschränkten Leistungsverweigerung sind beispielsweise der Bummelstreik[218] oder der „Dienst nach Vorschrift", bei dem durch betont korrekte Einhaltung der für die Arbeitsleistung bestehenden Vorschriften die geschuldete Arbeitsleistung verzögert wird.[219]

b) Betriebsbesetzung und Betriebsblockade

Um die Wirkungen des Streiks zu verstärken und über die Verweigerung der eigenen Arbeitsleistung hinaus die komplette Produktion lahmzulegen, kann ein Streik von Betriebsbesetzungen und Betriebsblockaden begleitet werden. Beide Kampfmittel gehen qualitativ und quantitativ über die Verweigerung der vertragsgemäßen Arbeitsleistung hinaus und bezwecken den Entzug der Verfügungsgewalt des Arbeitgebers über seine Produkte und Produktionsmittel. Die mit diesen Arbeitskampfmitteln bezweckte Zwangswirkung auf den Arbeitgeber resultiert aus dem mit der kollektiven Störung verbundenen Gewinnausfall des Arbeitsgebers und dem damit verbundenen wirtschaftlichen Druck.[220]

Der Begriff der Betriebsbesetzung bezeichnet die vollständige oder teilweise Inbesitznahme des Betriebs durch die Arbeitnehmer von innen heraus. Dies geschieht durch Verweilen der schon Anwesenden und durch Eindringen von Arbeitnehmern gegen den Willen des Arbeitgebers.[221] Ziel der Streikenden ist es, über die eigene Arbeitsniederlegung hinaus durch ihre Anwesenheit im Betrieb auf Arbeitswillige Einfluss zu nehmen und deren Arbeitsleistung zu unterbinden.[222] Hierbei sind die unterschiedlichsten Erscheinungsformen in der Durchführung der Besetzung denkbar. So kann sich die Besetzung auf ein passives Verweilen am streikbedingt leer stehenden Arbeitsplatz beschränken, ohne dass der arbeitsvertraglich geschuldeten Tätigkeit nachgegangen wird.[223] Denkbar

218 Vgl. hierzu Kissel, Arbeitskampfrecht, § 14, Rn. 17.

219 Vgl. hierzu Kissel, Arbeitskampfrecht, § 61, Rn. 8, 10.

220 Wesch, Neue Arbeitskampfmittel, S. 28.

221 Berghaus, Betriebsbesetzung und Betriebsblockade, S. 13; Loritz, DB 1987, 223; v. Hoyningen-Huene, JuS 1987, 505, 512.

222 Kissel, Arbeitskampfrecht, § 61, Rn. 57; Wesch, Neue Arbeitskampfmittel, S. 26.

223 Davon abzugrenzen ist der Sitzstreik. Dieses Kampfmittel hat mit der Betriebsbesetzung gemeinsam, dass die beteiligten Arbeitnehmer sich im Betrieb aufhalten, ohne zu arbeiten. Bei der Abgrenzung ist auf den Grund der Anwesenheit im Betrieb

ist auch, dass die Streikenden aktiv Einfluss nehmen auf Arbeitswillige und Betriebsmittel, insbesondere technische Apparaturen, die zur Aufrechterhaltung der Produktion erforderlich sind. Die Übergänge vom bloßen Überreden zum Bedrohen oder gewaltsamen Abhalten Arbeitswilliger von ihrer Arbeit, dem Absperren einzelner Räumlichkeiten bis hin zu ganzen Betriebsteilen sowie von der einfachen Behinderung der Produktion zur Produktionsunterbrechung sind dabei fließend möglich.[224] Die Inbesitznahme des Betriebs durch die Streikenden beschränkt die Möglichkeit des Arbeitgebers, über die Produktionsmittel und Produkte zu disponieren, und entzieht ihm die Verfügungsgewalt hierüber.[225] Dabei macht es keinen Unterschied, ob die Besetzer den Einsatz der Produktionsmittel aktiv mit Gewalt oder passiv allein durch ihre Anwesenheit be- oder verhindern.[226]

Bei einer Betriebsblockade erfolgt die Beeinträchtigung des Betriebsablaufs von außen. Die Streikenden, sog. Streikposten, blockieren Zugänge und Zufahrten des bestreikten Betriebs. Durch die Bildung von Streikketten zu einer Menschenmauer oder durch Sperrungen der Zu- und Abfahrtswege mittels Kraftfahrzeugen oder anderen Gegenständen wird der Betrieb von außen abgesperrt und der Betriebsablauf gestört.[227] Dadurch sollen arbeitswillige Arbeitnehmer am Betreten des Betriebs gehindert werden, um Streikarbeit unmöglich zu machen. Zudem sollen Zulieferungen verhindert werden, die zur Fortführung des Betriebs notwendig sind, und Auslieferungen hergestellter Produkte unmöglich gemacht werden, mit der Folge, dass ein vertragsgemäßes Verhalten des Arbeitgebers gegenüber Dritten verhindert wird.[228] Eine Betriebsblockade liegt unter arbeitskampfrechtlichen Gesichtspunkten aber nicht erst dann vor, wenn der Betrieb völlig abgeriegelt ist, sondern bereits bei behindernden, aber

abzustellen: Bei einem Sitzstreik soll der Störungseintritt wegen des Arbeitsausfalls eintreten; um eine Betriebsblockade handelt es sich, wenn die Wirkung der jeweiligen Aktion gerade durch die Anwesenheit der Streikenden im Betrieb erzielt werden soll; vgl. Berghaus, Betriebsbesetzung und Betriebsblockade, S. 14; Wesch, Neue Arbeitskampfmittel, S. 16.

224 Wesch, Neue Arbeitskampfmittel, S. 26.

225 Berghaus, Betriebsbesetzung und Betriebsblockade, S. 14; Wesch, Neue Arbeitskampfmittel, S. 26.

226 Wesch, Neue Arbeitskampfmittel, S. 26.

227 BAG NJW 1989, 1881, 1882; LAG Köln DB 1984, 2095; LAG Schleswig-Holstein DB 1987, 55; Berghaus, Betriebsbesetzung und Betriebsblockade, S. 19; Wesch, Neue Arbeitskampfmittel, S. 27.

228 LAG Köln DB 1984, 2095; LAG Schleswig-Holstein DB 1987, 55; Kissel, Arbeitskampfrecht, § 61, Rn. 101.

nicht verhindernden Maßnahmen.[229] Als blockierende Maßnahmen gelten auch die Bildung enger, aber passierbarer Gassen[230], die Schaffung überwindbarer Hindernisse oder Barrieren oder die Beschränkung der Blockade auf einzelne Zu- und Ausfahrten.[231] Keine Betriebsblockade stellen solche Maßnahmen dar, deren behindernde Wirkung so marginal ist, dass das Passieren Arbeitswilliger oder anderer Personen nicht feststellbar zeitlich verzögert und erschwert wird.[232] Auch die Blockade besteht somit in einem Entzug der Verfügungsgewalt des Arbeitgebers über die Produktionsmittel und Produkte.[233]

2. *Umfassendes Kampfverbot*

Die Adressaten des Arbeitskampfverbots unterliegen einem totalen Kampfverbot. Sie dürfen selbst absolut keine Kampfmaßnahmen gegeneinander vornehmen, gleichgültig welches Ziel sie verfolgen.[234] Soweit ein Arbeitskampf tariffähiger Parteien im Gange ist, haben sich die Betriebsparteien streng neutral zu verhalten und alles zu unterlassen, was geeignet erscheint, den Verhandlungspartner bewusst und gewollt unter den unmittelbaren Druck eingeleiteter Arbeitskämpfe zu setzen und damit seine Entschließungsfreiheit zu beeinträchtigen.[235] Untersagt sind den Adressaten des Arbeitskampfverbotes alle Entscheidungen und Ausführungsakte, die auf Druckausübung mittels kollektiver Störung der Arbeitsbeziehung gerichtet sind, um ein bestimmtes Ziel zu erreichen. Neben unmittelbaren Teilnahmeakten, haben sie auch alle Leitungs- und Organisationsmaßnahmen, alle Einleitungs- und Vorbereitungsmaßnahmen sowie jegliche Unterstützungsmaßnahmen zu unterlassen.[236] Dazu zählen beispielsweise der Aufruf zu einem Streik, die Einteilung von Streikposten, die Sammlung von Geldern zugunsten Streikender des eigenen Betriebs oder anderer Betriebe oder die Zurverfügungstellung von Räumen des Betriebsrats für

---

229 Berghaus, Betriebsbesetzung und Betriebsblockade, S. 20.

230 Sog. 3-Meter-Gasse, LAG Köln DB 1984, 2095, 2097.

231 LAG Schleswig-Holstein DB 1987, 55.

232 Berghaus, Betriebsbesetzung und Betriebsblockade, S. 20.

233 Berghaus, Betriebsbesetzung und Betriebsblockade, S. 21.

234 BAG 17.12.1976 AP Nr. 52 zu Art. 9 GG Arbeitskampf; GK-*Kreutz*, § 74, Rn. 51; H/S/W/G/N/R-*Wozalla*, § 74, Rn. 11; Wiese, NZA 1984, 378, 379; a. A. Seiter, Streikrecht und Aussperrungsrecht, S. 422, wonach nur Maßnahmen mit Zielen, die in den Zuständigkeitsbereich des Betriebsrats fallen, untersagt sind.

235 ArbG Elmshorn DB 1978, 1965.

236 GK-*Kreutz*, § 74, Rn. 50, 68.

Streikzwecke.[237] Auch die Drohung mit einem Arbeitskampf sowie die an die Arbeitnehmer gerichtete Aufforderung, die Arbeit niederzulegen, sind als verbotene Kampfmaßnahmen zu qualifizieren.[238] Eine gegen das Arbeitskampfverbot verstoßende Unterstützungshandlung des Betriebsrats liegt auch dann vor, wenn er nach außen hin bewusst gewerkschaftliche Forderungen unterstützt, die geeignet sind, einen schwelenden Tarifkonflikt im gewerkschaftlichen Sinne zu entscheiden. Das kann z. B. die Ankündigung sein, ohne Rücksicht auf den Einzelfall der Anordnung von Überstunden nicht zuzustimmen.[239] Eines Nachweises der Besorgnis einer konkreten Gefährdung des Betriebsfriedens und des Betriebsablaufs durch die Arbeitskampfmaßnahmen bedarf es für einen Verstoß gegen § 74 Abs. 2 Satz 1 1 .HS BetrVG nicht, so dass das Arbeitskampfverbot in seiner Ausgestaltung mit den abstrakten Gefährdungsdelikten im Strafrecht vergleichbar ist.[240]

Das Arbeitskampfverbot gilt nur zwischen Arbeitgeber und Betriebsrat. § 74 Abs. 2 Satz 1 2. HS BetrVG stellt dies klar. Arbeitskämpfe tariffähiger Parteien werden durch das Verbot des ersten Halbsatzes nicht berührt. Arbeitskämpfe, die den allgemeinen Rechtmäßigkeitsvoraussetzungen entsprechen, sind uneingeschränkt zulässig.[241]

3. *Adressaten des Arbeitskampfverbots*

Verbotsadressaten sind nach dem Wortlaut des § 74 Abs. 2 Satz 1 1. HS BetrVG der Arbeitgeber und der Betriebsrat als Gremium. Über den Gesetzeswortlaut hinaus wenden die arbeitsgerichtliche Rechtsprechung und der überwiegende Teil der Vertreter im Schrifttum das Arbeitskampfverbot auch auf die einzelnen Betriebsratsmitglieder an, soweit ihre Stellung als Amtsträger betroffen ist.[242] Auch den Mitgliedern des Betriebsrats sind insofern jegliche Kampfmaßnahmen untersagt. Sie dürfen in ihrer Eigenschaft als Betriebsratsmitglied zu einem Arbeitskampf weder aufrufen, diesen organisieren noch an einem vom Betriebsrat getragenen Arbeitskampf teilnehmen. Dies wird zutreffend damit begründet, dass der Betriebsrat nur durch seine Mitglieder handlungsfähig sei und das Arbeitskampfverbot unterlaufen werden

---

237 GK-*Kreutz*, § 74, Rn. 68; H/S/W/G/N/R-*Worzalla*, § 74, Rn. 11.

238 Brox/Rüthers, Arbeitskampfrecht, Rn. 410; GK-*Kreutz*, § 74, Rn. 50.

239 ArbG Elmshorn DB 1978, 1965; H/S/W/G/N/R-*Worzalla*, § 74, Rn. 11.

240 Roß, Das Arbeitskampfverbot des Betriebsrats, S. 7.

241 Kissel, Arbeitskampfrecht, § 36, Rn. 10.

242 BAG 21.2.1978 AP Nr. 1 zu § 74 BetrVG 1972; GK-*Kreutz*, § 74, Rn. 38; Kissel, Arbeitskampfrecht, § 36, Rn. 19; a. A. Däubler-*Schumann*, Arbeitskampfrecht, Rn. 175 (2. Auflage).

könnte, indem einzelne Betriebsratsmitglieder Kampfmaßnahmen anstelle des Betriebsrats ergreifen.[243] Das Verbot des § 74 Abs. 2 Satz 1 1. HS BetrVG knüpft jedoch ausschließlich an die betriebsverfassungsrechtliche Stellung der Betriebsratsmitglieder als Amtsträger an. Als Arbeitnehmer des Betriebs sind die Mitglieder des Betriebsrats nicht gehindert, an einem rechtmäßigen Arbeitskampf einer tariffähigen Partei teilzunehmen.[244] Dies folgt auch aus § 74 Abs. 3 BetrVG, wonach Arbeitnehmer, die im Rahmen des Betriebsverfassungsgesetzes Aufgaben übernehmen, hierdurch in der Betätigung für ihre Gewerkschaft auch im Betrieb nicht beschränkt werden. Die Betriebsratsmitglieder müssen jedoch während des Arbeitskampfes ihr Amt und ihre Rechtsstellung als Arbeitnehmer scharf auseinanderhalten, was in der Praxis oftmals Schwierigkeiten bereitet.[245]

VI. Geheimhaltungspflicht der Betriebsratsmitglieder

1. Betriebsverfassungsrechtlicher Geheimnisschutz

Die umfassenden Aufgaben des Betriebsrats, insbesondere die Wahrnehmung der Mitwirkungs- und Mitbestimmungsrechte durch den Betriebsrat, setzen eine entsprechende Information durch den Arbeitgeber voraus. Ohne adäquate Information des Betriebsrats und der Belegschaft wäre eine sinnvolle Mitbestimmung nicht möglich. Das Betriebsverfassungsgesetz sieht daher neben der allgemeinen Unterrichtungspflicht des Arbeitsgebers gemäß § 80 Abs. 2 BetrVG zahleiche weitere Informationspflichten vor.[246] Das Gegenstück zu diesen Informationspflichten des Arbeitgebers bildet die betriebsverfassungsrechtliche Verschwiegenheitspflicht der Betriebsratsmitglieder gemäß § 79 Abs. 1 BetrVG:

> *„Die Mitglieder und Ersatzmitglieder des Betriebsrats sind verpflichtet, Betriebs- oder Geschäftsgeheimnisse, die ihnen wegen ihrer Zugehörigkeit zum Betriebsrat bekannt geworden und vom Arbeitgeber ausdrücklich als geheimhaltungsbedürftig bezeichnet worden sind, nicht zu offenbaren und nicht zu verwerten. Dies gilt auch nach dem Ausscheiden aus dem Betriebsrat. Die Verpflichtung gilt nicht gegenüber Mitgliedern des Betriebsrats. (…).“*

Die Vorschrift bildet die Grundlage des betriebsverfassungsrechtlichen Geheimnisschutzes und wird im zweiten Teil der Arbeit von Bedeutung für die Beurteilung einer etwaigen Strafbarkeit von Betriebsratsmitgliedern wegen der Verletzung von Betriebs- und Geschäftsgeheimnissen sein. Die Regelung in § 79 Abs. 1

243 Kissel, Arbeitskampfrecht, § 36, Rn. 19.
244 GK-*Kreutz*, § 74, Rn. 38.
245 MHArbR-*v. Hoynigen-Huene*, § 214, Rn. 10.
246 Vgl. §§ 89 Abs. 2, 90, 92 Abs. 1, 99 Abs. 1, 100 Abs. 2, 105, 106 ff. BetrVG.

BetrVG knüpft an die betriebsverfassungsrechtliche Stellung der genannten, zur Geheimhaltung verpflichteten Amtsträger an. Von der Verschwiegenheitspflicht sind daher nur solche Betriebs- und Geschäftsgeheimnisse erfasst, von denen die Verpflichteten aufgrund ihrer Zugehörigkeit zum Betriebsrat Kenntnis erlangt haben.[247] Darin kommt zum Ausdruck, dass die Pflicht zur Geheimhaltung nach § 79 BetrVG eine Amtspflicht der Betriebsratsmitglieder begründet.[248]

Der Begriff des Geschäfts- und Betriebsgeheimnisses in § 79 Abs. 1 Satz 1 BetrVG wird weder im Betriebsverfassungsgesetz noch in anderen Gesetzen, die ihn verwenden, definiert. Rechtsprechung und Lehre verstehen darunter Tatsachen, Erkenntnisse und Unterlagen, die mit dem technischen Betrieb und seinen Abläufen oder mit der wirtschaftlichen Betätigung des Unternehmens im Zusammenhang stehen und nur einem begrenzten Personenkreis zugänglich und bekannt sind.[249] Hierzu zählen technische Geräte und Maschinen, Erfindungen oder Herstellungsverfahren (Betriebsgeheimnisse) ebenso wie Kalkulationsunterlagen, Kundenlisten, eingeleitete oder abgeschlossene Verhandlungen oder der Inhalt von Geschäftsbeziehungen (Geschäftsgeheimnisse).[250] An der Geheimhaltung der Tatsachen, Erkenntnisse und Unterlagen muss ein berechtigtes Interesse bestehen (sog. materielles Geheimnis), was immer dann gegeben ist, wenn die Tatsache für die Wettbewerbsfähigkeit des Unternehmens von Bedeutung ist.[251] Ist die Tatsache jedermann bekannt oder ohne weiteres zugänglich, entfällt die Verschwiegenheitspflicht wegen Offenkundigkeit.[252] Hierfür ist entscheidend, ob den Umständen nach mit einer Geheimhaltung durch diese Personen oder mit einer Weitergabe an Dritte zu rechnen ist. Nicht ausreichend ist es, dass die Tatsache einem im Wesentlichen geschlossenen Personenkreis bekannt ist.[253]

Liegt ein Geschäfts- oder Betriebsgeheimnis nach objektiven Kriterien vor, hängt die Geheimhaltungspflicht nach § 79 Abs. 1 BetrVG davon ab, dass der

---

247 GK-*Oetker*, § 79, Rn. 21.

248 GK-*Oetker*, § 79, Rn. 21; Hitzfeld, Geheimnisschutz im Betriebsverfassungsrecht, S. 59; H/S/W/G/N/R-*Nicolai*, § 79, Rn. 2.

249 BGH 1.7.1960 AP Nr. 1 zu § 611 BGB; 27.2.1987 AP Nr. 2 zu § 79 BetrVG 1972; GK-*Oetker*, § 79, Rn. 8; Köhler/Bornkamm-*Köhler*, UWG, § 17, Rn. 4; Richardi-*Thüsing*, § 79, Rn. 4.

250 BGH NJW-RR 2003, 618, 620; NZA-RR 2008, 421 ff. (Betriebsgeheimnisse); 26.2.1987 AP Nr. 2 zu § 79 BetrVG 1972; GRUR 2006 1044, 1045 (Geschäftsgeheimnisse); GK-*Oetker*, § 79, Rn. 11 mwN.

251 BAG 15.12.1987 AP Nr. 5 zu § 611 BGB Betriebsgeheimnis; W/P/K-*Preis*, § 79, Rn. 2; GK-*Oetker*, § 79, Rn. 10.

252 BAG 26.2.1987 AP Nr. 2 zu § 79 BetrVG 1972.

253 GK-*Oetker*, § 79, Rn. 9.

Arbeitgeber dieses ausdrücklich als geheimhaltungspflichtig erklärt hat. Erst dadurch entsteht die Geheimhaltungsverpflichtung (sog. formelles Geheimnis).[254] Die Erklärung des Arbeitgebers muss den Gegenstand der Geheimhaltung hinreichend umschreiben und aus sich selbst heraus klar und eindeutig die Geheimhaltungsbedürftigkeit erkennen lassen.[255] Nicht ausreichend ist es, wenn sich die Geheimhaltungsbedürftigkeit nur aus den Umständen ergibt.[256] Sind diese Voraussetzungen gegeben, besteht eine Geheimhaltungspflicht der Betriebsratsmitglieder an den ihnen mitgeteilten Umständen.

Die Geheimhaltungspflicht untersagt es den Betriebsratsmitgliedern, ein Betriebs- oder Geschäftsgeheimnis im vorgenannten Sinne zu offenbaren und zu verwerten. Das Merkmal des Offenbarens bezeichnet die Weitergabe des Geheimnisses an andere. Ein Verwerten ist gegeben, wenn das Geheimnis wirtschaftlich, zum Zwecke der Gewinnerzielung ausgenutzt wird.[257] Neben den ausdrücklich genannten Mitgliedern und Ersatzmitgliedern des Betriebsrats ist auch der Betriebsrat als Gremium zur Verschwiegenheit verpflichtet.[258]

Teilweise wird vorgeschlagen, in den Fällen, in denen die Betriebsratsmitglieder mit vertraulichen Informationen des Arbeitgebers in Berührung kommen, die Voraussetzungen einer Geheimhaltungspflicht nach § 79 Abs. 1 BetrVG jedoch nicht vorliegen, eine Pflicht zur Geheimhaltung aus dem Gebot der vertrauensvollen Zusammenarbeit gemäß § 2 Abs. 1 BetrVG begründen.[259] Dagegen spricht jedoch, dass – auch wenn es grundsätzlich möglich ist, über das Gebot der vertrauensvollen Zusammenarbeit als subsidiär anspruchserzeugende Generalklausel Pflichten zu begründen oder zu ergänzen – es sich bei der Vorschrift des § 79 BetrVG um eine abschließende Regelung handelt, die eine Ergänzung durch die Generalklausel verbietet.[260] Allerdings kann die Vorschrift des § 2 Abs. 1 BetrVG als allgemeine Rechtsausübungsschranke zum Tragen kommen, wenn die Weitergabe von Informationen eine missbräuchliche Rechtsausübung darstellt.[261]

---

254 GK-*Oetker*, § 79, Rn. 15; Richardi-*Thüsing*, § 79, Rn. 6.

255 H/S/W/G/N/R-*Nicolai*, § 79, Rn. 6.

256 Richardi-*Thüsing*, § 79, Rn. 6.

257 GK-*Oetker*, § 79, Rn. 30.

258 BAG 26.2.1987 AP Nr. 2 zu § 79 BetrVG 1972; GK-*Oetker*, § 79, Rn. 27.

259 H/S/W/G/N/R-*Nicolai*, § 79, Rn. 8; Richardi-*Thüsing*, § 79, Rn. 9; Stege/Weinspach, § 79, Rn. 6.

260 Hitzfeld, Geheimnisschutz im Betriebsverfassungsrecht, S. 74 f.; Witt, Kooperationsmaxime, S. 81, 88 f.

261 Ausführlich hierzu: Hitzfeld, Geheimnisschutz im Betriebsverfassungsrecht, S. 75 ff.; Witt, Kooperationsmaxime, S. 60 f., 130 f.

2. *Arbeitsvertraglicher Geheimnisschutz*

Neben der betriebsverfassungsrechtlichen Geheimhaltungspflicht besteht eine allgemeine arbeitsvertragliche Geheimhaltungspflicht der Betriebsratsmitglieder. Diese leitet sich aus den zwischen den Arbeitsvertragsparteien bestehenden Treuepflichten ab, aufgrund derer der Arbeitnehmer innerhalb eines fremden Arbeits- und Lebensbereichs die berechtigten Interessen des Arbeitgebers nicht schädigen darf und sie im Rahmen des Zumutbaren wahrzunehmen hat.[262] Aus der Treuepflicht als arbeitsvertraglicher Nebenpflicht ist der Arbeitnehmer verpflichtet, über Dinge, die er aufgrund seiner Beschäftigung erfährt, Verschwiegenheit zu bewahren, soweit an ihrer Geheimhaltung ein berechtigtes Interesse des Arbeitgebers besteht.[263] Anders als die betriebsverfassungsrechtliche Geheimhaltungspflicht erstreckt sich die allgemeine arbeitsvertragliche Verpflichtung zur Verschwiegenheit nicht nur auf Betriebs- und Geschäftsgeheimnisse, sondern auf alle Geheimnisse und vertraulichen Angelegenheiten, so dass auch sonstige schützenswerte betriebliche und persönliche Angelegenheiten einbezogen sind.[264] Zudem ist es unerheblich, auf welche Weise der Geheimnisträger Kenntnis von den Geheimnissen oder sonstigen vertraulichen Vorgängen erlangt hat. Auch eine ausdrückliche Anordnung vertraulicher Behandlung ist anders als bei § 79 Abs. 1 BetrVG nicht erforderlich.[265] Die arbeitsvertragliche Geheimhaltungspflicht wirkt insofern als Auffangtatbestand gegenüber § 79 Abs. 1 BetrVG. Offenbart und/oder verwertet ein Betriebsratsmitglied unbefugt ein Geheimnis i. S. d. § 79 Abs. 1 Satz 1 BetrVG ist zugleich die arbeitsvertragliche Geheimhaltungspflicht verletzt.[266]

3. *Weitere Verschwiegenheitspflichten*

Auch außerhalb des Schutzes von Betriebs- und Geschäftsgeheimnissen sind der Betriebsrat und seine Mitglieder zur Verschwiegenheit verpflichtet. In Bezug auf Informationen über persönliche Verhältnisse und Angelegenheiten der Arbeitnehmer, von denen der Betriebsrat und die Betriebsratsmitglieder im Rahmen der Mitbestimmung in personellen Einzelmaßnahmen Kenntnis erlangen, ist

---

262 BAG 20.1.1981 AP Nr. 4 zu § 611 BGB Schweigepflicht; ErfK-*Kania*, 210, § 79, Rn. 16; Hueck/Nipperdey, Lehrbuch des Arbeitsrechts I, S. 241 ff.

263 Hitzfeld, Geheimnisschutz im Betriebsverfassungsrecht, S. 46.

264 GK-*Oetker*, § 79, Rn. 53.

265 ErfK-*Kania*, 210, § 79, Rn. 16; GK-*Oetker*, § 79, Rn. 53.

266 ErfK-*Kania*, 210, § 79, Rn. 16; GK-*Oetker*, § 79, Rn. 53; a. A. D/K/K/W-*Buschmann*, § 79, Rn. 32, wonach § 79 BetrVG eine abschließende Sonderregelung darstellt.

nach § 99 Abs. 1 Satz 3 BetrVG Stillschweigen zu bewahren. Dabei ordnet das Gesetz eine entsprechende Anwendung des § 79 Abs. 1 Sätze 2–4 BetrVG ausdrücklich an. Dasselbe gilt für im Rahmen der Betriebsratsanhörung bei Kündigungen erlangte Informationen gemäß § 102 Abs. 1 Satz 5 BetrVG. Stillschweigen ist ferner im Zusammenhang mit dem Anhörungs- und Erörterungsrecht der Arbeitnehmer gemäß § 82 Abs. 2 Satz 3 sowie bei der Einsicht in Personalakten gemäß § 83 Abs. 1 Satz 3 BetrVG vorgeschrieben.[267]

267 W/P/K-*Preis*, § 79, Rn. 20.

2. Teil: Strafrechtliche Untersuchung

Im zweiten Teil der Arbeit werden nun einzelne Straftatbestände untersucht, die bei einer Verletzung der soeben dargestellten betriebsverfassungsrechtlichen Ge- und Verbote berührt sein könnten. Dabei erfolgt die Prüfung der einzelnen Tatbestände jeweils anhand eines möglichst aktuellen Fallbeispiels aus der arbeitsgerichtlichen Rechtsprechung oder der Praxis der Strafverfolgung. Bevor die strafrechtliche Untersuchung der Straftatbestände erfolgt, ist zunächst der Frage nachzugehen, ob die durch das Betriebsverfassungsgesetz angesprochenen Normadressaten Täter der zu untersuchenden Tatbestände sein können. Adressaten der betriebsverfassungsrechtlichen Ge- und Verbote sind je nach Norm der Betriebsrat als Gremium, die einzelnen Betriebsratsmitglieder oder beide gemeinsam.

A. Strafrechtliche Verantwortlichkeit der betriebsverfassungsrechtlichen Normadressaten

Die Strafvorschriften des Besonderen Teils des Strafgesetzbuches kennzeichnen in der Regel Handlungen von Einzelpersonen, wobei Täter der namenlose „Wer" ist, der alle Merkmale des Tatbestands in eigener Person verwirklicht.[268] Er ist unmittelbarer Täter i. S. d. § 25 Abs. 1 1. Alt. StGB. Für die Bestimmung des potenziellen Täterkreises im Rahmen der vorliegenden Untersuchung bedeutet dies, dass zunächst das unmittelbar handelnde Betriebsratsmitglied, das alle Merkmale eines Straftatbestands in eigener Person verwirklicht, Täter sein kann. Dies kann je nach Fallkonstellation jedes Mitglied des Betriebsrats oder aber bei einem mehrgliedrigen Betriebsrat der Betriebsratsvorsitzende sein, der einen durch das Gremium gefassten Beschluss vollzieht. Da das deutsche Strafrecht eine Strafbarkeit juristischer Personen oder von Organisationen nicht kennt, können nur natürliche Personen als Täter bestraft werden.[269] Eine strafrechtliche Haftung des Betriebsrats als Gremium kommt demnach nicht in Betracht.

Es ist somit zu klären, ob und inwieweit auch eine strafrechtliche Einzelverantwortlichkeit der an der Beschlussfassung beteiligten Betriebsratsmitglieder

268 Jescheck/Weigand, Strafrecht AT, S. 643.

269 Jescheck/Weigand, Strafrecht AT, S. 227; MK-*Joecks*, Vor § 25, Rn. 16; Sch/Sch-*Heine*, Vorbem §§ 25 ff., Rn. 119.

besteht. Es stellt sich die Frage, ob der tatbestandliche Erfolg eines Delikts nicht nur auf das Handeln des Betriebsratsvorsitzenden, sondern auch auf das vorangegangene Stimmverhalten der übrigen Betriebsratsmitglieder zurückzuführen ist. Das Problem hierbei besteht in der Begründung der Kausalität des jeweiligen Abstimmungsverhaltens im Gremium für den tatbestandlichen Erfolg. Denn eine Strafbarkeit eines einzelnen, an einem rechtswidrigen Beschluss mitwirkenden Betriebsratsmitglieds setzt voraus, dass gerade sein Verhalten ursächlich für den eingetretenen Erfolg war. Das rechtlich zu bewertende aktive Tun der Betriebsratsmitglieder liegt darin, dass diese in einer Abstimmung einen Beschluss des Inhalts fassen, eine bestimmte Maßnahme zu ergreifen, die dann durch den Vorsitzenden gemäß § 26 Abs. 2 Satz 1 BetrVG vollzogen wird und gegebenenfalls gegen Strafgesetze verstößt. Anknüpfungspunkt ist somit das Abstimmungsverhalten des einzelnen Betriebsratsmitglieds im Gremium. Dieses stellt die Handlung dar, die auf ihre Ursächlichkeit für den späteren strafrechtlichen Erfolg zu überprüfen ist.[270] Dabei ist im Folgenden zu unterscheiden, ob die Entscheidung mit der Mehrheit von nur einer Stimme zustande kommt oder ob mehr Stimmen, als für die Mehrheit erforderlich sind, zu verzeichnen sind (sog. überbedingter Erfolg oder solide Mehrheit).

I. Entscheidung mit der Mehrheit einer Stimme

Zur Feststellung der Kausalität eines Einzelverhaltens im Hinblick auf den tatbestandlichen Erfolg werden in Rechtsprechung und Lehre im Wesentlichen die Äquivalenztheorie einschließlich ihrer Abwandlungen und die Lehre von der gesetzmäßigen Bedingung vertreten.

1. *Kausalität des Stimmverhaltens nach der Äquivalenztheorie in Verbindung mit der conditio sine qua non-Formel*

Die Äquivalenztheorie geht davon aus, dass alle Bedingungen, die einen Erfolg mitverursacht haben, gleichwertig (äquivalent) und damit als strafrechtlich relevante Ursachen zu betrachten sind. Jede Bedingung eines Erfolgs ist gleich wesentlich oder doch nur relativ ungleich wesentlich und damit eben notwendig für diesen.[271] In dieser Grundaussage der Gleichwertigkeit aller Bedingungen entspricht die Äquivalenztheorie der herrschenden Meinung in Rechtsprechung

---

270 Schaal, Strafrechtliche Verantwortlichkeit bei Gremienentscheidungen, S. 22.

271 Schaal, Strafrechtliche Verantwortlichkeit bei Gremienentscheidungen, S. 22; Spendel, Die Kausalitätsformel der Bedingungstheorie für die Handlungsdelikte, S. 10; v. Buri, Über Causalität und deren Verantwortung, S. 1 ff.

und Lehre.[272] Nicht einheitlich beantwortet wird hingegen die Frage, nach welchem Verfahren zu ermitteln ist, ob ein menschliches Verhalten als Bedingung für einen Erfolg anzusehen ist.[273] Die Rechtsprechung und eine in der Lehre verbreitete Auffassung wenden auf dieser Grundlage das hypothetische Eliminationsverfahren der conditio sine qua non-Formel an, wonach eine Handlung für den Erfolg kausal ist, die nicht hinweggedacht werden kann, ohne dass der Erfolg entfiele.[274]

Erfolgt die Entscheidung des Betriebsrats mit der Mehrheit von einer Stimme, lässt sich auf dieser Grundlage unproblematisch die Ursächlichkeit des Abstimmverhaltens des einzelnen Betriebsratsmitglieds bejahen: Denn es kann keine der die Mehrheit tragenden Stimmen hinweggedacht werden, ohne dass zugleich die Mehrheit und damit auch der Beschluss mit den von ihm ausgehenden Folgen entfiele. In der Konsequenz kommt eine strafrechtliche Verantwortlichkeit all derjenigen Betriebsratsmitglieder in Betracht, die für eine Beschlussvorlage votiert haben, bei deren Umsetzung Strafgesetze verletzt werden.

2. *Kausalität des Stimmverhaltens nach Lehre von der gesetzmäßigen Bedingung*

Ein Teil der Lehre folgt der auf *Engisch* zurückgehenden Lehre von der gesetzmäßigen Bedingung.[275] Diese Lehre geht wie die Bedingungstheorie von der Gleichwertigkeit aller Ursachen aus. Sie lehnt jedoch die Ermittlung des Kausalzusammenhangs anhand der conditio sine qua non-Formel ab, da diese Verursachungszusammenhänge nicht aus sich selbst heraus erklären könne, sondern im Vorhinein ein allgemeines Kausalgesetz formuliert werden müsse, das den

272 BGHSt 1, 332, 333; 2, 20, 24; 49, 1, 3; Baumann/Weber/Mitsch, Strafrecht AT, § 14, Rn. 19 ff.; Fischer, Vor § 13, Rn. 21; Jescheck/Weigand, Strafrecht AT, S. 279; Krey/Esser, Strafrecht AT, § 11, Rn. 306; Rengier, Strafrecht AT, § 13, Rn. 3; Sch/Sch-*Lenckner/Eisele*, Vorbem §§ 13 ff., Rn. 76; Wessels/Beulke, Strafrecht AT, Rn. 156.

273 Schaal, Strafrechtliche Verantwortlichkeit bei Gremienentscheidungen, S. 23.

274 BGHSt 1, 332, 333; 2, 20, 24; 49, 1, 3; Arzt, JA 1980, 553; Krey/Esser, Strafrecht AT, § 11, Rn. 320; Maurach/Zipf, Strafrecht AT 1, § 18, Rn. 17; Baumann/Weber/Mitsch, Strafrecht AT, § 14, Rn. 19 ff.; Fischer, Vor § 13, Rn. 21 ff.; Rengier, Strafrecht AT, § 13, Rn. 12; Schlüchter, JuS 1976, 312 ff., 382 ff.

275 Engisch, Die Kausalität als Merkmal der strafrechtlichen Tatbestände, S. 21; Jescheck/Weigand, Strafrecht AT, S. 283; Kühl, Strafrecht AT, § 4, Rn. 22; MK-*Freund*, Vor §§ 13 ff., Rn. 334 f; Roxin, Strafrecht AT 1, § 11, Rn. 15; Sch/Sch-*Lenckner/Eisele*, Vorbem §§ 13 ff., Rn. 74 f.; SK-*Rudolphi*, Vor § 1, Rn. 1.

Schluss von einer Voraussetzung auf eine bestimmte Folge erlaube.[276] Zur Feststellung der Kausalität i. S. d. Lehre der gesetzmäßigen Bedingung kommt es darauf an, ob sich an eine Handlung zeitlich nachfolgende Veränderungen in der Außenwelt angeschlossen haben, die mit der Handlung (natur)gesetzmäßig verbunden waren und sich als tatbestandsmäßiger Erfolg darstellen. Zur Verdeutlichung hat *Engisch* folgende Formel gebildet: Der Sachverhaltskomplex K sei daraufhin zu untersuchen, ob bei Hinzutreten eines Umstandes U die Folge F eintrete.[277] Die Lehre von der gesetzmäßigen Bedingung fragt also nicht danach, was bei Hinwegdenken der strafrechtlich zu beurteilenden Handlung passiert wäre, sondern sie untersucht ausschließlich den gegebenen, d. h. den real vorhandenen Wirkungsmechanismus.[278]

Auch nach der Lehre von der gesetzmäßigen Bedingung kann die Kausalität des Stimmverhaltens im Falle der Entscheidung mit der Mehrheit von einer Stimme, beispielsweise einer 2:1 Entscheidung, ohne Schwierigkeiten festgestellt werden. Denn bei der Untersuchung der Kausalität der einzelnen Stimme (Umstand) ist die jeweils andere Stimme dem Sachverhaltskomplex hinzuzufügen, da nur beide Beiträge gemeinsam die Folge auslösen.

II. Entscheidung mit solider Mehrheit

Kommt die Entscheidung mit mehr Stimmen zustande, als für die Mehrheit erforderlich sind, lässt sich die Kausalität des einzelnen Votums nicht mehr ohne weiteres feststellen. In diesem Fall kann nämlich jede beliebige Stimme separat hinweggedacht werden, ohne dass der Erfolg entfiele und auch eine Gesetzmäßigkeit des Stimmverhaltens lässt sich nicht zweifelsfrei feststellen. Wie die Frage der Kausalität des Stimmverhaltens bei Entscheidungen mit solider Mehrheit zu lösen und eine strafrechtliche Verantwortlichkeit der für eine entsprechende Beschlussvorlage stimmenden Mitglieder begründet werden kann, wird in Rechtsprechung und Lehre unterschiedlich beurteilt. Der ganz überwiegende Teil des strafrechtlichen Schrifttums sieht auch in den Fällen des überbedingten Erfolges unter Zuhilfenahme und Weiterentwicklung der conditio sine qua non-Formel und der Lehre von der gesetzmäßigen Bedingung die Ursächlichkeit jeder für die Beschlussvorlage abgegebenen Stimme als für den tatbestandlichen Erfolg

---

276 Wessels/Beulke, Strafrecht AT, Rn. 156.

277 Engisch, Die Kausalität als Merkmal der strafrechtlichen Tatbestände S. 21, 24 f.; Jescheck/Weigand, Strafrecht AT, S. 283.

278 Engisch, Die Kausalität als Merkmal der strafrechtlichen Tatbestände, S. 26; Weißer, Kausalitäts- und Täterschaftsprobleme, S. 114.

gegeben. Der Bundesgerichtshof hingegen misst der Kausalitätsfrage keine Bedeutung bei und begründet die strafrechtliche Verantwortlichkeit der für den Beschluss stimmenden Gremiumsmitglieder über die Zurechnungsfigur der Mittäterschaft nach § 25 Abs. 2 StGB.[279]

1. Kausalität des Stimmverhaltens nach der Äquivalenztheorie in Verbindung mit der conditio sine qua non-Formel

Zur Begründung der Ursächlichkeit eines Einzelverhaltens bei Gremiumsentscheidungen mit solider Mehrheit wird in der Literatur zum Teil auf die Äquivalenztheorie und ihre zusätzlichen Anwendungsregeln zurückgegriffen. Wie im Folgenden zu zeigen sein wird, kann auf dieser Grundlage nach der hier vertretenen Auffassung jedoch keine überzeugende Begründung für die Kausalität des einzelnen Votums in den Fällen eines überbedingten Erfolgs geliefert werden.

a) Der Erfolg in seiner konkreten Gestalt

Nach herrschender Meinung ist Bezugspunkt der Kausalitätsprüfung nach der Äquivalenztheorie der Erfolg in seiner konkreten Gestalt unter Einbeziehung aller zu ihm führenden Zwischenglieder.[280] Die Erfolgskonkretisierung dient vor allem dem Zweck, Reserveursachen, die über einen hypothetischen Kausalverlauf den Erfolg ebenfalls bewirkt hätten, auszuschließen.[281] Entscheidend für die Beschreibung des Erfolgs ist dessen individuelle zeitlich räumliche Gestalt.[282] Zur Begründung der Kausalität genügt jede Modifizierung des Erfolgs.[283]

Mit dem Erfolg in seiner konkreten Gestalt als Bezugspunkt der Kausalitätsprüfung lässt sich, so scheint es, die Ursächlichkeit jeder Stimme auch bei Vorliegen mehrerer überschüssiger Stimmen begründen: Zwar könnte in den Fällen des überbedingten Erfolgs auch bei Fehlen einer Stimme ein inhaltsgleicher Beschluss zustande kommen; dem Beschluss läge jedoch eine andere Stimmmehrheit zugrunde (z. B. eine 2:1 anstatt einer 3:0 Entscheidung). Zählt man jedoch die dem Beschluss

---

279 BGHSt 37, 106, 129; ausführlich zur der Problematik der Kausalität bei Gremiumsentscheidungen vgl. Knauer, Die Kollegialentscheidung im Strafrecht; Schaal, Strafrechtliche Verantwortlichkeit bei Gremienentscheidungen.

280 BGHSt 1, 332, 333; 2, 20, 24; 49, 1, 3; Arzt, JA 1980, 553; Krey/Esser, Strafrecht AT, § 11, Rn. 307; Maurach/Zipf, Strafrecht AT, § 18, Rn. 20; Baumann/Weber/Mitsch, Strafrecht AT, § 14, Rn. 19 ff.; Fischer, Vor § 13, Rn. 21 ff.; Rengier, Strafrecht AT, § 13, Rn. 12; Schlüchter, JuS 1976, 312 ff., 382 ff.

281 Schaal, Strafrechtliche Verantwortlichkeit bei Gremienentscheidungen, S. 24.

282 Schlüchter, JuS 1976, 378, 381.

283 Roxin, Strafrecht AT 1, § 11, Rn. 21.

zugrunde liegenden Mehrheitsverhältnisse zum konkreten tatbestandlichen Erfolg, lässt sich die Ursächlichkeit jeder Stimme begründen, da es sich bei jeder Veränderung der Stimmverteilung um eine andere Erfolgsgestalt handeln würde.[284]

Allerdings besteht im Rahmen der Lehre der Erfolgskonkretisierung die Gefahr, dass durch eine extensive Definition des Erfolgs die Kausalitätsprüfung manipuliert und aufgeweicht wird. Schwierigkeiten bereitet es, die für den tatbestandsmäßigen Erfolg relevanten Umstände von irrelevanten Begleiterscheinungen und von vor dem Erfolg liegenden Teilen des Geschehensablaufs abzugrenzen.[285] Es darf nämlich gerade nicht das als kausal vorausgesetzt werden, was als kausal erwiesen werden soll.[286] Der konkrete Geschehensablauf, der als möglicher Kausalverlauf Gegenstand der Untersuchung ist, darf nicht in den Erfolgsbegriff mit aufgenommen werden. Unter Berücksichtigung dieser Prämisse wird man die Mehrheitsverhältnisse im Gremium nicht zum Erfolg in seiner konkreten Gestalt zählen können. Denn wird aufgrund eines entsprechenden Beschlusses des Gremiums eine bestimmte Handlung vorgenommen, die zu einem bestimmten Zeitpunkt, an einem bestimmten Ort und auf eine bestimmte Art und Weise zu einem tatbestandlichen Erfolg führt, so bleibt es ohne jede Auswirkung auf die Gestalt dieses Erfolges, mit welcher Stimmverteilung der Beschluss gefasst wurde. Das Abstimmungsverhalten modifiziert die Gestalt des letztlich eingetretenen Erfolgs in keiner Weise.[287] Würde man die Mehrheitsverhältnisse zum konkreten Erfolg zählen, würde man die Kausalität derjenigen Umstände, die nachgewiesen werden soll, bereits als kausal voraussetzen. Die Ursächlichkeit der einzelnen Stimme im Gremium lässt sich daher nicht über die Lehre von der Erfolgskonkretisierung begründen.

b) Kein Fall kumulativer Kausalität

Teilweise wird im Schrifttum die Ansicht vertreten, in den Fällen des überbedingten Erfolgs bei der Abstimmung handele es sich um einen Fall kumulativer Kausalität: Jede Stimme sei eine für sich allein nicht wirksame Ursache, sondern entfalte erst mit den anderen Stimmen zusammen ihre Wirksamkeit.[288] Bei genauer Betrachtung der mit solider Mehrheit gefassten Gremiumsentscheidungen stellt

284 Schaal, Strafrechtliche Verantwortlichkeit bei Gremienentscheidungen, S. 25. Schlüchter, JuS 1976, 378, 381.
285 Kühl, Strafrecht AT, § 4, Rn. 15.
286 Engisch, Die Kausalität als Merkmal der strafrechtlichen Tatbestände, S. 16.
287 Schaal, Strafrechtliche Verantwortlichkeit bei Gremienentscheidungen, S. 29.
288 Roxin, Strafrecht AT 1, § 11, Rn. 19; Baumann/Weber/Mitsch, Strafrecht AT, § 14, Rn. 37; Weber, BayVBl. 1989, 166, 168 f.

man fest, dass sich die Einzelvoten jeweils gedanklich eliminieren lassen, ohne dass der Erfolg entfiele.[289] Ein Fall kumulativer Kausalität liegt jedoch nur dann vor, wenn die von mehreren Beteiligten unabhängig voneinander vorgenommenen Handlungen erst durch ihr Zusammenwirken den Erfolg herbeiführen, der Erfolg bei Hinwegdenken einer Handlung also entfiele.[290]

c) Kein Fall alternativer Kausalität

Das Problem der Kausalität des Einzelvotums lässt sich auch nicht über die Figur der alternativen Kausalität lösen. Alternative Kausalität liegt nach allgemeinem Verständnis vor, wenn zwei oder mehrere Täter unabhängig voneinander eine Bedingung setzen, von denen jede einzelne ausgereicht hätte, den Erfolg herbeizuführen.[291] Für diese Fälle wurde die conditio sine qua non-Formel dahingehend modifiziert, dass von mehreren Bedingungen, die zwar alternativ, aber nicht kumulativ hinweggedacht werden können, ohne dass der Erfolg entfiele, jede für den Erfolg ursächlich ist.[292] Auf den ersten Blick scheint diese Modifikation der conditio sine qua non-Formel auf die Gremiumsproblematik zu passen: Bei einer soliden Mehrheit können die überschüssigen Stimmen zwar alternativ, aber nicht kumulativ hinweggedacht werden, ohne dass der Erfolg entfiele. Teilweise wird daher angenommen, dass bei Gremiumsentscheidungen mit überbedingtem Erfolg ein Fall von alternativer Kausalität vorliege.[293] Dann müsste der Einzelbeitrag, der im Abstimmungsverhalten liegt, allerdings jeweils für sich genommen für die Verursachung des Verletzungserfolgs bereits ausreichend gewesen sein. Dies ist bei der Gremiumsentscheidung jedoch gerade nicht gegeben, da eine einzelne Ja-Stimme für sich gesehen nicht den Erfolg hätte bewirken können.[294] Ein Fall alternativer Kausalität liegt damit nicht vor.[295]

---

289 Knauer, Die Kollegialentscheidung im Strafrecht, S. 94; Sch/Sch-*Lenckner/Eisele*, Vorbem §§ 13 ff., Rn. 83.

290 Kühl, Strafrecht AT, § 4, Rn. 21; Wessels/Beulke, Strafrecht AT, Rn. 158.

291 Knauer, Die Kollegialentscheidung im Strafrecht, S. 94; Sch/Sch-*Lenckner/Eisele*, Vorbem §§ 13 ff., Rn. 83; Wessels/Beulke, Strafrecht AT, Rn. 157.

292 BGHSt 39, 195, 197 f.; Krey/Esser, Strafrecht AT § 11, Rn. 317; Wessels/Beulke, Strafrecht AT, Rn. 157.

293 Meier, NJW 1992, 3193, 3198; Lackner/Kühl, Vor § 13, Rn. 11.

294 Sch/Sch-*Lenckner/Eisele*, Vorbem §§ 13 ff., Rn. 83a; Weißer, Kausalitäts- und Täterschaftsprobleme, S. 112.

295 Weißer, Kausalitäts- und Täterschaftsprobleme, S. 112; ausführlich zur alternativen Kausalität: Schaal, Strafrechtliche Verantwortlichkeit bei Gremienentscheidungen, S. 31 ff, der die Gremiumsentscheidung mit solider Mehrheit als eine Mischung kumulativer mit alternativer Kausalität begreift.

2. *Lehre von der gesetzmäßigen Bedingung*

Zur Feststellung der Kausalität nach der Lehre von der gesetzmäßigen Bedingung ist danach zu fragen, ob sich an eine Handlung zeitlich nachfolgende Veränderungen in der Außenwelt angeschlossen haben, die mit der Handlung (natur)gesetzmäßig verbunden waren und sich als tatbestandsmäßiger Erfolg darstellen. Zur Verdeutlichung hat *Engisch* die bereits erwähnte folgende Formel gebildet: Der Sachverhaltskomplex K ist daraufhin zu untersuchen, ob bei Hinzutreten eines Umstands U die Folge F eintritt.[296] Auf dieser Grundlage begründen einige Vertreter im Schrifttum einen naturgesetzlichen Zusammenhang zwischen dem Einzelverhalten der Abstimmenden und dem Abstimmungsergebnis, das in seiner Ausführung einen tatbestandlichen Erfolg herbeiführt. Schwierigkeiten bereitet allerdings auch die Lehre von der gesetzmäßigen Bedingung im Zusammenhang mit Gremiumsentscheidungen mit solider Mehrheit bei der Feststellung eines gesetzmäßigen Zusammenhangs zwischen den überschüssigen Stimmen und dem eingetretenen Erfolg.[297] Anders als in den Fällen einer Abstimmung mit knapper Mehrheit lässt sich eine Gesetzmäßigkeit nicht zweifelsfrei ermitteln. Greift man wieder das Beispiel eines Dreiergremiums mit den Personen A, B und C auf, müssen die Beteiligten, je nachdem wessen Kausalität untersucht wird, in unterschiedlichen Rollen auftauchen. Legt man als Beispiel eine 3:0 Abstimmung im Dreiergremium zugrunde, muss man bei der Untersuchung der Kausalität des Verhaltens von A, entweder das Verhalten von B oder C als Teil des feststehenden Sachverhaltskomplexes berücksichtigen, den anderen aber außen vor lassen. Betrachtet man die Kausalität von B, ist entweder das Verhalten von A oder C in die Betrachtung mit einzubeziehen. Würde man in beiden Fällen C ausklammern, bestünde eine Gesetzmäßigkeit in Hinblick auf das Verhalten von A und B. Prüft man nun die Kausalität des C, so müssen nun A oder B ausgeklammert werden, die bisher als Ursache U oder als Teil des Sachverhaltskomplexes K für die Subsumtion erforderlich waren; denn nur einer von beiden, nicht aber beide erfüllen zusammen mit C die Gesetzmäßigkeit.[298] Es

---

296 Engisch, Die Kausalität als Merkmal der strafrechtlichen Tatbestände S. 21, 24 f.

297 Vgl. hierzu die Arbeiten von Knauer, Die Kollegialentscheidung im Strafrecht, S. 98 ff. und Schaal, Strafrechtliche Verantwortlichkeit bei Gremienentscheidungen, S. 46 ff.

298 Schaal, Strafrechtliche Verantwortlichkeit bei Gremienentscheidungen, S. 54; a. A. Hilgendorf, NStZ 1994, 561, 563 ff.; Weißer, Kausalitäts- und Täterschaftsprobleme, S. 114 ff., die einen naturgesetzlichen Zusammenhang zwischen dem Einzelverhalten der Abstimmenden und dem Abstimmungsergebnis sehen, das in seiner Ausführung die Ursache für den tatbestandlichen Erfolg bildet. Im Ansatz verfolgt

lässt sich also keine abschließende Gesetzmäßigkeit der Ursächlichkeit der überschüssigen Stimmen für den Erfolg ermitteln, da die einzubeziehenden Umstände, je nachdem *wessen* Verhalten in Augenschein genommen wird, variieren. Zudem wird in der Literatur darauf hingewiesen, dass es keinerlei Erfahrungswissen gebe, wie die Außenwelt auf Gremiumsentscheidungen üblicherweise zu reagieren pflege. Da die Gremiumsentscheidung eines weiteren Umsetzungsaktes einer natürlichen Person bedürfe, sei die sich unmittelbar an die Abstimmung anschließende Veränderung in der Außenwelt allenfalls psychisch vermittelt. Es existiere also gerade keine einem gesetzmäßigen Erfahrungswissen entsprechende Relation zwischen Handlung und Erfolg.[299]

3. Zurechnung über § 25 Abs. 2 StGB nach Rechtsprechung und Teilen der Lehre

Nach Auffassung des Bundesgerichtshofs und Teilen des strafrechtlichen Schrifttums ist der Nachweis der Einzelkausalität bei Gremiumsentscheidungen unter den Voraussetzungen des § 25 Abs. 2 StGB entbehrlich. Der Bundesgerichtshof hatte sich mit der Kausalitätsfrage bei Gremiumsentscheidungen im Rahmen mit der insoweit grundlegenden und viel zitierten „Lederspray-Entscheidung“[300] zu befassen. In diesem Zusammenhang stellte das Gericht kurz und knapp fest, dass die Kausalität des Verhaltens jedes Gremiumsmitglieds schon deshalb zu bejahen sei, da diese „insoweit Mittäter“ seien.[301] Teile des strafrechtlichen

---

auch *Puppe* die Lehre von der gesetzmäßigen Bedingung. Sie hat diese Lehre dahingehend weiterentwickelt, dass eine Ursache nicht nur dann Einzelursache sei, wenn sie für die Erfolgsherbeiführung notwendig war. Ein Verhalten sei vielmehr auch dann kausale Einzelursache, wenn es notwendiger Bestandteil einer von möglicherweise mehreren erfüllten nach allgemeinen Regeln hinreichenden Erfolgsbedingungen sei. Im Hinblick auf die Gremiumsentscheidung bedeutet dies, dass alle Ja-Stimmen kausal sein sollen, weil sie einen notwendigen Bestandteil der hinreichenden Bedingung „Abstimmungsmehrheit für das Unrecht“ darstellen. *Puppe* betrachtet somit eine „notwendige Gruppe“ (also die für den Unrechtserfolg erforderliche und erzielte Stimmenmehrheit) als eine kausale Ursache und sieht jeden Gruppenangehörigen als von der Kausalität erfasst an, vgl. Puppe, JR 1992, 30, 32; ebenso Neudecker, Die strafrechtliche Verantwortlichkeit der Mitglieder von Kollegialorganen, S. 224 f..

299 Knauer, Die Kollegialentscheidung im Strafrecht, S. 119.

300 BGHSt 37, 106 ff.

301 BGHSt 37, 106, 129, diese Feststellung bezog sich auf die abgeurteilten vorsätzlichen Unterlassungsdelikte; im Hinblick auf die vorsätzlichen Begehungsdelikte hat der Bundesgerichtshof sich nicht näher mit der Kausalitätsfrage befasst.

Schrifttums schließen sich im Grundsatz dieser Lösung an, wonach die Kausalität des einzelnen Votums in den Fällen des überbedingten Erfolgs über § 25 Abs. 2 StGB zu begründen sei.[302] Mit der Anwendung des § 25 Abs. 2 StGB auf Mehrheitsentscheidungen in Gremien kann die Problematik der Einzelkausalität der abgegebenen Stimmen für die Folgen des Beschlusses auch nach der hier vertretenen Auffassung dadurch gelöst werden, dass die einzelnen Tatbeiträge wechselseitig zugerechnet werden und dann nur die Kausalität des Gesamtverhaltens für die weiteren Tatfolgen zu prüfen ist. Da Mittäterschaft nach § 25 Abs. 2 StGB gerade nicht die Ursächlichkeit jedes einzelnen Tatbeitrags für den Erfolg voraussetzt,[303] ist eine solche Vorgehensweise auch nicht, wie zum Teil vorgebracht wird, zirkelschlüssig.[304]

a) Gemeinsamer Tatentschluss

Notwendige subjektive Komponente der Mittäterschaft ist der gemeinsame Tatentschluss, durch den die gegenseitige Zurechenbarkeit der Tatbeiträge gerechtfertigt wird.[305] Dieser muss einen gemeinsamen Tatplan zum Gegenstand haben, auf Grund dessen die einzelnen Tatbeiträge erbracht werden.[306] Geht der Stimmabgabe im Gremium eine Beratung voran, kann sich unter Umständen bereits daraus ein gemeinsamer Tatentschluss ableiten. In dem Fall dass keine Beratungen oder Absprachen der Gremiumsmitglieder vor der Abstimmung erfolgen und es insoweit an einem vor Beginn der Tatausführung abgeschlossenen Tatplan fehlt, wird in der Regel der aus der Abstimmung resultierende Beschluss als Ausdruck eines endgültigen gemeinsamen Tatentschlusses zu werten sein. Teilweise werden hiergegen Bedenken erhoben, da dem Tatplan in diesem Fall keine zeitlich vorgelagerte Übereinstimmung der Mittäter vorangehe.[307] Ausreichend für das Vorliegen eines gemeinschaftlichen Entschlusses ist richtigerweise auch das stillschweigende Bewusstsein jedes Beteiligten, dass neben ihm noch andere an der Tatausführung mitwirken und diese von

302 Beulke/Bachmann, JuS 1992, 737, 743; Kuhlen, NStZ 1990, 566, 569 f.; Ransiek, Unternehmensstrafrecht, S. 61; LK-*Schünemann*, § 25, Rn. 196; Knauer, Die Kollegialentscheidung im Strafrecht, S. 133 ff.; Schaal, Strafrechtliche Verantwortlichkeit bei Gremienentscheidungen, S. 169 ff.

303 LK-*Walter*, Vor 13, Rn. 82; Roxin, Strafrecht AT 2, § 25, Rn. 213, a.A. Hoyer, GA 1996, 172 (LitV.), Puppe, JR 1992, 30, 32.

304 Puppe, JR 1992, 30, 32 ff.; ausführlich zum Verhältnis von Mittäterschaft und Kausalität vgl. Knauer, Die Kollegialentscheidung im Strafrecht, S. 133 ff.

305 Fischer, § 25, Rn. 12 b; Sch/Sch-*Heine*, § 25, Rn. 70

306 Fischer, § 25, Rn. 12 b.

307 Nettesheim, BayVBl 1989, 161, 165; Weber, BayVBl 1989, 166, 169.

dem gleichen kommunikativen Mit-Bewusstsein erfüllt sind.[308] Der gemeinsame Tatentschluss kann daher auch auf einer konkludenten Vereinbarung beruhen, die in der tatsächlichen von den anderen Mittätern gebilligten Tatbeteiligung zu erblicken sein kann.[309] Ebendies gilt auch für die Gremiumsentscheidung. Ausreichend ist insofern, dass den Mitgliedern zum Zeitpunkt der Abstimmung klar ist, dass sie den Beschluss und die damit beabsichtigten Folgen nicht alleine, sondern nur mit der Mehrheit der übrigen Gremiumsmitglieder gemeinsam herbeiführen können. In jeder Stimmabgabe im Kontext des Mehrheitsprinzips ist daher das Angebot an beliebige weitere Stimmberechtigte zu sehen, sich mit dem Abstimmenden zu einer Mehrheit zusammenzutun.[310] Gleichzeitig handeln die Gremiumsmitglieder in dem Bewusstsein, gemeinsam mit den anderen für die rechtswidrige Beschlussvorlage stimmenden Gremiumsmitgliedern, nicht nur eine rechtswidrige, sondern eine auf einen strafrechtlichen Erfolg gerichtete Entscheidung mitzutragen. Die mit „Ja" Stimmenden entscheiden sich als gleichberechtigte Partner für den Gemeinschaftsbeschluss und prägen dadurch die Tatausführung. Diese konkludente Vereinbarung der Abstimmenden wird durch die Stimmabgabe nach außen kenntlich gemacht. Der Abstimmungsvorgang selbst ist es also, der den gemeinsamen Tatplan komplettiert.[311] Da Anknüpfungspunkt des gemeinsamen Tatentschlusses das jeweilige Stimmverhalten ist, kann in der Konsequenz demjenigen, der gegen den Beschluss gestimmt hat, das Stimmverhalten der Mehrheit grundsätzlich nicht strafrechtlich zugerechnet werden.

b) Gemeinsamer Tatbeitrag

Der gemeinsame Tatbeitrag jedes Gremiumsmitglieds beschränkt sich regelmäßig auf die Abgabe der Stimme. Sind für das Gremiumsmitglied keine weiteren Ausführungshandlungen im Hinblick auf den getroffenen Beschluss vorgesehen, fällt der Tatbeitrag mit dem gemeinsamen Tatentschluss zusammen.

4. *Ergebis*

Als Zwischenergebnis für die nachfolgend vorzunehmende Untersuchung einzelner Straftatbestände kann hinsichtlich der strafrechtlichen Verantwortlichkeit der betriebsverfassungsrechtlichen Normadressaten Folgendes festgehalten werden:

---

308 Sch/Sch-*Heine*, § 25, Rn. 71.

309 SSW-*Murmann*, § 25, Rn. 37.

310 Schaal, Strafrechtliche Verantwortlichkeit bei Gremienentscheidungen, S. 194.

311 Knauer, Die Kollegialentscheidung im Strafrecht, S. 161 f.

Als Täter gegebenenfalls durch betriebsverfassungswidriges Verhalten verwirklichter Straftatbestände kommt zunächst das selbst und unmittelbar handelnde Betriebsratsmitglied in Betracht. Bei einem mehrgliedrigen Betriebsrat kann dies auch der Betriebsratsvorsitzende sein, der einen zuvor vom Gremium gefassten Beschluss vollzieht und dabei gegen Normen des Betriebsverfassungsgesetzes verstößt. Soweit es um eine strafrechtliche Verantwortlichkeit an der Beschlussfassung beteiligter Betriebsratsmitglieder geht, können auch diejenigen Betriebsratsmitglieder Täter im strafrechtlichen Sinne sein, die für eine rechtswidrige, bei ihrem Vollzug Strafgesetze verletzende Beschlussvorlage gestimmt haben. Erfolgt die Abstimmung mit der Mehrheit von einer Stimme, lässt sich die Kausalität des einzelnen Stimmverhaltens für den tatbestandlichen Erfolg sowohl anhand der conditio sine qua non-Formel als auch anhand der Lehre von der gesetzmäßigen Bedingung begründen. Kommt die Entscheidung mit solider Mehrheit zustande, sind die für einen rechtswidrigen Beschluss stimmenden Betriebsratsmitglieder als Mittäter zu behandeln, so dass eine wechselseitige Zurechnung der einzelnen Tatbeiträge in Form des Abstimmungsverhaltens gemäß § 25 Abs. 2 StGB erfolgen kann.

Soweit im Rahmen der Untersuchung der einzelnen Straftatbestände aus sprachlichen Gründen stellenweise der Begriff „Betriebsrat" verwendet wird, sind in strafrechtlicher Hinsicht die vorstehend potenziell Verantwortlichen gemeint.

B. Strafbarkeit wegen Betrugs gemäß § 263 StGB

Eine Strafbarkeit wegen Betrugs gemäß § 263 Abs. 1 StGB zum Nachteil des Arbeitgebers kommt bei betriebsverfassungswidrigem Verhalten der Betriebsratsmitglieder in Betracht, soweit es um die Befreiung der Betriebsratsmitglieder von ihrer beruflichen Tätigkeit unter Fortzahlung des Arbeitsentgelts gemäß §§ 37 Abs. 2 BetrVG[312] oder um die Kostentragungspflicht des Arbeitgebers nach § 40 Abs. 1 BetrVG[313] geht. Betrug ist die Schädigung fremden Vermögens, die der Täter zur Erlangung eines rechtswidrigen Vermögensvorteils dadurch bewirkt, dass er durch Täuschung eine irrtumsbedingte Verfügung über das fremde Vermögen veranlasst. Geschütztes Rechtsgut des § 263 StGB ist das Vermögen in seiner Gesamtheit als Inbegriff aller wirtschaftlichen Güter.[314] Sowohl

312 Vgl. 1. Teil/C. II.

313 Vgl. 1. Teil/C. III.

314 BGHSt 16, 220, 221; Sch/Sch-*Cramer/Perron*, § 263, Rn. 1/2; Wessels/Hillenkamp, Strafrecht BT 2, Rn. 485.

im Bereich der Lohnkosten während der Betriebsratstätigkeit nach §§ 37 Abs. 2, 38 BetrVG als auch im Falle der Kostentragungspflicht des Arbeitgebers gemäß § 40 Abs. 1 BetrVG geht es um die Gewährung eines finanziellen Ausgleichs durch den Arbeitgeber – im ersten Fall um die Lohnfortzahlung an die von ihrer beruflichen Tätigkeit befreiten Mitglieder des Betriebsrats, im zweiten Fall um die Befreiung von einer Verbindlichkeit oder die Erstattung verauslagter Kosten durch ein Betriebsratsmitglied.

I. Zur Strafbarkeit wegen Verstoßes gegen § 37 Abs. 2 BetrVG

Nach § 37 Abs. 2 BetrVG sind die Mitglieder des Betriebsrats zur Wahrnehmung erforderlicher Betriebsratsaufgaben von ihrer beruflichen Tätigkeit befreit und behalten während dieser Zeit ihren Anspruch auf das regelmäßige Arbeitsentgelt gemäß § 611 Abs. 1 BGB i. V. m. § 37 Abs. 2 BetrVG.[315] Voraussetzung der Entgeltfortzahlung ist, dass es sich um Aufgaben des Betriebsrats handelt, zu deren ordnungsgemäßer Durchführung die Arbeitsbefreiung erforderlich ist bzw. dass die Schulungs- oder Bildungsveranstaltung für die Betriebsratstätigkeit erforderliche Kenntnisse vermittelt.[316] Verstößt ein Betriebsratsmitglied gegen § 37 Abs. 2 BetrVG, indem es einer nicht erforderlichen Betriebsratstätigkeit oder einer völlig anderen, betriebsratsfremden Tätigkeiten nachgeht bzw. einer Schulungs- oder Bildungsveranstaltung fernbleibt, sind die Voraussetzungen einer Entgeltfortzahlung nicht gegeben. Erhält das Betriebsratsmitglied aber aufgrund eines beim Arbeitgeber hervorgerufenen diesbezüglichen Irrtums dennoch sein regelmäßiges Arbeitsentgelt, könnte darin ein Betrug zum Nachteil des Arbeitgebers als sog. „*Freistellungsbetrug*“[317] liegen.

1. Fallbeispiel: Urteil des Bundesarbeitsgerichts vom 19.5.1983

Soweit Sachverhalte im Zusammenhang mit einer Entgeltfortzahlung gemäß § 37 Abs. 2 BetrVG i. V. m. § 611 Abs. 1 BGB den Arbeitsgerichten zur Entscheidung vorlagen, ging es in der Regel um die Frage, ob und in welchem Umfang

---

315 Gleiches gilt gemäß § 37 Abs. 6, 7 BetrVG für die Teilnahme an Schulungs- und Bildungsveranstaltungen, soweit diese Kenntnisse vermitteln, die für die Arbeit des Betriebsrats erforderlich sind. Die folgenden Ausführungen gelten daher entsprechend für den Fall, dass ein Betriebsratsmitglied vorgibt, an einer Schulungs- oder Bildungsveranstaltung teilgenommen zu haben und infolgedessen das ungeminderte Arbeitsentgelt gemäß § 611 Abs. 1 BGB i. V. m. § 37 Abs. 2 BetrVG erhält.

316 Vgl. 1. Teil/C. II. 2. a).

317 Rieble/Klebeck, NZA 2006, 758, 763.

der Arbeitgeber berechtigt war, den Lohn des Betriebsratsmitglieds zu kürzen, von dem er annahm, es sei während der Arbeitsbefreiung keinen oder nicht erforderlichen Betriebsratsaufgaben nachgegangen.[318] So begehrte in einem vor dem Bundesarbeitsgericht geführten Verfahren das klagende Betriebsratsmitglied die Verurteilung des Arbeitgebers zur Zahlung des Betrags, um den dieser das Bruttogehalt gekürzt hatte. Das Betriebsratsratsmitglied hatte aufgrund eines Betriebsratsbeschlusses an einer Verhandlung über die Kündigungsschutzklage eines Arbeitnehmers des Betriebs teilgenommen. Der Arbeitgeber hatte zuvor hierüber mit dem Betriebsrat verhandelt. Der Arbeitgeber vertrat die Ansicht, ein über § 102 BetrVG[319] hinausgehendes Informationsbedürfnis des Betriebsrats sei nicht gegeben, weshalb eine Teilnahme an dem Kündigungsschutzprozess nicht notwendig gewesen sei. Die Revision des Arbeitgebers führte zu Klageabweisung. Das Bundesarbeitsgericht entschied, dass die Teilnahme des Betriebsratsmitglieds an der Gerichtsverhandlung über eine Änderungskündigung keine Betriebsratstätigkeit darstelle. Es gehöre nicht zu den Aufgaben des Betriebsrats kraft Amtes, einen Arbeitnehmer vor Gericht zu vertreten, weil dies im Betriebsverfassungsgesetz nicht vorgesehen sei. Aus dem gleichen Grund gehöre es nicht zu den Amtsobliegenheiten eines Betriebsratsmitglieds, durch seine Anwesenheit in der Gerichtsverhandlung einen Betriebsangehörigen zu unterstützen.[320]

2. *Tatsachen als Gegenstand der Täuschung*

Die Tathandlung nach § 263 Abs. 1 StGB besteht in der Täuschung über Tatsachen mittels einer wahrheitswidrigen Behauptung oder durch ein sonstiges Verhalten, das einen bestimmten Erklärungswert hat und der Irreführung anderer dient.[321] Nach in Rechtsprechung und Literatur herrschender Meinung sind Tatsachen alle konkreten vergangenen oder gegenwärtigen Geschehnisse oder Zustände, die prinzipiell dem Beweis zugänglich sind.[322] Es kann nach überwiegender Ansicht sowohl über äußere als auch über innere Tatsachen

---

318 LAG Köln, Beschluss v. 30.6.2000, Az. 11(12) TaBV 18/00; BAG 11.12.1973 AP Nr. 5 zu § 80 BetrVG 1972; 19.5.1983 AP Nr. 44 zu § 37 BetrVG 1972.

319 Die Vorschrift des § 102 BetrVG regelt die Mitbestimmung des Betriebsrats bei Kündigungen.

320 BAG 19.5.1983 AP Nr. 44 zu § 37 BetrVG 1972.

321 Wessels/Hillenkamp, Strafrecht BT 2, Rn. 493.

322 RGSt 55, 129, 131; OLG Stuttgart NJW 1979, 2573; Fischer, § 263, Rn. 6; LK-*Tiedemann*, § 263, Rn. 10; MK-*Hefendehl*, § 263, Rn. 53; Sch/Sch-*Cramer/Perron*, § 263, Rn. 8 mwN.

getäuscht werden.[323] Eine Täuschung über die die Entgeltfortzahlung begründenden Tatsachen ist in zwei Varianten denkbar: Zum einen könnte das Betriebsratsmitglied darüber täuschen, dass es während der Arbeitsbefreiung keine Betriebsratsaufgaben wahrgenommen hat, zum anderen könnte über das Vorliegen der Entgeltfortzahlungsvoraussetzungen insofern getäuscht werden, als das Betriebsratsmitglied keiner erforderlichen Tätigkeit nachgegangen ist.

a) Keine Wahrnehmung von Betriebsratsaufgaben

Möglich ist ein Betrug zunächst in der Konstellation, dass ein Mitglied des Betriebsrats sich während der Arbeitsbefreiung, deren Voraussetzungen tatsächlich nicht gegeben sind, von seinem Arbeitsplatz entfernt und vorgibt, Betriebsratsaufgaben nachzugehen oder an einer Schulungs- oder Bildungsveranstaltung teilzunehmen, obwohl dies nicht der Fall ist. Hierbei handelt es sich um eine dem Beweis zugängliche Tatsache, die Gegenstand einer Täuschung sein kann.

b) Keine Erforderlichkeit der Arbeitsbefreiung

Denkbar ist auch der Fall, dass ein Betriebsratsmitglied zwar Betriebsratsaufgaben wahrnimmt, ihm aber bewusst ist, dass eine Arbeitsbefreiung nicht erforderlich ist bzw. dass bei einer Schulungs- oder Bildungsveranstaltung keine für die Betriebsratstätigkeit erforderlichen Kenntnisse vermittelt werden. Da es sich bei dem Begriff der Erforderlichkeit um einen unbestimmten Rechtsbegriff handelt, stellt sich die Frage, ob eine Täuschung über Tatsachen in diesem Zusammenhang überhaupt möglich ist.

Unbestimmte Rechtsbegriffe sind solche, deren Inhalt nicht durch einen fest umrissenen Sachverhalt ausgefüllt wird. Sie bedürfen bei der Rechtsanwendung auf einen gegebenen Tatbestand daher einer Fixierung im Einzelfall. Diese kann entweder im Bereich des Tatsächlichen oder des Rechtlichen liegen.[324] Das Merkmal der Erforderlichkeit kann im konkreten Fall durch tatsächliche Umstände ausgefüllt werden. Die Erforderlichkeit einer Arbeitsbefreiung bemisst sich nämlich danach, ob die Versäumnis der beruflichen Tätigkeit in diesem

---

323 BGHSt 2, 325; 326; 15, 24, 26; LK-*Tiedemann*, § 263, Rn. 12; Sch/Sch-*Cramer/Perron*, § 263, Rn. 8; Wessels/Hillenkamp, Strafrecht BT 2, Rn. 494. Nach anderer Ansicht verschwimmt durch die Einbeziehung innerer Tatsachen die Abgrenzung zu Werturteilen und Zukunftsprognosen, weshalb die Einbeziehung innerer Zustände in den Tatsachenbegriff kritisch gesehen wird; vgl. Ellmer, Betrug und Opfermitverantwortung, S. 96 f.; Naucke, Strafbarer Betrug, S. 110 ff., S. 95; SK-*Hoyer*, § 263, Rn. 20 ff.

324 Creifelds, Rechtswörterbuch, S. 1229.

Umfang und zu dieser Zeit bei gewissenhafter Überlegung und bei vernünftiger Würdigung aller Umstände und Abwägung aller Interessen für notwendig gehalten werden durfte, um die dem Betriebsratsmitglied obliegenden Aufgaben ordnungsgemäß zu erfüllen.[325] Über diejenigen Tatsachen, die die Notwendigkeit einer Betriebsratsaufgabe begründenden, kann in einem Prozess Beweis erhoben werden durch z. B. Zeugenvernehmung oder Sachverständigengutachten. Da dem Betriebsrat im Hinblick auf die Erforderlichkeit der Arbeitsbefreiung aber ein Beurteilungsspielraum zusteht, den Arbeitgeber und Gerichte zu beachten haben, kann die Erforderlichkeit (nur) daraufhin überprüft werden, ob es sich um eine Betriebsratsaufgabe bzw. Schulungs- oder Bildungsveranstaltung handelt und der Betriebsrat bei seiner Entscheidung den berechtigten Interessen des Arbeitgebers und der Belegschaft angemessen Rechnung getragen hat.[326] In diesem Umfang wird der unbestimmte Rechtsbegriff der Erforderlichkeit durch dem Beweis zugängliche Tatsachen im Einzelfall fixiert.

3. Inhalt der Täuschung

Eine Täuschung i. S. d. § 263 Abs. 1 StGB besteht in dem Vorspiegeln falscher oder der Entstellung oder Unterdrückung wahrer Tatsachen. Bei einer Täuschung durch aktives Tun ist eine Einwirkung auf das intellektuelle Vorstellungsbild eines zum Irrtum fähigen anderen Menschen erforderlich, um bei diesem eine Fehlvorstellung über Tatsachen hervorzurufen. Wird die Täuschung durch ein Unterlassen verübt, kommt es darauf an, ob bei bestehender Rechtspflicht ein bereits vorhandener Irrtum oder eine sich bildende Fehlvorstellung nicht beseitigt wird.[327]

a) Täuschungsbewusstsein

Hinsichtlich einer Arbeitsbefreiung wegen der Vornahme erforderlicher Betriebsratsaufgaben kann es im Einzelfall schwierig sein zu beurteilen, ob eine Tätigkeit zu den Amtsgeschäften des Betriebsrats zählt und ob eine Arbeitsbefreiung zur ordnungsgemäßen Durchführung der Betriebsratsaufgaben erforderlich ist. Es ist daher denkbar, dass ein Betriebsratsmitglied während der Arbeitsbefreiung nicht erforderlichen Betriebsratsaufgaben nachgeht, ohne sich dessen bewusst zu sein. Im Rahmen des § 37 Abs. 2 BetrVG besteht insofern

---

325 BAG 6.8.1981 AP Nr. 40 zu § 37 BetrVG 1972.

326 BAG 16.10.1986 AP Nr. 58 zu § 37 BetrVG 1972.

327 Sch/Sch-*Cramer/Perron*, § 263, Rn. 11. Zu der Frage nach dem Opfer der Täuschung, wenn der Arbeitgeber eine juristische Person ist, vgl. unter 2. Teil/B. I. 4.

ein Beurteilungsspielraum des Betriebsrats und seiner Mitglieder, insbesondere im Hinblick auf die Erforderlichkeit der Arbeitsbefreiung.[328] Für eine mögliche Strafbarkeit wegen Betrugs stellt sich vor diesem Hintergrund die Frage, ob das Bewusstsein des Täters über die Unrichtigkeit der Behauptung bereits zu den Voraussetzungen der Täuschung zählt oder ob es sich hierbei um eine Vorsatzfrage handelt.

Nach überwiegender Meinung im Schrifttum und in der Rechtsprechung ist das Täuschungsbewusstsein des Täters Voraussetzung einer Täuschung. Eine Täuschung liege nur vor, wenn der Täter die Behauptung in dem Bewusstsein der Unrichtigkeit abgebe.[329] Anknüpfungspunkt dieser Ansicht ist das Merkmal der „Irreführung" einer anderen Person.[330] Daraus werde deutlich, dass die Täuschung eine objektiv-subjektive Sinneinheit darstelle. Fehle die subjektive Komponente, also das Bewusstsein der Unrichtigkeit der Behauptung, liege keine Täuschung vor.[331] Eine andere Ansicht hält das Täuschungsbewusstsein für eine Frage des Vorsatzes, so dass auch bei einer unbewusst unwahren Behauptung eine Täuschung vorliegen kann.[332] Für diese Sicht wird insbesondere vorgebracht, dass, wäre nur die bewusst falsche Aussage eine Täuschung, es keine fährlässige Täuschung geben könne. Einen nach § 264 Abs. 3 StGB mit Strafe bedrohten leichtfertigen Subventionsbetrug könne es dann aber ebenfalls nicht geben.[333] Dieses Argument vermag jedoch insoweit keine Rückschlüsse für die inhaltliche Bestimmung des Täuschungsbegriffs zu begründen, als sich die Leichtfertigkeit nicht auf die Handlung als solche, sondern auf eine Eigenschaft ihres Gegenstands, nämlich die Unrichtigkeit der angegebenen Information bezieht.[334] Vielmehr ist bereits nach dem Wortlaut des § 263 StGB nicht einfach die rein objektive Verursachung eines Irrtums vorauszusetzten, sondern eine Irrtumserregung *durch* Vorspiegelung falscher Tatsachen. Dadurch bringt der

328 Vgl. 1. Teil/C. II. 2. a).

329 BGHSt 18, 235, 237; 47, 1, 5; Herzberg, JuS 1971, 516, 517; Küper, Strafrecht BT, S. 286; MK-*Hefendehl*, § 263, Rn. 74; Rengier, Strafrecht BT 1, § 13, Rn. 9; Wessels/Hillenkamp, Strafrecht BT 2, Rn. 492 jeweils mwN; ausführlich hierzu vgl. Stübinger, FS-Puppe, S. 277 ff.

330 Küper, Strafrecht BT, S. 286.

331 Wessels/Hillenkamp, Strafrecht BT 2, Rn. 492.

332 Fischer, § 263, Rn. 10; Krey/Hellmann/Heinrich, Strafrecht BT 2, § 11, Rn. 496; Mitsch, Strafrecht BT 2/1, § 7, Rn. 25; NK-*Kindhäuser*, § 263, Rn. 58.

333 Krey/Hellmann/Heinrich, Strafrecht BT 2, § 11, Rn. 496; Mitsch, Strafrecht BT 2/1, § 7, Rn. 25.

334 Stübinger, FS-Puppe, S. 280; Wessels/Hillenkamp, Strafrecht BT 2, Rn. 492.

Gesetzgeber zum einen die Finalität zwischen Täuschung und Irrtum zum Ausdruck, zum anderen wird deutlich, dass nur täuschen kann, wer auch das Bewusstsein hat, etwas Falsches zu erklären.[335] *„Wer ohne Täuschungsvorsatz einen Irrtum verursacht, hat diesen Irrtum zwar erregt, aber nicht durch Täuschung."*[336]

Ist das Betriebsratsmitglied sich nicht bewusst, dass es sich um nicht erforderliche Betriebsratsaufgaben handelt, scheidet eine Täuschung demnach aus. Ist sich das Betriebsratsmitglied dessen hingegen bewusst und überschreitet damit bewusst die Grenzen des Beurteilungsspielraums, kommt es weiter darauf an, ob und wie eine Täuschung des Arbeitgebers gegeben ist. Eine Täuschung kann durch ausdrückliches oder konkludentes Vorspiegeln der unwahren Behauptung erfolgen.[337] Voraussetzung einer Täuschung im Hinblick auf § 37 Abs. 2 BetrVG ist zunächst, dass das Betriebsratsmitglied gegenüber dem Arbeitgeber mittels einer wahrheitswidrigen Behauptung oder durch ein sonstiges Verhalten mit Erklärungswert ausdrücklich oder konkludent zum Ausdruck bringt, dass es während der Dauer der Arbeitsbefreiung erforderliche Betriebsratsaufgaben wahrnehmen werde oder wahrgenommen habe, obwohl dies nicht der Fall ist.

b) Täuschung bei Abmeldung

Als frühester Zeitpunkt für eine Täuschung kommt im Regelfall das Verlassen des Arbeitsplatzes und die damit verbundene Abmeldung bei dem Arbeitgeber, vertreten durch den zuständigen Vorgesetzten, in Betracht. Wie jeder andere Arbeitnehmer hat auch ein Betriebsratsmitglied sich bei Verlassen des Arbeitsplatzes abzumelden. Hierbei ist es ausreichend, aber auch erforderlich, dass das Betriebsratsmitglied auf die Wahrnehmung betriebsverfassungsrechtlicher Aufgaben hinweist und den Ort sowie die voraussichtliche Dauer der Betriebsratstätigkeit angibt.[338] Behauptet das Betriebsratsmitglied bei der Abmeldung wahrheitswidrig, es verlasse den Arbeitsplatz, um erforderliche Amtsgeschäfte des Betriebsrats zu führen, liegt darin eine Täuschung des Arbeitgebers. Macht ein Betriebsratsmitglied bei Verlassen des Arbeitsplatzes keine ausdrücklich unwahren Angaben hinsichtlich der vermeintlichen Vornahme erforderlicher Betriebsratsaufgaben, wird eine ausdrückliche Täuschung aber jedenfalls dann vorliegen, wenn der Arbeitgeber Zweifel an der Vornahme erforderlicher

335 Herzberg, JuS 1971, 516, 517.

336 Bockelmann, FS-Schmidt, S. 440.

337 BGHSt 47, 1, 3; 51, 165, 169; BGH NJW 2009, 2900, 2901; NK-*Kindhäuser*, § 263, Rn. 109; Sch/Sch-*Cramer/Perron*, § 263, Rn. 12, 16 ff.

338 Vgl. 1. Teil/C. II. 2. b).

Betriebsratstätigkeit hegt und das Betriebsratsmitglied dem Arbeitgeber zur Plausibilitätskontrolle unwahre stichwortartige Angaben zur Art der Betriebsratstätigkeit und zu deren Dauer macht.[339]

c) Täuschung durch widerspruchslose Entgegennahme der Entgeltfortzahlung

Des Weiteren kann eine Täuschung des Arbeitgebers durch das Betriebsratsmitglied bei der widerspruchlosen Entgegennahme der Entgeltfortzahlung in Betracht kommen. Eine solche Täuschung könnte konkludent oder durch Unterlassen erfolgen.

aa) Konkludente Täuschung

Da die Abmeldung keine konstitutive Voraussetzung der Entgeltfortzahlung ist, ist nicht auszuschließen, dass ein Betriebsratsmitglied auch ohne vorherige Abmeldung seinen Arbeitsplatz verlässt und insofern keine unwahren Angaben zu einer vermeintlichen Vornahme von Betriebsratsaufgaben macht. Soweit das Betriebsratsmitglied nicht zu einem späteren Zeitpunkt dem Arbeitgeber gegenüber wahrheitswidrig erklärt, während der Zeit der Arbeitsbefreiung erforderlichen Betriebsratsaufgaben nachzugehen oder nachgegangen zu sein, könnte eine Täuschung spätestens durch die Entgegennahme des im Wege der Entgeltfortzahlung ungeminderten Arbeitsentgelts verübt werden. Hierbei kommt es darauf an, ob das Betriebsratsmitglied durch die widerspruchslose Entgegennahme der ungerechtfertigten Entgeltfortzahlung auf das intellektuelle Vorstellungsbild des Arbeitgebers einwirkt. Da das Betriebsratsmitglied in diesem Fall nicht ausdrücklich wahrheitswidrig erklärt, erforderliche Amtsgeschäfte des Betriebsrats geführt zu haben, könnte es dies mit der Entgegennahme der Entgeltfortzahlung konkludent zum Ausdruck bringen. Ein Vorspiegeln unwahrer Tatsachen durch konkludentes Verhalten ist gegeben, wenn der Erklärende die Unwahrheit zwar nicht expressis verbis zum Ausdruck bringt, wohl aber durch sein Verhalten miterklärt.[340] Der Erklärende sagt also an sich nichts Unwahres, sondern teilt dem Erklärungsempfänger die Unwahrheit „zwischen den Zeilen" mit. Der Schluss auf eine nicht ausdrücklich mitgeteilte Tatsache kann auf zweierlei Weise erfolgen. Zum einen kann die Information durch ein Verhalten zum Ausdruck gebracht werden, dem selbst im Allgemeinen oder nach Absprache der Beteiligten ein bestimmter

---

339 BAG NZA 1995, 961, 963; Ehrich/Hoß, NZA 1996, 1075, 1079 f.

340 BGHSt 47, 1, 3; 51, 165, 169 f.; Sch/Sch-*Cramer/Perron*, § 263, Rn. 14/15.

Erklärungswert zukommt.[341] Zum anderen kann die Information als Teil der ausdrücklichen Erklärung schlüssig miterklärt werden.[342]

„Der Erklärungswert eines Verhaltens ergibt sich demnach nicht nur aus demjenigen, was ausdrücklich zum Gegenstand der Kommunikation gemacht wird, sondern auch aus den Gesamtumständen der konkreten Situation."[343] Dieser unausgesprochene Kommunikationsinhalt bestimmt sich nach der Rechtsprechung des Bundesgerichtshof und der herrschenden Lehre nach der Verkehrsanschauung, wobei es hierbei auf den objektiven Empfängerhorizont und die Erwartung der Beteiligten in der jeweiligen Gesamtsituation ankommt.[344] Der Bundesgerichtshof führt dazu aus: *„Derartige tatsächliche Erwartungen werden ganz wesentlich auch durch die Anschauungen der jeweiligen Verkehrskreise und die in der Situation relevanten rechtlichen Normen geprägt. In aller Regel muss der Inhalt konkludenter Kommunikation deshalb auch unter Bezugnahme auf die Verkehrsanschauung und den rechtlichen Rahmen bestimmt werden, von denen ersichtlich die Erwartungen der Kommunikationspartner geprägt sind. Bei der Ermittlung des Erklärungswerts eines konkreten Verhaltens sind daher sowohl faktische als auch normative Gesichtspunkte zu berücksichtigen."*[345] Im Hinblick auf die Frage, wann der Erklärungsempfänger berechtigt ist, aus einem Verhalten oder einer Äußerung eines anderen bestimmte Schlüsse zu ziehen und sein berechtigtes Vertrauen insoweit strafrechtlichen Schutz verdient, spielt auch der Gedanke der Opfermitverantwortung eine entscheidende Rolle.[346] Anhand der Kriterien „Eigenverantwortung des Opfers" einerseits und „berechtigtem bzw. notwendigem Vertrauen" andererseits ist das Verhalten des Täters zu bewerten.

---

341 Dies betrifft eine mögliche konkludente Täuschung im Fall § 37 Abs. 2 BetrVG.

342 NK-*Kindhäuser*, § 263, Rn. 109; dies betrifft eine mögliche konkludente Täuschung im Fall § 40 Abs. 1 BetrVG.

343 BGHSt 51, 165, 170.

344 BGHSt 51, 165, 170; BGH NStZ 2002, 144; BGH NJW 2009, 2900, 2901; Fischer, § 263, Rn. 12; NK-*Kindhäuser*, § 263, Rn. 109; Sch/Sch-*Cramer/Perron*, § 263, Rn. 14/15; Wessels/Hillenkamp, Strafrecht BT 2, Rn. 498; teilweise wird die Feststellung des Erklärungsinhalts nach normativen Gesichtspunkten der Risikoverteilung vorgenommen, was für die praktische Anwendung jedoch kaum einen Unterschied bedeutet; vgl. vor allem LK-*Lackner*, § 263, Rn. 28 ff. (10. Auflage).

345 BGHSt 51, 165, 170.

346 Ellmer, Betrug um Opfermitverantwortung, S. 106, LK-*Tiedemann*, Vor § 263, Rn. 39. Ausführlich zur Problematik der Opfermitverantwortung beim Betrug, insbesondere auch bei konkludenter Täuschung vgl. Ellmer, Betrug um Opfermitverantwortung, S. 100 ff.; Hennings, Teleologische Reduktion des Betrugstatbestandes aufgrund von Mitverantwortung des Opfers, S 99 ff.

Dabei geht es um die Frage, inwieweit das Opfer mitverantwortlich ist und sich durch entsprechende Überprüfung vor Benachteiligungen und etwaigen Informationsdefiziten selbst zu schützen hat oder aber ob es auf die Erklärung des Täters vertrauen darf bzw. wer das Informations-, Aufklärungs- oder Irrtumsrisiko zu tragen hat.[347] Es ist demnach eine Abgrenzung der Verantwortungs- bzw. Risikobereiche zwischen Täter und Opfer vorzunehmen.[348]

Im Folgenden wird nun untersucht, ob sich aus dem Gesamtverhalten eines Betriebsratsmitglieds durch die widerspruchslose Entgegennahme der Entgeltfortzahlung anhand des soeben dargestellten Bewertungsmaßstabs die unwahre Tatsachenbehauptung, erforderliche Betriebsratsgeschäfte geführt zu haben, ableiten lässt. Die Entgegennahme einer nicht geschuldeten Leistung beinhaltet nach in Rechtsprechung und im Schrifttum einhellig vertretener Auffassung für sich allein noch kein positives, auf Verdeckung der Wahrheit gerichtetes Handeln. Unter Berücksichtigung der Verkehrsanschauung bringe der Empfänger mit der widersprüchlosen Entgegennahme einer nicht geschuldeten Leistung nicht zum Ausdruck, dass ihm die Leistung geschuldet und die der Leistung zugrunde liegenden Voraussetzungen gegeben seien.[349] Es gehöre grundsätzlich in den Risikobereich des Leistenden, dass die Schuld bestehe und die Leistung den Anspruch nicht übersteige. Das bloße Schweigen nach Entgegennahme einer Zuvielleistung stelle in aller Regel als reine Ausnutzung eines bereits vorhandenen Irrtums keine strafbare Handlung dar.[350]

Auf den ersten Blick ließe sich danach auch in dem hier zu untersuchenden Fall eine konkludente Täuschung verneinen. Mit der Entgegennahme der Entgeltfortzahlung brächte das Betriebsratsmitglied nicht konkludent zum Ausdruck, erforderlichen Betriebsratstätigkeiten nachgegangen zu sein, sondern würde lediglich einen bereits vorhandenen Irrtum des Arbeitgebers hierüber ausnutzen. Zu berücksichtigen ist in dem hier zu untersuchenden Fall jedoch, dass das Betriebsratsmitglied selbst erst die Voraussetzung dafür schafft, dass die Vorstellung des Arbeitgebers und die Realität auseinanderfallen, indem es während der vermeintlichen Arbeitsbefreiung ohne Wissen des Arbeitgebers

---

347 Vgl. LK-*Tiedemann*, Vor § 263, Rn. 39.

348 Hennings, Teleologische Reduktion des Betrugstatbestandes aufgrund von Mitverantwortung des Opfers, S. 100; LK-*Tiedemann*, Vor § 263, Rn. 39.

349 BGHSt 39, 392, 398; BGH JZ 1989, 550; OLG Düsseldorf NJW 1969, 623, 624; OLG Köln NJW 1980, 2366; LK-*Tiedemann*, § 263, Rn. 39; Maurach/Schroeder/Maiwald, Strafrecht BT 1, § 41, Rn. 42; NK-*Kindhäuser*, § 263, Rn. 138; Sch/Sch-*Cramer/Perron*, § 263, Rn. 17a; a.A. Kaiser, NJW 1971, 601 f.

350 BGHSt 39, 392, 398.

keinen erforderlichen Betriebsratsaufgaben nachgegangen ist. Darin besteht ein entscheidender Unterschied zu den Fällen, in denen der Bundesgerichtshof und die Instanzgerichte unter breiter Zustimmung der Lehre eine konkludente Täuschung durch die Entgegennahme einer Zuvielleistung ablehnen. Den Entscheidungen lagen die ähnlich gelagerten Sachverhalte zugrunde, in denen es darum ging, ob die Entgegennahme einer irrtümlich durch die Bank vorgenommenen zu hohen Auszahlung an den Bankkunden bzw. einen Scheckinhaber eine konkludente Täuschung darstellt. Gemeinsam war allen Sachverhalten, dass der Irrtum seitens der Bank ohne ein Zutun des Geldempfängers entstanden war. Da die auszahlende Bank das Verlustrisiko infolge Unachtsamkeit zu tragen habe, verneinten die Gerichte eine konkludente Täuschung.[351] Anders stellt sich die Situation hingegen dar, wenn ein Betriebsratsmitglied während der Arbeitsbefreiung keine erforderlichen Geschäfte des Betriebsrats führt, der Arbeitgeber auf Grund dieser Annahme aber die Entgeltfortzahlung vornimmt. Das Betriebsratsmitglied als Empfänger der Leistung greift hier bereits vor Entgegennahme der Leistung in das Geschehen ein, indem es durch Fernbleiben vom Arbeitsplatz ohne Wahrnehmung erforderlicher Betriebsratstätigkeiten einen ersten Kausalbeitrag für einen Irrtum des Arbeitgebers setzt, der diesen dazu veranlasst, die Entgeltfortzahlung vorzunehmen. Das Handeln des Betriebsrats beschränkt sich also – im Unterschied zu den von der Rechtsprechung entschiedenen Überweisungsfällen – nicht allein auf eine passive und stillschweigende Entgegennahme der Geldzahlung. Vielmehr schafft das Betriebsratsmitglied bereits die Ursache dafür, dass die Voraussetzungen der Entgeltfortzahlung nicht gegeben sind, von deren Vorliegen der Arbeitgeber bei Anweisung der Entgeltfortzahlung fälschlicherweise ausgeht. Die Fehlvorstellung des Arbeitgebers über das (Nicht-)Vorliegen der Voraussetzungen einer Entgeltfortzahlung an das Betriebsratsmitglied beruht insofern nicht auf seinem eigenen Verschulden, sondern auf einer Fehlvorstellung, die das Betriebsratsmitglied durch sein Handeln verursacht hat, auch wenn es hierbei nicht unmittelbar auf das Vorstellungsbild des Arbeitgebers eingewirkt hat. Vor diesem Hintergrund lässt sich das Risiko einer unberechtigten Entgeltfortzahlung nicht auf den Arbeitgeber übertragen. Nimmt ein Betriebsratsmitglied die Entgeltfortzahlung nach § 37 Abs. 2 BetrVG i. V. m. § 611 Abs. 1 BGB widerspruchslos entgegen und ist es zuvor seinem Arbeitsplatz ferngeblieben, ohne dem Arbeitgeber einen Grund hierfür mitzuteilen, darf der Arbeitgeber im Regelfall aus diesem Verhalten den Schluss

351 BGHSt 39, 392, 398; OLG Düsseldorf NJW 1969, 623, 624; OLG Köln NJW 1980, 2366.

ziehen, das betreffende Betriebsratsmitglied habe erforderliche Betriebsratsaufgaben wahrgenommen und die der empfangenen Leistung zugrunde liegende Voraussetzung – die Vornahme erforderlicher Betriebsratsaufgaben – sei gegeben. Die widerspruchslose Entgegennahme der Entgeltfortzahlung wird somit eine konkludente Täuschung darstellen.

bb) Täuschung durch Unterlassen

Erfolgt keine aktive Einwirkung auf das Opfer – weder durch ausdrückliches noch durch konkludentes Vorspiegeln einer unwahren Behauptung – kommt ein Betrug durch Unterlassen in Betracht. Diesen Ansatz verfolgen *Rieble* und *Klebeck*. Sie sind der Ansicht, dass ein Betrug durch Unterlassen zum Nachteil des Arbeitgebers gegeben sein könne, wenn ein Betriebsratsmitglied wissentlich während der Zeit der Arbeitsbefreiung keine erforderlichen Betriebsratsaufgaben wahrnehme oder einer vorgegebenen Schulungs- oder Bildungsveranstaltung fernbleibe.[352] Im Folgenden wird diese Überlegung überprüft. Zunächst stellt sich hierbei die Frage, ob und unter welchen Voraussetzungen ein Betrug durch ein Unterlassen begangen werden kann.

(1) Betrug durch Unterlassen

Nach in Rechtsprechung und Literatur herrschender Auffassung kann ein Betrug wie jedes andere Erfolgsdelikt durch ein Unterlassen unter den engen Voraussetzungen des § 13 Abs. 1 StGB begangen werden.[353] Voraussetzung ist, dass der Unterlassende im Stande und als Garant verpflichtet ist, die Entstehung oder Fortdauer eines Irrtums mit seinen vermögensrechtlichen Konsequenzen zu verhindern.[354] Die Besonderheit eines Betrugs durch Unterlassen liegt darin, dass der Betrug als Kommunikationsdelikt ausgestaltet ist. Zum Ausdruck kommt dies durch das Merkmal der Täuschung, die eine kommunikative Einwirkung des Täuschenden auf einen anderen Menschen erfordert.[355] Teilweise wird daher vertreten, ein Betrug könne nicht durch Unterlassen begangen werden. Wirke der Täuschende nicht aktiv auf das Vorstellungsvermögen des zu Täuschenden

---

352 Rieble/Klebeck, NZA 2006, 758, 763.

353 BGHSt 6, 198; 39, 392, 397 ff.; Krey/Hellmann/Heinrich, Strafrecht BT 2, § 11, Rn. 509; Küper, Strafrecht BT, S. 292; LK-*Tiedemann*, § 263, Rn. 51; Maurach/Schroeder/Maiwald, Strafrecht BT 1, § 41, Rn. 49 ff.; MK-*Hefendehl*, § 263, Rn. 135 ff.; Sch/Sch-*Cramer/Perron*, § 263, Rn. 18; Wessels/Hillenkamp, Strafrecht BT 2, Rn. 503.

354 Wessels/Hillenkamp, Strafrecht BT 2, Rn. 503.

355 LK-*Tiedemann*, § 263, Rn. 4, 22.

ein, liege keine für den Betrug ausreichende Täuschungshandlung vor, so dass die Anerkennung eines Betrugs durch Unterlassen gegen das Bestimmtheitsgebot des Art. 103 Abs. 2 GG verstoße.[356] Dem wird zu Recht entgegengesetzt, dass bei einem Unterlassen zwar eine Kommunikation mit Erklärungswert (garantenpflichtwidrig) ausbleibe. Die Natur des Betrugs als Kommunikationsdelikt erfordere es jedoch nicht, für die Strafbarkeit pflichtwidrig unterlassener Kommunikation eine solche Kommunikation oder jedenfalls eine kommunikative Grundbeziehung zu verlangen. Vielmehr sei der Betrug bei einem pflichtwidrigen Unterlassen auch Kommunikationsdelikt, weil das, was pflichtwidrig unterlassen werde, eine Kommunikation gewesen wäre.[357] Die Täuschung bei einem Betrug durch Unterlassen besteht somit in der garantenpflichtwidrig unterlassenen gebotenen Aufklärung über wesentliche Tatsachen.[358] Dies geschieht dadurch, dass der Täter entweder garantenpflichtwidrig die Entstehung eines Irrtums nicht verhindert oder einen bereits vorhandenen Irrtum nicht beseitigt.[359] Zum Zeitpunkt der Anweisung des vollen Arbeitsentgelts und der Entgegennahme der Entgeltfortzahlung durch das Betriebsratsmitglied ist der Arbeitgeber irrtümlich der Annahme, das Betriebsratsmitglied habe während der Arbeitsbefreiung Amtsgeschäfte des Betriebsrats geführt. Nimmt das Betriebsratsmitglied die Entgeltfortzahlung nun schweigend entgegen, wird ein vorhandener Irrtum des Arbeitgebers nicht beseitigt.

(2) Garantenpflicht von Betriebsratsmitgliedern

Voraussetzung einer Unterlassensstrafbarkeit gemäß § 13 Abs. 1 StGB ist, dass das betreffende Betriebsratsmitglied es unterlässt, den Eintritt eines tatbestandsmäßigen Erfolges abzuwenden und es rechtlich dafür einzustehen hat, dass dieser Erfolg nicht eintritt. Zudem muss das Unterlassen in seinem sozialen Sinngehalt einer Täuschung durch aktives Tun entsprechen und die Aufklärung muss möglich und zumutbar sein.[360] *„In der Garantenstellung liegt ein besonderes Pflichtenverhältnis begründet, das den Garanten aus der Masse der übrigen Rechtsgenossen heraushebt und gerade ihm den Schutz des betreffenden Rechtsguts vor dem drohenden tatbestandsmäßigen Erfolg auferlegt. Dem Garanten ist die Unversehrtheit*

---

356 Mayer, Strafrecht AT, S. 152; Naucke, Strafbarer Betrug, S. 106 ff., 214.

357 LK-*Tiedemann*, § 263, Rn. 51, 22.

358 Küper, Strafrecht BT, S. 292.

359 LK-*Tiedemann*, § 263, Rn. 52; Sch/Sch-*Cramer/Perron*, § 263, Rn. 18 mwN.; a. A. Bockelmann, FS-Schmidt, S. 441 ff.; Herzberg, Die Unterlassung im Strafrecht und das Garantenprinzip, S. 82.

360 Fischer, § 13, Rn. 7/8; Wessels/Beulke, Strafrecht AT, Rn. 697, 707 ff.

des Schutzwertes anvertraut."[361] Der Entstehungsgrund einer Garantenpflicht richtet sich nach heutiger Auffassung maßgeblich nach der rechtlichen Stellung des Unterlassenden zum gefährdeten Rechtsgut oder zum schädigenden Ereignis.[362] Danach sind Garantenverhältnisse gemeinhin auf zwei Grundsituationen zurückführen, aus denen Garantenpflichten begründet werden können: Zum einen kann es Situationen geben, in denen besondere Schutzpflicht bestehen, ein Rechtsgut gegen Gefahren aus allen Richtungen zu schützen (Beschützergarant); zum anderen können Überwachungspflichten des Garanten bestehen, grundsätzlich alle Rechtsgüter gegenüber Gefährdungen zu schützen, die aus einer Gefahrenquelle stammen, für die er verantwortlich ist (Überwachungsgarant).[363] Ohne maßgeblich auf den Entstehungsgrund der Garantenpflicht abzustellen, sind in Rechtsprechung und Lehre ungeachtet einer umfangreichen Kasuistik Garantenpflichten aus Gesetz, aus pflichtwidrigem vorangegangenem Tun (Ingerenz) und aus einem vertraglich begründeten besonderen Vertrauensverhältnis anerkannt.[364] Ob sich darüber hinaus Garantenpflichten aus dem Grundsatz von Treu und Glauben gemäß § 242 BGB ableiten lassen, wird unterschiedlich beurteilt. Nachdem insbesondere die Rechtsprechung zunächst eine Garantenpflicht aus Treu und Glauben ohne weiteres für möglich hielt,[365] wird heute ganz überwiegend jedenfalls ein besonderes Vertrauensverhältnis der Parteien vorausgesetzt.[366]

Für eine Garantenpflicht im Hinblick auf eine Strafbarkeit wegen Betrugs gilt es zu berücksichtigen, dass der Betrug nicht die Herbeiführung oder Unterhaltung eines Irrtums sondern die hierdurch bewirkte Vermögensbeschädigung sanktioniert. Für eine Unterlassensstrafbarkeit wegen Verletzung einer Garantenpflicht ist daher weder die Verletzung einer Aufklärungspflicht um der Wahrheit willen noch die Verletzung einer irgendwie gearteten Schutzpflicht für fremdes Vermögen ausreichend. Vielmehr ist Voraussetzung, dass der Täter

---

361 BT-Drucks. 4/650, S. 124.

362 Sch/Sch-*Stree/Bosch*, § 13, Rn. 8; Wessels/Beulke, Strafrecht AT, Rn. 716.

363 LK-*Tiedemann*, § 263, Rn. 53; Roxin, Strafrecht AT 2, § 32, Rn. 33 ff.; Sch/Sch-*Stree/Bosch*, § 13, Rn. 9.

364 Ausführlich zu den genannten Garantenpflichten vgl. BGHSt 39, 392, 398 ff.; LK-*Tiedemann*, § 263, Rn. 52 ff. mwN; Wessels/Hillenkamp, Strafrecht BT 2, Rn. 505.

365 RGSt 70, 151, 155, 225, 227; BGHSt 6, 198, 199.

366 BGHSt 39, 392, 400; Fischer, § 263, Rn. 51; Krey/Hellmann/Heinrich, Strafrecht BT 2, § 11, Rn. 517; LK-*Tiedemann*, § 263, Rn. 67; Wessels/Hillenkamp, Strafrecht BT 2, Rn. 506. Zum Meinungsstand im Einzelnen vgl. Maaß, Betrug verübt durch Schweigen, S. 141 ff.

dafür Sorge zu tragen hat, dass das Opfer sich nicht selbst schädigt. Eine betrugsspezifische Garantenstellung erfordert somit eine besondere Pflichtenstellung des Täters zum Schutz des Opfers vor vermögensschädigenden Fehlvorstellungen, so dass nur vermögensbezogene Aufklärungspflichten in Betracht kommen.[367] Strafrechtlicher Anknüpfungspunkt für das Vorliegen eines Betrugs wegen Verstoßes gegen § 37 Abs. 2 BetrVG ist danach die Frage, ob das betreffende Betriebsratsmitglied, das während der vermeintlichen Arbeitsbefreiung keinen erforderlichen Betriebsratsaufgaben nachgeht, eine vermögensbezogene Aufklärungspflicht gegenüber dem Arbeitgeber trifft und durch das Unterlassen der gebotenen Aufklärung eine beim Arbeitgeber bestehende vermögensschädigende Fehlvorstellung nicht beseitigt wird.

(aa) Garantenstellung aus § 2 Abs. 1 BetrVG

Als Grundlage für eine Garantenstellung kommt zunächst das betriebsverfassungsrechtliche Gebot der vertrauensvollen Zusammenarbeit gemäß § 2 Abs. 1 BetrVG in Betracht.[368] *Rieble* und *Klebeck* sind der Auffassung, das Gebot der vertrauensvollen Zusammenarbeit lasse sich *„durchaus als ein die Garantenstellung begründendes besonderes Vertrauensverhältnis begreifen."*[369]

Da das Gebot der vertrauensvollen Zusammenarbeit eine Konkretisierung des Grundsatzes von Treu und Glauben gemäß § 242 BGB im Betriebsverfassungsrecht ist, könnte sich die Frage stellen, ob und wenn ja, unter welchen Voraussetzungen und in welchem Umfang sich eine Garantenpflicht zur Aufklärung aus Treu und Glauben ergeben kann. Zunächst gilt es jedoch zu klären, ob sich aus dem Gebot der vertrauensvollen Zusammenarbeit überhaupt eine auf das Vermögen des Arbeitgebers bezogene Aufklärungspflicht des Betriebsrats bzw. der Betriebsratsmitglieder ableiten lässt. Nur unter der Voraussetzung, dass eine besondere Schutzpflicht des Betriebsrats und seiner Mitglieder besteht, das Rechtsgut „Vermögen" gegen Gefahren aus allen Richtungen zu schützen und das Betriebsratsmitglied somit Beschützergarant im Hinblick auf das Vermögen des Arbeitgebers ist, kommt es überhaupt darauf an, ob der Grundsatz von Treu und Glauben eine geeignete Grundlage zur Begründung einer Garantenpflicht ist.

Wie im ersten Teil der Arbeit gesehen, dient das Gebot der vertrauensvollen Zusammenarbeit nicht nur als Maßstab für die Erfüllung gesetzlicher oder vereinbarter Pflichten, sondern es können hieraus auch Rechte und Pflichten sowohl für

---

367 BGHSt 39, 392, 398; Maaß, Betrug verübt durch Schweigen, S. 24; Sch/Sch-*Cramer/Perron*, § 263, Rn. 19.

368 Vgl. 1. Teil/C. I.

369 Rieble/Klebeck, NZA 2006, 758, 763.

den Arbeitgeber als auch für den Betriebsrat und seine Mitglieder abgeleitet werden. Die Begründung von Pflichten des Betriebsrats und seiner Mitglieder erfolgt im Wege einer Interessenabwägung, wobei es entscheidend auf das schützenswerte Interesse des Arbeitgebers ankommt. Allerdings ist nicht jedes legitime Interesse des Arbeitgebers auch ein i. S. v. § 2 Abs. 1 BetrVG schützenswertes Interesse. Vielmehr ist der Kreis schutzwürdiger Rechtsgüter auf die Betriebsverfassung und die sich daraus ergebenden Aufgaben zu beschränken, so dass am Schutz sonstiger Rechtsgüter außerhalb des Betriebsverfassungsrechts kein i. S. v. § 2 Abs. 1 BetrVG schützenswertes Interesse des Arbeitgebers bestehen kann. Denn würde man aus jedem generell bestehenden Interesse des Arbeitgebers eine umfassendes Pflicht des Betriebsrats und seiner Mitglieder zur Erhaltung der bestehenden Rechtsgüter des Betriebspartners herleiten, würde dies zu einer nicht erforderlichen und außer Verhältnis stehenden Begünstigung des Arbeitgebers aus den betriebsverfassungsrechtlichen Vorschriften führen. Auch liefe dies dem Benachteiligungsverbot des § 78 Satz 2 BetrVG zuwider, wonach einem Arbeitnehmer aus der Übernahme des Betriebsratsamtes keine Nachteile erwachsen dürfen. Aus § 2 Abs. 1 BetrVG sind daher nur solche Verhaltenspflichten herzuleiten, die darauf gerichtet sind, den Arbeitgeber in der Erfüllung seiner betriebsverfassungsrechtlichen Aufgaben und Rechte zu unterstützen und nicht zu behindern.[370] Der Schutz des Vermögens als solches zählt hingegen nicht zu den betriebsverfassungsrechtlich geschützten Rechten. Daher kann es keine diesbezüglichen Aufklärungspflichten des Betriebsrats bzw. seiner Mitglieder geben. Vor diesem Hintergrund ist das Gebot der vertrauensvollen Zusammenarbeit nicht geeignet, besondere Schutzpflichten des Betriebsrats und seiner Mitglieder im Hinblick auf das Rechtsgut „Vermögen“ zu begründen, so dass keine Garantenstellung der Betriebsratsmitglieder zum Schutz des Arbeitgebers vor vermögensschädigenden Fehlvorstellungen auf der Grundlage des § 2 Abs. 1 BetrVG besteht.

(bb) Garantenstellung aus Arbeitsvertrag

Da die Betriebsratsmitglieder ungeachtet der Übernahme des Betriebsratsamtes weiter arbeitsvertraglich verpflichtet sind und ihre Stellung als Arbeitnehmer davon unberührt bleibt, könnte sich eine Garantenstellung aus dem Arbeitsvertrag des betreffenden Betriebsratsmitglieds ableiten. Auch insoweit kommt es darauf an, ob der Arbeitsvertrag eine Einstandspflicht der Betriebsratsmitglieder in ihrer Position als Arbeitnehmer dahingehend begründet, dass ein Vermögensschaden bei dem Arbeitgeber nicht eintritt.

---

370 Vgl. 1. Teil/C. I.; Witt, Kooperationsmaxime, S. 113 f.

Grundsätzlich gilt, dass vertragliche Pflichten aus gegenseitigen Rechtsgeschäften nicht ohne weiteres zur Begründung einer Garantenpflicht i. S. e. arbeitsvertraglichen Hauptpflicht ausreichen. Voraussetzung ist vielmehr das Vorliegen eines durch das Vertragsverhältnis vermittelten besonderen Vertrauensverhältnisses der Vertragspartner.[371] Liegt keine ausdrückliche Vereinbarung einer vermögensbezogenen Aufklärungspflicht vor, kann sich eine Aufklärungspflicht zum Schutz des Vermögens des Vertragspartners auch aus dem Vertrag im Ganzen ergeben. Es kommt dann auf die Pflichten des jeweiligen zugrunde liegenden Rechtsverhältnisses im Einzelfall an.[372] Nach dem Arbeitsvertrag besteht für den Arbeitnehmer die Hauptpflicht, die vertraglich geschuldete Arbeitsleistung zu erbringen.[373] Dabei haben die Arbeitnehmer die Interessen des Arbeitgebers und des Betriebs in dem ihnen zumutbaren Umfang zu wahren.[374] Allerdings sind sie nicht verpflichtet, ihre persönlichen Interessen hinten anzustellen, sondern dürfen diese mit den gesetzlich zulässigen Mitteln selbst auf Kosten des Arbeitgebers verfolgen.[375] Der Arbeitgeber ist zur Entrichtung der Vergütung verpflichtet.[376] Treten keine weiteren vermögensschützenden vertraglichen Hauptpflichten wie beispielsweise bei einem Beratervertrag hinzu, wird sich in der Regel aus dem Vertragstyp Arbeitsvertrag keine Einstandspflicht zum Schutz des Vermögens des Arbeitgebers herleiten lassen.[377]

Daneben ist es grundsätzlich möglich, dass eine Garantenpflicht zum Schutz des Vermögens des Arbeitgebers als arbeitsvertragliche Nebenpflicht gemäß §§ 611, 241 Abs. 2 BGB besteht.[378] Unter welchen Voraussetzungen eine solche Garantenpflicht als arbeitsvertragliche Nebenpflicht zum Tragen kommt, ist in Schrifttum und Rechtsprechung nicht abschließend geklärt. In der Literatur wird die Frage einer betrugsspezifischen Aufklärungspflicht der Arbeitnehmer fast ausschließlich unter

---

371 BGHSt 39, 392, 399; 46, 196, 203; Maaß, Betrug verübt durch Schweigen, S. 91, 95; Sch/Sch-*Cramer/Perron*, § 263, Rn. 22; Wesels/Hillenkamp, Strafrecht BT 2, Rn. 505.

372 LK-*Tiedemann*, § 263, Rn. 62; zu den Aufklärungspflichten bei bestimmten Vertragstypen vgl. Maaß, Betrug verübt durch Schweigen, S. 99 ff.

373 Palandt-*Weidenkaff*, § 611, Rn. 24.

374 Palandt-*Weidenkaff*, § 611, Rn. 40.

375 LAG München, Urteil v. 3.11.2006, Az. 9 Sa 65/06.

376 Palandt-*Weidenkaff*, § 611, Rn. 49.

377 Vgl. OLG Celle, Beschluss v. 9.2.2010, Az. 32 Ss 205/09; MK-*Hefendehl*, § 263, Rn. 178, NK-*Kindhäuser*, § 263, Rn. 160, wonach ein beliebiges Arbeitsverhältnis grundsätzlich keine Offenbarungspflicht begründet.

378 Vgl. OLG Köln NJW 1984, 1979, 1980; OLG Celle, Beschluss v. 9.2.2010, Az. 32 Ss 205/09.

dem Gesichtspunkt des Verschweigens von Vorstrafen erörtert,[379] so dass sich daraus keine Schlüsse für den hier zu untersuchenden Fall der Entgegennahme einer ungerechtfertigten Entgeltfortzahlung ziehen lassen. Soweit sich die Rechtsprechung mit Fällen einer Betrugsstrafbarkeit wegen Einbehaltung ungerechtfertigter Lohnzahlung oder Lohnüberzahlung zu befassen hatte, lässt sich darin keine einheitliche Linie erkennen: Das Landesarbeitsgericht Berlin beispielsweise hielt die Voraussetzungen eines Anspruchs des Arbeitgebers wegen Rückzahlung von Lohnüberzahlung gemäß § 823 Abs. 2 BGB i. V. m. § 263 Abs. 1 StGB ohne nähere Erläuterung für gegeben, sobald der betreffende Arbeitnehmer es durch Verletzung seiner Mitteilungspflicht zu weiteren Überzahlungen habe kommen lassen, da er den Arbeitgeber pflichtwidrig nicht über das Versehen aufgeklärt habe.[380] Ohne nähere Begründung ging auch das Oberlandesgericht Köln aufgrund einer Nachwirkung der arbeitsvertraglichen Treuepflicht von einer Verpflichtung des Arbeitnehmers aus, dem früheren Arbeitgeber die irrtümliche Zahlung von Vergütungsbeträgen anzuzeigen.[381] Dagegen kommt eine strafbewehrte Wahrung der Vermögensinteressen des Arbeitgebers nach Auffassung des Oberlandesgerichts Celle nur bei Hinzutreten besonderer Umstände in Betracht. Allein die Tatsache, dass ein Arbeitsverhältnis seit langem bestehe und eine mehrjährige Tätigkeit im Betriebsrat gegeben sei, sei noch nicht geeignet, eine Garantenpflicht zu begründen.[382]

Nach der hier vertretenen Auffassung begründet ein „normales" Arbeitsverhältnis im Regelfall keine vermögensschützenden Aufklärungspflichten des Arbeitnehmers.[383] Allerdings ist es möglich, dass eine Garantenpflicht zur Aufklärung als arbeitsvertragliche Nebenpflicht besteht. Treten zu den gewöhnlichen Rücksichtnahmepflichten im Arbeitsverhältnis besondere Umstände hinzu, ist unter engen Voraussetzungen eine Garantenstellung denkbar. Einfache vertrauensbegründende Umstände wie das lange Bestehen eines Vertragsverhältnisses oder eine mehrjährige Betriebsratstätigkeit werden in der Regel zur Begründung einer besonderen Nähe zum Arbeitgebervermögen nicht ausreichend sein. Vielmehr müssen weitere Umstände hinzutreten, die insbesondere den Vermögensbezug der Aufklärungspflicht begründen. Eine vermögensschützende Garantenpflicht des betreffenden Betriebsratsmitglieds als arbeitsvertragliche Nebenpflicht wird im Regelfall daher nicht bestehen.

---

379 Vgl. Maaß, Betrug verübt durch Schweigen, S. 109 ff.; MK-*Hefendehl*, § 263, Rn. 177; Seibert, Die Garantenpflichten beim Betrug, S. 76 f.

380 LAG Berlin, Urteil v. 15.12.1995, Az. 6 Sa 94/95.

381 OLG Köln NJW 1984, 1979, 1980.

382 OLG Celle, Beschluss v. 9.2.2010, Az. 32 Ss 205/09.

383 MK-*Hefendehl*, § 263, Rn. 178.

(cc) Garantenstellung aus Ingerenz

Nimmt ein Betriebsratsmitglied während der Arbeitsbefreiung keine erforderlichen Betriebsratsaufgaben wahr, verstößt das Betriebsratsmitglied gegen die Vorschrift des § 37 Abs. 2 BetrVG. Insofern könnte auch an eine Garantenstellung aus Ingerenz gegeben sein. Nach dem Grundgedanken der Haftung aus Ingerenz ist derjenige als Garant zur Erfolgsabwendung verpflichtet, der die Gefahr eines Schadenseintritts geschaffen hat.[384] Eine Garantenstellung aus Ingerenz erfordert daher ein gefährliches Vorverhalten.[385] Nach überwiegender Ansicht muss das Vorverhalten nicht nur gefährlich, sondern auch pflichtwidrig sein.[386] Zudem setzt ein garantenpflichtbegründendes Vorverhalten voraus, dass gerade dieses das Risiko geschaffen hat, dessen Abwendung der Zweck der übertretenden Norm ist.[387] Die missachtete Norm muss mithin gerade dem Schutz des betroffenen Rechtsguts, hier dem Vermögen, dienen.[388]

Bei der nach § 37 Abs. 2 BetrVG gewährleisteten Entgeltfortzahlung handelt es sich um eine Konkretisierung des in § 78 Satz 2 BetrVG normierten Benachteiligungs- und Begünstigungsverbots, wonach die Betriebsratsmitglieder für ihre Amtsführung keinerlei Vorteile jeglicher Art erhalten, umgekehrt aber auch keinen Nachteil durch ihre Betriebsratstätigkeit erleiden sollen. Zweck des § 37 BetrVG ist es, die innere Unabhängigkeit und Unparteilichkeit der Betriebsratsmitglieder und damit eine ordnungsgemäße Durchführung der Aufgaben des Betriebsrats zu garantieren.[389] Vor diesem Hintergrund dient die Vorschrift dem Schutz der Betriebsratsmitglieder und der Betriebsverfassung und nicht dem Schutz des Vermögens des Arbeitgebers. Ein Verstoß gegen § 37 Abs. 2 BetrVG ist insofern nicht geeignet, eine Garantenstellung aus Ingerenz zu begründen.

Als Zwischenergebnis kann festgehalten werden, dass sich eine Garantenstellung der Betriebsratsmitglieder zum Schutz des Arbeitgebervermögens in

---

384 Seibert, Die Garantenpflichten beim Betrug, S. 84; Wessels/Beulke, Strafrecht AT, Rn. 725.

385 Seibert, Die Garantenpflichten beim Betrug, S. 84.

386 BGHSt 37, 106, 115; 54, 44, 47; Baumann/Weber/Mitsch, Strafrecht AT, § 15, Rn. 65; Fischer, § 13, Rn. 52; Sch/Sch-*Stree/Bosch*, § 13, Rn. 35, 37; Maaß, Betrug verübt durch Schweigen, S. 52; Wessels/Hillenkamp, Strafrecht BT 2, Rn. 505; differenzierend LK-*Weigand*, § 13, Rn. 44 ff.; MK-*Freund*, § 13, Rn. 117 ff.

387 Roxin, Strafrecht AT 2, § 32, Rn. 171.

388 BGHSt 37, 106, 115 f.; Sch/Sch-*Stree/Bosch*, § 13, Rn. 35a; Sternberg-Lieben, Jura 1996, 549.

389 Vgl. 1. Teil/C. II. 1.

der Regel nicht feststellen lassen wird, so dass ein Betrug durch Unterlassen regelmäßig ausscheidet. Soweit eine aktive Täuschung, entweder durch die ausdrückliche Behauptung, erforderliche Betriebsratsaufgaben wahrzunehmen, oder durch konkludentes Verhalten bei widerspruchloser Entgegennahme der Entgeltfortzahlung vorliegt, muss diese zu einem Irrtum auf Seiten des Arbeitgebers führen.

4. Täuschungsbedingter Irrtum

Durch die Täuschung über die vermeintliche Vornahme erforderlicher Betriebsratsaufgaben muss ein Irrtum erregt oder unterhalten werden, unter dessen Eindruck der Irrende eine Vermögensverfügung vornimmt. Ein Irrtum i. S. d. § 263 Abs. 1 StGB ist jede unrichtige, der Wirklichkeit nicht entsprechende Vorstellung über Tatsachen.[390] Er ist das spiegelbildliche Gegenstück der Täuschung.[391] Einen Irrtum erregt, wer ihn durch Einwirkung auf die Vorstellung des Getäuschten hervorruft. Einen Irrtum unterhält, wer eine bereits vorhandene Fehlvorstellung bestärkt oder deren Aufklärung verhindert oder erschwert.[392] Nach der Definition des Tatbestandsmerkmals der Täuschung muss das Opfer des Betrugs des Irrens fähig sein. Nur Menschen können irren, da nur sie in der Lage sind, Fehlvorstellungen zu bilden. Subjekt des Irrtums können daher nur natürliche Personen sein.[393] Ist der Arbeitgeber keine natürliche sondern eine juristische Person können Täuschungsopfer und Irrende danach nur organschaftliche Vertreter, andere Mitarbeiter des Unternehmens oder Vorgesetzte des handelnden Betriebsratsmitglieds sein. Der Arbeitgeber als juristische Person kommt nicht in Betracht. Dementsprechend ist nach der Rechtsprechung des Bundesgerichtshofs bei arbeitsteilig tätigen Unternehmen, Körperschaften und Personenmehrheiten in der Regel festzustellen, wer im konkreten Fall auf welcher Grundlage und mit welchen Vorstellungen die Entscheidung über die Erbringung der vom Täter erstrebten Leistung getroffen und damit die Vermögensverfügung vorgenommen hat.[394]

---

390 Wessels/Hillenkamp, Strafrecht BT 2, Rn. 508.

391 Fischer, § 263, Rn. 53; einschränkend Kargl, ZStrW 2007, 250, 259, wonach die Merkmale der Täuschung und der Irrtumserregung identisch seien.

392 Wessels/Hillenkamp, Strafrecht BT 2, Rn. 513 f.

393 BGH NStZ 2003, 313, 315; LK-*Tiedemann*, § 263, Rn. 92; MK-*Hefendehl*, § 263, Rn. 198.

394 BGH NStZ 2003, 313, 314 f.; wistra 2010, 148; soweit im Folgenden lediglich von dem „Arbeitgeber" die Rede ist, sind damit die getäuschten Personen im Unternehmen des Arbeitgebers gemeint.

Meldet sich das Betriebsratsmitglied unter Hinweis auf die vermeintliche Vornahme betriebsverfassungsrechtlicher Aufgaben sowie den Ort und die voraussichtliche Dauer der Betriebsratstätigkeit beim Arbeitgeber, vertreten durch den zuständigen Vorgesetzten, ab, liegt darin eine Einwirkung auf das Vorstellungsbild des Getäuschten. Dieser wird in der Folge davon ausgehen, dass das betreffende Betriebsratsmitglied während der Dauer der Arbeitsbefreiung Betriebsratsaufgaben wahrnimmt. Da dies nicht der Fall ist, erliegt die getäuschte Person im Unternehmen des Arbeitgebers einem Irrtum über das Vorliegen der Voraussetzungen der Entgeltfortzahlung. Ebenfalls einen Irrtum wird das Betriebsratsmitglied verursachen, wenn es sich von seinem Arbeitsplatz ohne Erklärung und nicht zur Wahrnehmung von Betriebsratstätigkeiten entfernt und die Entgeltfortzahlung widerspruchslos entgegennimmt. Der Getäuschte, d.h. diejenige Person im Unternhemen des Arbeitgebers, bei sich das Betriebsratsmitglied hätte abmelden müssen, wird in der Regel annehmen, das Betriebsratsmitglied habe Betriebsratstätigkeiten wahrgenommen. Mit der widerspruchslosen Entgeltfortzahlung wird die Fehlvorstellung bei dem getäuschten Mitarbeiters des Arbeitgebers über die tatsächlichen Voraussetzungen der § 37 Abs. 2 BetrVG i. V. m. § 611 Abs. 1 BGB aufrechterhalten.

Soweit irrende und verfügende Person in dem Unternehmen des Arbeitgebers nicht identisch sind, stellt sich die Frage, ob bei der verfügenden Person der Irrtum des Getäuschten fortbesteht.[395] Wird die Täuschung über mehrere Personen vermittelt, kommt es darauf an, ob der beim Verfügenden verursachte oder fortbestehende Irrtum dem Täter der Täuschungshandlung zuzurechnen ist. Dies ist etwa bei mittelbarer Täterschaft der Fall, wenn ein unmittelbar getäuschter gutgläubiger Dritter veranlasst wird, seinen Irrtum an die verfügende Person zu vermitteln.[396] Bei einer Täuschung gegenüber dem Vorgesetzten des betreffenden Betriebsratsmitglieds dürfte dies regelmäßig der Fall sein. Denn dieser wird durch eine Mitteilung gegenüber dem zuständigen Sachbearbeiter veranlassen, dass die vermeintlich berechtigte Lohnfortzahlung an das täuschende Betriebsratsmitglied vorgenommen wird.

Denkbar ist auch, dass der Getäuschte keinem Irrtum unterliegt, der das Ergebnis eines substantiiert ablaufenden Denkprozesses ist, sondern sich schlicht keine weiteren Gedanken macht und darauf vertraut, dass das Betriebsratsmitglied während der Arbeitsbefreiung Betriebsratsaufgaben nachgeht. Eine solche, aus bestimmten Umständen abgeleitete Vorstellung, dass in betreffender

---

395 Fischer, § 263, Rn. 66; Sch/Sch-*Cramer/Perron*, § 263, Rn. 33.

396 Fischer, § 263, Rn. 67; LK-*Tiedemann*, § 263, Rn. 82.

Hinsicht „alles in Ordnung“ sei oder eine bestimmte Vorstellung im Sinne eines unreflektierten sachgedanklichen Mitbewusstseins, genügen nach Rechtsprechung und Lehre zur Bejahung eines Irrtums.[397]

5. *Vermögensverfügung und Vermögensschaden*

a) Vermögensverfügung

Aufgrund der Struktur des Betrugs als Selbstschädigungsdelikt muss der Getäuschte eine auf dem Irrtum beruhende Vermögensverfügung vornehmen. Das ungeschriebene Merkmal der Vermögensverfügung stellt somit das Bindeglied zwischen Irrtum und Vermögensschaden dar.[398] Eine Vermögensverfügung ist jedes Handeln, Dulden oder Unterlassen des Getäuschten, das bei diesem selbst oder einem Dritten unmittelbar zu einer Vermögensminderung führt.[399] Wesentliche – zum Teil umstrittene – Elemente der Vermögensverfügung sind die Freiwilligkeit der Verfügung, das Verfügungsbewusstsein und die Unmittelbarkeit der Verfügung.[400] Nimmt der Arbeitgeber in der irrigen Annahme, das Betriebsratsmitglied sei während der Arbeitsbefreiung erforderlichen Betriebsratstätigkeiten nachgegangen, die Entgeltfortzahlung vor, führt dies zu einer unmittelbaren Minderung seines Vermögens.

Ist der Arbeitgeber keine natürliche Person, stellt sich die Frage nach einem möglichen Dreiecksbetrug.[401] Ein Dreiecksbetrug könnte hier deshalb vorliegen, weil durch die Verfügung des Mitarbeiters des Arbeitgebers nicht dessen Vermögen, sondern das Vermögen des Arbeitgebers belastet wird. Verfügender und Geschädigter sind somit nicht identisch.[402] Aufgrund der Struktur des

---

397 BGHSt 2, 325, 326; BGH NStZ 2007, 213, 215 f.; BGH JR 2010, 172, 174; Sch/Sch-*Carmer/Perron*, § 263, Rn. 39; Fischer, § 263, Rn. 62; MK-*Hefendehl*, § 263, Rn. 201; Wessels/Hillenkamp, Strafrecht BT 2, Rn. 511 mwN.

398 Zum ungeschriebenen Tatbestandsmerkmal der Vermögensverfügung vgl. BGHSt 14, 170; Krey/Hellmann/Heinrich, Strafrecht BT 2, § 11, Rn. 555 f.; MK-*Hefendehl*, § 263, Rn. 230 ff.; Rengier, Strafrecht BT 1, § 13, Rn. 61; Sch/Sch-*Cramer/Perron*, § 263, Rn. 54 ff.; Wessels/Hillenkamp, Strafrecht BT 2, Rn. 515.

399 Rengier, Strafrecht BT 1, § 13, Rn. 63.

400 Sievert, Möglichkeiten der Abrechnungsmanipulation im Krankenhaus, S. 180; ausführlich zum Merkmal der Vermögensverfügung vgl. LK-*Tiedemann*, § 263, Rn. 96 ff.

401 Die Figur des Dreiecksbetrugs ist allgemein anerkannt, vgl. BGHSt 18, 221, 223 f.; LK-*Tiedemann*, § 263, Rn. 112 ff.; Wessels/Hillenkamp, Strafrecht BT 2, Rn. 641 ff.

402 Sch/Sch-*Cramer/Perron*, § 263, Rn. 65; Wessels/Hillenkamp, Strafrecht BT 2, Rn. 641.

§ 263 StGB als Selbstschädigungsdelikt ist der Betrugstatbestand in der Form des Dreiecksbetrugs erfüllt, wenn die Verfügung des Mitarbeiters dem Arbeitgeber zuzurechnen ist.[403] Hinsichtlich der Frage unter welchen Voraussetzungen eine solche Zurechnung erfolgen soll, werden im Wesentlichen zwei Auffassungen vertreten.

Nach der Theorie von der rechtlichen Befugnis ist für eine Zurechnung erforderlich, dass der Getäuschte durch den Geschädigten oder durch Gesetz zu der Vermögensverfügung ausdrücklich, stillschweigend oder rechtlich ermächtigt ist. Hierfür wird teils auf das objektive Bestehen einer Befugnis, teils auf die subjektive Vorstellung des Verfügenden über seine Befugnis abgestellt.[404]

Nach in Rechtsprechung und Literatur überwiegender Ansicht (sog. Lagertheorie) setzt eine Zurechnung voraus, dass bereits vor der Täuschung und unabhängig vom Willen des Vermögensinhabers ein faktisches oder rechtliches besonderes Näheverhältnis des Verfügenden zu dem geschädigten Vermögen bestand, kraft dessen dieser eine engere Beziehung zu dem betroffenen Vermögen als Außenstehende hat. Nicht ausreichend ist eine rein tatsächliche Einwirkungsmöglichkeit.[405] Die Lagertheorie ist somit umfassender als die Theorie von der rechtlichen Befugnis, schließt deren Anwendungsfälle aber mit ein.[406]

Dieser Meinungsstreit kann für die vorliegende Untersuchung dahin stehen, da man sowohl nach der Befugnistheorie als auch nach der Lagertheorie die Verfügung des Mitarbeiters dem Arbeitgeber im Regelfall zurechnen können wird.[407] Der verfügende Mitarbeiter wird aufgrund seines Arbeitsvertrags und seiner Position im Unternehmen des Arbeitgebers rechtlich zur Vornahme der Lohn- bzw. Gehaltszahlung befugt sein. Zudem wird man davon ausgehen können, dass der verfügende Mitarbeiter im Interesse des Arbeitgebers tätig ist und vor diesem Hintergrund dem Vermögen des Arbeitgebers nähersteht als ein außenstehender Dritter. Die Vermögensverfügung wird dem Arbeitgeber daher

403 LK-*Tiedemann*, § 263, Rn. 114.

404 Krey/Hellmann/Heinrich, Strafrecht BT 2, § 11, Rn. 417; Mitsch, Strafrecht BT 2/1, § 7, Rn. 74; MK-*Hefendehl*, § 263, Rn. 286 ff.; Sievert, Möglichkeiten der Abrechnungsmanipulation im Krankenhaus, S. 182.

405 BGHSt 18, 221, 223 f.; BGH NStZ 1997, 32, 33; NStZ 2008, 339 f.; LK-*Tiedemann*, § 263, Rn. 115 f.; Maurach/Schroeder/Maiwald, Strafrecht BT 1, § 41, Rn. 80; Rengier, Strafrecht BT 2, § 13, Rn. 103; Sch/Sch-*Cramer/Perron*, § 263, Rn. 65 f.; Wessels/Hillenkamp, Strafrecht BT 2, Rn. 643.

406 Sievert, Möglichkeiten der Abrechnungsmanipulation im Krankenhaus, S. 180.

407 Ausführlich zum Streitstand vgl. Offermann-Burckart, Vermögensverfügungen Dritter im Betrugstatbestand, S. 92 ff.

zugerechnet werden können, so dass die Voraussetzungen eines Dreiecksbetrugs regelmäßig gegeben sein werden.

b) Vermögensbegriff

Für die Beurteilung was zum durch § 263 Abs. 1 StGB geschützten Vermögen einer Person zu zählen ist und was bei der Ermittlung des Schadens Berücksichtigung findet, kommt es darauf an, welcher strafrechtliche Vermögensbegriff zugrunde gelegt wird. Unter Abkehr von einem wirtschaftlichen Vermögensbegriff[408], einem rein juristischen Vermögensbegriff[409] und einer personalen Vermögenslehre[410] vertritt die herrschende Lehre, der nun auch die Rechtsprechung im Ansatz folgt, einen vermittelnden juristisch-ökonomischen Vermögensbegriff. Danach zählen zum strafrechtlich geschützten Vermögen einer Person alle Wirtschaftsgüter, die ihr ohne rechtliche Missbilligung unter dem Schutz der Rechtsordnung zustehen.[411] Das entscheidend für diese vermittelnde Position sprechende Argument ist das der Einheit der Rechtsordnung. Denn würde das Strafrecht eine wirtschaftlich nutzbare Position als Vermögensbestandteil anerkennen, während andere Teile der Rechtsordnung deren Realisierung missbilligen, würde dies zu Wertungswidersprüchen in der Gesamtrechtsordnung führen.[412]

Bei den Geldern, mit denen der Arbeitgeber die Entgeltfortzahlung gegenüber dem Betriebsratsmitglied bewirkt, handelt es sich um ein geldwertes Gut, das dem Arbeitgeber unter dem Schutz der Rechtsordnung zusteht.

---

408 Nach dem rein wirtschaftlichen Vermögensbegriff werden ohne Rücksicht auf ihre Rechtsnatur alle Positionen dem Vermögen zugerechnet werden, denen ein wirtschaftlicher Wert beigemessen werden kann, vgl. RGSt 44, 230, 232 ff.; BGHSt 2, 364 f.; 8, 254, 256; 15, 83, 86.

409 Die juristische Vermögenstheorie zählt zum Vermögen die Summe der einzelnen Vermögensrechte ungeachtet ihres wirtschaftlichen Wertes; vgl. RGSt 3, 333; Binding, Strafrecht BT 1, S. 238.

410 Die Vertreter der personalen Vermögenslehre gehen von der Funktion des Vermögens als Grundlage der Persönlichkeitsentfaltung aus und sehen den Vermögensnachteil weniger in dem Wertverlust als in der durch die Vermögensverschiebung bewirkten Beeinträchtigung der wirtschaftlichen Potenz des Vermögensträgers; Bockelmann, JZ 1952, 461, 464 f.; Otto, Die Struktur des strafrechtlichen Vermögensschutzes, S. 34 ff.

411 BGH NStZ 1987, 407; Maurach/Schroeder/Maiwald, Strafrecht BT 1, § 41, Rn. 99; Rengier, Strafrecht BT 1, § 13, Rn. 128; Sch/Sch-*Cramer/Perron*, § 263, Rn. 82 ff. mwN; SK-*Hoyer*, § 263, Rn. 118, 121; Wessels/Hillenkamp, Strafrecht BT 2, Rn. 535.

412 Sch/Sch-*Cramer/Perron*, § 263, Rn. 83.

c) Ermittlung des Vermögensschadens

Unter dem Begriff des Vermögensschadens ist eine Verringerung des Gesamtgeldwertes des Vermögens zu verstehen; der Vermögensschaden bezeichnet den Unterschied zwischen dem Wert des Gesamtvermögens vor und nach der Verfügung.[413] Für die Frage der Vermögensschädigung kommt es daher grundsätzlich nicht darauf an, ob einzelne Vermögenspositionen nachteilig berührt worden sind. Maßgeblicher Bezugspunkt ist vielmehr der Gesamtwert des Vermögens.[414] Die Vermögensschädigung kann in einem wirtschaftlichen Nachteil jeglicher Art bestehen, wie etwa in der Belastung des Vermögens mit einer Verbindlichkeit oder dem Verlust einer Sache, einer Forderung oder eines Rechts.[415]

Für die Ermittlung des Schadens ist die Vermögenslage des Betroffenen vor und nach der Verfügung unter wirtschaftlicher Betrachtungsweise bei einer Gesamtsaldierung zu vergleichen.[416] Bei der Saldierung werden der Wert der vom Betroffenen eingesetzten Leistung und der Wert der unmittelbar aus der Vermögensverfügung erlangten Gegenleistung verrechnet.[417] Wird die durch die Verfügung herbeigeführte Minderung des Vermögens nicht durch ein unmittelbar aus der Vermögensverfügung fließendes Äquivalent kompensiert und wirtschaftlich voll ausgeglichen, ist ein Vermögensschaden i. S. d. § 263 Abs. 1 StGB gegeben.[418]

Nachdem festgestellt wurde, dass die Vornahme der Entgeltfortzahlung zu einer Minderung des Arbeitgebervermögens führt, kommt es nun darauf an, ob die Minderung möglicherweise wirtschaftlich kompensiert ist. Voraussetzung ist, dass die Kompensation unmittelbar aus der Vermögensverfügung folgt. Nicht kompensationsfähig sind daher wirtschaftlich werthaltige Positionen, die nicht unmittelbar auf der maßgebenden Vermögensverfügung beruhen, sondern nur in einem äußeren Zusammenhang stehen und dem Schadensausgleich dienen.[419]

Ist das betreffende Betriebsratsmitglied weder einer erforderlichen Betriebsratstätigkeit nachgegangen noch hat es die geschuldete Arbeitsleistung erbracht, so

---

413 BGHSt 16, 220, 221; MK-*Hefendehl*, § 263, Rn. 444; Rengier, Strafrecht BT 1, § 13, Rn. 155; Sch/Sch-*Cramer/Perron*, § 263, Rn. 99 mwN.

414 BGHSt 16, 220, 221; 30, 388, 389; MK-*Hefendehl*, § 263, Rn. 444; Sch/Sch-*Cramer/Perron*, § 263, Rn. 99.

415 Wessels/Hillenkamp, Strafrecht BT 2, Rn. 517.

416 RGSt 74, 129; BGHSt 16, 220, 221; 47, 295, 301; 51, 10, 15; LK-*Tiedemann*, § 263, Rn. 159; Maurach/Schroeder/Maiwald, Strafrecht BT 1, § 41, Rn. 107; MK-*Hefendehl*, § 263, Rn. 444; Sch/Sch-*Cramer/Perron*, § 263, Rn. 99.

417 Dazu unter 2. Teil/…

418 Wessels/Hillenkamp, Strafrecht BT 2, Rn. 538.

419 LK-*Tiedemann*, § 263, Rn. 166; Wessels/Hillenkamp, Strafrecht BT 2, Rn. 548.

ist keine Gegenleistung, die ihre Ursache in einem Verhalten des Betriebsratsmitglieds hat, in das Vermögen des Arbeitgebers geflossen. Da nach zivilrechtlichen Vorschriften kein Anspruch des Betriebsratsmitglieds auf eine Entgeltfortzahlung besteht, hat der Arbeitgeber einen bereicherungsrechtlichen Rückforderungs- gegebenenfalls auch einen Schadensersatzanspruch gegen das Betriebsratsmitglied. Als mögliche Kompensation könnten auch diese gesetzlichen Ansprüche in Betracht zu ziehen sein. Nach ganz herrschender Auffassung in Rechtsprechung und Lehre eignen sich gesetzliche Ansprüche und Rechte, die dem Betroffenen gerade aufgrund der Täuschung erwachsen, jedoch grundsätzlich nicht zur Kompensation.[420] Hierzu zählen auch Bereicherungs- und Schadensersatzansprüche des Getäuschten.[421] Sie dienen dem Rückfluss entzogener Werte in das geschädigte Vermögen. Würde man derartige Ausgleichansprüche zur Kompensation zulassen, entfielen einschlägige Grundkonstellationen der vorsätzlichen Täuschung.[422] Eine Kompensation des Schadens aufgrund bereicherungsrechtlicher Rückforderungs- oder Schadensersatzansprüche kommt daher nicht in Betracht.

6. *Vorsatz und Absicht rechtswidriger Bereicherung*

In subjektiver Hinsicht erfordert der Tatbestand des Betrugs, dass das Betriebsratsmitglied mit Vorsatz hinsichtlich aller Merkmale des objektiven Tatbestands einschließlich der sie verbindenden Kausalbeziehungen sowie in Bereicherungsabsicht handelt. Zudem setzt § 263 Abs. 1 StGB voraus, dass die Bereicherung rechtswidrig ist und der Täter Vorsatz hinsichtlich der Rechtswidrigkeit der Bereicherung aufweist.[423]

Der Vorsatz bezeichnet den Willen zur Verwirklichung eines Straftatbestands in Kenntnis aller seiner objektiven Tatumstände. Dabei muss der Tatbestandsvorsatz ein Willens- und ein Wissenselement enthalten.[424] Da bedingter Vorsatz

---

420 BGHSt 21, 384, 386; 52, 323, 337; Krey/Hellmann/Heinrich, Strafrecht BT 2, § 11, Rn. 644; Küper, Strafrecht BT, S. 383; LK-*Tiedemann,* § 263, Rn. 166; Wessels/Hillenkamp, Strafrecht BT 2, Rn. 581, 548 f. Ausführlich mit weiteren Nachweisen zu den einzelnen gesetzlichen Ausgleichsansprüchen vgl. LK-*Tiedemann,* § 263, Rn. 166 f.

421 BGH bei Dallinger, MDR 1970, 13; Sch/Sch-*Cramer/Perron*, § 263, Rn. 120; Wessels/Hillenkamp, Strafrecht BT 2, Rn. 548.

422 LK-*Tiedemann*, § 263, Rn. 166.

423 Rengier, Strafrecht BT 1, § 13, Rn. 236, 237; Wessels/Hillenkamp, Strafrecht BT 2, Rn. 581, 583.

424 BGHSt 19, 295, 298 f.; 36, 1, 9 f.; Wessels/Beulke, Strafrecht AT, Rn. 203; a.A. NK-*Puppe*, § 15, Rn. 26 ff; Herzberg, JZ 1988, 573, die auf ein voluntatives Elemt des Vorsatzes verzichten.

für eine Betrugsstrafbarkeit ausreichend ist, muss der Täter lediglich mit der Möglichkeit eines Erfolgseintritts rechnen und diesen billigend in Kauf nehmen.[425] Erforderlich ist somit, dass das Betriebsratsmitglied positiv weiß oder zumindest die Möglichkeit erkennt, dass die Voraussetzungen für eine Entgeltfortzahlung nicht vorliegen, der Arbeitgeber diese aber irrtümlich für gegeben hält. Dies muss in dem Bewusstsein erfolgen, gerade durch die Irrtumserregung eine vermögensschädigende Vermögensverfügung zu bewirken. Weiter muss das Betriebsratsmitglied die Entgeltfortzahlung zum Nachteil des Arbeitgebers wollen oder zumindest billigend in Kauf nehmen.

Das Merkmal der Bereicherungsabsicht verlangt, dass die Tat subjektiv auf die Erlangung eines Vermögensvorteils für den Täuschenden oder einen Dritten gerichtet ist.[426] Der Absichtsbegriff ist eng i. S. e. zielgerichteten Handelns und somit als dolus directus ersten Grades zu verstehen.[427] Dem Betriebsratsmitglied, das während der Arbeitsbefreiung keine erforderlichen Betriebsratsaufgaben wahrnimmt, muss es somit gerade auf die Erlangung der Entgeltfortzahlung ankommen. Aus dem Wesen des Betrugs als Vermögensverschiebungsdelikt folgt weiter, dass der Täter den Vermögensvorteil unmittelbar aus dem Vermögen des Geschädigten in einer Weise erstreben muss, dass der Vorteil die Kehrseite des Schadens bildet (sog. Stoffgleichheit).[428] Hierbei dürften im Rahmen der täuschungsbedingt erlangten Entgeltfortzahlung keine Besonderheiten auftreten. Die erstrebte Bereicherung ist rechtswidrig, wenn kein Anspruch des Täters auf die Erlangung des Vorteils nach den Vorschriften des Zivil- und des öffentlichen Rechts besteht.[429] Da die Betriebsratsmitglieder in ihrer Eigenschaft als Arbeitnehmer grundsätzlich verpflichtet sind, ungeachtet der Übernahme des Betriebsratsamtes, ihrer Arbeitspflicht nachzukommen, sind sie während der Arbeitsbefreiung ebenso verpflichtet, Amtsgeschäfte des Betriebsrats zu führen. Unterlassen sie dies, sind die Voraussetzungen der Entgeltfortzahlung nach § 37 Abs. 2 BetrVG i. V. m. § 611 Abs. 1 BGB nicht gegeben, so dass hierauf kein Anspruch besteht. Schließlich verlangt der subjektive Tatbestand des § 263 Abs. 1

---

425 BGHSt 7, 36, 363, 368 ff.; Sch/Sch-*Cramer/Perron*, § 263, Rn. 165; Wessels/Beulke, Strafrecht AT, Rn. 214 ff.

426 Fischer, § 263, Rn. 186; Rengier, Strafrecht BT 1, § 13, Rn. 237.

427 Rengier, Strafrecht BT 1, § 13, Rn. 238; Sch/Sch-*Cramer/Perron*, § 263, Rn. 176.

428 BGHSt 6, 105, 116; 34, 379, 391; Rengier Strafrecht BT 1, § 13, Rn. 246 ff; Sch/Sch-*Cramer/Perron*, § 263, Rn. 168.

429 BGHSt 19, 206, 215 f.; 42, 268, 271; LK-*Tiedemann*, § 263, Rn. 264; Maurach/Schroeder/Maiwald, Strafrecht BT 1, § 14, Rn. 143; MK-*Sander*, § 263, Rn. 729; Sch/Sch-*Cramer/Perron*, § 253, Rn. 19; Wessels/Hillenkamp, Strafrecht BT 2, Rn. 585.

StGB, dass das Betriebsratsmitglied in dem Bewusstsein der Rechtswidrigkeit handelt. Die Rechtswidrigkeit des angestrebten Vermögensvorteils muss somit vom Vorsatz erfasst sein, wobei auch hier bedingter Vorsatz ausreichend ist.[430]

7. *Fallbeispiel: Urteil des Bundesarbeitsgerichts vom 19.5.1983*

In der eingangs dargestellten Entscheidung des Bundesarbeitsgerichts vom 19.5.1983[431] entschied das Bundesarbeitsgericht, dass es keine erforderliche Betriebsratstätigkeit darstelle, wenn ein Betriebsratsmitglied an einem gerichtlichen Termin zur Verhandlung über die Kündigungsschutzklage eines Arbeitnehmers des Betriebs teilnehme. Die auf Zahlung des Betrags, um den der Arbeitgeber das Bruttogehalt gekürzt hatte, gerichtete Klage des Betriebsratsmitglieds, wies das Gericht ab.

Vor dem Hintergrund der hier gefundenen Ergebnisse wäre in dem dieser Entscheidung zugrunde liegenden Sachverhalt eine Strafbarkeit wegen vollendeten Betrugs schon deshalb nicht gegeben, weil es jedenfalls an einem Irrtum des Arbeitgebers über die die Entgeltfortzahlung begründenden Tatsachen fehlte. Der Arbeitgeber hatte vor Anweisung der Gehaltszahlung offenbar bemerkt, dass das Betriebsratsmitglied einer nicht erforderlichen Betriebsratstätigkeit nachgegangen war und keine Entgeltfortzahlung gemäß § 611 Abs. 1 i. V. m. § 37 Abs. 2 BetrVG vorgenommen. Das betreffende Betriebsratsmitglied könnte sich daher allenfalls wegen versuchten Betrugs strafbar gemacht haben. Insoweit ist jedoch der dem vom Bundesarbeitsgericht in seinem Urteil vom 19.5.1983 zugrunde gelegte Sachverhalt unergiebig. Ob eine Strafbarkeit wegen versuchten Betrugs in diesem Fall gegeben war, kann daher nicht abschließend beurteilt werden. Soweit jedoch das betreffende Betriebsratsmitglied den Tatentschluss hatte, den Arbeitgeber zu einer irrtümlich bedingten Entgeltfortzahlung zu bewegen, obwohl die Voraussetzungen hierfür nicht gegeben waren, um sich dadurch einen rechtswidrigen Vermögensvorteil zu verschaffen, wäre eine Strafbarkeit wegen versuchten Betrugs gemäß § 263 Abs. 1, 2 StGB gegeben.

II. Zur Strafbarkeit wegen Verstoßes gegen § 40 Abs. 1 BetrVG

Auch im Hinblick auf § 40 Abs. 1 BetrVG ist an eine Betrugsstrafbarkeit bei betriebsverfassungswidrigem Verhalten der Betriebsratsmitglieder zu denken. Nach § 40 Abs. 1 BetrVG trägt der Arbeitgeber die durch die Tätigkeit des

430 Fischer, § 263, Rn. 193 f.

431 Vgl. 2. Teil/B. I. 1.

Betriebsrats entstandenen erforderlichen Kosten. Da der Betriebsrat mangels Rechts- und Vermögensfähigkeit im Außenverhältnis im Rechtsverkehr nicht selbst in Erscheinung treten kann, handeln die Betriebsratsmitglieder für das Gremium gegenüber Dritten. Soweit jene keine den §§ 164 ff. BGB entsprechende Stellvertretungs- oder Botenbefugnis für den Arbeitgeber besitzen, werden sie aus den von ihnen im Rahmen ihrer Betriebsratstätigkeit geschlossenen Rechtsgeschäften selbst verpflichtet. Die erforderlichen und verhältnismäßigen Kosten hat der Arbeitgeber nach § 40 Abs. 1 BetrVG zu tragen. Dem verpflichteten Betriebsratsmitglied steht infolgedessen ein von dem Anspruch des Betriebsrats abgeleiteter Anspruch auf Befreiung von der Verbindlichkeit gemäß § 257 BGB oder ein Erstattungsanspruch gemäß § 40 Abs. 1 BetrVG zu.[432] Rechnet der Betriebsrat oder ein Mitglied des Betriebsrats gegenüber dem Arbeitgeber nicht entstandene oder nicht erforderliche Kosten ab und soll dadurch beim Arbeitgeber ein Irrtum über das Bestehen des Freistellungs- oder Kostenerstattungsanspruchs hervorgerufen werden und dieser infolgedessen die Befreiung von der Verbindlichkeit oder die Kostenerstattung veranlassen, stellt sich die Frage, inwiefern ein solches Verhalten eine Strafbarkeit wegen Betrugs begründen kann.

1. Fallbeispiel: Beschluss des Bundesarbeitsgerichts vom 20.10.1993

Hatten das Bundesarbeitsgericht oder die Instanzgerichte über Streitigkeiten betreffend die Kostentragungspflicht des Arbeitgebers gemäß § 40 Abs. 1 BetrVG zu entscheiden, ging es in der Regel darum, ob und in welchem Umfang eine kostenverursachende Maßnahme erforderlich war und ob die entstandenen Kosten vom Arbeitgeber zu tragen waren.[433] Die Sachverhalte zu § 40 Abs. 1 BetrVG gleichen insoweit den Fällen, in denen die Gerichte hinsichtlich einer durch den Arbeitgeber verweigerten Entgeltfortzahlung gemäß § 37 Abs. 2 BetrVG zu befinden hatten. Auch im Rahmen der Kostenerstattung nach § 40 Abs. 1 BetrVG geht es darum, dass der Arbeitgeber die Erforderlichkeit einer kostenverursachenden Maßnahme in Zweifel zieht oder ganz ablehnt und deshalb eine Kostenerstattung oder Befreiung von der Verbindlichkeit verweigert.

---

432 Vgl. 1. Teil/C. III. 2. a).

433 Vgl. BAG 27.9.1974 AP Nr. 8 zu § 40 BetrVG 1972 (Erforderlichkeit der Mitgliedschaft in einem Mieterbund); 25.4.1978 AP Nr. 11 zu § 80 BetrVG 1972 (Erforderlichkeit der Hinzuziehung eines Rechtsanwalts als Sachverständiger); ArbG Frankfurt AiB 1998, 524 ff. (Erforderlichkeit von Übersetzungen sowie der Hinzuziehung eines Dolmetschers bei Betriebsratssitzungen).

In einem vom Bundesarbeitsgericht im Jahr 1993 zu beurteilenden Sachverhalt verlangte der antragstellende Betriebsrat von der Arbeitgeberin die Zahlung von Fahrtkosten und Tagegeldern auf der Grundlage einer betrieblichen Spesenregelung an ein Mitglied des Betriebsrats für dessen Teilnahme an einem Rhetorikseminar. Die Teilnahme an dem Seminar beruhte auf einem ordnungsgemäß gefassten Betriebsratsbeschluss. Zu diesem Zeitpunkt war das betreffende Betriebsratsmitglied gemäß § 38 BetrVG von seiner beruflichen Tätigkeit freigestellt und stellvertretender Betriebsratsvorsitzender. Die Instanzgerichte hatten das diesbezügliche Begehren des Betriebsrats zurückgewiesen, deren Auffassung das Bundesarbeitsgericht teilte. Nach Ansicht des Bundesarbeitsgerichts ist die Vermittlung von Kenntnissen und Fähigkeiten nur dann für die Betriebsratsarbeit erforderlich, wenn sie unter Berücksichtigung der konkreten Situation im Betrieb und Betriebsrat benötigt werden, damit die Betriebsratsmitglieder ihre derzeitigen und demnächst anfallenden gesetzlichen Aufgaben sachgerecht wahrnehmen können. Kenntnisse, die für die Betriebsratsarbeit nur verwertbar und nützlich seien, erfüllten diese Voraussetzungen nicht. Das Landesarbeitsgericht Köln sei unter Berücksichtigung des dem Betriebsrat zustehenden Beurteilungsspielraums zutreffend davon ausgegangen, dass die Teilnahme des betreffenden Betriebsratsmitglieds an dem streitgegenständlichen, im Wesentlichen der Förderung von Sprachtechniken dienenden Seminar nicht erforderlichen gewesen sei. Zwar sei die Vervollkommnung von Sprachfertigkeiten insbesondere für Betriebsratsvorsitzende sinnvoll und wünschenswert. Es könne jedoch nicht angenommen werden, dass der Gesetzgeber davon ausgehe, dass eine sach- und fachgerechte Wahrnehmung der Betriebsratsaufgaben nur durch Schulung in derartiger Rede- und Argumentationstechnik möglich sei.[434]

2. *Geltendmachung eines Anspruchs als Täuschung über Tatsachen*

Fordert der Betriebsrat oder ein Mitglied des Betriebsrats für eine angeblich eingegangene Verbindlichkeit oder für eine zur Erfüllung von Betriebsratsaufgaben vermeintlich erforderliche Verbindlichkeit Kostenerstattung oder Freistellung, wird damit der entsprechende Anspruch gemäß § 40 Abs. 1 BetrVG bzw. § 257 BGB gegenüber dem Arbeitgeber geltend gemacht. Da der Betrug in einer Täuschung über Tatsachen besteht, stellt sich die Frage, ob in der Behauptung eines Anspruchs eine Tatsachentäuschung liegt.

Gegenstand einer Täuschung können sowohl äußere als auch innere Tatsachen sein, d. h. alle konkreten vergangenen oder gegenwärtigen Geschehnisse

---

434 BAG NZA 1994, 190 ff.

oder Zustände, die prinzipiell dem Beweis zugänglich sind.[435] Den Gegensatz zu Tatsachenbehauptungen bilden Bewertungen von Tatsachen, also Werturteile und Meinungsäußerungen. Diese bringen subjektive, persönliche Wertungen zum Ausdruck und können nicht auf ihre Wahrheit überprüft und nicht bewiesen werden.[436] Hierzu zählen auch die Kundgabe von Rechtsansichten sowie die Behauptung von Rechtsansprüchen.[437] Über diese kann grundsätzlich nicht getäuscht werden. Zur Abgrenzung von Tatsachen und Werturteilen, deren Übergang fließend sein kann, stellt die herrschende Meinung in Rechtsprechung und Schrifttum darauf ab, ob die Bewertung oder Meinungsäußerung nach ihrem objektiven Sinngehalt einen „greifbaren", dem Beweis zugänglichen Tatsachenkern oder eine Tatsachengrundlage enthält, über dessen Vorhandensein oder Fehlen beim Getäuschten unrichtige Vorstellungen hervorgerufen werden sollen.[438] Die bloße unzutreffende Behauptung eines Rechtsanspruchs ist daher nicht geeignet, eine Täuschungshandlung i. S. d. § 263 Abs. 1 StGB zu begründen.[439] Enthält die Rechtsansicht jedoch einen hinreichend objektivierbaren und nachprüfbaren Tatsachenkern, kann sie Gegenstand einer Täuschung sein.[440] Für die Annahme eines solchen hinreichenden Tatsachenbezugs haben Rechtsprechung und Lehre im Wesentlichen zwei Kategorien gebildet: Zum einen kann eine Täuschung über Tatsachen vorliegen, wenn die Geltendmachung des Anspruchs zugleich eine wahrheitswidrige Erklärung über die dem angeblichen Anspruch zugrunde liegenden Tatsachen enthält.[441] Zum anderen ist eine Tatsachentäuschung anzunehmen, wenn mit der Rechtsansicht die Behauptung der inneren Tatsache verbunden ist, der Urteilende sei von der Richtigkeit seiner Behauptung überzeugt und er diese deshalb mit dem Anspruch auf Richtigkeit und Verbindlichkeit vertritt.[442]

Rechnen der Betriebsrat oder ein Mitglied des Betriebsrats gegenüber dem Arbeitgeber für die Betriebsratstätigkeit angeblich verauslagte oder nicht

---

435 Vgl. 2. Teil/B. I. 2.

436 LK-*Tiedemann*, § 263, Rn. 13; Sch/Sch-*Cramer/Perron*, § 263, Rn. 9.

437 Stuttgart NJW 1979, 2573; BGH NJW 1994, 2172, 2173; Fischer, § 263, Rn. 8b; LK-*Tiedemann*, § 263, Rn. 18; Sch/Sch-*Cramer/Perron*, § 263, Rn. 9; a. A. Graul, JZ 1995, 595, 602; in diese Richtung auch Müller, JuS 1981, 255, 258.

438 OLG Düsseldorf JR 1965, 302, 303; OLG Karlsruhe JR 1997, 299, 300; LK-*Tiedemann*, § 263, Rn. 14; Sch/Sch-*Cramer/Perron*, § 263, Rn. 9; Wessels/Hillenkamp, Strafecht BT 2, Rn. 496.

439 BGHSt 46, 196, 198.

440 Müller, JuS 1981, 255, 258; SK-*Hoyer*, § 263, Rn. 14.

441 BGHSt 46, 196, 198 f.; BGH NStZ 2002, 144; Fischer, § 263, Rn. 11; Sch/Sch-*Cramer/Perron*, § 263, Rn. 16c mwN.

442 OLG Stuttgart NJW 1979, 2573, 2574; Schröder, JR 1958, 106.

erforderliche Kosten ab und wird damit ein nicht bestehender Freistellungs- bzw. Erstattungsanspruch geltend gemacht, kommt es für das Vorliegen einer Täuschung somit darauf an, ob mit dem Verlangen zur Kostenübernahme lediglich eine reine Rechtsansicht über das Bestehen des Anspruchs zum Ausdruck gebracht wird oder ob zugleich eine Tatsachenbehauptung aufgestellt wird. Da Rechtsansichten dann als Tatsachenbehauptungen angesehen werden können, wenn mit ihnen die Erklärung eines tatsächlichen Geschehens verbunden ist oder wenn sie mit dem Anspruch auf Richtigkeit und Verbindlichkeit vertreten werden, ist nachfolgend der genaue Inhalt der mit dem Freistellungs- bzw. Erstattungsbegehren abgegebenen Erklärung im Hinblick auf das Vorliegen einer solchen Ausnahme zu ermitteln.

3. *Inhalt der Täuschung*

a) Kostenerstattungsbegehren unter Vorlage von Nachweisen

Im Rahmen der Kostentragungspflicht des Arbeitgebers haben der Betriebsrat bzw. die Betriebsratsmitglieder dem Arbeitgeber die Kosten entsprechend dem Rechtsgedanken des § 666 BGB im Einzelnen nachzuweisen und abzurechnen. Durch den Erhalt der Nachweise muss der Arbeitgeber in der Lage sein, den Umfang der Kostenerstattungspflicht zu prüfen.[443] Eine Täuschung kann daher dergestalt vorgenommen werden, dass dem Arbeitgeber mit der Geltendmachung des Freistellungs- oder Kostenerstattungsanspruchs manipulierte Abrechnungsnachweise vorgelegt werden, die unwahre Angaben hinsichtlich der Voraussetzungen der Kostenerstattung oder der Freistellung enthalten. Diese können sich beziehen auf das Bestehen einer Verbindlichkeit, die zum Zweck der Erfüllung erforderlicher Betriebsratsaufgaben eingegangen wurde, die persönliche Verpflichtung des Betriebsratsmitglieds sowie die gegebenenfalls erfolgte Inanspruchnahme hieraus. Da der Arbeitgeber die Kostenerstattung oder Freistellung verweigern kann, solange die Kosten nicht abgerechnet und nachgewiesen sind, dürfte dies die praxisrelevanteste Form der Täuschung sein.

b) Kostenerstattungsbegehren ohne Nachweise

Auch sind Fälle denkbar, in denen dem Arbeitgeber keine Abrechnungsnachweise vorgelegt werden oder er sogar darauf verzichtet. Diese Überlegung stellt sich insbesondere deshalb, weil das Entstehen des Kostenerstattungs- oder Freistellungsanspruchs nicht den Nachweis der Kosten verlangt. Vielmehr ist es ausreichend, dass es sich um aus der Betriebsratstätigkeit entstandene erforderliche

443 Vgl. 1. Teil/C. III. 2. b).

und verhältnismäßige Kosten handelt. Liegen dem Arbeitgeber keine Nachweise vor, kann er die Kostenerstattung oder die Freistellung lediglich verweigern. Diese Sachlage legen offenbar *Rieble* und *Klebeck* zugrunde. Sie untersuchen, ob über Tatsachen getäuscht wird, wenn sich die begehrte Kostenerstattung des Betriebsratsmitglieds ausschließlich auf das (vermeintliche) Vorliegen der rechtlichen Voraussetzungen des Anspruchs bezieht.[444] Auf die Vorlage von Nachweisen und eine damit verbundene Täuschung gehen sie in diesem Zusammenhang nicht ein. Wie bereits erläutert, kann auch die Behauptung eines Rechtsanspruchs einen hinreichenden Tatsachenkern enthalten und dementsprechend eine Täuschung über Tatsachen begründen, wenn entweder die Rechtsansicht mit der wahrheitswidrigen Behauptung der anspruchsbegründenden Tatsachen verbunden ist oder wenn die Rechtsansicht mit dem Anspruch auf Richtigkeit und Verbindlichkeit vertreten wird.

aa) Rechtsansicht verbunden mit der Behauptung anspruchsbegründender Tatsachen

Wird der Kostenerstattungs- oder Freistellungsanspruch ohne die ausdrückliche Behauptung, die anspruchsbegründenden Tatsachen seien gegeben, und ohne Vorlage manipulierter Nachweise geltend gemacht, kommt es darauf an, was der Betriebsrat oder das Betriebsratsmitglied bei der Geltendmachung des vermeintlichen Anspruchs konkludent miterklärt. Eine Täuschung über Tatsachen kommt nur dann in Betracht, wenn das Betriebsratsmitglied mit dem Erstattungs- oder Freistellungsbegehren konkludent zum Ausdruck bringt, die den Anspruch begründenden Tatsachen seien tatsächlich gegeben.

Der unausgesprochen miterklärte Kommunikationsinhalt bestimmt sich nach Rechtsprechung und Lehre nach dem objektiven Empfängerhorizont und den Erwartung der Beteiligten.[445] Diese sind in der Regel durch den normativen Gesamtzusammenhang geprägt, in dem die Erklärung steht.[446] Dabei kommt der Pflichten- und Risikoverteilung zwischen den Geschäftspartnern wesentliches Gewicht bei der Beantwortung der Frage zu, wann der Verkehr bei einem bestimmten Geschäftstyp der Behauptung eines Anspruchs schlüssig zugleich die

---

444 Ribele/Klebeck, NZA 2006, 758, 763.

445 BGH NStZ 2002, 144; NJW 2009, 2900, 2901; Fischer, § 263, Rn. 12 f.; MK-*Hefendehl*, § 263, Rn. 93; Sch/Sch-*Cramer/Perron*, § 263 Rn. 14/15 mwN; Wessels/Hillenkamp, Strafrecht BT 2, Rn. 498.

446 BGHSt 51, 165, 170; BGH NStZ 2002, 144; BGH NJW 2009, 2900, 2901; Fischer, § 263, Rn. 12; NK-*Kindhäuser*, § 263, Rn. 109; Sch/Sch-*Cramer/Perron*, § 263, Rn. 14/15; Wessels/Hillenkamp, Strafrecht BT 2, Rn. 498.

Behauptung bestimmter anspruchsbegründender Tatsachen beimisst.[447] Geht es um die Geltendmachung eines nicht bestehenden Anspruchs, wird der Rechtsverkehr vor allem eine wahrheitsgemäße Darstellung von Tatsachen im Zusammenhang mit der Geltendmachung eines zivilrechtlichen Anspruchs erwarten, soweit die Tatsache wesentlich für die Beurteilung des Anspruchs ist und der Adressat sie aus seiner Situation nicht ohne weiteres überprüfen kann.[448] Die Herrschaft über die maßgeblichen Informationen bildet somit einen wesentlichen Gesichtspunkt für die Ermittlung des Inhalts der konkludent abgegebenen Erklärung.[449] Eine konkludente Täuschung über Tatsachen ist deshalb in der Regel dann anzunehmen, wenn der Anspruch dem Grunde oder der Höhe nach von tatsächlichen Umständen abhängt, deren Vorliegen dem Erklärungsgegner jedenfalls nicht ohne weiteres erkennbar ist. Als Ausfluss des Prinzips der Eigenverantwortung kommt es darauf an, ob der Erklärungsempfänger über keine ihm zumutbaren Möglichkeiten verfügt, den Wissensvorsprung des Erklärenden abzubauen und der Erklärende das Vertrauen des Erklärungsempfängers insoweit in Anspruch nimmt.[450]

Verlangt der Betriebsrat bzw. ein Betriebsratsmitglied Freistellung oder Erstattung für angeblich aus der Betriebsratstätigkeit verauslagte oder nicht erforderliche Kosten, kommt es demnach darauf an, ob aufgrund eines Wissensvorsprungs gegenüber dem Arbeitgeber, den dieser nicht ohne weiteres ausgleichen kann, Vertrauen im Hinblick auf das Vorliegen der anspruchsbegründenden Tatsachen in Anspruch genommen wird. Da es für die Frage, wann Vertrauen in einem Maß beansprucht wird, das es rechtfertigt, eine Täuschung über die anspruchsbegründenden Tatsachen anzunehmen, keine festen Vorgaben gibt, sondern lediglich von der Rechtsprechung in Einzelfallentscheidungen beurteilt wurde, sollen zwei maßgebliche Entscheidungen des Bundesgerichtshofs hierzu kurz dargestellt werden.

Die Überlegungen, die den Bundesgerichtshof zur Annahme einer Täuschung durch Geltendmachung eines vermeintlich bestehenden Anspruchs veranlassten, hat der Bundesgerichtshof besonders deutlich mit Beschluss vom 9. Juni 2009 herausgestellt: In dem der Entscheidung zugrunde liegenden Sachverhalt ließ der Angeklagte, ein Mitglied des Vorstands einer städtischen Stadtreinigung, auf der Basis einer unzutreffenden Bemessungsgrundlage von Straßenanliegern

---

447 BGH NStZ 2002, 144; MK-*Hefendehl*, § 263, Rn. 93; Sch/Sch-*Cramer/Perron*, § 263 Rn. 14/15.

448 BGH NStZ 2002, 144; BGH NJW 2009, 2900, 2901.

449 Sch/Sch-*Cramer/Perron*, § 263, Rn. 14/15.

450 Ellmer, Betrug und Opfermitverantwortung, S. 104.

überhöhte Straßenreinigungsentgelte einfordern. Der Bundesgerichtshof nahm in diesem Fall eine konkludent erklärte Tatsachenbehauptung an. Zur Begründung führte er aus, dass die Anlieger als Adressaten der Rechnungen keine Möglichkeit hätten, die geltend gemachten Straßenreinigungsentgelte auf die Richtigkeit ihrer Bemessungsgrundlage überprüfen zu können. Daher sei zwangsläufig das Vertrauen der Adressaten in Anspruch genommen worden, was wiederum den Empfängerhorizont präge. Aufgrund dieses in Anspruch genommenen Vertrauens dürften die Rechnungsadressaten davon ausgehen, dass die Tarife dem Straßenreinigungsentgelt ordnungsgemäß zugrunde gelegt worden seien.[451]

Ähnlich hatte der Bundesgerichtshof im sog. Rollgeldfall entschieden, in dem der Täter von den Frachtgutempfängern höhere als die im amtlichen Tarif festgelegten Rollgeldsätze gefordert und erhalten hatte. Der Bundesgerichtshof nahm einen durch schlüssiges Verhalten verursachten Irrtum an, da die Empfänger des Frachtgutes ohne umständliche Erkundigungen nicht in der Lage gewesen seien festzustellen, ob das geforderte Rollgeld mit dem Tarif übereinstimmte. Daher hätten sie sich auf die Redlichkeit und die bessere Sachkunde des Spediteurs verlassen dürfen und seien nicht verpflichtet gewesen, Kontrollmaßnahmen vorzunehmen.[452] In beiden Fällen bejahte der Bundesgerichtshof einen Betrug.

Mit der Geltendmachung des Kostenerstattungs- oder des Freistellungsanspruchs ohne Vorlage von Nachweisen ist für den Arbeitgeber – auf den ersten Blick jedenfalls – nicht ohne weiteres erkennbar, ob die den behaupteten Anspruch begründenden Kosten entstanden sind und ob die kostenverursachende Maßnahme für die Betriebsratstätigkeit erforderlich ist. Insofern könnte man von einem Wissensvorsprung des Betriebsrats bzw. des Betriebsratsmitglieds sprechen. Allerdings ist zu berücksichtigen, dass für den Arbeitgeber, anders als für den Adressaten von Straßenreinigungsentgelten oder den zur Zahlung von Rollgeld verpflichteten Frachtgutempfänger, durchaus die Möglichkeit einer eigenen, häufig auch ohne unverhältnismäßigen Aufwand durchführbaren Überprüfung, z. B. durch Kontaktaufnahme mit dem Kostengläubiger, besteht. Zudem ist der Arbeitgeber berechtigt, die Vorlage der Kostennachweise zu verlangen und die Kostenerstattung solange zu verweigern. Grundsätzlich wird der Arbeitgeber somit in der Lage sein, einen Wissensvorsprung in zumutbarer Weise auszugleichen, was gegen eine die Täuschung begründende Herrschaft des Betriebsrats bzw. des Betriebsratsmitglieds über die maßgebliche Information spricht.

---

451 BGH NJW 2009, 2900 ff.

452 BGH Lindenmaier-Möhring, Nachschlagewerk des Bundesgerichtshofs, Nr. 5 zu § 263; Ellmer, Betrug und Opfermitverantwortung, S. 104 f.

Etwas anderes könnte jedoch gelten, wenn der Betriebsrat bzw. das Betriebsratsmitglied aufgrund des Grundsatzes der vertrauensvollen Zusammenarbeit gemäß § 2 Abs. 1 BetrVG Vertrauen in einem Maß in Anspruch nimmt, dass der Arbeitgeber davon ausgehen darf, es werde nur die Erstattung tatsächlich entstandener und erforderlicher Kosten bzw. die Freistellung von solchen Kosten beansprucht. Zwar prägt das Gebot der vertrauensvollen Zusammenarbeit die Beziehung der Betriebspartner maßgeblich, so dass der Arbeitgeber seinem Betriebspartner ein gewisses Maß an Vertrauen entgegenbringen und sich grundsätzlich darauf verlassen darf, dass dieser das Vertrauen nicht missbraucht. Eine Verlagerung der Pflichten- und Risikoverteilung im Hinblick auf die Kostentragungspflicht des Arbeitgebers zu Lasten des Betriebsrats rechtfertigt diese Verhaltensvorgabe jedoch nicht. Die Folge wäre nämlich, dass der Arbeitgeber von jeglicher eigenverantwortlicher Überprüfung befreit würde. Ein solches Ergebnis stünde aber nicht im Einklang der Kostentragungspflicht nach § 40 Abs. 1 BetrVG. Mit der Pflicht zur Kostentragung ist auch das Risiko derselben verbunden. Gerade deshalb ist der Arbeitgeber berechtigt, die Kostenerstattung oder die Freistellung von einer Verbindlichkeit zu verweigern, solange die Kosten nicht im Einzelnen nachgewiesen und abgerechnet sind und er in der Lage ist, den Umfang der Kostenerstattungspflicht nachzuvollziehen. Treten keine weiteren täuschungsbegründenden Umstände hinzu, wird der Arbeitgeber im Ergebnis daher nicht berechtigt sein, aus dem Freistellung- oder Erstattungsbegehren des Betriebsrats bzw. des Betriebsratsmitglieds ohne weiteres den Schluss zu ziehen, die Kosten seien tatsächlich entstanden und erforderlich und damit freistellungs- oder erstattungsfähig. Dementsprechend ist einem Freistellungs- oder Erstattungsbegehren des Betriebsrats grundsätzlich keine schlüssige Erklärung dieses Inhalts zu entnehmen, so dass keine Täuschung über die dem Anspruch zugrunde liegenden Tatsachen gegeben sein wird.

bb) Rechtsansicht vertreten mit dem Anspruch auf Richtigkeit und Verbindlichkeit

Wie eingangs dargestellt, kann eine Rechtsansicht auch dann als Tatsache zu behandeln sein, wenn die Ansicht mit dem Anspruch auf Richtigkeit und Verbindlichkeit vertreten wird. Das Einfordern einer Leistung kann somit Gegenstand einer Täuschung sein, wenn mit der Geltendmachung des Anspruchs die rechtliche Wirksamkeit desselben wahrheitswidrig als gesichert und verbindlich dargestellt wird.[453] Mit dem Werturteil ist dann die Behauptung der inneren Tatsache

453 Sch/Sch-*Cramer-Perron*, § 263, Rn. 16c.

verbunden, der Urteilende sei von der Richtigkeit seiner Behauptung überzeugt. Der Erklärende, der seine Ansicht mit dem Anspruch auf Verbindlichkeit und Richtigkeit vertritt, behauptet zumindest konkludent, seine Beurteilung des Sachverhalts sei die entscheidende und der andere solle ihm dies glauben, da jener selbst keine Möglichkeit der Nachprüfung besitze.[454]

Rieble und *Klebeck* wollen diese Ausnahme von dem Grundsatz, dass Rechtsansichten keine Tatsachenbehauptungen i. S. d. § 263 Abs. 1 StGB darstellen, wohl auch auf den Fall anwenden, dass der Betriebsrat bzw. ein Betriebsratsmitglied einen nicht bestehenden Freistellungs- oder Erstattungsanspruch gegenüber dem Arbeitgeber geltend macht: „*Überträgt man diese Rechtsprechung* [vgl. OLG Stuttgart NJW 1979, 2573; BGH JR 1958, 106 mit Anm. Schröder, wonach ein Werturteil auch mit der Behauptung der inneren Tatsache verbunden sein kann, der Urteilende sei von der Richtigkeit seiner Behauptung überzeugt] *auf den Erstattungsanspruch des Betriebsrats nach § 40 BetrVG, lässt sich auch in der Abrechnung von* [nicht angefallenen oder nicht erforderlichen] *Geschäftsführungskosten oder Reise- oder Schulungskosten eine konkludente Täuschung i. S. d. § 263 StGB sehen.*“ Dies gelte nicht nur, wenn der Betriebsrat mit der Abrechnung schlüssig zum Ausdruck bringe, die seiner Abrechnung zugrunde liegenden Leistungen erbracht zu haben, sondern auch dann, wenn er weitergehende, nicht vom Arbeitgeber zu tragende Kosten in seine Abrechnung einbeziehe.[455]

Dieser Auffassung kann jedoch nicht zugestimmt werden. Die Begründung, mit der *Rieble* und *Klebeck* die Geltendmachung eines Anspruchs einer Tatsachenbehauptung i. S. d. § 263 Abs. 1 StGB gleichstellen, vermag im Fall eines Kostenerstattungs- oder Freistellungsbegehrens des Betriebsrats bzw. eines Betriebsratsmitglieds nicht zu überzeugen. Es kann nämlich nicht davon ausgegangen werden, dass der Betriebsrat bzw. ein Betriebsratsmitglied die Kostenerstattung mit dem Anspruch auf Richtigkeit und Verbindlichkeit beansprucht, so dass eine Gleichstellung von Rechtansicht und Tatsachenbehauptung gerechtfertigt wäre. In den Fällen, in denen ein Werturteil einer Tatsachenbehauptung mit der Begründung gleichgestellt wird, der Erklärende habe seine Ansicht als

---

454 BGH NJW 1981, 2131, 2132; OLG Stuttgart NJW 1979, 2573, 2574; Krey/Hellmann/Heinrich, Strafrecht BT 2, § 11, Rn. 504; Rengier, Strafrecht BT 1, § 13, Rn. 7; LK-*Tiedemann*, § 263, Rn. 18 mwN; MK-*Hefendehl*, § 263, Rn. 71 f.; Sch/Sch-*Cramer/Perron*, § 263, Rn. 10; a. A. OLG Koblenz NJW 2001, 1364, für den Fall der wahrheitswidrigen Behauptung eines Rechtsanwalts in einem Zivilprozess, es gebe gerichtliche Entscheidungen, in denen eine bestimmte Rechtsauffassung vertreten worden sei; Mitsch, Strafrecht BT 2/1, § 7, Rn. 18.

455 Rieble/Klebeck, NZA 2006, 758, 763.

verbindlich und rechtlich gesichert darstellt, geht es typischerweise um Sachverhalte, in denen das Werturteil mit dem Anspruch auf Überparteilichkeit und Autorität gefällt wird.[456] Gemeint sind damit Werturteile von Fachkompetenten[457] wie Ärzten, Rechtsanwälten oder Sachverständigen[458], die mit einem entsprechenden Anspruch auf Objektivität und Überparteilichkeit verbunden sind. Hieraus leitet sich das schutzwürdige Vertrauen des Erklärungsempfängers ab. Ein derartiger Objektivitätsanspruch kann jedoch der schlichten Behauptung eines vermeintlichen Gläubigers, ihm stehe ein Anspruch zu, nicht entnommen werden. Leistet der vermeintliche Schuldner daraufhin, tut er dies im Regelfall nicht deshalb, weil er glaubt, der „Gläubiger" sei vom Bestehen der Forderung überzeugt.[459] Dementsprechend kann nicht angenommen werden, dass der Arbeitgeber auf eine Forderung des Betriebsrats bzw. eines Betriebsratsmitglieds leistet, weil er diesem besondere Fachkompetenz beimisst und deshalb auf dessen Urteil vertraut. Der Betriebsrat bzw. das Betriebsratsmitglied nimmt das Vertrauen des Arbeitgebers daher nicht aufgrund von besonderer Sachkunde in Anspruch, was aber charakteristisch für die zuvor genannten Fallkonstellationen ist.

Als Zwischenergebnis kann festgehalten werden, dass eine Täuschung des Arbeitgebers bei der Abrechnung nicht angefallener oder nicht erforderlicher Kosten grundsätzlich nur durch Vorlage manipulierter Abrechnungsnachweise oder durch die ausdrückliche wahrheitswidrige Behauptung der anspruchsbegründenden Tatsachen in Betracht kommt. Eine Täuschung ausschließlich durch Behauptung eines nicht gegebenen Erstattungs- oder Freistellungsanspruchs ist ohne Hinzutreten weiterer Umstände aus den vorgenannten Gründen nicht möglich.

4. *Täuschungsbedingter Irrtum*

Als Folge der Täuschung über die den Freistellungs- oder Erstattungsanspruch begründenden Tatsachen durch Vorlage manipulierter Nachweise oder durch ausdrückliche Behauptung werden der Arbeitgeber als natürliche Person oder der getäuschte Mitarbeiter im Unternehmen des Arbeitgebers davon ausgehen, dass die abgerechneten Kosten tatsächlich angefallen und erforderlich sind und bei einem Freistellungsbegehren gemäß § 257 BGB die Kosten bereits beglichen sind. Der Getäuschte wird daher annehmen, dass der behauptete Anspruch des Betriebsrats

456 BGH NJW 1981, 2131, 2132; OLG Stuttgart NJW 1979, 2573, 2574.
457 Joecks, JA 1980, 127, 128.
458 Sch/Sch-*Cramer-Perron*, § 263, Rn. 10.
459 OLG Stuttgart NJW 1979, 2573, 2574.

bzw. des Betriebsratsmitglieds besteht. Da die Voraussetzungen tatsächlich aber nicht vorliegen, wird bei dem Getäuschten eine Fehlvorstellung über die dem geltend gemachten Anspruch zugrunde liegenden Tatsachen erregt.[460]

5. *Vermögensverfügung und Vermögensschaden*

Der Irrtum über die den Freistellungs- oder Erstattungsanspruch begründenden Tatsachen muss den Arbeitgeber in Person oder den im Unternehmen des Arbeitgebers zuständigen Mitarbeiter zu einer Vermögensverfügung veranlassen, die unmittelbar zu einem Vermögensschaden für den Arbeitgeber führt.[461] In einem ersten Schritt ist hierfür festzustellen, ob die Vermögensverfügung zu einer Wertminderung des Vermögens des Arbeitgebers führt. In einem zweiten Schritt ist im Wege der Gesamtsaldierung zu untersuchen, ob eine mögliche Vermögensminderung gegebenenfalls durch ein unmittelbar aus der Vermögensverfügung fließendes Äquivalent kompensiert ist.[462]

a) **Wertminderung**

Als vermögensmindernde Verfügungen kommen die Erstattung von Kosten gemäß § 40 Abs. 1 BetrVG oder die Befreiung von einer Verbindlichkeit gemäß § 257 BGB durch den Arbeitgeber in Betracht. Im Falle der Kostenerstattung wird, soweit der Arbeitgeber den Betrag nicht in bar übergibt, der abgerechnete Geldbetrag zur Zahlung durch die Bank an das entsprechende Betriebsratsmitglied angewiesen. In diesem Umfang wird das Vermögen des Arbeitgebers gemindert.

Im Fall der Befreiung von einer Verbindlichkeit kann der Arbeitgeber wählen: Bewirkt er die Leistung an den Kostengläubiger gemäß § 267 BGB, wird sein Vermögen im Umfang der bewirkten Leistung gemindert. Soll die Befreiung von einer Verbindlichkeit durch befreiende Schuldübernahme gemäß §§ 414, 415 BGB erfolgen, muss danach unterschieden werden, ob die behauptete Verbindlichkeit tatsächlich gar nicht begründet wurde oder ob sich die Verbindlichkeit auf eine lediglich nicht erforderliche Betriebsratsaufgabe bezieht. Wird die Übernahme einer Schuld aus einer begründeten, unter betriebsverfassungsrechtlichen Aspekten aber nicht erforderlichen Verbindlichkeit, zwischen dem

---

460 Vgl. 2. Teil/B. I. 4.

461 Auch hier kann die Verfügung des Mitarbeiters zu Lasten des Arbeitgebervermögens dem Arbeitgeber unter den Voraussetzungen des Dreiecksbetrugs zuzurechnen sein, vgl. 2. Teil/B. I. 5.

462 Vgl. 2. Teil/B. I. 5. c).

Arbeitgeber und dem Kostengläubiger oder zwischen dem Arbeitgeber und dem Betriebsratsmitglied unter Zustimmung des Kostengläubigers vereinbart, wird das Arbeitgebervermögen mit der Forderung des Gläubigers belastet und somit in Höhe der Forderung gemindert. Besteht die Verbindlichkeit hingegen nicht, besteht auch keine Schuld, die der Arbeitgeber mit befreiender Wirkung übernehmen könnte. Der Arbeitgeber kann das Betriebsratsmitglied nicht von einer nicht bestehenden Verbindlichkeit befreien, selbst wenn er dies aufgrund eines Irrtums über das Bestehen einer Verbindlichkeit wollte. Eine Minderung des Vermögens des Arbeitgebers tritt in dieser Variante somit nicht ein.

b) Schadenskompensation

Weiter kommt es darauf an, ob eine festgestellte Vermögensminderung durch einen Gegenwert kompensiert ist. Kein Vermögensschaden des Arbeitgebers tritt ein, wenn er ein unmittelbar aus der Vermögensverfügung fließendes Äquivalent erlangt.[463]

Rechnet ein Betriebsratsmitglied tatsächlich nicht entstandene Kosten ab und nimmt der Arbeitgeber in der Folge die Erstattung der begehrten Kosten oder die Befreiung von der behaupteten Verbindlichkeit vor, steht der wertmindernden Verfügung kein entsprechender Anspruch des betreffenden Betriebsratsmitglieds gegenüber. Der Arbeitgeber wird durch die Verfügung weder von einer Verbindlichkeit frei noch wird in der Regel ein sonstiger kompensierender Vermögenszuwachs auf Seiten des Arbeitgebers festzustellen sein. Es wird somit kein äquivalenter Gegenwert in seinem Vermögen zu verzeichnen sein.

Dies gilt auch für die Fälle, in denen ein Betriebsratsmitglied ein Rechtsgeschäft zwar abgeschlossen hat, dieses zur Erfüllung von Betriebsratsaufgaben jedoch nicht erforderlich ist. Zwar könnte man überlegen, ob eine (unter betriebsverfassungsrechtlichen Gesichtspunkten nicht erforderliche) Leistung eines Dritten aus dem geschlossenen Rechtsgeschäft an den Betriebsrat zugleich eine kompensierende Leistung an den Arbeitgeber darstellt. Ungeachtet der Frage, ob ein Vermögenszuwachs im Arbeitgebervermögen durch die Leistung des Dritten überhaupt zu verzeichnen wäre, tritt in diesem Fall eine Schadenskompensation bereits deshalb nicht ein, weil die Leistung des Dritten nicht unmittelbar auf der Vermögensverfügung des Arbeitgebers beruht. Unmittelbar kompensierende Gegenwerte sind lediglich solche, die ohne rechtlich selbständige Handlung eintreten und einen Vermögenszuwachs beim Geschädigten bewirken. Die Vermögensverfügung muss daher selbst Vorteil und

463 Wessels/Hillenkamp, Strafrecht BT 2, Rn. 538; vgl. 2.Teil/B. I. 5. c).

Nachteil zugleich hervorbringen.[464] Eine Leistung eines Dritten, die dieser in Erfüllung eines durch das Betriebsratsmitglied begründeten Rechtsgeschäfts vornimmt, beruht hingegen auf einer selbständigen Handlung, die keine unmittelbare Folge der Kostenerstattung oder der Befreiung von der Verbindlichkeit durch den Arbeitgeber darstellt. Das hier maßgebliche Verhältnis, in dem der Arbeitgeber die Vermögensverfügung vornimmt, besteht ausschließlich zwischen den Betriebspartnern. Nur in diesem Verhältnis besteht der vermeintliche Anspruch des Betriebsrats bzw. des Betriebsratsmitglieds, den der Arbeitgeber mit der Vermögensverfügung zum Erlöschen bringen will. Die Leistung eines aus einem vom Betriebsrat geschlossenen Rechtsgeschäft verpflichteten Dritten ist daher mangels Unmittelbarkeit nicht als Kompensation einer eingetretenen Vermögensminderung geeignet.

6. *Vorsatz und Absicht rechtswidriger Bereicherung*

In subjektiver Hinsicht setzt § 263 Abs. 1 StGB voraus, dass das Betriebsratsmitglied vorsätzlich und mit der Absicht rechtswidriger Bereicherung handelt.[465] Erforderlich ist, dass das Betriebsratsmitglied positiv weiß oder zumindest die Möglichkeit erkennt, dass die Voraussetzungen für eine Kostenerstattung oder Befreiung von einer Verbindlichkeit nicht vorliegen, der Arbeitgeber diese aber irrtümlich für gegeben hält. Dies muss in dem Bewusstsein erfolgen, gerade durch die Irrtumserregung die vermögensschädigende Kostenerstattung oder Befreiung von der Verbindlichkeit zu bewirken. Weiter muss das Betriebsratsmitglied die Kostenerstattung zum Nachteil des Arbeitgebers wollen oder zumindest billigend in Kauf nehmen. Ferner ist für eine Betrugsstrafbarkeit erforderlich, dass es dem Betriebsratsmitglied gerade auf die Erlangung der Erstattung oder der Befreiung als Kehrseite des Vermögensschadens ankommt. Da die Voraussetzungen der Kostentragungspflicht des Arbeitgebers gemäß § 40 Abs. 1 BetrVG bei täuschungsbedingter Kostenabrechnung nicht vorliegen, wird die Rechtswidrigkeit der Bereicherung in der Regel gegeben sein. Schließlich muss das Betriebsratsmitglied in dem Bewusstsein der Rechtswidrigkeit handeln und die Rechtswidrigkeit des angestrebten Vermögensvorteils von seinem Vorsatz erfasst sein.

---

464 BGH NStZ 1999, 353, 354; MK-*Hefendehl*, § 263, Rn. 458 ff., 463; Fischer, § 263, Rn. 111 a.

465 Vgl. 2. Teil/B. I. 6.

7. *Fallbeispiel: Beschluss des Bundesarbeitsgerichts vom 20.10.1993*

In dem dargestellten Beschluss des Bundesarbeitsgerichts vom 20.10.1993[466] entschied das Gericht, dass die Teilnahme eines Betriebsratsmitglieds an einem im Wesentlichen der Förderung von Sprachtechniken dienenden Seminar zwar insbesondere für Betriebsratsvorsitzende sinnvoll und wünschenswert sei, jedoch nicht zu den i. S. v. § 40 Abs. 1 BetrVG erforderlichen Kosten zähle. Das Landesarbeitsgericht habe den auf Zahlung von Fahrtkosten und Tagegeldern auf der Grundlage einer betrieblichen Spesenregelung gerichteten Antrag des Betriebsrats daher zu Recht zurückgewiesen.[467]

Wie im Rahmen der Entscheidung des Bundesarbeitsgericht vom 19.5.1983[468] hinsichtlich einer durch den Arbeitgeber verweigerten Entgeltfortzahlung wäre auch in dem dieser Entscheidung zugrunde liegenden Sachverhalt eine Strafbarkeit wegen vollendeten Betrugs nicht gegeben, weil es jedenfalls an einem Irrtum des Arbeitgebers fehlte. Der Arbeitgeber hatte vor Erstattung der begehrten Fahrtkosten und Tagegelder offenbar Zweifel an der Erforderlichkeit der Teilnahme des betreffenden Betriebsratsmitglieds an einem Rhetorikseminar gehegt und eine Erstattung der Kosten gemäß § 40 Abs. 1 BetrVG verweigert. Es käme daher allenfalls eine Strafbarkeit wegen versuchten Betrugs in Betracht. Insoweit ist jedoch der vom Bundesarbeitsgericht in seinem Beschluss vom 20.10.1993 zugrunde gelegte Sachverhalt unergiebig. Ob eine Strafbarkeit wegen versuchten Betrugs in diesem Fall vorlag, kann daher nicht abschließend bewertet werden. Falls jedoch das betreffende Betriebsratsmitglied Tatentschluss hatte, den Arbeitgeber zu einer irrtümlich bedingten Kostenerstattung zu bewegen, obwohl die Voraussetzungen hierfür nicht gegeben waren, um sich dadurch einen rechtswidrigen Vermögensvorteil zu verschaffen, wäre eine Strafbarkeit wegen versuchten Betrugs gemäß § 263 Abs. 1, 2 StGB gegeben.

C. Strafbarkeit wegen Untreue gemäß § 266 StGB

Mit Blick auf die Kostentragungspflicht des Arbeitgebers gemäß § 40 Abs. 1 BetrVG ist neben einer Betrugsstrafbarkeit auch eine Strafbarkeit der Betriebsratsmitglieder wegen Untreue nach § 266 StGB, der nach in Rechtsprechung und

466 Vgl. 2. Teil/B. II.1.
467 BAG NZA 1994, 190 ff.
468 Vgl. 2. Teil/B. I. 1.

Lehre herrschender Ansicht wie der Betrug das Vermögen schützt,[469] zu erwägen. Zum einen könnte eine strafbare Untreue vorliegen, wenn der Betriebsrat einen vom Arbeitgeber zur Abwicklung der Betriebsratsgeschäfte gewährten finanziellen Vorschuss zu betriebsratsfremden oder nicht erforderlichen Zwecken einsetzt.[470] Zum anderen stellt sich die Frage einer möglichen Untreuestrafbarkeit im Zusammenhang mit der Verursachung nicht erforderlicher Kosten.[471]

I. Missbrauchstatbestand

Der Missbrauchstatbestand gemäß § 266 Abs. 1 1. Alt StGB ist erfüllt, wenn der Täter die ihm durch Gesetz, behördlichen Auftrag oder Rechtsgeschäft eingeräumte Befugnis, über fremdes Vermögen zu verfügen oder einen anderen zu verpflichten, missbraucht und dadurch dem, dessen Vermögensinteressen er zu betreuen hat, einen Nachteil zufügt.

1. Nutzung eines gewährten Vorschusses zu betriebsratsfremden oder nicht erforderlichen Zwecken

Eine strafbare Untreue könnte gegeben sein, wenn der Arbeitgeber dem Betriebsrat einen Vorschuss in Form eines Dispositionsfonds gewährt und die Mitglieder des Betriebsrats diesen zu betriebsratsfremden oder nicht erforderlichen Zwecken einsetzen. Da der Betriebsrat aufgrund seiner nur im Innenverhältnis bestehenden Rechtsfähigkeit kein Eigentum erwerben kann, bleiben die in den Fonds eingezahlten Gelder im Vermögen des Arbeitgebers.[472]

a) Verfügungs- oder Verpflichtungsbefugnis

Voraussetzung einer Untreue in der Variante des Missbrauchstatbestands ist zunächst, dass die Betriebsratsmitglieder die Befugnis besitzen, über die im Vermögen des Arbeitgebers stehenden finanziellen Mittel des Dispositionsfonds zu verfügen. Die Befugnis, über fremdes Vermögen zu verfügen (oder einen anderen zu verpflichten), bezeichnet eine Rechtsstellung, die den Täter nach außen in den Stand setzt, Vermögensrechte eines anderen wirksam zu ändern, zu

---

469 BGH 8, 254, 255; 43, 293, 297; BGH NJW 2000, 154; LK-*Schünemann*, § 266, Rn. 23; Fischer, § 266, Rn. 2; Rengier, Strafrecht BT 1, § 18, Rn. 1; Sch/Sch-*Perron*, § 266, Rn. 1; Wessels/Hillenkamp, Strafrecht BT 2, Rn. 747 mwN.

470 Vgl. 1. Teil/C. III. 3.

471 Vgl. 1. Teil/C. III. 1.

472 Vgl. 1. Teil/C. III. 3.

übertragen oder aufzuheben oder ihn mit Verbindlichkeiten zu belasten.[473] Für eine mögliche Untreuestrafbarkeit wegen zweckwidriger Verwendung der Gelder aus dem Dispositionsfonds kommt es daher darauf an, ob die Mitglieder des Betriebsrats die Befugnis besitzen, durch rechtsgeschäftliches Handeln nach außen wirksam über die Geldmittel des Arbeitgebers zu verfügen. Eine entsprechende Befugnis kann sich aus Gesetz, behördlichem Auftrag oder aus einem Rechtsgeschäft ergeben.

aa) Keine gesetzlich begründete Befugnis aus § 40 Abs. 1 BetrVG
Wie im ersten Teil der Arbeit erläutert, normiert § 40 Abs. 1 BetrVG die Kostentragungspflicht des Arbeitgebers und bildet die Grundlage für die Kostenerstattung des Betriebsrats und seiner Mitglieder. Die Vorschrift begründet jedoch weder eine unmittelbare Verpflichtung des Arbeitgebers durch das Handeln der Betriebsratsmitglieder noch räumt sie diesen eine Befugnis ein, den Arbeitgeber zu verpflichten oder über sein Vermögen zu verfügen.[474] § 40 Abs. 1 BetrVG scheidet als gesetzliche Grundlage einer Verfügungs- oder Verpflichtungsbefugnis daher aus.

bb) Rechtsgeschäftlich begründete Befugnis
Der Arbeitgeber kann die Betriebsratsmitglieder jedoch rechtsgeschäftlich nach §§ 164 ff. BGB bevollmächtigen oder gemäß § 185 Abs. 1 BGB ermächtigen, über die im Dispositionsfond bereitgestellten Gelder und damit über sein Vermögen zu verfügen.[475] Vollmacht und Ermächtigung unterscheiden sich danach, ob der Handelnde im fremden oder im eigenen Namen auftreten soll. Mit der Vollmacht erlangt der Bevollmächtigte die Rechtsmacht, in fremdem Namen Willenserklärungen für und gegen den Vertretenen abzugeben. Die Ermächtigung schafft die Befugnis, in eigenem Namen mit Wirkung für den Berechtigten zu verfügen.[476] Beiden gemeinsam ist, dass ihnen in der Regel ein von der Wirksamkeit der Vollmacht oder der Ermächtigung im Außenverhältnis zu trennendes Innenverhältnis zugrunde liegt.[477] Ob eine Verfügungsvollmacht oder aber eine Verfügungsermächtigung gewollt ist, ist im Wege der Auslegung nach §§ 133, 157 BGB zu ermitteln. Dabei sind die erkennbare Interessenlage des Legitimationsinhabers und der von ihm mit der Erklärung ersichtlich verfolgte Zweck entscheidend.[478]

473 NK-*Kindhäuser*, § 266, Rn. 83; Sch/Sch-*Perron*, § 263, Rn. 4.
474 Vgl. 1. Teil/C. III. 2. a); GK-*Weber*, § 40, Rn. 18.
475 Vgl. Sch/Sch-*Perron*, § 266, Rn. 10.
476 Erman-*Maier-Reimer*, Vor § 164, Rn. 23; MK/BGB-*Schramm*, Vor § 164, Rn. 38.
477 MK/BGB-*Schramm*, Vor § 164, Rn. 38.
478 Staudinger-*Gursky*, § 185, 29; OLG Naumburg NJW-RR 1999, 1462.

Die Bevollmächtigung bzw. Ermächtigung der Betriebsratsmitglieder durch den Arbeitgeber kann ausdrücklich oder durch konkludentes Verhalten erfolgen.[479] Für das Vorliegen einer jedenfalls schlüssigen Bevollmächtigung oder einer schlüssigen Ermächtigung der Betriebsratsmitglieder durch den Arbeitgeber sprechen vor allem Sinn und Zweck der Gewährung eines Dispositionsfonds.[480] Die Bereitstellung der Gelder soll die Zahlungsabwicklung zwischen dem Betriebsrat bzw. den Betriebsratsmitgliedern und dem Arbeitgeber erleichtern. Es soll nicht für jedes Rechtsgeschäft eine gesonderte Abrechnung unter Vorlage der Einzelnachweise erforderlich sein, sondern eine Gesamtabrechnung in regelmäßigen Abständen erfolgen. Dies setzt aber voraus, dass die Betriebsratsmitglieder in die Lage versetzt werden, die Kosten aus der Betriebsratstätigkeit mit den Mitteln aus dem Dispositionsfond selbständig zu begleichen. Eine Vereinfachung der Kostenabwicklung wird daher nur dann erreicht, wenn der Arbeitgeber den Betriebsrat bzw. die Betriebsratsmitgliedern bevollmächtigt oder ermächtigt, über die im Dispositionsfond zur Verfügung gestellten Gelder zu verfügen. In der Regel wird daher eine jedenfalls schlüssige rechtsgeschäftlich erteilte Verfügungsvollmacht oder Verfügungsermächtigung der Betriebsratsmitglieder vorliegen.

b) Missbrauch der Befugnis

Die Tathandlung des § 266 Abs. 1 1. Alt StGB besteht im Missbrauch der eingeräumten Befugnis. Der Täter missbraucht seine Befugnis, wenn er im Außenverhältnis zwischen Vermögensinhaber und Drittem ein unmittelbar zu Lasten des betreuten Vermögens rechtlich wirksames Verfügungs- oder Verpflichtungsgeschäft vornimmt, das jedoch im Widerspruch zu den Pflichten des Täters aus dem Innenverhältnis steht.[481] Da der Missbrauchstatbestand die Aufgabe hat, den Vermögensinhaber vor den spezifischen rechtlichen Gefahren eines das „rechtliche Dürfen" überschreitenden „rechtlichen Könnens" zu schützen, muss der Täter seine Befugnis wirksam ausgeübt haben. Schädigende Handlungen, die außerhalb des rechtlichen Könnens liegen und deshalb gegenüber dem Vermögensinhaber unwirksam sind, fallen nicht unter den Missbrauchstatbestand.[482]

Stellt der Arbeitgeber dem Betriebsrat finanzielle Mittel als Vorschuss zur Verfügung, wird damit in der Regel die Weisung verbunden sein, die Gelder nur

---

479 MK/BGB-*Schramm*, § 167, Rn. 36; Palandt-*Ellenberger*, § 185, Rn. 8.

480 Schweibert/Buse, NZA 2007, 1080, 1082, 1083; v. Hoyningen-Huene, FS-Blomeyer, S. 141, 154, 155.

481 NK-*Kindhäuser*, § 266, Rn. 86.

482 BGHSt 5, 61, 63; 50, 299, 313 f.; Fischer, § 266, Rn. 25; Küper, Strafrecht BT, S. 357; NK-*Kindhäuser*, § 266, Rn. 90; Sch/Sch-*Perron*, § 266, Rn. 17.

zur Begleichung erforderlicher Betriebsratskosten einzusetzen. Da die Befugnis für einen Missbrauch wirksam ausgeübt worden sein muss, kommt es darauf an, ob es sich bei dieser Vorgabe lediglich um eine interne Weisung oder um eine Beschränkung der Vollmacht bzw. der Ermächtigung (auch im Außenverhältnis) handelt. Im ersten Fall läge bei zweckwidrigem Einsatz der Gelder aus dem Dispositionsfond ein Missbrauch der Befugnis vor, im zweiten Fall wäre die Verfügung bei zweckwidriger Verwendung gegenüber dem Arbeitgeber unwirksam, da sich die Betriebsratsmitglieder insoweit außerhalb ihres rechtlichen Könnens bewegen würden. Ein Missbrauch wäre dann nicht gegeben.

Ob im Einzelfall eine interne Weisung oder eine Beschränkung der Vollmacht vorliegt, ist durch Auslegung der Erklärung des Arbeitgebers zu ermitteln. Erfolgt die Erteilung einer Vollmacht oder Ermächtigung durch Erklärung gegenüber dem zu Bevollmächtigenden bzw. Ermächtigenden (sog. Innenvollmacht gemäß § 167 Abs. 1 1. Alt BGB), richten sich der Umfang von Vollmacht oder Ermächtigung und somit ihre Reichweite im Außenverhältnis danach, wie der Bevollmächtigte bzw. Ermächtigte als Empfänger der Erklärung diese bei objektiver Würdigung aller Umstände unter Berücksichtigung von Treu und Glauben verstehen musste. Bei der Auslegung sind auch die begleitenden Umstände, insbesondere der Zweck der Vollmacht bzw. Ermächtigung und das zugrunde liegende Rechtsgeschäft zu berücksichtigen.[483]

aa) Weisung im Innenverhältnis

Rieble und *Klebeck* gehen wohl grundsätzlich vom Vorliegen einer den Betriebsratsmitgliedern voll umfänglich erteilten Innenvollmacht aus, so dass alle Rechtsgeschäfte im Außenverhältnis wirksam sind. Mit der Vollmacht werde jedoch – ohne diese einzuschränken – gleichzeitig die Weisung erteilt, die Gelder des Dispositionsfonds nur für erforderliche Betriebsratstätigkeiten einzusetzen. Handele der Betriebsrat entgegen dieser Weisung, missbrauche er die im Außenverhältnis eingeräumte Befugnis, über die Verwendung der Gelder zu entscheiden und den Arbeitgeber zu verpflichten.[484]

bb) Begrenzung der Befugnis auch im Außenverhältnis

Ein solches Verständnis im Hinblick auf eine generell umfänglich erteilte Vollmacht oder Ermächtigung dürfte den Gegebenheiten der Praxis jedoch selten gerecht werden und auch nur selten von Seiten des Arbeitgebers gewollt sein. Auch

483 BGH NJW 2010, 1203, 1204; Erman-*Maier-Reimer*, § 167, Rn. 49 f.; MK/BGB-*Schramm*, § 167, Rn. 80.

484 Rieble/Klebeck, NZA 2006, 758, 763.

wenn der Arbeitgeber keine ausdrückliche Begrenzung des Umfangs der Vollmacht vornimmt, spricht viel dafür, dass im Regelfall eine Begrenzung derselben auf erforderliche Aufwendungen beabsichtigt ist. Dies gilt auch für die Ermächtigung. Für eine einschränkende Auslegung der Vollmacht bzw. der Ermächtigung können insbesondere die zu § 40 Abs. 1 BetrVG von Schrifttum und Rechtsprechung entwickelten Grundsätze angeführt werden, wonach der Arbeitgeber nur die aus der Tätigkeit des Betriebsrats entstehenden erforderlichen Kosten zu tragen hat. Selbst bei einer Begrenzung von Vollmacht oder Ermächtigung auf erforderliche Kosten kommt der Arbeitgeber seiner gesetzlichen Kostentragungspflicht nach. Mit dem Bereitstellen eines Dispositionsfonds wird auch nicht die Kostentragungspflicht des Arbeitgebers erweitert, sondern es soll lediglich die Abwicklung der Kosten für die Betriebspartner erleichtert werden. Der Umfang von Vollmacht und Ermächtigung wird sich somit in der Regel danach richten, was i. S. d. § 40 Abs. 1 BetrVG für eine ordnungsgemäße Betriebsratstätigkeit erforderliche kostenverursachende Maßnahmen sind.[485] Ferner folgt aus dem Grundsatz der vertrauensvollen Zusammenarbeit gemäß § 2 Abs. 1 BetrVG die Pflicht des Betriebsrats, bei seiner Tätigkeit jede unzumutbare auch finanzielle Belastung des Arbeitgebers zu vermeiden.[486] Diese Grundsätze haben die Betriebsratsmitglieder auch bei der Ausübung einer ihnen erteilten Vollmacht oder Ermächtigung zu berücksichtigen. Sie werden daher in der Regel nicht ohne weiteres davon ausgehen können, dass die Begleichung nicht erforderlicher Kosten von der Vollmacht bzw. Ermächtigung gedeckt sein soll. Vor diesem Hintergrund spricht viel dafür, dass bei zweckwidrigem Einsatz der Mittel aus dem Dispositionsfonds in der Regel auch die Grenzen des rechtlichen Könnens überschritten sein werden, so dass ein Missbrauch der Verfügungsbefugnis daher nicht gegeben sein wird.

c) Verletzung einer Vermögensbetreuungspflicht

Besteht dennoch im Einzelfall eine umfängliche Vollmacht oder Ermächtigung der Betriebsratsmitglieder, so dass bei zweckwidriger Verwendung der Mittel

---

485 Vgl. zur Begrenzung der Vollmacht auf erforderliche Maßnahmen BGH NJW 2010, 1203 ff., wonach ein Arzt, der nach der § 1 Abs. 2 Satz 1 GOÄ dem Patienten nur medizinisch erforderliche Leistungen in Rechnung stellen kann, regelmäßig nicht davon ausgehen darf, dass ihm der Patient stillschweigend Vertretungsmacht erteilt, auch nicht nach der GOÄ abrechnungsfähige Leistungen durchzuführen. Der Umfang der dem Arzt stillschweigend erteilten Vollmacht richtet sich danach, was im Sinne des § 1 Abs. 2 Satz 1 GOÄ für eine medizinisch notwendige ärztliche Versorgung erforderlich ist.

486 Witt, Kooperationsmaxime, S. 118 f.

des Dispositionsfonds ein Missbrauch der eingeräumten Befugnis gegeben ist, kommt es weiter darauf an, ob der Missbrauchstatbestand die Verletzung einer Vermögensbetreuungspflicht erfordert, und wenn ja, welchen Inhalt diese hat.

aa) Erfordernis der Vermögensbetreuungspflicht

Seit jeher umstritten ist die Frage, ob der Missbrauchstatbestand wie der Treubruchtatbestand voraussetzt, dass dem Täter eine Vermögensbetreuungspflicht für die Vermögensinteressen des Geschäftsherrn obliegt, die er mit dem Befugnismissbrauch gleichfalls verletzt. Die Beantwortung dieser Frage hängt davon ab, in welchem Verhältnis Missbrauchs- und Treubruchtatbestand gemäß § 266 Abs. 1 2. Alt StGB zueinander stehen.[487] Der Streit dreht sich im Wesentlichen darum, ob sich der Relativsatz *„dessen Vermögensinteressen er zu betreuen hat"* nur auf den Treuebruchtatbestand bezieht oder ob auch die Missbrauchsalternative hiervon erfasst ist.

Die Rechtsprechung des Bundesgerichtshofs und der überwiegende Teil des Schrifttums gehen davon aus, dass es sich bei dem Untreuetatbestand um ein einheitliches Delikt handelt. Sie sind der Auffassung, beide Tatbestandsalternativen seien durch das gemeinsame Merkmal einer Vermögensbetreuungspflicht miteinander verbunden, so dass auch in der Missbrauchsalternative eine Vermögensbetreuungspflicht gegeben sein müsse. Damit sei der Missbrauchstatbestand ein speziell geregelter Anwendungsfall des Treubruchtatbestands und somit lex specialis.[488] Diesem Ansatz wird teilweise vorgeworfen, dass er die Unbestimmtheit des Treubruchtatbestands in den durch die rechtliche Befugnis hinreichend bestimmten Missbrauchstatbestand hineintrage. Indem im Grundsatz von einem einheitlichen Tatbestand ausgegangen werde, käme faktisch nur noch der Treubruchtatbestand, der von Unklarheiten geprägt sei, zur Anwendung.[489] Um dies zu vermeiden, seien Missbrauchs- und Treubruchtatbestand als zwei selbständige, einander ergänzende Tatbestandsalternativen zu qualifizieren.[490] In der

487 Ausführlich hierzu LK-*Schünemann*, § 266, Rn. 4 ff.; 25 ff.

488 BGHSt 24, 386, 387; 33, 244, 250; 50, 331, 342; Dunkel, Erfordernis und Ausgestaltung des Merkmals „Vermögensbetreuungspflicht" im Rahmen des Missbrauchstatbestandes des Untreue, S. 33 ff., 128; Krey/Hellmann/Heinrich/Heinrich, Strafrecht BT 2, § 17, Rn. 796; Maurach/Schroeder/Maiwald, Strafrecht BT 1, § 45, Rn. 8; MK-*Dierlamm*, § 266, Rn. 21; NK-*Kindhäuser*, § 266, Rn. 26; SK-*Hoyer*, § 266, Rn. 11; Wessels/Hillenkamp, Strafrecht BT 2, Rn. 749.

489 Kargl, ZStrW 2001, 565, 567, 589; Labsch, Jura 1987, 343, 345 f.

490 BGH NJW 1954, 1616; Labsch, Jura 1987, 343, 345 f.; LK-*Schünemann*, § 266, Rn. 17 ff., 25 ff; kritisch im Hinblick auf die Annahme, es handele sich um einen

Konsequenz verlangen Vertreter dieser Ansicht für den Missbrauchstatbestand gerade keine Vermögensbetreuungspflicht.

Der herrschenden Meinung in Literatur und Rechtsprechung folgend handelt es sich um einen einheitlichen Untreuetatbestand, so dass Missbrauchs- und Treubruchtatbestand nach der hier vertretenen Ansicht in einem Verhältnis der Spezialität stehen. In diese Richtung ist vor allem der Wortlaut des § 266 Abs. 1 StGB zu verstehen, wonach sich unter grammatikalischen Gesichtspunkten die Wendung *„um dadurch dem, dessen Vermögensinteressen er zu betreuen hat"*, auf beide Tatbestandsalternativen bezieht.[491] Da aber an die speziellere Form der Untreue keine geringeren Anforderungen als an die allgemeinere zu stellen sind, ist auch für den Missbrauchstatbestand eine Vermögensbetreuungspflicht des Täters zu fordern.[492] Zudem ermöglicht es das Merkmal der Vermögensbetreuungspflicht, eine Restriktion des Untreuetatbestands vorzunehmen, indem das Erfordernis einer qualifizierten Pflichtenstellung des Täters zur Fürsorge über fremdes Vermögen Voraussetzung einer Strafbarkeit ist. Schließlich spricht für die herrschende Meinung, dass auch der Gesetzgeber von einem einheitlichen Untreuetatbestand auszugehen scheint. Deutlich wird dies an dem Straftatbestand des Scheck- und Kreditkartenmissbrauchs nach § 266 b StGB, der unter ausdrücklicher Anknüpfung an das sog. Scheckkartenurteil des BGH[493] mit dem Ziel eingeführt wurde, Strafbarkeitslücken beim Scheck- und Kreditkartenmissbrauch zu schließen, die aus dem Fehlen einer Pflicht des Karteninhabers zur Betreuung des Vermögens des Kartenherausgebers resultieren.[494] Ginge der Gesetzgeber bei § 266 Abs. 1 StGB vom Vorliegen zwei selbständiger Tatbestände aus, würde das Erfordernis der Vermögensbetreuungspflicht im Missbrauchstatbestand nicht zu Strafbarkeitslücken beim Missbrauch von Scheck- und Kreditkarten in der Missbrauchsalternative des § 266 Abs. 1 StGB führen. Insofern wäre die Einführung des § 266 b StGB nicht erforderlich gewesen. Der

---

einheitlichen Untreuetatbestand auch Arzt, FS-Bruns, S. 365, 370 f.; ebenfalls in diese Richtung Sch/Sch-*Perron*, § 266, Rn. 2, der zwar für den Missbrauchstatbestand eine Vermögensbetreuungspflicht voraussetzt, gleichwohl aber annimmt, dass der Missbrauchstatbestand nicht lediglich ein besonderer Anwendungsfall des Treubruchtatbestands sei, sondern selbständige Bedeutung haben müsse.

491 Dunkel, Erfordernis und Ausgestaltung des Merkmals „Vermögensbetreuungspflicht" im Rahmen des Missbrauchstatbestands der Untreue, S. 36 ff.

492 Wessels/Hillenkamp, Strafrecht BT 2, Rn. 750.

493 BGHSt 24, 386 ff.

494 BT-Drucks. 10/5058, S. 31, 33; Rengier, Strafrecht BT 1, § 18, Rn. 14; SSW-*Saliger*, § 266, Rn. 6.

Missbrauchstatbestand setzt somit voraus, dass der Täter mit dem Missbrauch der Befugnis zugleich eine Betreuungspflicht gegenüber dem betroffenen Vermögen verletzt.

bb) Inhalt der Vermögensbetreuungspflicht

Inhalt der Vermögensbetreuungspflicht muss nach der vom Bundesgerichtshof und der herrschenden Lehre verwendeten Formel die eigenverantwortliche Wahrnehmung fremder Vermögensinteressen von einiger Bedeutung sein.[495] Das erfordert zunächst, dass der Befugnisinhaber die Pflicht hat, die Vermögensinteressen desjenigen zu betreuen, über dessen Vermögen ihm Rechtsmacht eingeräumt ist. Betreuen bedeutet ein Tätigwerden im Interesse des Geschäftsherrn.[496] Die Befugnis muss dem Täter daher zur Erfüllung einer im Interesse des Berechtigten liegenden Aufgabe eingeräumt sein.[497] In diesem Kontext werden auch die Merkmale der Fremdnützigkeit und der Geschäftsbesorgung als die Vermögensbetreuungspflicht kennzeichnende Kriterien verwendet.[498] Die allgemeine Pflicht, sich vertragsgemäß zu verhalten und dabei auf die Vermögensinteressen des Vertragspartners Rücksicht zu nehmen, reicht für eine Vermögensbetreuungspflicht i. S. d. § 266 Abs. 1 1. Alt StGB ebenso wenig aus, wie eine Sonderstellung zu dem fremden Vermögen an sich.[499] Die Pflicht zur Wahrnehmung fremder Vermögensinteressen muss zudem den typischen und wesentlichen Inhalt des Treueverhältnisses darstellen. Die Pflicht muss Hauptgegenstand der Beziehung zwischen Treugeber und Treunehmer sein und darf sich nicht auf

495 BGHSt 1, 186, 189; 13, 315, 317 ff.; 22, 190, 192; 24, 386, 387; 47, 187, 192; 50, 331; 342; Arzt/Weber/Heinrich/Hilgendorf-*Weber*, Strafrecht BT, § 22, Rn. 56 ff., 68; Fischer, § 266, Rn. 29; Krey/Hellmann/Heinrich, Strafrecht BT 2, § 17, Rn. 798 f.; MK-*Dierlamm*, § 266, Rn. 30; Maurach/Schroeder/Maiwald, Strafrecht BT 1, § 45, Rn. 18; NK-*Kindhäuser*, § 266, Rn. 26, 82 Sch/Sch-*Perron*, § 266, Rn. 23 f.; SK-*Hoyer*, § 266, Rn. 17 ff.; Vorbaum, JuS 1981, 20 f.; Wessels/Hettinger, Strafrecht BT 2, Rn. 769. Danach entspricht die Vermögensbetreuungspflicht inhaltlich der Vermögensfürsorgepflicht im Treubruchtatbestand; nach a. A. ist es für den Missbrauchstatbestand ausreichend, dass dem Täter eine fremdnützige Dispositionsbefugnis eingeräumt ist, vgl. Labsch, Jura 1987, 343, 345; Mitsch, Strafrecht BT 2/1, § 8, Rn. 19; Sch/Sch-*Perron*, § 266, Rn. 11.

496 Goetze, Arzthaftungsrecht, S. 178.

497 BGHSt 24, 386; Fischer, § 266, Rn. 21; Sch/Sch-*Perron*, § 266, Rn. 11.

498 LK-*Schünemann*, § 266, Rn. 75 f.; Wessels/Hillenkamp, Strafrecht BT 2, Rn. 752.

499 BGHSt 33, 244, 251; Fischer, § 266, Rn. 21; Wessels/Hillenkamp, Strafrecht BT 2, Rn. 770.

eine bloße Nebenpflicht beschränken.[500] In diesem Zusammenhang wird insbesondere verstärkt darauf abgestellt, dass die Pflicht, deren Verletzung einer Verurteilung nach § 266 StGB zugrunde liegen kann, gerade den Schutz des betreuten Vermögens bezwecken muss.[501] Ferner erfordert die Vermögensbetreuungspflicht, dass sich die Pflicht zur Betreuung fremder Vermögensinteressen ihrer Dauer und ihrem Umfang nach über bloße Einzelfälle hinaus erstreckt und dem Treupflichtigen ein gewisses Maß an Selbständigkeit eingeräumt ist. Die Tätigkeit muss somit Spielraum für eigenverantwortliche Entscheidungen geben sowie eine gewisse Entscheidungsfreiheit belassen. Daran fehlt es insbesondere, wenn die Tätigkeit des Treupflichtigen in allen Einzelheiten vorgezeichnet ist.[502] Anhand dieser Vorgaben ist die Pflichtenstellung der Betriebsratsmitglieder zu untersuchen, wobei die von Rechtsprechung und Lehre entwickelten Kriterien als Anhaltspunkte dienen, deren Gewichtung im Einzelfall Grundlage einer wertenden Gesamtbetrachtung ist.[503]

cc) Vermögensbetreuungspflicht der Betriebsratsmitglieder

Für eine Vermögensbetreuungspflicht der Betriebsratsmitglieder im Hinblick auf die Vermögensbelange des Arbeitgebers sprechen sich *Rieble* und *Klebeck* aus. Als Ausprägung des Grundsatzes der vertrauensvollen Zusammenarbeit habe der Betriebsrat die Pflicht, den Arbeitgeber nur mit erforderlichen und verhältnismäßigen Kosten zu belasten. Dass es sich hierbei nicht um die einzige Pflicht des Betriebsrats gegenüber dem Arbeitgeber handele, stehe der Verwirklichung des Missbrauchstatbestands nicht entgegen, da die Pflicht, fremde Vermögensinteressen wahrzunehmen, lediglich der typische und wesentliche Inhalt des Treueverhältnisses sein müsse. Zudem verweisen *Rieble* und *Klebeck* darauf, dass es sich insofern nicht anders als bei der Strafbarkeit des Arztes nach § 266 Abs. 1 1. Alt StGB verhalte, der gegenüber der Krankenkasse gemäß § 12 Abs. 1 SGB V verpflichtet sei, nicht notwendige bzw. unwirtschaftliche Leistungen nicht zu bewirken.[504]

Mit *Rieble* und *Klebeck* ließe sich für das Vorliegen einer Vermögensbetreuungspflicht der Betriebsratsmitglieder zunächst anführen, dass der Arbeitgeber gemäß § 40 Abs. 1 BetrVG die Kosten aus der Betriebsratstätigkeit

500 Fischer, § 266, Rn. 21; Wessels/Hillenkamp, Strafrecht BT 2, Rn. 770.

501 BGHSt 55, 288, 300 f; Fischer, § 266, Rn. 21; Zwiehoff, jurisPR-ArbR 2/2009 Anm.6 unter B.1.

502 Rengier, Strafrecht BT 1, § 18, Rn. 17.

503 Fischer, § 266, Rn. 29.

504 Rieble/Klebeck, NZA 2006, 758, 763; vgl. BGHSt 49, 17 ff.

zu tragen hat. Es zählt somit grundsätzlich zu den Aufgaben eines Arbeitgebers, die erforderlichen Rechtsgeschäfte für den Betriebsrat abzuschließen. Hierauf hat der Betriebsrat gemäß § 40 Abs. 1 BetrVG einen Anspruch.[505] Überträgt der Arbeitgeber diese Aufgabe auf die Betriebsratsmitglieder, indem er diese bevollmächtigt bzw. ermächtigt, ihn zu verpflichten und über sein Vermögen (Dispositionsfonds) zu verfügen, könnte man insofern von der Besorgung fremder Vermögensangelegenheiten durch die Betriebsratsmitglieder sprechen. Auch steht dem Betriebsrat im Rahmen der Erforderlichkeit ein Beurteilungsspielraum zu, welche Maßnahmen und Schulungen für die Betriebsratstätigkeit erforderlich sind. In diesem Rahmen kann er eigenverantwortliche Entscheidungen treffen, die einer nur eingeschränkten Kontrolle durch den Arbeitgeber unterliegen.[506] Im Hinblick auf das Merkmal einer fremdnützigen, in begrenztem Rahmen eigenverantwortlichen Geschäftsbesorgung lässt sich auch eine gewisse Vergleichbarkeit mit der von *Rieble* und *Klebeck* herangezogenen Entscheidung des Bundesgerichtshofs nicht verneinen.[507] Das Gericht hatte eine Strafbarkeit eines Arztes wegen Untreue gemäß § 266 Abs. 1 1. Alt StGB als gegeben erachtet, wenn dieser einem Patienten Leistungen verordne, die eindeutig nicht notwendig, nicht ausreichend oder unzweckmäßig seien (vgl. §§ 12 Abs. 1 Satz 2, 70 Abs. 1 Satz 2 SGB V). Damit verletze der Arzt seine Betreuungspflicht gegenüber dem betroffenen Vermögen der Krankenkasse. Indem der Arzt Medikamente auf Rezept verschreibe, erfülle er die im Interesse der Krankenkasse liegende Aufgabe, gemäß § 31 Abs. 1 SGB V ihre Mitglieder mit Medikamenten zu versorgen. Da er bei der Erfüllung dieser Aufgabe der Krankenkasse gegenüber nach § 12 Abs. 1 SGB V verpflichtet sei, nicht notwendige bzw. unwirtschaftliche Leistungen zu unterlassen, komme darin eine Vermögensbetreuungspflicht zum Ausdruck.[508]

Gegen eine Vermögensbetreuungspflicht der Betriebsratsmitglieder ist jedoch anzuführen, dass die Pflicht gemäß § 2 Abs. 1 BetrVG, den Arbeitgeber nur mit erforderlichen und verhältnismäßigen Kosten zu belasten, nicht den Hauptgegenstand der Beziehung zwischen Betriebsrat und Arbeitgeber bildet und entgegen der Ansicht von *Rieble* und *Klebeck* auch nicht den typischen und wesentlichen Inhalt dieser Beziehung darstellt. Zwar haben der Betriebsrat und die Betriebsratsmitglieder dieses Gebot bei der Verursachung von Kosten zu berücksichtigen. Primär ist die Beziehung der Betriebspartner jedoch durch die Vornahme der

505 Vgl. 1. Teil/C. 2. a).
506 Vgl. 1. Teil/C. III. 1; 1. Teil/C. II. 2. a).
507 BGHSt 49, 17 ff.
508 BGHSt 49, 17, 24.

nach dem Betriebsverfassungsgesetz vorgesehenen Aufgaben, für den Betriebsrat insbesondere die Mitwirkung und Mitbestimmung in sozialen, personellen und wirtschaftlichen Angelegenheiten, geprägt. Die Besorgung der Vermögensinteressen des Arbeitgebers zählt hingegen nicht zu den Hauptpflichten des Betriebsrats. Entscheidend gegen eine Vermögensbetreuungspflicht der Betriebsratsmitglieder spricht zudem, dass der Betriebsrat und seine Mitglieder gemäß § 2 Abs. 1 BetrVG zwar zur Rücksichtnahme auf die Interessen des Arbeitgebers verpflichtet und gehalten sind, jede unnötige finanzielle Belastung des Arbeitgebers im Rahmen der Kostenverursachung zu vermeiden. Nicht jede Pflicht, Vermögensinteressen einer anderen Person zu berücksichtigen, begründet jedoch eine Vermögensbetreuungspflicht i. S. d. § 266 Abs. 1 StGB. Vielmehr muss die Pflicht, deren Verletzung einer Verurteilung nach § 266 StGB zugrunde liegen kann, gerade den Schutz des betreuten Vermögens bezwecken, da andernfalls die Struktur der Untreue als Vermögensdelikt aufgegeben würde.[509] Eine untreuerelevante Verhaltensvorgabe wäre dem Gebot der vertrauensvollen Zusammenarbeit daher nur dann zu entnehmen, wenn der Zweck der Vorschrift darauf gerichtet wäre, die Vermögensinteressen des Arbeitgebers zu schützen. Der Kreis der von § 2 Abs. 1 BetrVG geschützten Rechtsgüter des Arbeitgebers ist jedoch auf die Betriebsverfassung und die sich daraus ergebenden Aufgaben zu beschränken, so dass am Schutz sonstiger Rechtsgüter außerhalb des Betriebsverfassungsrechts grundsätzlich kein i. S. v. § 2 Abs. 1 BetrVG generell schützenswertes Interesse des Arbeitgebers bestehen kann. Aus § 2 Abs. 1 BetrVG sind daher nur solche Verhaltenspflichten herzuleiten, die darauf gerichtet sind, den Arbeitgeber in der Erfüllung seiner betriebsverfassungsrechtlichen Aufgaben und Rechte zu unterstützen und nicht zu behindern.[510] Da das Vermögen des Arbeitgebers als sonstiges Rechtsgut nicht unter dem Schutz der Betriebsverfassung steht, besteht auch keine entsprechende vermögensschützende Pflicht des Betriebsrats nach § 2 Abs. 1 BetrVG. Zwar schützt das Gebot der vertrauensvollen Zusammenarbeit den Arbeitgeber im Zusammenhang mit seiner Kostentragungspflicht vor unnötigen Belastungen, es erlegt dem Betriebsrat und den Betriebsratsmitgliedern aber keine umfassende Pflicht zur Wahrnehmung der finanziellen Interessen des Arbeitgebers auf. Vor diesem Hintergrund ist nach der hier vertretenen Ansicht eine Vermögensbetreuungspflicht der Betriebsratsmitglieder abzulehnen. Eine Strafbarkeit wegen Untreue gemäß § 266 Abs. 1 1. Alt StGB wegen der Nutzung der in einem Dispositionsfonds zur Verfügung gestellten

509 BGHSt 55, 288, 300 f.; Fischer, § 266, Rn. 21; Zwiehoff, jurisPR-ArbR 2/2009 Anm.6 unter B.1.

510 Vgl. 1. Teil/C. I.; Witt, Kooperationsmaxime, S. 113 f.

Gelder zu betriebsratsfremden oder nicht erforderlichen Zwecken kommt, soweit ein Befugnismissbrauch überhaupt gegeben ist, jedenfalls mangels einer Vermögensbetreuungspflicht der Betriebsratsmitglieder nicht in Betracht.

2. *Nicht erforderliche Kosten im Rahmen der gewöhnlichen Kostenabwicklung*

In der Literatur wird teilweise die Frage aufgeworfen, ob sich die Mitglieder des Betriebsrats wegen Untreue gemäß § 266 Abs. 1 1. Alt StGB strafbar machen können, wenn sie kostenverursachende Maßnahmen auslösen, obwohl ihnen bewusst ist, dass sie die Grenze der Erforderlichkeit überschreiten.[511] Auch wenn nach der hier vertretenen Auffassung keine Vermögensbetreuungspflicht der Betriebsratsmitglieder besteht, soll im Folgenden der Vollständigkeit halber auf diese Frage eingegangen werden. Hierfür kommt es wiederum darauf an, ob und in welchem Umfang die Betriebsratsmitglieder die Befugnis haben, den Arbeitgeber gegenüber Dritten zu verpflichten, und ob sie dabei ein im Außenverhältnis zwischen Arbeitgeber und Drittem unmittelbar zu Lasten des Arbeitgebers wirksames Rechtsgeschäft vornehmen, das im Widerspruch zu den Pflichten im Innenverhältnis steht.

a) Verpflichtungsbefugnis

Wie soeben erörtert, begründet § 40 Abs. 1 BetrVG weder eine unmittelbare Verpflichtung des Arbeitgebers durch das Handeln der Betriebsratsmitglieder, noch räumt die Vorschrift diesen die Befugnis ein, den Arbeitgeber zu verpflichten.[512] Eine Verpflichtung des Arbeitgebers gegenüber Dritten aus von Betriebsratsmitgliedern im Rahmen ihrer Betriebsratstätigkeit geschlossenen Rechtsgeschäften kann sich jedoch nach den Grundsätzen rechtsgeschäftlicher Stellvertretung gemäß §§ 164 ff. BGB ergeben. Da eine Verpflichtungsermächtigung unzulässig ist[513], kommt in dieser Konstellation nur eine Verpflichtung des Arbeitgebers aufgrund einer entsprechenden Vollmacht in Betracht. Ob eine solche durch ausdrückliches oder durch schlüssiges Verhalten des Arbeitgebers erteilt wurde, ist im Einzelfall zu ermitteln.

---

511 Sparchholz/Trümner, Die strafrechtliche Verantwortlichkeit von Betriebsratsmitgliedern, S. 24 f.

512 Vgl. 2. Teil/C. I. 1. a).

513 BGHZ 38, 125; 114, 100; Erman-*Maier-Reimer*, § 185, Rn. 18; MK/BGB-*Bayreuther*, § 185, Rn. 31; Palandt-*Ellenberger*, § 185, Rn. 3.

b) Missbrauch der Befugnis

Für die Frage des Befugnismissbrauchs kommt es auf den Umfang der erteilten Vollmacht an. Nur wenn das Betriebsratsmitglied den Arbeitgeber gegenüber einem Dritten wirksam verpflichtet hat, kann eine Untreue nach § 266 Abs. 1 1. Alt StGB vorliegen. Hat der Arbeitgeber die Vollmacht mit der Weisung erteilt, nur für die Betriebsratstätigkeit erforderliche Rechtsgeschäfte abzuschließen, kommt es auch hier darauf an, ob es sich bei dieser Vorgabe lediglich um eine interne Weisung oder um eine Beschränkung der Vollmacht im Außenverhältnis handelt. Insoweit kann auf die obigen Ausführungen zur Verwendung der Mittel eines Dispositionsfonds zu betriebsratsfremden oder nicht erforderlichen Zwecken verwiesen werden.[514] Beschränkt sich die Weisung auf das Innenverhältnis, wird der Arbeitgeber jedoch aufgrund der erteilten Vollmacht aus einem anderweitigen, nicht für die Betriebsratstätigkeit erforderlichen Rechtsgeschäft verpflichtet, liegt darin ein Missbrauch der Befugnis. Überschreitet das Betriebsratsmitglied die Grenzen der Vollmacht oder liegt keine Bevollmächtigung vor, wird das Betriebsratsmitglied aus dem abgeschlossenen Rechtsgeschäft persönlich verpflichtet und haftet gemäß § 179 Abs. 1 BGB als Vertreter ohne Vertretungsmacht. Zwar hat der Arbeitgeber gemäß § 40 Abs. 1 BetrVG grundsätzlich die Kosten hieraus zu übernehmen. Ein Befreiungs- oder Erstattungsanspruch besteht jedoch nur im Rahmen der Erforderlichkeit, so dass das Vermögen des Arbeitgebers nicht belastet wird.[515] Mangels Vermögensbetreuungspflicht der Betriebsratsmitglieder kommt im Ergebnis eine Strafbarkeit wegen Untreue jedoch auch im Falle der Verursachung nicht erforderlicher Kosten im Rahmen der gewöhnlichen Kostenabwicklung nicht in Betracht.

II. Treubruchtatbestand

Den Treubruchtatbestand gemäß § 266 Abs. 1 2. Alt StGB verwirklicht, wer die ihm kraft Gesetzes, behördlichen Auftrags, Rechtsgeschäfts oder aufgrund eines faktischen Treueverhältnisses obliegende Pflicht zur Wahrnehmung fremder Vermögensinteressen verletzt und dadurch dem, dessen Vermögensinteressen er zu betreuen hat, einen Nachteil zufügt. Da nach der hier vertretenen Auffassung den Betriebsratsmitgliedern keine Vermögensbetreuungspflicht im Verhältnis zum Arbeitgebervermögen obliegt, kommt eine Strafbarkeit der Betriebsratsmitglieder wegen Untreue in Bezug auf die Kostenabwicklung mit dem Arbeitgeber in der Alternative des Treubruchtatbestands nicht in Betracht.

---

514 Vgl. 2. Teil/C. I. 1. b).

515 Sparchholz/Trümner, Die strafrechtliche Verantwortlichkeit von Betriebsratsmitgliedern, S. 25.

III. Exkurs: Strafbare Teilnahme an einer Untreue am Beispiel der „Volkswagen-Affäre“

Die vorstehenden Ausführungen haben gezeigt, dass die Mitglieder des Betriebsrats mangels Vermögensbetreuungspflicht nicht Täter einer Untreue sein können. § 266 StGB stellt insoweit ein Sonderdelikt für den Betreuungspflichtigen dar. Da nach dem Grundsatz der limitierten Akzessorietät der Teilnahme die vorsätzliche und rechtswidrige Tat eines anderen erforderlich, aber auch ausreichend ist, können die Betriebsratsmitglieder Anstifter gemäß § 26 StGB oder Gehilfen gemäß § 27 StGB einer Untreue sein, ohne dass sie selbst die für § 266 Abs. 1 StGB erforderliche Sonderbeziehung zum geschädigten Vermögen innehaben.[516] Auf Teilnehmer, die das strafbegründende Merkmal der Vermögensbetreuungspflicht nicht aufweisen, ist § 28 Abs. 1 StGB anzuwenden, wonach bei Fehlen besonderer persönlicher Merkmale beim Teilnehmer, welche die Strafbarkeit des Täters begründen, die Strafe des Teilnehmers nach § 49 Abs. 1 zu mildern ist.[517]

Bedeutung erlangt hat die Teilnahme von Betriebsratsmitgliedern an einer Untreue im Rahmen der sog. Volkswagen-Affäre. Das Landgericht Braunschweig verurteilte den Konzernbetriebsratsvorsitzenden und Abteilungsleiter für das Personalwesen der Volkswagen AG (VW AG) *V* wegen Beihilfe zur Untreue gemäß §§ 266 Abs. 1 2. Alt, 27 StGB und wegen Anstiftung zur Untreue gemäß §§ 266 Abs. 1 1. Alt, 26 StGB sowie wegen Anstiftung zur Betriebsratsbegünstigung gemäß § 119 Abs. 1 Nr. 3 BetrVG, § 26 StGB.[518] Der Bundesgerichtshof hat diese Entscheidung mit Urteil vom 17.9.2009 hinsichtlich der Verurteilung wegen Beihilfe und Anstiftung zur Untreue bestätigt. Bezüglich der Verurteilung wegen Anstiftung zur Betriebsratsbegünstigung hat der Bundesgerichtshof die Verurteilung mangels eines nach § 119 Abs. 2 BetrVG erforderlichen Strafantrags aufgehoben.[519] Da sich das Urteil nicht nur mit den Voraussetzungen der Untreue und einer diesbezüglichen Teilnehmerstrafbarkeit eines Betriebsratsmitglieds beschäftigt, sondern auch allgemeine betriebsverfassungsrechtliche Grundsätze wie das Ehrenamts- und Lohnausfallprinzip gemäß § 37 Abs. 1, 2 BetrVG, das Begünstigungsverbot gemäß § 78 Satz 2 BetrVG und

516 Wessels/Beulke, Strafrecht AT, Rn. 551, 553.

517 BGH wistra 1988, 305, 306; BGH NStZ-RR 2008, 6; 2009, 102; Fischer, § 266, Rn. 186; MK-*Dierlamm*, § 266, Rn. 243; Rengier, Strafrecht BT 1, § 18, Rn. 66; Wessels/Hillenkamp, Strafrecht BT 2, Rn. 786; a. A. Sch/Sch-*Perron*, § 266, Rn. 52.

518 LG Braunschweig, Urteil v. 22.2.2008, Az. 6 KLs 20/07.

519 BGHSt 54, 148 ff.

die Kostenerstattung gemäß § 40 Abs. 1 BetrVG im Kontext einer Untreuestrafbarkeit aufgreift, wird das Urteil im Folgenden zusammengefasst dargestellt.

Nach den Feststellungen des Landgerichts Braunschweig lag der Entscheidung im Hinblick auf eine Beihilfe zur Untreue folgender verkürzt dargestellter Sachverhalt zugrunde: Um eine Anhebung der Gehälter für Führungskräfte und Betriebsräte zu erreichen, trat der Konzernbetriebsratsvorsitzende *V* 1994 an den Personalvorstand und Arbeitsdirektor der VW AG *H* heran. Dieser war bereit, *V* eine Gehaltserhöhung zu bewilligen, da er dessen Arbeit als Betriebsrat schätzte. Er wollte sich dadurch dessen Wohlwollen erhalten, da er davon ausging, dass dies der VW AG zugutekommen würde. Um keine Begehrlichkeiten zu wecken, schlug *H* vor, die „Gehaltserhöhung" über einen jährlichen am Betriebsergebnis orientierten und nur bei Markenvorständen üblichen Sonderbonus unter Umgehung der zuständigen Kommission zur Festlegung der Gehälter freigestellter Betriebsratsmitglieder und ohne Wissen der übrigen Vorstandsmitglieder auszuzahlen. So wurde es auch vereinbart. Die Zahlung dieser Sonderboni sollte keine Entlohnung für eine besondere Leistung des Angeklagten *V* sein. Konkrete Gegenleistungen wie die Befürwortung bestimmter unternehmerischer Entscheidungen wurden nicht vereinbart. Allerdings sollten die Zahlungen dem Ziel dienen, das allgemeine Wohlwollen des Betriebsratsvorsitzenden zu erkaufen.[520]

In diesem Verhalten erblicken das Landgericht Braunschweig und der Bundesgerichtshof eine Strafbarkeit wegen Untreue des Personalvorstandes *H* zu Lasten der VW AG. Die durch ihn veranlassten Sonderzahlungen an den Angeklagten *V* verstießen gegen die gesetzlichen Vorgaben der § 37 Abs. 1, 2, § 38 Abs. 3, 4 BetrVG, wonach Betriebsräte als Arbeitnehmer zu vergüten seien und die Vergütung nicht nach der Bewertung ihrer Betriebsratstätigkeit bemessen werden dürfe. Das nach diesen Vorschriften zu bestimmende Arbeitsentgelt dürfe auch sonst nicht zugunsten des Betriebsrats abgeändert werden. Einem Betriebsratsmitglied dürfe für die Wahrnehmung seines Amtes in keiner Weise irgendeine Vergütung zufließen, auch nicht in mittelbarer oder verdeckter Form, da der Charakter des Betriebsratsamtes als Ehrenamt und die innere Unabhängigkeit der Betriebsratsmitglieder hierdurch beeinträchtigt würden, § 78 Satz 2 BetrVG. Die Sonderbonuszahlungen an den Konzernbetriebsratsvorsitzenden *V* waren nach Ansicht der Gerichte pflichtwidrig unter Verletzung der dem Vorstandsmitglied *H* gegenüber der VW AG gemäß §§ 76, 93 AktG obliegenden

520 LG Braunschweig, Urteil v. 22.2.2008, Az. 6 KLs 20/07.

Vermögensbetreuungspflicht erfolgt.[521] Der Vermögensabfluss sei auch nicht dadurch kompensiert, dass durch die Sonderzahlungen das Wohlwollen des Angeklagten *V* im Hinblick auf die Unternehmensinteressen erkauft worden sei. Zum einen sei dieser zu einem über das Gebot der vertrauensvollen Zusammenarbeit gemäß § 2 Abs. 1 BetrVG i. V. m. § 51 Abs. 5 BetrVG hinausgehenden wohlwollenden Verhalten nicht verpflichtet, zum anderen hätte auch eine darüber hinausgehende sittenwidrige Bevorzugung von Unternehmens- gegenüber Arbeitnehmerinteressen den eingetretenen Vermögensnachteil nicht beseitigen können.[522] Durch die gemeinsame Vereinbarung der Sonderbonuszahlungen mit *H* sowie die Annahme der Zahlungen habe der Angeklagte *V* Beihilfe zur Untreue geleistet. Zum einen habe er *H* psychisch unterstützt, indem er die von diesem vorgeschlagene Lösung mitgetragen und ihn in seiner Willensbildung damit bestärkt habe. Weitere Beihilfehandlung sei die Entgegennahme der Zahlungen, wozu der Angeklagte *V* seine Bankverbindung mitgeteilt und seine Lohnsteuerkarte übersandt hatte. Auch habe er die Haupttat in ihren wesentlichen Merkmalen gekannt und in dem Bewusstsein gehandelt, durch sein Verhalten das Vorhaben des Haupttäters zu fördern. Soweit der Angeklagte *V* davon ausgegangen sei, er habe die ihm angebotenen Zahlungen annehmen dürfen, liege ein vermeidbarer Verbotsirrtum vor.

Die Verurteilung des Angeklagten *V* wegen Anstiftung zur Untreue steht im Zusammenhang mit der Kostenabwicklung von Betriebsratskosten gemäß § 40 Abs. 1 BetrVG. Nach den Feststellungen des Landgerichts Braunschweig verfügte der Personalvorstand *H*, dass die einem Betriebsrat entstandenen Kosten nicht wie üblich mit einem Erstattungsantrag bei der Reisekostenstelle geprüft und abgerechnet werden sollten. Stattdessen sollte der Mitangeklagte *G* die Kosten einer Betriebsratsveranstaltungen zentral ohne Kontrolle durch die jeweilige Abteilung abrechnen. Zudem wiederholte *H* seine Anweisung gegenüber dem Mitangeklagten *G*, den Gesamtbetriebsrat großzügig zu behandeln. Dies verstand der Mitangeklagte *G* so, dass er die Wünsche des Angeklagten *V* erfüllen solle, ohne dass dafür eine Begrenzung der Kosten zu beachten sei. In der Folgezeit veranlasste der Angeklagte *V* bei dem Mitangeklagten *G* u. a. die Buchung privater Reisen und Hotelaufenthalte, die Übernahme von Telefonkosten und die Kosten für Mietfahrzeuge. Zudem drängte der Angeklagte *V* den Personalvorstand *H* dazu, seine Geliebte bei der VW AG im Rahmen eines

---

521 Kritisch hinsichtlich der Ausführungen des Landgerichts Braunschweig zur Pflichtverletzung vgl. Zwiehoff, jurisPR-ArbR 2/2009 Anm. 6 unter B. 1.

522 Kritisch hinsichtlich der Ausführungen des Landgerichts Braunschweig zum Vermögensnachteil vgl. Zwiehoff, jurisPR-ArbR 2/2009 Anm. 6 unter B. 2.

Agenturvertrags zu beschäftigen. Sodann stellte er im Namen seiner Geliebten der VW AG Scheinrechnungen, die von der VG AG beglichen wurden.

Das Landgericht Braunschweig und der Bundesgerichtshof werteten das Geschehen betreffend die Reisekostenabrechnungen als täterschaftliche Untreue des Mitangeklagten *G* zu Lasten der VW AG gemäß § 266 Abs. 1 1. Alt StGB. Hierzu habe der Angeklagte *V* angestiftet. Als Leiter einer übergeordneten Serviceeinheit obliege dem Angeklagten *G* der Schutz des Vermögens seines Arbeitgebers als arbeitsvertragliche Hauptpflicht, so dass er seine Vermögensbetreuungspflicht verletzt habe. Etwaige Weisungen des *H* rechtfertigten das Verhalten des Angeklagten *G* nicht, da *H* nicht befugt gewesen sei, *„das in §§ 40, 78 Satz 2 BetrVG verankerte Kostenerstattungssystem in ein Begünstigungssystem mit Selbstbedienungscharakter umzuwandeln"*. Der Angeklagte *V* habe dem Mitangeklagten *G* seine Wünsche gerade mit dem Ziel mitgeteilt, dass dieser für ihn tätig würde und die Zahlungen zu Lasten der VW AG auslöste. Ihm sei es gerade darauf angekommen, dass seine Wünsche auf Kosten der VW AG erfüllt würden. Soweit das Landgericht Braunschweig *H* wegen Untreue gemäß § 266 Abs. 1 1. Alt StGB aufgrund der Vergütung nicht erbrachter Dienstleistungen der Geliebten des Angeklagten *V* verurteilt hat, bestätigte der Bundesgerichtshof diese Verurteilung ebenso wie die Verurteilung des Angeklagten *V* wegen Anstiftung zu einer diesbezüglichen Untreue.

D. Strafbarkeit wegen Nötigung gemäß § 240 StGB

Eine Strafbarkeit der Betriebsratsmitglieder wegen Nötigung gemäß § 240 StGB kommt in Betracht, wenn der Betriebsrat und der Arbeitgeber ein Koppelungsgeschäft schließen[523] oder der Betriebsrat einen Arbeitskampf initiiert, um eine bestimmte Forderung gegenüber dem Arbeitgeber durchzusetzen oder seine Verhandlungsposition zu stärken[524]. Eine Nötigung gemäß § 240 StGB begeht, wer einen Menschen rechtswidrig mit Gewalt oder durch Drohung mit einem empfindlichen Übel zu einer Handlung, Duldung oder Unterlassung nötigt. Nach überwiegender Ansicht schützt § 240 StGB die Freiheit der Willensbildung und der Willensbetätigung.[525] Damit ist die Nötigung der Grundtatbestand der

---

523 Vgl. 1. Teil/C. IV.

524 Vgl. 1. Teil/C. V.

525 BVerfGE 92, 1, 13; BGHSt 34, 71, 77; BGH NStZ 1991, 582; Arzt/Weber/Heinrich/Hilgendorf, Strafrecht BT, § 9, Rn. 45; NK-*Toepel*, § 240, Rn. 13; LK-*Träger/Altvater*, § 240, Rn. 1; Maurach/Schroeder/Maiwald, Strafrecht BT 1, § 13, Rn. 6; Roxin, JuS 1964, 373, 374; Sch/Sch-*Eser/Eisele*, § 240, Rn. 1; Wessels/Hettinger, Strafrecht

Freiheitsdelikte.[526] Die Freiheit der Willensentschließung und noch mehr die der Willensbetätigung unterliegen allerdings vielfältigen gesellschaftlichen Zwängen. Die Nötigung – in einem sozialen vorstrafrechtlichen Sinn verstanden – ist ein Grundelement des menschlichen Zusammenlebens.[527] Nicht jede Ausübung von Druck auf eine andere Person kann als Unrecht gelten und als strafwürdig erscheinen. Der Gesetzgeber hat in § 240 Abs. 1 StGB daher nicht jede Einwirkung auf Dritte unter Strafe gestellt. Die Strafbarkeit ist auf die Anwendung bestimmter Zwangsmittel – die Anwendung von Gewalt und die Drohung mit einem empfindlichen Übel – beschränkt.[528] Eine weitere Beschränkung erfährt die Nötigung durch die in § 240 Abs. 2 StGB enthaltene Verwerflichkeitsklausel, wonach sich die Anwendung des Nötigungsmittels im Verhältnis zu dem angestrebten Zweck als verwerflich darstellen muss.

Grundanliegen der Betriebsverfassung ist die Teilhabe der Arbeitnehmer an den betrieblichen Entscheidungen des Arbeitgebers. Insofern erfolgt auch immer eine Einwirkung auf den Willen des Arbeitgebers. Dass es hierbei auch zu Konflikten zwischen den Interessen des Arbeitgebers und denen des Betriebsrats bzw. der Arbeitnehmer kommen kann, liegt auf der Hand. Soweit sich der Betriebsrat bei der Wahrnehmung seiner Aufgaben in dem durch die Betriebsverfassung vorgegebenen Rahmen bewegt, ist eine Einwirkung auf den Arbeitgeber strafrechtlich zunächst ohne Belang.[529] Sie ist vielmehr gerade gewollt. Etwas anderes könnte jedoch gelten, wenn der Betriebsrat gegen Vorgaben des Betriebsverfassungsrechts verstößt oder seine Befugnisse überschreitet, um den Arbeitgeber zu einem bestimmten Verhalten zu bewegen. Insoweit stellt sich die Frage, wann die Grenze der zulässigen und erwünschten Einwirkung überschritten ist und der Betriebsrat auf den Arbeitgeber strafbaren Zwang nach § 240 StGB ausübt.

BT 1, Rn. 380. Die Vertreter dieser Auffassung verstehen Freiheit i. S. d. § 240 StGB als vorrechtliche Freiheit im Sinne eines umfassend geschützten Handelns. Diese Freiheit umfasst auch die Freiheit, sich rechtlos und gegen das Recht zu verhalten. Die Frage, ob ein diese Freiheit einschränkender Zwang hinzunehmen ist, entscheidet sich nach dieser Auffassung erst auf der Ebene der Verwerflichkeit, vgl. Fischer, § 240, Rn. 2. Nach anderer Ansicht schützt § 240 StGB nur die rechtlich garantierte Freiheit. Soweit eine Person verpflichtet ist, aus rechtlichen Gründen Zwang hinzunehmen, soll bereits der Tatbestand des § 240 StGB nicht erfüllt sein, vgl. Lesch, FS-Rudolphi, S. 483 ff.; Ostendorf, Kriminalisierung des Streikrechts, Rn. 52 a.E.; SK-*Horn/Wolters*, § 240, Rn. 2; Wallau, JR 2000, 312.

526 Sinn, JuS 2009, 577, 578.

527 Roxin, JuS 1964, 373, 374.

528 BVerfGE 92, 1, 13, 16.

529 Vgl. Rieble/Klebeck, NZA 2006, 758, 760.

Tatobjekt ist nach dem Wortlaut des § 240 Abs. 1 StGB ein anderer Mensch. Juristische Personen können daher nicht Opfer einer Nötigung sein.[530] Ist der Arbeitgeber keine natürliche sondern eine juristische Person, kommen als Opfer der Nötigung nur deren organschaftliche Vertreter oder Mitarbeiter des Unternehmens in Betracht.[531]

I. Zur Strafbarkeit bei Koppelungsgeschäften

Die Grenze der zulässigen und erwünschten Einwirkung des Betriebsrats auf den Arbeitgeber könnte überschritten sein, wenn der Betriebsrat seine Zustimmung zu einer mitbestimmungspflichtigen Maßnahme verweigert oder dies in Aussicht stellt, um damit ausgesprochen oder unausgesprochen Druck auf die Entscheidung des Arbeitgebers in anderen, nicht oder nur eingeschränkt mitbestimmungspflichtigen Angelegenheiten auszuüben. Da der Arbeitgeber die beabsichtigte Maßnahme nur mit Zustimmung des Betriebsrats rechtswirksam anordnen kann, steht er in einem solchen Fall vor der Wahl, entweder die Maßnahme nicht durchführen zu können oder aber eine andere Angelegenheit der Forderung des Betriebsrats entsprechend zu regeln. Besondere Bedeutung erlangen Koppelungsgeschäfte im Rahmen der zwingend mitbestimmungspflichtigen Angelegenheiten nach § 87 Abs. 1 Nr. 3 BetrVG. Plant der Arbeitgeber beispielsweise eine vorübergehende Verkürzung oder Verlängerung der betriebsüblichen Arbeitszeit, haben diese Maßnahmen, anders als z. B. rein personelle Angelegenheiten, einen starken wirtschaftlichen Bezug. Aus Sicht des Betriebsrats eigenen sie sich daher besonders, um sie als Ausgangspunkt der „Verhandlung" über ein mögliches Koppelungsgeschäft zu nutzen. Daneben eignen sich auch der Interessenausgleich und das Erfordernis der Aufstellung eines Sozialplans im Rahmen von Betriebsänderungen für Koppelungsgeschäfte.[532]

1. Fallbeispiel: Beschluss des Hessischen Landesarbeitsgerichts vom 13.10.2005

In der arbeitsgerichtlichen Rechtsprechung finden sich nur wenige Entscheidungen zu Koppelungsgeschäften. Diesen liegt größtenteils ein Streit der Betriebspartner darüber zugrunde, ob der Arbeitgeber, der sich auf ein Koppelungsgeschäft

---

530 MK-*Sinn*, § 240, Rn. 26; Sch/Sch-*Eser/Eisele*, § 240, Rn. 2; kritisch hierzu Wallau, JR 2000, 312 ff.

531 Soweit im Folgenden lediglich von dem „Arbeitgeber" die Rede ist, sind damit die genötigten Personen im Unternehmen des Arbeitgebers gemeint.

532 Vgl. 1. Teil/C. IV. 1.

mit dem Betriebsrat nicht einlässt, befugt ist, eine mitbestimmungspflichtige Maßnahme auch ohne Zustimmung des Betriebsrats durchzuführen bzw. ob und inwieweit der Betriebsrat berechtigt ist, seine Zustimmung zu einer vom Arbeitgeber beantragten mitbestimmungspflichtigen Maßnahme zu verweigern. In der Rechtsprechung besteht eine Tendenz, Koppelungsgeschäften wohlwollend gegenüberzustehen und die Zustimmungsverweigerung des Betriebsrats nicht auf den Normzweck des Mitbestimmungstatbestands zu begrenzen[533], jedenfalls aber einen sachlichen Zusammenhang zwischen dem Zweck des Mitbestimmungsrechts und der gestellten Bedingung ausreichen zu lassen.[534]

In einem vor dem Hessischen Landesarbeitsgericht im Jahr 2005 geführten Verfahren begehrte der Betriebsrat, dass die Arbeitgeberin es zu unterlassen habe, eine vorübergehende Verlängerung der Arbeitszeit ohne entsprechende Vereinbarung mit dem Betriebsrat durchzuführen. Die Arbeitgeberin war der Ansicht, der Betriebsrat sei nicht berechtigt, die begehrte Zustimmung von sachfremden Bedingungen abhängig zu machen. Nach den Feststellungen des Hessischen Landesarbeitsgerichts lag dem Rechtsstreit der folgende Sachverhalt zugrunde: Die Arbeitgeberin betrieb die Reparatur und Wartung von Flugzeugturbinen. Die Arbeitszeit im Betrieb war durch eine Betriebsvereinbarung geregelt, derzufolge die geschuldete Arbeitszeit von Montag bis Freitag zu erbringen war und die Arbeitgeberin die Mitarbeiter an zwölf Samstagen im Jahr beschäftigen durfte. Im November 2003 fragte der Betriebsrat bei der Arbeitgeberin an, inwieweit an den Weihnachtsfeiertagen zu arbeiten sein werde. In einem Gespräch zwischen den Beteiligten erklärte die Arbeitgeberin, dass die Arbeit an den genannten Feiertagen „vom Tisch" sei. Mitte Dezember 2003 erhielt die Arbeitgeberin Kenntnis davon, dass seit längerer Zeit erwartete Ersatzteile für schon längst überfällige Reparaturaufträge nun geliefert werden könnten. Zu diesem Zeitpunkt war die mit einzelnen Kunden vereinbarte maximale Reparaturzeit von dreißig Kalendertagen bereits erheblich überschritten. Am 17.12.2003[535] legte die Arbeitgeberin daraufhin zwei Entwürfe für die Ableistung von Arbeit am zweiten Weihnachtsfeiertag vor. Der Betriebsrat lehnte den Abschluss dieser Betriebsvereinbarung zunächst ab, teilte aber kurz darauf mit, dass der Betriebsvereinbarung unter der Voraussetzung zugestimmt werde, dass die befristeten Arbeitsverträge dreier bestimmter Mitarbeiter verlängert würden. Die

533 LAG Nürnberg, NZA 1991, 281; LAG Hamm, Beschluss v. 9.2.2007, Az. 10 TaBV 54/06; LAG Düsseldorf, Beschluss v. 12.12.2007, Az. 12 TaBVGa 8/07.

534 Hessisches LAG, Beschluss v. 13.10.2005, Az. 5/9 TaBV 51/05.

535 Das Urteil nennt den 17.03.2003; hierbei dürfte es sich allerdings um einen Schreibfehler handeln.

Arbeitgeberin fühlte sich durch dieses Vorgehen des Betriebsrats „erpresst" und ließ am 26. Dezember 2003 zehn freiwillige Arbeitnehmer ohne Zustimmung des Betriebsrats die fraglichen Arbeiten ausführen. Der Betriebsrat beantragte daraufhin sinngemäß, der Arbeitgeberin zu untersagen, an Feiertagen ohne seine Zustimmung Überstunden anzuordnen. Die Arbeitgeberin beantragte, dem Betriebsrat zu untersagen, die Zustimmung zu Überstunden an Feiertagen von der Bedingung abhängig zu machen, dass die befristeten Arbeitsverträge bestimmter Mitarbeiter verlängert würden. Das Hessische Landesarbeitsgericht gab dem Antrag des Betriebsrats in zweiter Instanz statt und untersagte der Arbeitgeberin, eine vorübergehende Verlängerung der Arbeitszeit ohne Vereinbarung mit dem Betriebsrat anzuordnen. Nach Auffassung des Gerichts durfte der Betriebsrat seine Zustimmung zu den beantragten Überstunden davon abhängig machen, dass drei bestimmte befristete Arbeitsverträge verlängert werden. Zwar habe der Betriebsrat kein Mitbestimmungsrecht in dieser Angelegenheit. Er sei aber berechtigt, in den Grenzen des Ermessens gemäß § 76 Abs. 5 Satz 3 BetrVG Forderungen geltend zu machen, die im Zusammenhang mit dem jeweils betroffenen Mitbestimmungsrecht stehen. Einen solchen Zusammenhang zwischen der Durchführung von Überstunden und der Verlängerung befristeter Arbeitsverträge sah das Gericht als gegeben.[536]

Im Folgenden wird untersucht, ob eine Strafbarkeit wegen Nötigung gemäß § 240 Abs. 1 StGB gegeben sein kann, wenn der Betriebsrat damit droht, seine Zustimmung in einer mitbestimmungspflichtigen Maßnahme zu verweigern, sollte der Arbeitgeber nicht eine andere Angelegenheit entsprechend den Vorgaben des Betriebsrats gestalten. Dabei beziehen sich die folgenden Ausführungen unmittelbar nur auf mitbestimmungspflichtige Angelegenheiten im Sinne des § 87 Abs. 1 Nr. 1–13 BetrVG, können jedoch auch auf andere mitbestimmungspflichtige Angelegenheiten übertragen werden.

2. *Tatbestand*

Den Tatbestand des § 240 Abs. 1 StGB verwirklicht, wer einen Menschen mit Gewalt oder durch Drohung mit einem empfindlichen Übel zu einer Handlung, Duldung oder Unterlassung nötigt. Eine tatbestandsmäßige Nötigung im Zusammenhang mit dem Abschluss eines Koppelungsgeschäfts setzt voraus, dass die Ankündigung der Verweigerung der Zustimmung eine Drohung mit einem empfindlichen Übel darstellt.

---

536 Hessisches LAG, Beschluss v. 13.10.2005, Az. 5/9 TaBV 51/05.

a) Zustimmungsverweigerung als Drohung mit einem empfindlichen Übel

Eine Drohung mit einem empfindlichen Übel ist gegeben, wenn der Täter dem Opfer einen künftigen, von seinem Willen abhängigen Nachteil in Aussicht stellt, der geeignet ist, das Opfer zu dem angestrebten Verhalten zu motivieren und dessen Verwirklichung der Täter nach dem Inhalt seiner Äußerung für den Fall des Bedingungseintritts auch will.[537] Bringt der Betriebsrat zum Ausdruck, seine zur Durchführung einer mitbestimmungspflichtigen Maßnahme benötigte Zustimmung nur Zug um Zug gegen Zugeständnisse in einer anderen, sachfremden Angelegenheit zu erteilen, stellt er dem Arbeitgeber zunächst und unmittelbar in Aussicht, die Zustimmung nicht zu erteilen, sollte der Arbeitgeber kein Entgegenkommen in der anderen Angelegenheit zeigen. Gleichzeitig stellt der Betriebsrat damit die Nichtdurchführbarkeit, zumindest aber eine zeitliche Verzögerung bei der Umsetzung der geplanten Maßnahme in Aussicht, da nach der Theorie der notwendigen Mitbestimmung die Anordnung einer mitbestimmungspflichtigen Maßnahme ohne Zustimmung des Betriebsrats unwirksam ist. Solange Arbeitgeber und Betriebsrat keine Einigung über die geplante Maßnahme erzielt haben, kann der Arbeitgeber diese nicht wirksam durchführen.[538]

Eine in Aussicht gestellte Zustimmungsverweigerung oder eine zeitlich verzögerte Einigung wirken sich für den Arbeitgeber jedoch regelmäßig nicht nur im Sinne einer innerbetrieblichen Nichtumsetzbarkeit der Maßnahme aus. Häufig sind damit für den Arbeitgeber auch wirtschaftliche Konsequenzen verbunden. Er befindet sich daher in einem Dilemma aus Zeitdruck und Einigungszwang.[539] Deutlich wird dies in dem Beispielsfall, in dem die Arbeitgeberin eine vorübergehende Verlängerung der betriebsüblichen Arbeitszeit, also die Durchführung einer mitbestimmungspflichtigen Maßnahme nach § 87 Abs. 1 Nr. 3 BetrVG beabsichtigte. Sollte die vorübergehende Verlängerung der Arbeitszeit mangels Einigung mit dem Betriebsrat nicht zeitnah angeordnet werden können, besteht für den Arbeitgeber das Risiko, den Auftrag nicht fristgerecht erfüllen zu können. In der Folge sieht er sich möglicherweise Schadensersatzansprüchen seiner Vertragspartner und/oder dem Verlust weiterer Aufträge ausgesetzt. Aber auch im Rahmen der Durchführung eines Interessenausgleichs und Sozialplans gemäß § 112 BetrVG können wirtschaftliche Beeinträchtigungen drohen, sollte keine zeitnahe Einigung zwischen Betriebsrat und Unternehmer erzielt werden. Folgen einer unklaren Unternehmenssituation können beispielsweise sinkende

---

537 BGHSt 16, 386, 387; 31, 195, 201; Fischer, § 240, Rn. 31; Sch/Sch-*Eser/Eisele*, Vorbem §§ 234 ff., Rn. 30 f.; Wessels/Hettinger, Strafrecht BT 1, Rn. 404.

538 Vgl. 2. Teil/C. IV. 1.

539 Fritz, Koppelungsgeschäfte, S. 4; vgl.1. Teil/C. IV. 1.

Absatzsatzzahlen sein oder sogar die Sanierung eines finanziell angeschlagenen Unternehmens gänzlich bedrohen.[540]

Mögliche drohende finanzielle und wirtschaftliche Beeinträchtigungen als Folge der Nichtumsetzbarkeit einer geplanten mitbestimmungspflichtigen Maßnahme sind jedoch nicht unmittelbar durch den Willen des Betriebsrats bestimmt. Sie basieren auf dem Verhalten außenstehender Dritter und liegen außerhalb der direkten Einflussmöglichkeit des Betriebsrats. Wie sich dieser Dritte verhalten wird, kann der Betriebsrat auch nicht wirklich wissen. Was er jedoch weiß, ist, dass der Arbeitgeber von dessen Verhalten abhängig ist. Oftmals droht dem Arbeitgeber ein wirtschaftlicher oder finanzieller Nachteil, falls er seine geplante Maßnahme nicht durchführen kann. Diese nicht aus der Luft gegriffene, sondern real begründete Besorgnis des Arbeitgebers macht sich der Betriebsrat zunutze und verknüpft sie mit seiner Forderung. Droht der Betriebsrat damit, einer mitbestimmungspflichtigen Maßnahme nicht zuzustimmen, steht der Arbeitgeber vor der Wahl, sich entweder die Zustimmung des Betriebsrats zu erkaufen und damit die Maßnahme umsetzen zu können, oder aber wirtschaftliche Schäden als Folge der Nichtdurchführbarkeit der Maßnahme zu erleiden. Er sieht sich insofern einer Zwangslage ausgesetzt, als das eine nicht ohne das andere zu erreichen ist. Es sind somit auch die mittelbar auf der Zustimmungsverweigerung beruhenden finanziellen und wirtschaftlichen Beeinträchtigungen geeignet, den Arbeitsgeber in seiner Willensfreiheit zu beeinträchtigen.

Das angedrohte Übel, d. h. die Nichtumsetzbarkeit einer vom Arbeitgeber beabsichtigten Maßnahme und ein damit gegebenenfalls verbundener wirtschaftlicher Nachteil, muss zudem die Grenze der Empfindlichkeit erreichen. Dies ist der Fall, wenn der in Aussicht gestellte Nachteil von solcher Erheblichkeit ist, dass seine Ankündigung geeignet erscheint, den Bedrohten im Sinne des Täterverlangens zu motivieren, es sei denn, dass gerade von diesem Bedrohten in seiner Lage erwartet werden kann, dass er der Drohung in besonnener Selbstbehauptung standhält.[541] Das Kriterium der besonnenen Selbstbehauptung dient allein dazu, etwaige ungewöhnliche Reaktionen eines Überängstlichen auszuschließen. Subjektive Empfindungen und die persönliche Motivierbarkeit des konkret Betroffenen können zur Feststellung der Empfindlichkeit berücksichtigt werden.[542]

Teilweise wird vertreten, der bei einem Koppelungsgeschäft angekündigte Nachteil stelle kein *empfindliches* Übel dar, da erwartet werden könne, dass der

---

540 Vgl. 1. Teil/C. IV. 1.

541 BGHSt 31, 195, 201; Sch/Sch-*Eser/Eisele*, § 240, Rn. 9; Wessels/Hettinger, Strafrecht BT 1, Rn. 404.

542 Sch/Sch-*Eser/Eisele*, § 240, Rn. 9

Arbeitgeber der Drohung in besonnener Selbstbehauptung standhalte. In Bezug auf mitbestimmungspflichtige Angelegenheiten seien *„die insoweit ergehenden Äußerungen des Betriebsrats"* niemals das letzte Wort. Komme es zu Regelungsstreitigkeiten, entscheide nach dem Konfliktlösungsmechanismus des Betriebsverfassungsgesetzes die Einigungsstelle. Der Arbeitgeber sei daher nicht auf *„kleinlautes Nachgeben"* beschränkt.[543]

Diese Auffassung lässt allerdings den für Koppelungsgeschäfte typischen zeitlichen Aspekt unberücksichtigt. Gerade wenn der Arbeitgeber unter zeitlichem Druck steht, die geplante Maßnahme durchzuführen, verleiht dies der Forderung des Betriebsrats besonderes Gewicht. Das gesetzlich vorgesehene Verfahren vor der Einigungsstelle wird in einem solchen Fall für den Arbeitgeber nicht immer hilfreich sein, da es, ungeachtet der hohen Kosten, nicht unbedingt eine rasche Entscheidung bringt. Unter wirtschaftlichen Gesichtspunkten wird es daher für den Arbeitgeber häufig keine sinnvolle Alternative zum Koppelungsgeschäft darstellen. Damit befindet sich der Arbeitgeber trotz der grundsätzlich möglichen innerbetrieblichen Schlichtung in einer Zwickmühle: Einerseits kann er den gesetzlich vorgesehenen Weg über die Einigungsstelle wählen, läuft dann aber Gefahr, wirtschaftliche Nachteile zu erleiden; andererseits kann er auf die Forderung des Betriebsrats eingehen und erhält im Gegenzug die benötigte Zustimmung. Obgleich *„die insoweit ergehenden Äußerungen des Betriebsrats"* also nicht das letzte Wort darstellen, wird das innerbetriebliche Schlichtungsverfahren aus Sicht des Arbeitgebers aufgrund des wirtschaftlichen und finanziellen Drucks in der Eilsituation nicht in jedem Fall eine Alternative zum Koppelungsgeschäft darstellen. Je nach Dringlichkeit der Maßnahme und möglichen weiteren Beeinträchtigungen kann dem Arbeitgeber daher nicht pauschal vorgehalten werden, er müsse unter Berücksichtigung des Selbstbehauptungsprinzips der Einwirkung des Betriebsrats standhalten. Vielmehr ist im jeweiligen Einzelfall die konkrete Situation des Arbeitgebers mit einzubeziehen. Unter Berücksichtigung der Gesamtumstände des Einzelfalles, wie der Eilbedürftigkeit der Umsetzbarkeit der Maßnahme, dem Umfang möglicher wirtschaftlicher und finanzieller Nachteile oder einem eventuellen Verlust von Ansehen und Vertrauen in die Leistungsfähigkeit am Markt, ist festzustellen, ob der Arbeitgeber der Drohung in besonnener Selbstbehauptung standzuhalten hat.

---

543 Sparchholz/Trümner, Die strafrechtliche Verantwortlichkeit von Betriebsratsmitgliedern, S. 26; vgl. auch Mundt, Zulässigkeit von Koppelungsgeschäften, S. 15 f., der in der angedrohten Verweigerung der Zustimmung bereits kein Übel i. S. d. § 240 StGB sieht.

b) Verweigerung der Zustimmung als Drohung mit einem Unterlassen

Stellt der Betriebsrat dem Arbeitgeber in Aussicht, die zur Durchführung einer mitbestimmungspflichtigen Maßnahme benötigte Zustimmung nicht zu erteilen, droht der Betriebsrat mit einem Unterlassen. Bei der Drohung mit einem Unterlassen handelt es sich um die Bewertung eines aktiven Tuns, nämlich die Ankündigung des Täters, ein Übel, dessen Verhinderung ihm möglich ist, durch Nichthandeln eintreten zu lassen. Damit stellt sich die Frage, unter welchen Voraussetzungen eine Drohung mit einem Unterlassen einer Drohung mit einem Tun im Hinblick auf eine Strafbarkeit nach § 240 StGB gleichgesetzt werden kann. Dass in der Ankündigung eines Unterlassens eine Nötigung liegen kann, soweit den Täter eine Rechtspflicht zum Handeln trifft, das Unterlassen also rechtswidrig ist, entspricht allgemeiner Ansicht.[544] Ob eine Nötigung auch vorliegen kann, wenn der Täter zur Vornahme der gebotenen Handlung nicht verpflichtet, das Unterlassen also rechtmäßig ist, ist hingegen umstritten. Droht der Betriebsrat damit, einer Maßnahme des Arbeitgebers nicht zuzustimmen, kommt es für die Frage der Strafbarkeit der Drohung mit einem Unterlassen darauf an, ob der Betriebsrat berechtigt ist, seine Zustimmung zu einer mitbestimmungspflichtigen Maßnahme zu verweigern. Dies beurteilt sich nach den Vorgaben des Betriebsverfassungsrechts. Im Folgenden wird zunächst erörtert, in welchen Fällen eine in Aussicht gestellte Zustimmungsverweigerung eine Drohung mit einem rechtmäßigen Unterlassen darstellt. In einem zweiten Schritt wird sodann erörtert, ob in einem solchen Fall eine tatbestandsmäßige Nötigung vorliegen kann.

aa) Sachgrundlose und normzweckwidrige Zustimmungsverweigerung

Im ersten Teil der Arbeit wurde festgestellt, dass es sich um eine unzulässige Rechtsausübung gemäß § 2 Abs. 1 BetrVG handelt, wenn der Ausübung des Mitbestimmungsrechts jedes eigene, schützenswerte Interesse des Betriebsrats oder der Belegschaft fehlt und sie lediglich auf eine Benachteiligung des Arbeitgebers gerichtet ist. Insofern ist eine Zustimmungsverweigerung unzulässig, die ohne ersichtlichen Grund und allein unter willkürlichen Gesichtspunkten erfolgt. In diesen Fällen ist der Betriebsrat nicht berechtigt, seine Zustimmung zu verweigern. Ferner wurde herausgearbeitet, dass der Betriebsrat auch unterhalb der Willkürgrenze nicht völlig frei ist bei der Ausübung seiner Mitbestimmungsrechte, da er an die punktuelle Aufgabenzuweisung durch die Mitbestimmungsrechte

544 BGHSt 31, 195, 198 ff.; 44, 68, 74 ff.; 251, 252 f.; LK-*Träger/Altvater*, § 240, Rn. 62 mwN; Sch/Sch-*Eser/Eisele*, § 240, Rn. 10.; Wessels/Hettinger, Strafrecht AT 1, Rn. 407.

gebunden ist. Diese werden ihrerseits durch den Zweck des jeweiligen Rechts beschränkt, so dass auch die Zustimmungsverweigerung denjenigen Interessen Rechnung tragen muss, um derentwillen dem Betriebsrat das Mitbestimmungsrecht zusteht. Eine Zustimmungsverweigerung ist daher ferner unberechtigt, wenn sie nicht mehr von dem Schutzzweck des Mitbestimmungsrechts gedeckt ist.[545] In diesen Fällen ist das in Aussicht gestellte Unterlassen ein rechtswidriges Unterlassen, mit dem nach allgemeiner Ansicht gedroht werden kann.

bb) Vom Normzweck gedeckte Zustimmungsverweigerung

Kann der Betriebsrat seine Zustimmung aus Gründen verweigern, die von dem Schutzzweck des jeweiligen Mitbestimmungsrechts erfasst sind, ist er nach dem Betriebsverfassungsrecht zur Zustimmungsverweigerung berechtigt. Das Unterlassen ist somit rechtmäßig. Ob und inwieweit auch die Ankündigung eines rechtmäßigen Unterlassens das (aktive) Inaussichtstellen eines Übels sein kann, wird in Rechtsprechung und Literatur unterschiedlich beurteilt. Die Situation der Drohung mit einem rechtmäßigen Unterlassen ist dadurch gekennzeichnet, dass der Täter nach dem Inhalt seiner Ankündigung die Verhinderung eines Übels von einer bestimmten Gegenleistung des Opfers abhängig macht. So fordert auch der Betriebsrat im Falle des Koppelungsgeschäfts als Gegenleistung für seine Zustimmung, dass eine andere Angelegenheit seiner Vorstellung entsprechend gestaltet wird. Durch diese Verknüpfung entsteht eine Ambivalenz für das Opfer: Einerseits ließe sich eine solche Drohung als freiwilliges Hilfsangebot des Täters bewerten, dessen Annahme zwar an nachteilige Bedingungen geknüpft ist, dem Opfer aber die Möglichkeit eröffnet, dem in Aussicht gestellten Übel zu entgehen. Andererseits könnte man das Angebot als (neue) Zwangslage des Opfers auffassen, in der es zwischen dem ohnehin bevorstehenden und dem zu dessen Abwendung geeigneten Übel, das der Täter anbietet, wählen muss.[546]

(1) Drohung mit einem empfindlichen Übel auch bei rechtmäßigem Unterlassen

Der Bundesgerichtshof vertritt seit BGHSt 31, 195 eine sog. pflichtwidrigkeitsneutrale Lösung, wonach auch die Ankündigung eines nicht pflichtwidrigen Unterlassens die Voraussetzungen der Drohung i. S. d. § 240 Abs. 1 StGB erfüllt. Einer Differenzierung zwischen Tun und Unterlassen im Hinblick auf das Erfordernis einer bestehenden Rechtspflicht bedarf es nach Auffassung des Bundesgerichtshofs nicht. Zur Begründung führt das Gericht aus, dass eine generelle

545 Vgl. 1. Teil/C. IV. 2. b).

546 Küper, Strafrecht BT, S. 110.

Ausklammerung der Ankündigung eines rechtmäßigen Unterlassens aus dem Tatbestand des § 240 StGB zu einer ungerechtfertigten Privilegierung desjenigen Täters führe, der durch rechtmäßiges Unterlassen seine Zwecke ebenso effektiv verfolgt wie der mit einem Tun drohende Täter. Da der Täter aber vielfach offenlassen könne, ob er etwas tun oder unterlassen werde, solle der Bereich des Strafbaren nicht von Formulierungsnuancen abhängen. Für den Motivationsdruck, der von der Drohung ausgehe, sei auch nicht entscheidend, ob der Täter etwas tun oder unterlassen werde und ob das Tun oder Unterlassen rechtmäßig oder rechtswidrig sei, sondern welches Übel als Folge seines Verhaltens (angeblich) eintreten werde.[547]

Auch große Teile des strafrechtlichen Schrifttums halten eine Drohung mit einem empfindlichen Übel bei einem rechtmäßigen Unterlassen im Ergebnis für möglich.[548] Wie in der Rechtsprechung wird maßgeblich darauf abgestellt, dass nicht entscheidend sei, was man tun oder unterlassen, sondern womit man drohen dürfe.[549] Denn dass die Vornahme der unterlassenen rechtmäßigen Handlung für den Betroffenen vorteilhaft sein könne, sei keine Frage des tatbestandlichen Zwangs.[550] Das Fehlen einer Rechtspflicht bedingungslos zu helfen, verleihe dem Täter nicht die Berechtigung, seine Hilfe unter unangemessenen Bedingungen anzubieten.[551]

Die Ausklammerung der Unterlassensfälle, in denen durch das angedrohte Unterlassen eines rechtmäßigen Verhaltens kein strafbares Nötigungsunrecht begründet wird, erfolgt nach dieser pflichtwidrigkeitsneutralen Lösung auf der Ebene der Rechtswidrigkeit im Rahmen der Verwerflichkeitsprüfung.

(2) Drohung mit einem empfindlichen Übel nur bei pflichtwidrigem Unterlassen

Nach Auffassung der älteren Rechtsprechung und Teilen der strafrechtlichen Lehre soll eine Drohung mit einem empfindlichen Übel durch Ankündigung eines Unterlassens hingegen nur dann vorliegen, wenn der Täter durch das angekündigte Unterlassen eine ihm obliegende Rechtspflicht zum Handeln verletzt, d. h. die Vornahme der Handlung also für ihn rechtlich geboten ist. Bei

---

547 BGHSt 31, 195, 201 f; einschränkend BGHSt 44, 68, 74 ff.

548 Fischer, § 240, Rn. 34; LK-*Träger/Altvater*, § 240, Rn. 62 ff. mwN; MK-*Sinn*, § 240, Rn. 86; Sch/Sch-*Eser/Eisele*, § 240, Rn. 10; Stoffers, JR 1988, 492, 496 f; Volk, JR 1981, 274, 276; unter Modifikation des Autonomieprinzips vgl. auch Roxin, JuS 1983, 333, 336.

549 Stoffers, JR 1983, 492, 496.

550 MK-*Sinn*, § 240, Rn. 89.

551 Volk, JR 1981, 174, 277.

fehlender Rechtspflicht, die aber nicht notwendigerweise aus einer Garantenpflicht resultieren müsse[552], scheide eine Nötigung aus.[553] Die ältere Rechtsprechung begründete dies damit, dass nur unter der Voraussetzung des Bestehens einer Rechtspflicht sprachlich die Ankündigung, einem anderen einen Nachteil zuzufügen, der Ankündigung, die gegebenen Verhältnisse nicht zu verändern, gleichgestellt werden könne. Wer einen anderen dadurch zu beeinflussen versuche, dass er ihm eine „Hilfeleistung" verspricht, zu der er rechtlich nicht verpflichtet ist, weise lediglich auf die bestehende Notlage hin und zeige einen möglichen Ausweg auf.[554] Einige Vertreter im Schrifttum stellen darauf ab, dass das angekündigte Übel bei einer Drohung mit einem rechtlich nicht gebotenen Handeln kein empfindliches sei.[555] Zum Teil wird im Schrifttum auch vertreten, dass mit der Ankündigung, ein den anderen belastendes Übel freiwillig zu beseitigen, die Freiheit des anderen erweitert werde, und zwar auch dann, wenn daran Bedingungen geknüpft seien. Der Autofahrer, der eine Anhalterin im Regen stehen lassen dürfe, mache sich nicht wegen Nötigung durch Drohung mit einem Unterlassen strafbar, wenn er ihr das Mitnehmen zu inkonnexen Bedingungen anbiete. In diesem Fall könne das Opfer nämlich wählen, ob es auf das Angebot eingeht oder nicht.[556] Nötigung sei aber Freiheitsbeschränkung, nicht Freiheitserweiterung. Wer sich die Beseitigung eines Übels abkaufen lassen dürfe, dem müsse es auch unbenommen bleiben, bei der Ankündigung des Übels Bedingungen zu nennen, unter denen er von der zulässigen Verwirklichung des Übels Abstand zu nehmen bereit wäre.[557]

(3) Stellungnahme

Zunächst einmal ist nach der hier vertretenen Auffassung nicht ersichtlich, weshalb bei einer Drohung mit einem rechtmäßigen Unterlassen sprachlich keine Drohung vorliegen können soll. Die Ankündigung, einem anderen einen

552 A. A. Haffke, ZStW 1972, 37, 71, der für das Vorliegen einer Drohung mit einem rechtmäßigen Unterlassen eine Garantenpflicht fordert.

553 RGSt, 63, 424, 425; BGH GA 1960, 277, 278, OLG Hamburg, NJW 1980, 2592 f.; Frohn, Anmerkung zum Beschluss des BGH v. 13.01.1983, StV 1983, 365 f.; Lesch, FS-Rudolphi, S. 483, 487; Ostendorf, NJW 1980, 2592 f.; Roxin, JuS 1964, 373, 377 (Autonomieprinzip); Schroeder, JZ 1983, 284, 288; Schubarth, NStZ 1983, 312 f.; ders., JuS 1981, 726, 727; SK-*Horn/Wolters*, § 240, Rn. 16; Wessels/Hettinger, Strafrecht BT 1, Rn. 414.

554 OLG Hamburg, NJW 1980, 2592.

555 Horn, NStZ 1983, 497, 499.

556 Horn, NStZ 1983, 497, 498; SK-*Horn/Wolters*, § 240, Rn. 16.

557 SK-*Horn/Wolters*, § 240, Rn. 16, 43.

Nachteil zuzufügen, und die Ankündigung, die bestehenden Verhältnisse nicht zu ändern, entsprechen einander auch dann, wenn derjenige, der das Unterlassen in Aussicht stellt, die Möglichkeit hat, den Eintritt des Nachteils abzuwenden.[558] Zwar lässt sich gegen die Theorie der pflichtwidrigkeitsneutralen Lösung einwenden, dass diese ein schlichtes Nichthandeln ohne Verletzung jeglicher (Handlungs)Pflichten einem aktiven Tun gleichsetzt und der Tatbestand des § 240 Abs. 1 StGB dadurch eine erhebliche Ausdehnung erfährt.[559]

Für eine Gleichbehandlung auf Tatbestandsebene von rechtmäßigem und rechtswidrigem Unterlassen spricht jedoch, dass es für den Unrechtsgehalt der Nötigung nicht entscheidend sein kann, ob man die angedrohte Handlung vornehmen oder unterlassen darf, sondern womit man drohen darf.[560] Denn auch der Ankündigung eines rechtmäßigen Unterlassens kann grundsätzlich die Wirkung eines empfindlichen Übels i. S. d. § 240 Abs. 1 StGB zukommen. Auch im Falle eines rechtmäßigen Unterlassens kann das in Aussicht gestellte Übel die Willensfreiheit des Opfers in einem Maß beeinträchtigen, dass das Opfer sich einer Zwangslage ausgesetzt sieht. Dass sich ein rechtmäßiges Unterlassen im Ergebnis nicht in jedem Fall als eine die Freiheit des Opfers erweiternde Hilfeleistung darstellen muss, wird besonders in der bereits erwähnten Entscheidung des Bundesgerichtshof (BGHSt 31, 195) deutlich.[561] Der Bundesgerichtshof hatte darüber zu befinden, ob eine Nötigung vorliegt, wenn ein Kaufhausdetektiv eine bei einem Diebstahl ertappte Frau dadurch zur Vornahme sexueller Handlungen zu bewegen versucht, dass er ihr verspricht, er werde in diesem Fall die Anzeige unter den Tisch fallen lassen. Das Gericht bejahte das Vorliegen einer Drohung.[562] Die der Nötigung immanente Zwangssituation des Opfers hängt nämlich nicht davon ab, ob die Drohung des Täters sich auf ein Tun oder Unterlassen richtet oder ob ihn eine Rechtspflicht zum Handeln trifft. Für den psychischen Druck des Opfers in Folge des in Aussicht gestellten Übels macht es keinen Unterschied, ob ein Tun oder Unterlassen angekündigt bzw. ob damit eine Rechtspflicht zum Handeln verletzt wird.[563]

---

558 Volk, JR 1981, 274.

559 Wessels/Hettinger, Strafrecht BT 1, Rn. 414; kritisch hierzu auch Roxin, der bezweifelt, ob der Lösungsweg des BGH eine dem Bestimmtheitsgrundsatz noch entsprechende Tatbestandsbegrenzung ermöglicht; vgl. Roxin, JuS 1983, 333, 334.

560 Sch/Sch-*Eser/Eisele*, § 240, Rn. 20; Stoffers, JR 1988, 492, 496.

561 Vgl. 2. Teil/D. I. 2. b) bb) (1).

562 BGHSt 31, 195 ff.

563 Roxin, JuS 1983, 333, der insoweit auf die inadäquate Verkoppelung von Nötigungsmittel und Nötigungszweck abstellt.

Für eine Gleichstellung von rechtmäßigem und rechtswidrigem Unterlassen auf Tatbestandsebene spricht ferner, dass die oftmals unklare Differenzierung zwischen Tun und Unterlassen entfällt.[564] Veranschaulichen lässt sich dies anhand des folgenden Beispielfalls: Ehemann M droht seiner Ehefrau F, er werde nicht mehr mit ihr reden, solange sie ihm nicht einen ihm unbekannten Brief zeige. Aus Angst vor einem tagelangen Schweigen entschließt sich F, dem M den Brief vorzulesen.[565] *Herzberg* kommt zu dem Ergebnis, M drohe mit einem positiven Tun, denn er stelle seiner Frau in Aussicht, ihr ständig schweigend zu begegnen.[566] *Klein* hingegen gelangt zu dem Ergebnis, M drohe mit einem Unterlassen, denn nicht die schweigende Begegnung im Ehegattenalltag bilde den Schwerpunkt des strafrechtlich relevanten Verhaltens. Diese sei lediglich ein untergeordneter Aspekt der angekündigten Untätigkeit.[567] Daraus folgend wäre nach der Ansicht *Herzbergs* eine Nötigung grundsätzlich möglich, wohingegen bei der Bewertung nach *Klein* eine Nötigung mangels einer entsprechenden Rechtspflicht entfiele. Derselbe Sachverhalt lässt sich also problemlos – je nach Wertung – als ein Tun oder als ein Unterlassen begreifen.

Vor diesem Hintergrund verdient die Auffassung der Rechtsprechung und derjenigen Vertreter im Schrifttum, die auf das Erfordernis einer Rechtspflicht zum Handeln des Täters auf Tatbestandsebene verzichten, den Vorzug. Nicht strafwürdiges Unterlassen ist auf der Ebene der Verwerflichkeit herauszufiltern.

Hinsichtlich einer in Aussicht gestellten Zustimmungsverweigerung als einer Drohung mit einem Unterlassen kann für die weitere Untersuchung Folgendes festgehalten werden: Droht der Betriebsrat mit einer sachgrundlosen Zustimmungsverweigerung, allein um den Arbeitgeber an der Umsetzung einer Maßnahme zu hindern und dadurch zu schädigen, oder sind die Gründe, die er für die in Aussicht gestellte Zustimmungsverweigerung anführt, nicht von dem Normzweck des Mitbestimmungstatbestands umfasst, ist das Unterlassen rechtswidrig, so dass es sich um den unproblematischen Fall der Drohung mit einem rechtswidrigen Unterlassen handelt. Kann der Betriebsrat hingegen die in Aussicht gestellte Verweigerung seiner Zustimmung auf Gründe stützen, die von dem Schutzzweck des jeweiligen Mitbestimmungsrechts gedeckt sind, ist das Unterlassen rechtmäßig. Da nach der hier vertretenen Auffassung auch

564 Liegl, Die Drohung mit einem an sich rechtmäßigen Verhalten, S. 92 f.

565 Liegl, Die Drohung mit einem an sich rechtmäßigen Verhalten, S. 92 f.; Pelke, Übel und Vorteil, S. 44 f.

566 Herzberg, JuS 1984, 369, 372.

567 Klein, Zum Nötigungstatbestand, S. 13.

mit einem rechtmäßigen Unterlassen gemäß § 240 Abs. 1 StGB gedroht werden kann, kann auch in diesem Fall der Tatbestand der Nötigung erfüllt sein.

c) Nötigungserfolg

Kausale Folge der Nötigungshandlung muss ein erzwungenes Handeln, Dulden oder Unterlassen der genötigten Person sein. Ist der Arbeitgeber keine natürliche sondern eine juristische Person, kommt es auf das Verhalten der im Unternehmen des Arbeitgebers genötigten Person an, die befugt ist, das begehrte Verhalten zu Lasten des Arbeitgebers herbeizuführen.[568] Im Fall des Koppelungsgeschäfts soll der Arbeitgeber durch die in Aussicht gestellte Zustimmungsverweigerung gezwungen werden, eine andere Angelegenheit der Forderung des Betriebsrats entsprechend zu Gunsten der Arbeitnehmer zu gestalten. Hierin liegt das erstrebte Verhalten. Lässt der Arbeitgeber sich als Folge des Zwangs auf das Koppelungsgeschäft ein und „erkauft" sich die Zustimmung des Betriebsrats, ist der Nötigungserfolg gegeben.

d) Vorsatz

Im subjektiven Tatbestand setzt eine Strafbarkeit wegen Nötigung vorsätzliches Handeln voraus, wobei bedingter Vorsatz jedenfalls hinsichtlich der Nötigungshandlung ausreichend ist.[569] Erforderlich ist somit, dass das betreffende Betriebsratsmitglied positiv weiß oder zumindest die Möglichkeit erkennt, dass sich die Drohung mit einer Zustimmungsverweigerung für den Arbeitgeber als empfindlicher Nachteil darstellt. Ob hinsichtlich des Nötigungserfolgs Absicht im Sinne eines zielgerichteten Handelns zu Nötigungszwecken vorauszusetzen ist, wird unterschiedlich beurteilt.[570] Eine verbreitete Auffassung fordert jedenfalls bei der Anwendung von Gewalt für den Vorsatz absichtliches Handeln.[571] Teilweise wird dies auch für die Fälle der Drohung mit einem empfindlichen Übel für erforderlich gehalten.[572] Das Erfordernis eines zielgerichteten Handelns

---

568 Vgl. 2. Teil/B. I. 4.

569 BGHSt 5, 245, 246; Fischer, § 240, Rn. 53; Sch/Sch-*Eser/Eisele*, § 240, Rn. 34.

570 Diese Problematik wird vor allem am Beispiel von Straßenverkehrsbehinderungen diskutiert. Es stellt sich in diesem Zusammenhang die Frage, ob Ausbremsen, Abdrängen anderer Fahrzeuge etc. eine bezweckte Einwirkung sein müssen oder ob es ausreichend ist, dass sie nur billigend in Kauf genommene Folge sind, vgl. Sch/Sch-*Eser/Eisele*, § 240, Rn. 34.

571 Maurach/Schroeder/Maiwald, Strafrecht BT 1, § 13, Rn. 41; MK-*Sinn*, § 240, Rn. 105; LK-*Träger/Altvater*, § 240, Rn. 115; Wessels/Hettinger, Strafrecht BT 1, Rn. 419.

572 Sch/Sch-*Eser/Eisele*, § 240, Rn. 34; SK-*Horn/Wolters*, § 240, Rn. 7.

im Hinblick auf den Nötigungszweck ergebe sich aus den Formulierungen „nötigen zu" und „Zweck" die sich auf die tatbestandliche Opferreaktion beziehen.[573] Verweigert der Betriebsrat seine Zustimmung für den Fall, dass der Arbeitgeber nicht in einer anderen Angelegenheit ein Entgegenkommen zeigt, wird man im Regelfall annehmen können, dass der Betriebsrat die in Aussicht gestellte Zustimmungsverweigerung bewusst und gewollt einsetzt, um den Abschluss des Koppelungsgeschäfts und damit die Durchsetzung der eigenen Forderung zu erreichen. Der Fall, dass die betreffenden Betriebsratsmitglieder das Koppelungsgeschäft als Folge der angedrohten Zustimmungsverweigerung nur billigend in Kauf nehmen, ist schwerlich vorstellbar. Einer weiteren Erörterung der Problematik, inwiefern ein absichtliches Handeln im Hinblick auf den Nötigungserfolg erforderlich ist, bedarf es insofern an dieser Stelle nicht.

3. Rechtswidrigkeit

Ob das Inaussichtstellen einer Zustimmungsverweigerung eine rechtswidrige Drohung darstellt, bestimmt sich danach, ob ein derartiges Verhalten des Betriebsrats als verwerflich i. S. d. § 240 Abs. 2 StGB zu beurteilen ist. Dies wird nachfolgend diskutiert. In einem ersten Schritt sind Funktion und Inhalt der Verwerflichkeitsklausel zu bestimmen. Sodann wird erläutert, ob und wie die Verwerflichkeitsklausel auf das Handeln des Betriebsrats Anwendung findet.

a) Verwerflichkeitsklausel als Prüfungsmaßstab der Rechtswidrigkeit

§ 240 Abs. 1 StGB verlangt eine rechtswidrige Nötigung; hierauf bezieht sich die Verwerflichkeitsklausel des § 240 Abs. 2 StGB. Danach ist die Tat rechtswidrig, wenn die Anwendung der Gewalt oder die Androhung des Übels zu dem angestrebten Zweck als verwerflich anzusehen ist (sog. Zweck-Mittel-Relation).

aa) Funktion der Verwerflichkeitsklausel

Strafgesetze dienen grundsätzlich dem Schutz festumrissener, deutlich abgrenzbarer Rechtsgüter wie z. B. dem Leben, der körperlichen Unversehrtheit oder dem Eigentum. Diese Rechtsgüter hebt der Gesetzgeber aus der Vielfalt des sozialen Lebens heraus und stellt sie in seinen Normen den Bürgern als unverletzlich vor Augen. Werden sie verletzt, indiziert die tatbestandsmäßige Rechtsgutverletzung zugleich die Rechtswidrigkeit der Tat. Nur in Ausnahmefällen bei Vorliegen besonderer Rechtfertigungsgründe ist die Rechtswidrigkeit ausgeschlossen.

---

573 BGHSt 35, 270, 276; OLG Düsseldorf NJW 2007, 3219, 3220; OLG Hamm NStZ 2009, 213; MK-*Sinn*, § 240, Rn. 105.

Anders verhält es sich bei der Nötigung. Die Freiheit der Willensentschließung und der Willensbetätigung ist kein festumrissenes Rechtsgut. Gleichzeitig liegt es auf der Hand, dass die Freiheit des Einzelnen, in jeder Lebenslage Beliebiges zu tun, nicht uneingeschränkt gewährleistet werden kann. Sie findet vielmehr dort ihre Grenzen, wo der Einzelne als in der Gemeinschaft lebender Bürger in Kommunikation mit anderen tritt, durch sein Verhalten auf andere einwirkt und dadurch die Freiheitssphäre seiner Mitmenschen oder die Belange der Gemeinschaft berührt.[574] Die Freiheit der Willensbetätigung des Einzelnen ist folglich gebunden und steht dem Einzelnen von vornherein nur eingeschränkt zu. Eine soziale Bindung ist ihr immanent. Daneben bleibt aber noch Raum für das *„freie Spiel der Kräfte“*.[575] Hier hat die Verwerflichkeitsklausel die Aufgabe, den notwendigen Druck in den Beziehungen der Menschen zueinander von nicht mehr zu billigendem Willenszwang abzugrenzen und insofern eine Balance zwischen Freiheit und Bindung zu schaffen.[576]

Vor diesem Hintergrund wird der Nötigungstatbestand als offener Tatbestand bezeichnet.[577] Die Verwirklichung des Tatbestands indiziert nicht die Rechtswidrigkeit der Tat. Sie hängt vielmehr von einer gesamtbewertenden ausdrücklichen Feststellung ab, für die § 240 Abs. 2 StGB die gesetzliche Grundlage liefert.[578] Erst hierdurch wird der Nötigung ihr materieller Unrechtsgehalt verliehen. In Bezug auf die Nötigungsmittel dient das Verwerflichkeitsmerkmal der Begrenzung und Korrektur des außerordentlich weit gefassten Tatbestands. Insbesondere die Drohungsalternative, für die eine Drohung mit einem empfindlichen Übel genügt, würde ohne eine Einschränkung eine Vielzahl sozialüblicher und nicht strafwürdiger Verhaltensweisen erfassen, wenn nicht eine die Rechtswidrigkeit ausschließende Gegennorm entgegenstünde. Ob es sich bei der Verwerflichkeitsklausel in dogmatischer Hinsicht um ein Tatbestandskorrektiv[579] oder um eine Rechtswidrigkeitsregel im Sinne eines allgemeinen Verbrechensmerkmals handelt[580], wird unterschiedlich beurteilt, muss an dieser Stelle jedoch nicht entschieden werden, da die unterschiedlichen Ansichten grundsätzlich zu demselben Ergebnis

---

574 BVerfGE 80, 367, 373; LK-*Träger/Altvater*, § 240, Rn. 69.

575 Reents, Die Verwerflichkeitsklausel, S. 11.

576 LK-*Träger/Altvater*, § 240, Rn. 69; Roxin, JuS 1964, 373, 374.

577 LK-*Träger/Altvater*, § 240, Rn. 69.

578 BVerfGE 73, 26, 255; Wessels/Hettinger, Strafrecht BT 1, Rn. 423.

579 Maurach/Schroeder/Maiwald, Strafrecht BT 1, § 13, Rn. 31; Roxin, JuS 1964, 373, 374; Sch/Sch-*Eser/Eisele*, § 240, Rn. 16; Schröder, ZStW 65, 178, 201 f.

580 BGHSt 2, 194, 195 f.; BGHSt 35, 270, 275 ff.; LK-*Träger/Altvater*, § 240, Rn. 68; Wessels/Hettinger, Strafrecht BT 1, Rn. 421.

führen.[581] Denn ungeachtet ihrer dogmatischen Verortung stimmen beide Auffassungen insofern überein, als die Verwerflichkeitsklausel der Abgrenzung von sozialadäquater gegenüber strafwürdiger Ausübung willensbeugenden Zwangs dient.[582] Dafür bedeutet es im Ergebnis keinen Unterschied, ob die Abgrenzung als eine Korrektur des Tatbestands ober als allgemeines Verbrechensmerkmal im Rahmen der Rechtswidrigkeit vorgenommen wird.[583]

bb) Inhalt der Verwerflichkeitsklausel

Weiter stellt sich die Frage nach der inhaltlichen Bedeutung der „Verwerflichkeit". Wann ist das Verhältnis von Nötigungszweck und Nötigungsmittel als verwerflich zu beurteilen? Der Regierungsentwurf des 3. StrÄndG hatte ursprünglich als Beurteilungsmaßstab für die Rechtswidrigkeit einen Verstoß gegen die guten Sitten in Aussicht genommen. Diese Formulierung war dem Rechtsausschuss des Bundestages jedoch zu zivilistisch und zu weit erschienen, weshalb der Begriff der Verwerflichkeit gewählt wurde.[584] Verwerflichkeit ist damit kein bloßes Synonym für (zivilrechtliche) Sittenwidrigkeit oder Rechtswidrigkeit, sondern verlangt zur Strafbegründung ein darüber hinausgehendes Unrecht. Für die vorliegende Untersuchung bedeutet dies, dass bei einem Verstoß des Betriebsrats gegen Vorgaben des Betriebsverfassungsgesetzes ein solches Vorgehen zwar in zivilrechtlicher bzw. betriebsverfassungsrechtlicher Hinsicht rechtswidrig ist. Über eine strafrechtliche Rechtswidrigkeit i. S. d. § 240 Abs. 2 StGB ist damit jedoch noch nichts gesagt.

Im strafrechtlichen Schrifttum wird für die Beurteilung der Verwerflichkeit auf die in der Rechtsgüterbeeinträchtigung liegende „*Sozialwidrigkeit*", „*soziale Unerträglichkeit*" oder „*sozialethische Missbilligung*" eines Verhaltens abgestellt.[585] Hiernach ist eine Nötigung verwerflich, wenn das Nötigungsverhalten zu dem angestrebten Zweck fundamentalen, aus der Rechtsordnung

---

581 Auch ein Irrtum darüber, ob die Anwendung der Gewalt oder die Drohung zum erstrebten Zweck als verwerflich anzusehen ist, führt nach beiden Ansichten zum Vorliegen eines Verbotsirrtums, vgl. BGHSt 2, 194, 195 f.; Sch/Sch-*Eser/Eisele*, § 240, Rn. 35 f.

582 BVerfGE 73, 238, 253; BGHSt 35, 270, 275 f.

583 Vgl. die Darstellung der verschiedenen Ansichten bei MK-*Sinn*, § 240, Rn. 118 ff.

584 Dreher, JZ 1953, 421, 428; Kümmel Streik und Strafrecht, S. 138.

585 Fischer, § 240, Rn. 41; Lackner/Kühl, StGB, § 240, Rn. 18; LK-*Träger/Altvater*, § 240, Rn. 86; Roxin, JuS 1964, 373, 375 f.; Sch/Sch-*Eser/Eisele*, § 240, Rn. 17; SK-*Horn/Wolters*, § 240, Rn. 39; Tröndle, FS-Lackner, S. 627, 633; Wessels/Beulke, Strafrecht BT 1, Rn. 426.

abgeleiteten, Grundsätzen widerspricht und daher als sozialwidrig zu missbilligen ist.[586] Die Rechtsprechung stellt weitgehend darauf ab, *„ob die Beziehung von Nötigungshandlung zu dem erstrebten Zweck nach allgemeinem Urteil sittlich zu missbilligen ist, ob sie so verwerflich ist, dass sie ein als Vergehen strafwürdiges Unrecht darstellt“*[587]. Inhaltlich liegen die in Rechtsprechung und Lehre zur Bestimmung der Verwerflichkeit herangezogenen Begrifflichkeiten der „Sozialwidrigkeit“, der „sozialen Unerträglichkeit“ der „sozialethischen Missbilligung“ oder der „sittlichen Missbilligung“ eng beieinander und enthalten keine gravierenden Unterschiede. Insbesondere hebt auch die Rechtsprechung die Merkmale der „Sozialwidrigkeit“ bzw. „sozialen Unerträglichkeit“ immer wieder hervor.[588]

Viel Beachtung gefunden haben in diesem Kontext die zur Konkretisierung der Sozialwidrigkeit von *Roxin* aus der gesamten Rechtsordnung abgeleiteten sozialen Ordnungsprinzipien.[589] Hierzu zählen das Rechtswidrigkeits-, Güterabwägungs-, Geringfügigkeits- und das Autonomieprinzip sowie das Prinzip des mangelnden Zusammenhangs und das Prinzip des Vorrangs staatlicher Zwangsmittel. Insbesondere auf das Prinzip des mangelnden Zusammenhangs und das Prinzip des Vorrangs staatlicher Zwangsmittel wird im Rahmen der Überprüfung der Zweck-Mittel-Relation zurückzukommen sein.

b) Verwerflichkeitsprüfung auch für den Betriebsrat?

Wie eingangs erläutert, kann dem Menschen als gemeinschaftsgebundenem Wesen völlige Freiheit nicht zukommen, so dass es im Rahmen des Verwerflichkeitsurteils darum geht, die Interessen derjenigen, die durch Druck aufeinander einwirken, in Ausgleich zu bringen und insofern eine Balance zwischen Bindung und Freiheit zu schaffen. In diesem Kontext stellt sich die Frage, ob der Gesetzgeber für die am Betriebsverfassungsrecht Beteiligten mit dem Betriebsverfassungsgesetz möglicherweise bereits eine abschließende Vorgabe zur Austarierung der Freiheit zwischen Arbeitgeber und Betriebsrat getroffen hat, so dass ein Ausgleich der Interessen über die Verwerflichkeitsklausel nicht mehr notwendig oder sogar verwehrt ist. In diese Richtung sind *Rieble* und *Klebeck* zu verstehen, wenn sie formulieren: *„Mit der herrschenden Meinung darf der Betriebsrat ihm zustehende Beteiligungsrechte nur entsprechend dem jeweiligen Normzweck des Beteiligungsrechts ausüben. Der Betriebsrat kann sich gerade nicht auf eine eigene Privatautonomie berufen. Er nimmt keine subjektiven Rechte sondern gesetzlich*

586 Tröndle, FS-Lackner, S. 627, 634.
587 BGHSt 2, 194 196; 18, 389, 391; 35, 270, 276.
588 BGHSt 17, 328, 331 f.; 18, 389, 393.
589 Roxin, JuS 1964, 373, 376 f.; kritisch hierzu Bergmann, Nötigung, S. 190 ff.

eingeräumte Kompetenzen wahr. Die Frage nach der Balance von Bindung und Freiheit, die dem Zweck des § 240 Abs. 2 StGB entspricht, stellt sich für den Betriebsrat insoweit nicht."[590]

Daran ist richtig, dass das Betriebsverfassungsgesetz dem Betriebsrat einzelne Kompetenzen überträgt und dessen Aufgaben und Tätigkeitsbereiche festlegt. Das Verhältnis der Betriebspartner ist somit durch die Vorgaben des Betriebsverfassungsgesetzes geregelt. Überschreitet der Betriebsrat die ihm zugewiesenen Kompetenzen oder anderweitige Vorgaben des Betriebsverfassungsgesetzes, ist sein Verhalten in betriebsverfassungsrechtlicher Hinsicht rechtswidrig. Auch bei der Ausübung der ihm zustehenden Mitbestimmungsrechte ist der Betriebsrat nicht völlig frei, sondern an den Normzweck des jeweiligen Mitbestimmungsrechts gebunden.[591] Insofern ist *Rieble* und *Klebeck* zwar zuzustimmen, dass der Betriebsrat keine subjektiven Rechte sondern gesetzlich eingeräumte Kompetenzen wahrnimmt.

Im nächsten Schritt schlussfolgern *Rieble* und *Klebeck* aber daraus, dass sich die Frage nach der Balance von Bindung und Freiheit für den Betriebsrat nicht stelle. Dies ist wohl dahingehend zu verstehen, dass für eine Verwerflichkeitsprüfung im Sinne einer Austarierung der Interessen zwischen Betriebsrat und Arbeitgeber kein Raum sein solle. Dieser Auffassung kann nicht zugestimmt werden. Danach hätte eine Kompetenzüberschreitung des Betriebsrats nicht nur die betriebsverfassungsrechtliche, sondern zugleich die strafrechtliche Rechtswidrigkeit eines Verhaltens zur Folge. Im Ergebnis wären strafrechtliche Rechtswidrigkeit i. S. d. § 240 Abs. 2 StGB und zivilrechtliche Rechtswidrigkeit damit gleichgesetzt. Dieser Ansatz verkennt, dass eine strafrechtliche Rechtswidrigkeit nach § 240 Abs. 2 StGB mehr erfordert als eine nur zivilrechtliche Kompetenzüberschreitung. Ein Verhalten ist nur dann verwerflich, wenn es sich über die „normale" Rechtswidrigkeit hinaus als sozial unerträglich und als Vergehen strafwürdiges Unrecht darstellt. Dass nicht jeder Verstoß gegen Vorschriften der Primärordnung strafrechtliche Konsequenzen hat, lässt sich an einem wohl unstreitigen Beispiel aus dem Straßenverkehr verdeutlichen: Zu dichtes Auffahren auf den Vorausfahrenden oder Ausbremsen des hinteren Fahrzeugs stellen Verstöße gegen die Straßenverkehrsordnung dar. Aber nicht jede beabsichtigte Behinderung eines anderen Verkehrsteilnehmers, die nach der Straßenverkehrsordnung geahndet werden kann, ist ausnahmslos sittlich so zu missbilligen und

590 Rieble/Klebeck, NZA 2006, 758, 762.

591 Vgl. 1. Teil/C. IV. 2. b).

sozial so unerträglich, dass sie verwerflich wäre.[592] Nichts anderes kann gelten, wenn der Betriebsrat ihm zugewiesene Kompetenzen überschreitet und dadurch gegen das Betriebsverfassungsgesetz verstößt. Der Ansatz von *Rieble* und *Klebeck* läuft im Ergebnis daher auf eine Gleichsetzung von betriebsverfassungsrechtlicher Kompetenzüberschreitung und strafrechtlicher Rechtswidrigkeit hinaus. Zudem findet nach der Auffassung von *Rieble* und *Klebeck* der Grundsatz der ultima ratio, der insbesondere auch in der Verwerflichkeitsklausel zum Ausdruck kommt[593], nicht hinreichend Berücksichtigung.[594] Im Rahmen des § 240 Abs. 2 StGB kommt es darauf an, ob die Mittel des Strafrechts erforderlich sind, um die betroffenen Interessen in Ausgleich zu bringen, oder ob außerstrafrechtliche Sanktionen hierfür ausreichend sind. Der Bundesgerichtshof hat dazu festgestellt, dass die Grenze der Strafwürdigkeit gemäß § 240 Abs. 2 StGB erst erreicht werde, wenn das Vorgehen des Täters eindeutig so anstößig sei, dass es als gröberer Angriff auf die Entschlussfreiheit anderer der Zurechtweisung mit den Mitteln des Strafrechts bedürfe.[595] Wenn nun aber bei der strafrechtlichen Beurteilung von Kompetenzüberschreitungen des Betriebsrats eine Verwerflichkeitsprüfung nicht stattfindet, bleiben die tragenden Aspekte des ultima ratio Grundsatzes außen vor. Ob das Verhalten des Betriebsrats so anstößig ist, dass es als gröberer Angriff auf die Entschlussfreiheit des Arbeitgebers der Zurechtweisung mit den Mitteln des Strafrechts bedarf, würde nicht berücksichtigt werden.

Vor diesem Hintergrund ist im Folgenden nun zu klären, ob eine Verweigerung der Zustimmung durch den Betriebsrat mit dem Ziel, den Arbeitgeber zum Abschluss eines Koppelungsgeschäfts zu bewegen und damit eine Forderung des Betriebsrats zu erfüllen, als verwerflich zu beurteilen ist.

c) Überprüfung der Zweck-Mittel-Relation

Die Überprüfung der Verwerflichkeit erfolgt anhand der Zweck-Mittel-Relation. Dafür sind Nötigungszweck und Nötigungsmittel zueinander in Beziehung zu setzen. Es gilt zu ermitteln, ob die Anwendung der Gewalt oder die Androhung des empfindlichen Übels im Verhältnis zu dem angestrebten Zweck sozialwidrig und damit gleichzeitig verwerflich ist. Hierfür ist nach der heute ganz herrschenden Meinung in Rechtsprechung und Schrifttum eine umfassende Abwägung unter Berücksichtigung sämtlicher Umstände und Beziehungen des Einzelfalls vorzunehmen. Es

---

592 BGHSt 18, 389, 392.
593 BVerfGE 73, 206, 253.
594 Kaufmann, FS-Henkel, S. 89 ff.; Roxin, Strafrecht AT 1, § 2, Rn. 97 ff. mwN; Wessels/Beulke, Strafrecht AT, Rn. 9
595 BGHSt 17, 328, 332.

sind neben dem Gewicht der auf dem Spiel stehenden Rechte und Interessen insbesondere auch Umfang und Intensität der Zwangswirkung zu berücksichtigen.[596] Die Sozialwidrigkeit eines Verhaltens lässt sich deshalb nicht allein damit begründen, dass das Nötigungsmittel oder der Nötigungszweck für sich betrachtet gegen die Rechtsordnung verstoßen. Umgekehrt kommt es weder darauf an, dass das Mittel für sich gesehen erlaubt noch der Zweck allein billigenswert ist.[597]

Im Folgenden soll nun ein Leitfaden zur Beurteilung der Zweck-Mittel-Relation im Hinblick auf Koppelungsgeschäfte der Betriebspartner entwickelt werden. Ziel ist es aufzuzeigen, welche Faktoren und Umstände im Rahmen eines Koppelungsgeschäfts bei der Gesamtabwägung zur Bewertung der Zustimmungsverweigerung als sozialwidrig Berücksichtigung finden können. Nicht möglich ist es, ein abschließendes Prüfungsschema zu erstellen, da es für die Verwerflichkeitsprüfung einer Betrachtung des jeweiligen Einzelfalls bedarf. Zunächst werden der Zweck der Nötigung und sodann das Mittel der Nötigung eingehend betrachtet. Neben allgemeinen Kriterien zur Überprüfung der Verwerflichkeit werden die Besonderheiten des Koppelungsgeschäfts anhand arbeitsgerichtlicher Entscheidungen aufgezeigt. Hierbei ist zu betonen, dass die entwickelten und angewendeten Prüfungskriterien nur Leitlinien für eine strafrechtliche Bewertung sein können und stets im Einzelfall zu prüfen ist, ob diese Kriterien Anwendung finden können.

aa) Nötigungszweck

Ob eine Handlung verwerflich ist, lässt sich ohne Blick auf den mit ihr verfolgten Zweck nicht feststellen. Mit der Bewertung des zugrunde liegenden Zwecks wird zugleich eine Weiche für die Verwerflichkeitsprüfung gestellt.[598] Sucht man nach einer abstrakten Formel für die Zweck-Mittel-Relation, so ist grundsätzlich die Anwendung des Zwangs umso tolerierbarer, je billigenswerter der verfolgte Zweck ist; je weniger billigenswert der Zweck, desto weniger ist der Zwang sozial hinnehmbar.[599]

---

596 BVerfGE 73, 206, 255; 104, 92, 109 ff.; BGHSt 17, 328, 331; 34, 71, 77; MK-*Sinn*, § 240, Rn. 124; Sch/Sch-*Eser/Eisele*, § 240, Rn. 17; a. A. BayObLG NJW 1960, 1965, 1966, wonach eine rechtswidrige Nötigung vorliegen soll, wenn das angedrohte Übel schon für sich allein rechtswidrig ist, wenn der angestrebte Erfolg rechtswidrig ist oder wenn es als verwerflich anzusehen ist, das an sich zulässige Übel zur Erreichung des an sich zulässigen Erfolgs anzudrohen.

597 MK-*Sinn*, § 240, Rn. 126.

598 BVerfGE 104, 92, 109.

599 MK-*Sinn*, § 240, Rn. 126; Sch/Sch-*Eser/Eisele*, § 240, Rn. 17.

(1) Unmittelbarer Nötigungszweck

Der Betriebsrat bezweckt mit der Nötigung unmittelbar das Koppelungsgeschäft mit dem Arbeitgeber, d. h., der Arbeitgeber soll eine andere Angelegenheit den Forderungen des Betriebsrats entsprechend gestalten. Zur Beurteilung des Nötigungszwecks, der nach dem Gesagten wiederum Einfluss auf die Zweck-Mittel-Relation nimmt, kommt es somit auf den Inhalt der Forderung an. Je billigenswerter die Forderung des Betriebsrats ist, desto eher wird der Zwang sozial hinnehmbar sein. Umgekehrt wird es sich für den Betriebsrat ungünstig auf das Verwerflichkeitsurteil auswirken, je weniger die Forderung des Betriebsrats zu billigen ist.

In den arbeitsgerichtlich entschiedenen Fällen, die sich mit Koppelungsgeschäften befassen, knüpfte der Betriebsrat seine Zustimmung bisher vor allem an eine Erhöhung von Leistungen oder an personelle Entscheidungen. In einem vom Landesarbeitsgericht Nürnberg entschiedenen Fall wollte der Arbeitgeber Überstunden anordnen und benötigte hierfür gemäß § 87 Abs. 1 Nr. 3 BetrVG die Zustimmung des Betriebsrats. Dieser machte seine Zustimmung von der Zahlung einer Lärmzulage abhängig.[600] In einem vor dem Arbeitsgericht Hamburg geführten Verfahren wollte der Betriebsrat der Anordnung von Überstunden nur für den Fall zustimmen, dass der Arbeitgeber für geleistete Überstunden Zuschläge zahlt, die über die üblichen Zuschläge hinausgehen.[601] Ähnlich gelagert sind die Fälle, in denen der Arbeitgeber Kurzarbeit gemäß § 87 Abs. 1 Nr. 3 BetrVG einführen will oder muss. Dem Landesarbeitsgericht Köln lag ein Sachverhalt zur Entscheidung vor, in welchem der Betriebsrat angekündigt hatte, seine Zustimmung zu Kurzarbeit für den Fall zu verweigern, dass in die Betriebsvereinbarung nicht eine Bestimmung aufgenommen würde, wonach der Unternehmer verpflichtet sein sollte, die entsprechenden Löhne bzw. Gehälter in voller Höhe zu zahlen, sofern das Arbeitsamt bei den beantragten Kurzarbeitsphasen kein Kurzarbeitergeld zahlen sollte.[602] Darüberhinaus gibt es eine Vielzahl arbeitsgerichtlicher Entscheidungen, die eine Koppelung der Zustimmung des Betriebsrats mit personellen Einzelentscheidungen des Arbeitgebers zum Gegenstand haben. So hatte das hessische Landesarbeitsgericht mit dem bereits dargestellten Beschluss darüber zu entscheiden, ob der Betriebsrat seine Zustimmung zur vorübergehenden Verlängerung der betriebsüblichen Arbeitszeit davon abhängig machen darf, dass die befristeten Arbeitsverträge von

600 LAG Nürnberg, NZA 1991, 281.

601 Arbeitsgericht Hamburg, AiB 1994, 120 f.

602 LAG Köln, NZA 1989, 939 f.

drei bestimmten Arbeitnehmern verlängert werden.[603] Ähnlich gelagert ist eine Entscheidung des Landesarbeitsgerichts Hamm. Dort hatte der Betriebsrat seine Zustimmung zur Anordnung von Mehrarbeit davon abhängig gemacht, dass außerordentlich gekündigte Arbeitnehmer wiedereingestellt werden.[604]

Inhaltlich sind den Koppelungsforderungen des Betriebsrats jedoch keine Grenzen gesetzt. Nach einer Umfrage des Zentrums für Arbeitsbeziehungen und Arbeitsrecht (ZAAR) gaben 40 % der befragten Unternehmen an, ihr Betriebsrat stelle sachwidrige Koppelungsforderungen. Neben der Gewährung kostenloser Getränke im Sommer, der Neueinstellung oder Übernahme von Auszubildenden oder der Schaffung zusätzlicher Ausbildungsplätze werde auch die Freistellung weiterer Betriebsratsmitglieder oder die Gewährung persönlicher Vorteile wie Prämien, Sonderleistungen oder Dienstfahrzeuge gefordert.[605]

In all diesen Fällen stellt sich die Frage, unter welchen Voraussetzungen die Forderungen des Betriebsrats zu billigen sind. Wie die Verwerflichkeitsprüfung insgesamt setzt dies eine wertende Betrachtung voraus. Zunächst einmal wird man festhalten können, dass die Forderung persönlicher Vorteile der Betriebsratsmitglieder gleich welcher Art keinen zu billigenden Zweck darstellt. Denn es gehört nicht zum Aufgabenkreis des Betriebsrats und seiner Mitglieder, eigene Interessen und Vorteile der Betriebsratsmitglieder durchzusetzen. Seine Aufgabe ist es, die Belegschaft im Betrieb zu repräsentieren und deren Interessen gegenüber dem Arbeitgeber zu behaupten. Geht es dem Betriebsrat bzw. einzelnen Betriebsratsmitgliedern lediglich darum, sich persönliche Vorteile zu verschaffen oder sich persönlich zu bereichern, wird der durch die Zustimmungsverweigerung auf den Arbeitgeber ausgeübte Zwang in der Regel nicht sozial hinnehmbar sein. Im Ausgangspunkt anders zu bewerten sind Forderungen, die der Belegschaft zu Gute kommen. Diese werden in aller Regel zu billigen sein. Aber auch insoweit bestehen Unterschiede hinsichtlich des Inhalts und des Umfangs der Forderung, die mehr oder weniger für die Billigung des Nötigungszwecks sprechen.

Eine erste Differenzierung innerhalb eines grundsätzlich legitimen Nötigungszwecks kann anhand des Inhalts der Forderung erfolgen. Je gewichtiger das Anliegen des Betriebsrats ist und je weitreichender sich die angestrebten positiven Folgen für die Arbeitnehmer darstellen, desto eher wird sich dies positiv

603 Hessisches LAG, Beschluss v. 13.10.2005, Az. 5/9 TaBV 51/05; vgl. 2. Teil/D.I.1.

604 LAG Hamm, Beschluss v. 9.2.2007, Az. 10 TaBV 54/06.

605 Studie des Zentrums für Arbeitsbeziehungen und Arbeitsrecht aus den Jahren 2004/2005 in: Rieble/Klumpp/Gistel, Rechtsmißbrauch in der Betriebsverfassung, Rn. 9.

auf die Bewertung des Zwecks auswirken. Darüber hinaus wird es einen Unterschied im Hinblick auf den Inhalt der Forderung ausmachen, ob es sich um eine nach verständigem Urteil eines neutralen Betrachters völlig überzogene oder außer Verhältnis stehende Forderung oder um eine Angelegenheit handelt, die sich für den Arbeitgeber vergleichsweise unkompliziert und kostengünstig zu Gunsten der Arbeitnehmer regeln lässt. So wird man es nicht unberücksichtigt lassen können, ob der Betriebsrat die Zahlung von Löhnen und Gehältern durch den Arbeitgeber für den Fall fordert, dass das Arbeitsamt beantragtes Kurzarbeitergeld nicht zahlen sollte, oder ob die Bereitstellung kostenloser Getränke im Sommer durchgesetzt werden soll. Auch kann danach zu unterscheiden sein, ob die Forderung für den Arbeitgeber überhaupt realisierbar ist oder nicht. Fordert der Betriebsrat gar ein rechtswidriges Verhalten des Arbeitgebers, wird dies die Bewertung des angestrebten Zwecks jedenfalls negativ beeinflussen. Denn bezweckt der Betriebsrat die Durchsetzung einer unzulässigen Leistung oder Maßnahme, kann dies auch für die Bewertung des Nötigungszwecks nicht unberücksichtigt bleiben.

Neben dem Inhalt der Forderung kann auch der Umfang der Forderung Einfluss auf die Legitimität des Nötigungszwecks haben. Insbesondere der von der Forderung profitierende Personenkreis bzw. die Reichweite der geforderten Maßnahme können hierbei von Bedeutung sein. Je größer die Zahl derjenigen ist, denen die geforderte Leistung oder Maßnahme zu Gute kommt, desto eher kann dies für die Legitimität des Zwecks sprechen. Es kann insofern unterschiedlich zu bewerten sein, ob von der geforderten Maßnahme oder Leistung die gesamte oder jedenfalls große Teile der Belegschaft oder lediglich einzelne Arbeitnehmer profitieren. So kann es für die Billigung des Zwecks einen Unterschied bedeuten, ob die geforderte Erhöhung von Leistungen durch Zuschläge o. Ä. der gesamten, jedenfalls aber einem großen Teil der Belegschaft zu Gute kommt, wohingegen sich erzwungene personelle Entscheidungen nur für die betroffenen Personen auswirken.

(2) Berücksichtigung von Fernzielen?

Weiter stellt sich die Frage, ob auch über den unmittelbaren Nötigungszweck hinausgehende Umstände in den Nötigungszweck nach § 240 Abs. 2 StGB einbezogen werden können, d. h., ob von einem engen Zweckverständnis auszugehen ist, wonach der Zweck der Nötigung gleichbedeutend ist mit dem Erfolg der Nötigung, oder aber ob Fernziele des Täters über einen erweiterten Zweckbegriff im Rahmen der Verwerflichkeitsprüfung Berücksichtigung finden können. So vertreten *Sparchholz* und *Trümmner* im Rahmen ihrer strafrechtlichen Bewertung von Koppelungsgeschäften unter Bezugnahme auf die vier abweichenden Voten der Bundesverfassungsgerichtsentscheidung vom 11.11.1986[606] die Auffassung, dass in die Prüfung der gerade sozial geprägten Verwerflichkeitsklausel auch die Motive und Beweggründe (sog. Fernziele) für ein bestimmtes Verhalten miteinzubeziehen seien. Soweit der Betriebsrat interessengeleitet über den konkreten Sachverhalt hinaus in nachvollziehbarer Weise das Wohl der Beschäftigten im Auge habe, dürfe sein Verhalten daher nicht als sozialwidrig gebrandmarkt und bestraft werden.[607]

Die in der strafrechtlichen Rechtsprechung und Wissenschaft geführte Diskussion über die Berücksichtigung von Fernzielen erlangte bisher vor allem bei politisch motivierten Sitzblockaden und Sitzdemonstrationen, die zu Behinderungen anderer Fahrzeuge führten, Bedeutung.[608] Welche Umstände für den Zweck der Sitzblockade von Bedeutung sein sollen, wird unterschiedlich beurteilt. Geht es nur darum, die nahenden Verkehrsteilnehmer zum Anhalten zu zwingen? Geht es darum, einen symbolischen Beitrag zum öffentlichen Meinungsstreit zu leisten? Oder geht es darum, eine bestimmte politische Entscheidung einzufordern oder ganz allgemein für den Frieden einzutreten?[609] Abstrakter formuliert lautet die Frage, ob es für den Nötigungszweck allein auf das unmittelbare Ziel der Zwangsausübung, nämlich das abgenötigte Handeln, Dulden oder Unterlassen ankommt oder ob darüber hinaus für den Nötigungszweck auch weitere, über die unmittelbare Beeinträchtigung des Opfers hinausgehende (Fern-)Ziele des Täters von Bedeutung sind.[610] Für die hier vorzunehmende strafrechtliche Bewertung von Koppelungsgeschäften kommt es darauf an, ob der Zweck der in Aussicht gestellten Zustimmungsverweigerung ausschließlich in der Durchsetzung der eigenen Forderung liegt oder ob darüber hinaus, wie von *Sparchholz* und *Trümmner* vorgeschlagen, das Wohl der Arbeitnehmer im Sinne eines allgemein übergeordneten Motivs als Fernziel Eingang in die Zweck-Mittel-Relation findet.

In der Rechtsprechung und von einem Teil des Schrifttums wird ein enger Zweck-Begriff vertreten. Danach ist unter dem Zweck i. S. d. § 240 Abs. 2 StGB ausschließlich das in § 240 Abs. 1 StGB genannte Handeln, Dulden oder Unterlassen zu verstehen, das der Täter vom Opfer erzwungen hat oder erzwingen will. Andere vom Täter verfolgte (Fern-)Ziele sollen für die Rechtswidrigkeit ohne

606 BVerfGE 73, 206, 257 f.

607 Sparchholz/Trümmner, Die strafrechtliche Verantwortlichkeit von Betriebsratsmitgliedern, S. 27 f.

608 Vgl. BGHSt 34, 71; 35, 270; 41, 182.

609 Eser, FS-Jauch, S. 35, 40.

610 LK-*Träger/Altvater*, § 240, Rn. 78.

Bedeutung sein und erst bei der Strafzumessung Berücksichtigung finden.[611] Dementsprechend wird nicht die Zielsetzung des Täters, sondern die Situation des Opfers für maßgebend erachtet. Begründet wird dies mit der Funktion der Verwerflichkeitsklausel, die darin gesehen wird, die Merkmale des Tatbestands zueinander in Beziehung zu setzen.[612] Einen erweiterten Zweckbegriff legt der überwiegende Teil des Schrifttums zugrunde, wonach der Nötigungszweck nicht allein anhand der Einbuße an Rechtsgütern beim Opfer bestimmt werden könne. Zwar sei im Grundsatz unter dem Zweck im Sinne des § 240 Abs. 2 StGB das dem Opfer abgerungene Handeln, Dulden oder Unterlassen zu verstehen. Ohne eine Berücksichtigung der subjektiven Zielsetzungen des Täters werde aber der soziale Sinn des vom Tatbestand erfassten Gesamtvorgangs nicht erkennbar und es könne nicht beurteilt werden, ob ein sozial unverträgliches Missverhältnis gegeben sei.[613] Darüber hinausgehend wird teilweise auch die Berücksichtigung von Fernzielen des Täters, d. h. Tatmotive, Beweggründe oder politische Ziele im Rahmen der Verwerflichkeitsprüfung für zulässig erachtet.[614]

Die Frage der Berücksichtigung von Fernzielen bei der Beurteilung der Verwerflichkeit stellt sich nach der hier vertretenen Auffassung im Hinblick auf Koppelungsgeschäfte nicht. Der unmittelbar beabsichtigte Nötigungserfolg liegt in den Fällen der Koppelungsgeschäfte darin, dass der Arbeitgeber eine andere, als die aktuell umzusetzende Angelegenheit der Vorstellung des Betriebsrats entsprechend gestalten soll. Lässt sich der Arbeitgeber auf das Koppelungsgeschäft ein, wird dadurch in aller Regel diese andere Angelegenheit zu Gunsten der Beschäftigten geregelt. Anders als in den Fällen der Sitzblockaden, deren unmittelbarer Nötigungserfolg in der Behinderung herankommender Fahrzeuge liegt, enthält bereits das unmittelbar abgenötigte Verhalten des Arbeitgebers den Aspekt, dass der Betriebsrat das Wohl der Beschäftigten im Auge hat. Es ist somit nicht erforderlich, diesen Aspekt über den Umweg der sog. Fernziele in die Zweck-Mittel-Relation einzuführen. Er liegt in aller Regel in dem unmittelbaren

611 BGHSt 35, 270, 276; OLG Stuttgart NJW 1989, 1870, 1871; BayObLG NJW 1992, 521; Arzt, JZ 1988, 772, 776; Arzt/Weber/Heinrich/Hilgendorf-*Weber*, § 9, Rn. 78; Tröndle, FS-Lackner, S. 627, 634; SK-*Horn/Wolters*, § 240, Rn. 37a.

612 BGHSt 35, 270, 276.

613 Fischer, § 240, Rn. 43; LK-*Träger/Altvater*, § 240, Rn. 82 mwN; Ostendorf, StV 1988, 488, 489; Sch/Sch-*Eser/Eisele*, § 240, Rn. 21; Wessels/Hettinger, Strafrecht BT 1, Rn. 423.

614 BVerfGE 73, 206, 257 f., wonach die Berücksichtigung von Fernzielen zwar verfassungsrechtlich nicht geboten, aber auch nicht ausgeschlossen ist; Rengier, Strafrecht BT 2, § 23, Rn. 68; Sch/Sch-*Eser/Eisele*, § 240, Rn. 17, 29 mwN.

Nötigungserfolg „Koppelungsgeschäft" selbst. Allerdings vermag allein der Umstand, dass der Betriebsrat eine Regelung zu Gunsten der Arbeitnehmer anstrebt, noch nicht die Verwerflichkeit der Zustimmungsverweigerung per se entfallen zu lassen. Es sind im Einzelfall das Nötigungsmittel „Zustimmungsverweigerung" und der Nötigungszweck „Regelung einer anderen Angelegenheit nach den Vorstellungen des Betriebsrats" in Beziehung zueinander zu setzen. Der Umstand, dass der Betriebsrat die Nötigung zum Wohl der Arbeitnehmer begeht, kann sich dabei im Rahmen der Einzelfallabwägung zu seinen Gunsten auf die Verwerflichkeit auswirken.

bb) Nötigungsmittel

Zu Beginn des vorherigen Abschnitts wurde zum Nötigungszweck festgestellt, dass die Anwendung des Zwangs umso tolerierbarer ist, je billigenswerter der verfolgte Zweck ist. Aber: Der Zweck heiligt nicht alle Mittel. Je massiver und intensiver der Täter sein Nötigungsmittel wählt und je stärker und erheblicher das dem Opfer abgenötigte Handeln, Dulden oder Unterlassen dessen Freiheitssphäre beeinträchtigt, um so gravierender müssen die ein verwerfliches Missverhältnis zwischen Mittel und Zweck ausschließenden Umstände sein. Umgekehrt wird es an dem erforderlichen erhöhten Grad einer strafwürdigen Verhaltensmissbilligung regelmäßig um so eher fehlen, je belangloser das vom Täter eingesetzte Nötigungsmittel ausfällt und je geringfügiger das dem Opfer abgenötigte Verhalten dessen Willensfreiheit tangiert.[615]

(1) Intensität des Nötigungsmittels

Im Hinblick auf die Bewertung des Nötigungsmittels ist zwischen einem rechtmäßigen und einem rechtswidrigen Unterlassen der Zustimmungserteilung zu unterscheiden. Droht der Betriebsrat damit, seine Zustimmung zu einer mitbestimmungspflichtigen Maßnahme sachgrundlos oder aus Gründen, die nicht von dem Normzweck des Mitbestimmungsrechts gedeckt sind, zu verweigern, ist dieses Verhalten unter betriebsverfassungsrechtlichen Gesichtspunkten rechtswidrig. Die Ankündigung eines rechtswidrigen Unterlassens weist, anders als die Drohung mit einem rechtmäßigen Unterlassen, bei der Beurteilung der Verwerflichkeit keine Besonderheiten auf. Je gravierender sich also eine verweigerte Zustimmung für den Arbeitgeber auswirkt und je intensiver er dadurch in seiner Willensfreiheit beeinträchtigt wird, desto eher wird dies für die Verwerflichkeit der Nötigung sprechen.

---

615 OLG Stuttgart NJW 1991, 994.

Ganz entscheidend wird die Intensität des Nötigungsmittels durch die mit der Nichtumsetzbarkeit einer Maßnahme einhergehenden Auswirkungen wirtschaftlicher und finanzieller Art beeinflusst. Verweigert der Betriebsrat seine Zustimmung, ergibt sich für den Arbeitgeber daraus eine Zwangslage, da er nur gemeinsam mit dem Betriebsrat die beabsichtigte Maßnahme rechtwirksam durchführen kann. Dies ist für den Arbeitgeber zwar ärgerlich, zunächst aber wirkt sich die Verweigerung der Zustimmung nur im Sinne einer innerbetrieblichen Nichtumsetzbarkeit der Maßnahme aus. Die eigentliche Zwangswirkung entsteht in der Regel dadurch, dass mit der Nichtumsetzbarkeit der geplanten Maßnahme häufig wirtschaftliche und finanzielle Nachteile für den Arbeitgeber einhergehen. Zwar sind diese nicht unmittelbar durch den Willen des Betriebsrats bestimmt. Sie basieren vielmehr auf dem Verhalten außenstehender Dritter und liegen insoweit außerhalb der unmittelbaren Einflussmöglichkeit des Betriebsrats. Sie tragen jedoch häufig maßgeblich dazu bei, den Arbeitgeber unter Druck zu setzen und ihn zu dem angestrebten Verhalten zu veranlassen.[616] Diese mit der Zustimmungsverweigerung verbundenen wirtschaftlichen und finanziellen Nachteile dienen dem Betriebsrat als Mittel zum Zweck. Man könnte sie daher auch als „mittelbare" Nötigungsmittel bezeichnen. Je gravierender sich die drohenden finanziellen und wirtschaftlichen Einbußen in Höhe und Umfang darstellen, desto eher wird der Arbeitgeber geneigt sein, der Forderung des Betriebsrats nachzugeben.

Neben dem wirtschaftlich-finanziellen Aspekt kann auch die zeitliche Komponente von entscheidender Bedeutung für die Intensität der Zwangswirkung sein. Je dringlicher der Arbeitgeber auf die Durchführung der geplanten Maßnahme angewiesen ist, desto gravierender wird ihn eine Verweigerung der Zustimmung in seiner Willensfreiheit tangieren. Diese zeitliche Komponente wird vor allem bei der geplanten Anordnung von Überstunden nach § 87 Abs. 1 Nr. 3 BetrVG bedeutsam, wenn der Arbeitgeber zeitnah zusätzliche Kapazitäten benötigt, um beispielsweise einen Auftrag fristgerecht erfüllen zu können.[617]

Auch die Dauer des erstrebten Verhaltens kann für die Intensität des Nötigungsmittels von Bedeutung sein. Im Hinblick auf das Gewicht einer angedrohten Zustimmungsverweigerung kann es nämlich einen Unterschied bedeuten, ob der Betriebsrat eine einmalige Leistung oder eine dauerhafte Verpflichtung des Arbeitgebers bezweckt. Denn je langfristiger die bezweckte Verpflichtung ist, desto stärker und erheblicher wird der Arbeitgeber in seiner Freiheitssphäre beeinträchtigt sein. So wird es für den Arbeitgeber einen Unterschied bedeuten, ob er sich durch

616 Vgl. 1. Teil/C. IV. 1.

617 Vgl. Hessisches LAG, Beschluss v. 13.10.2005, Az. 5/9 TaBV 51/05.

eine einmalige Zahlung eines Zuschlags o. Ä. die Zustimmung des Betriebsrats erkaufen kann oder ob er hierfür eine längerfristige Verpflichtung eingeht, wie z. B. die Verpflichtung, das volle Arbeitsentgelt zu zahlen, sollte das Arbeitsamt bei beantragten Kurzarbeitsphasen kein Kurzarbeitergeld zahlen[618].

Darüber hinaus können auch negative Auswirkungen in der Öffentlichkeit oder ein schlechtes Image für den Fall, dass der Arbeitgeber der Forderung nicht entsprechen sollte, Faktoren für eine Verstärkung der Zwangswirkung sein.

(2) Rechtmäßigkeit des Nötigungsmittels

Kann der Betriebsrat seine angedrohte Zustimmungsverweigerung auf Gründe stützen, die von dem Normzweck des Mitbestimmungsrechts erfasst sind, ist das Nötigungsmittel unter betriebsverfassungsrechtlichen Gesichtspunkten erlaubt. Die Verwerflichkeit einer Nötigung wird jedoch nicht schon aufgrund der Rechtmäßigkeit des Nötigungsmittels ausgeschlossen. Denn der Umstand, dass man zur Vornahme einer Handlung berechtigt ist, kann nicht bedeuten, dass man zum Zwecke der Nötigung einem anderen ohne weiteres drohen darf.[619] Ob ein die Verwerflichkeit begründendes Missverhältnis von Mittel und Zweck vorliegt, ist auch bei Rechtmäßigkeit des Nötigungsmittels anhand der soeben konkretisierten Abwägungskriterien zu ermitteln.

(a) Prinzip des mangelnden Zusammenhangs

Ist nicht nur das Nötigungsmittel für sich betrachtet rechtmäßig, sondern ist auch der Nötigungszweck für sich betrachtet positiv zu bewerten, kann ein Missverhältnis von an sich rechtmäßigem Mittel und legitimem Zweck gegeben sein, wenn Mittel und Zweck in keinem inneren Zusammenhang stehen. In diesem Fall fehlt es an der sozialen Sinnbeziehung zwischen Mittel und Zweck und damit an der Legitimation für den Willenszwang (sog. Prinzip des mangelnden Zusammenhangs).[620] Diese Konstellation wird bei abgenötigten Koppelungsgeschäften der Betriebspartner regelmäßig auftreten. Denn es entspricht gerade der Eigenart des Koppelungsgeschäfts, dass der Betriebsrat die Erteilung seiner Zustimmung von einer Forderung abhängig macht, die er sonst nicht erlangen könnte und die inhaltlich mit der Angelegenheit, in welcher der Betriebsrat damit droht, seine Zustimmung zu verweigern, in keinem sachlichen Zusammenhang steht.[621]

---

618 Vgl. LAG Köln, NZA 1989, 939 f.

619 Sch/Sch-*Eser/Eisele*, § 240, Rn. 20; a. A. Lesch, FS-Rudolphi, S. 483, 487 ff.

620 BGHSt 5, 254, 258; MK-*Sinn*, § 240, Rn. 134; Roxin, JuS 1964, 373, 377.

621 Vgl. 1. Teil/C. IV. 1.

(b) Besonderheiten bei Rechtsmäßigkeit des angedrohten Unterlassens

Eine weitere Besonderheit im Hinblick auf die Prüfung der Verwerflichkeit einer betriebsverfassungsrechtlich rechtmäßigen Zustimmungsverweigerung liegt darin, dass der Betriebsrat ein rechtmäßiges Unterlassen in Aussicht stellt. Nach der hier vertretenen Auffassung kommt es im Tatbestand für die Drohung mit einem Unterlassen nicht darauf an, ob den Täter eine Rechtspflicht zur Vornahme der unterlassenen Handlung trifft oder nicht; auch bei der Drohung mit einem rechtmäßigen Unterlassen kann eine tatbestandsmäßige Nötigung vorliegen. Denn für den psychischen Druck des Opfers in Folge des in Aussicht gestellten Übels kommt es nicht darauf an, ob ein Tun oder Unterlassen angekündigt bzw. ob damit eine Rechtspflicht zum Handeln verletzt wird. Die der Nötigung immanente Zwangssituation des Opfers hängt insofern nicht davon ab, ob sich die Drohung des Täters auf ein Tun oder Unterlassen bezieht oder ob ihn eine Rechtspflicht zum Handeln trifft.[622] Da die Drohung mit einem rechtmäßigen Unterlassen jedoch zu einer Ausdehnung des Tatbestands führt, ist ein besonderes Augenmerk auf die Verwerflichkeitsprüfung zu legen. Es gilt die Fälle herauszufiltern, in denen die Willensfreiheit des Arbeitgebers durch das rechtmäßige Unterlassen nicht in strafwürdiger Weise betroffen ist.

Der Bundesgerichtshof stellte in seiner bereits mehrfach erwähnten Entscheidung BGHSt 31, 195 zur Ausklammerung nicht strafwürdiger Fälle eines rechtmäßigen Unterlassens darauf ab, ob der Handlungsspielraum des Opfers durch das in Aussicht gestellte Unterlassen erweitert, die Autonomie seiner Entschlüsse jedoch nicht in strafwürdiger Weise angetastet werde. In diesem Fall sei die Nötigung nicht verwerflich. Dazu führte der Bundesgerichtshof aus, dass die Verquickung von Mittel und Zweck nach allen bei der Wertung zu berücksichtigenden Umständen verwerflich sein müsse. Dieses Erfordernis, das im Wege einer konkret-normativen Betrachtung zu prüfen sei, führe *„zur Ausscheidung der Unterlassungsfälle, in denen nur der Handlungsspielraum des Bedrohten erweitert, die Autonomie seiner Entschlüsse jedoch nicht in strafwürdiger Weise angetastet“*[623] werde.

Im Schrifttum wird die Auffassung des Bundesgerichtshofs vielfach als zu weitgehend erachtet.[624] *Eser* und *Eisele* unterscheiden für die Beurteilung der Verwerflichkeit danach, ob sich die Situation des Opfers durch die Ablehnung der vom Täter gesetzten Bedingung empfindlich verschlechtern würde oder ob

622 Vgl. 2. Teil/D. I. 2. b) bb) (3).

623 BGHSt 31, 195, 201 f.

624 LK-*Herdegen*, § 253, Rn. 4 (11. Auflage); Roxin, JR 1983, 333, 336; Sch/Sch-*Eser/Eisele*, § 240, Rn. 20a.

nur der Status quo bestehen bliebe. Führe die Nichtabwendung einer drohenden Gefahr zu einer Verschlechterung der Lage des Opfers und bestehe zwischen der angedrohten Situationsverschlechterung bzw. der Nichtabwendung der drohenden Gefahr und dem abgenötigten Verhalten Konnexität, sei das Unterlassen verwerflich. An dem das Nötigungsunrecht begründenden Verschlechterungsmoment fehle es hingegen, wenn lediglich mit der Nichtänderung des Status quo gedroht werde.[625] Ebenso argumentiert *Herdegen*. In der Ankündigung des Unterlassens einer nicht gebotenen Handlung könne nur dann eine verwerfliche Drohung mit einem empfindlichen Übel liegen, wenn mit der Vornahme der Handlung ein dem Opfer sonst bevorstehendes Übel abgewendet würde („Eingriffs-Unterlassungsdrohung"). Anders seien hingegen Fälle zu beurteilen, in denen das Opfer lediglich vor die Wahl gestellt werde, sich eine erwünschte (erhoffte, angestrebte) Veränderung einer Situation oder seiner Lebensumstände zu ‚erkaufen' oder es beim Status quo zu belassen.[626]

Volk ist der Auffassung, dass unabhängig davon, ob eine Drohung mit einem Tun oder einem Unterlassen vorliege, zunächst das Prinzip des mangelnden sachlichen inneren Zusammenhangs zwischen dem angedrohten Verhalten und dem geforderten Opferverhalten anzuwenden sei. Nur weil man nicht verpflichtet sei, bedingungslos zu helfen, sei man nicht berechtigt, seine Hilfe zu inkonnexen Bedingungen anzubieten. *Volk* bezeichnet ein solches Vorgehen als ein *„inadäquates Koppelungsgeschäft"*. Könne ein Zusammenhang zwischen dem angedrohten Verhalten des Täters und dem Opferverhalten nicht festgestellt werden, seien unter Berücksichtigung des sog. Selbstverantwortungsprinzips diejenigen Beeinträchtigungen herauszufiltern, die das Opfer in eigener Verantwortung tragen könne. Bei gravierenden Notlagen sei der nicht Handlungspflichtige zwar nach wie vor frei, Hilfe zu leisten oder zu verweigern, das Opfer jedoch übermäßigem Druck ausgesetzt und überfordert. In diesen Fällen liege daher eine

625 Sch/Sch-*Eser/Eisele*, § 240, Rn. 20a.

626 LK-*Herdegen*, § 253, Rn. 4 (11. Auflage); so auch BGHSt 44, 68, 74 f. Ebenfalls ausdrücklich auf das Verschlechterungskriterium stellt Roxin ab, der im Grundsatz davon ausgeht, dass eine Nötigung nach dem Autonomieprinzip nur bei einer Drohung mit einem rechtswidrigen Unterlassen vorliegen kann. Er modifiziert das Autonomieprinzip jedoch dahingehend, dass auch die Drohung mit einem rechtmäßigen Unterlassen strafbar sei, wenn der Drohende die Verwirklichung eines von ihm oder einem Dritten in Gang gesetzten empfindlichen Übels als Mittel der Drohung nutze. Entscheidend soll dabei sein, ob für den Fall der Weigerung des Opfers angedroht wird, dass etwas Schlimmes oder aber dass nichts geschehen werde, vgl. Roxin, JR 1983, 333, 336.

strafbare Nötigung vor, wenn der Täter seine Freiheit, ein rechtmäßiges Handeln zu unterlassen, dazu missbrauche, an den anderen heranzutreten und seine Hilfe im Rahmen eines inadäquaten Koppelungsgeschäfts anzudienen.[627]

Die Versuche in Rechtsprechung und Schrifttum nicht strafwürdiges rechtmäßiges Unterlassen aus dem Bereich des Nötigungsunrechts auszuklammern, zeigen deutlich, wie schwierig es ist, hierfür allgemeingültige, klare Kriterien zu finden. Im Ergebnis liegen die dargestellten Bewertungskriterien alle nah beieinander und führen vielfach zu denselben Ergebnissen. So überschneidet sich die Überlegung von *Eser, Eisele* und *Herdegen*, eine Drohung mit einem rechtmäßigen Unterlassen sei nur dann verwerflich, wenn die Nichtabwendung einer drohenden Gefahr zu einer Verschlechterung der Lage des Opfers führe (andernfalls habe das Opfer die Wahl, sich eine erwünschte Veränderung der Situation zu erkaufen oder es beim Status quo zu belassen), mit dem Ansatz des Bundesgerichtshofs, der auf die Autonomie des Opfers abstellt. Denn hat das Opfer die Wahl, die gewünschte Verbesserung der Situation zu erreichen, indem es auf die Bedingung des Täters eingeht, oder alles beim Alten zu belassen, wird dadurch letztlich sein Handlungsspielraum erweitert und die Autonomie seiner Entschlüsse nicht in strafwürdiger Weise angetastet. Umgekehrt wird in den Fällen, in denen sich die Situation des Opfers empfindlich verschlechtern würde, wenn es die vom Täter gesetzte Bedingung ablehnt, sein Handlungsspielraum oftmals nicht als eine ernsthaft zu erwägende Alternative erweitert. Hierdurch entsteht in der Regel vielmehr eine neue Zwangslage, die der Täter für seine Zwecke nutzt. In diese Richtung geht auch der Ansatz von *Volk*, soweit er neben der mangelnden Konnexität von Nötigungsmittel und Nötigungszweck darauf abstellt, dass bei gravierenden Notlagen die Selbstverantwortung des Opfers entfalle. Selbst wenn nicht jede empfindliche Abweichung vom Status quo zwingend eine gravierende Notlage bedeuten muss, wird man dem Opfer doch zumuten können, einer Beeinträchtigung selbstverantwortlich zu widerstehen, wenn dadurch der Handlungsspielraum erweitert wird.

Vor diesem Hintergrund kann festgehalten werden, dass die dargestellten Bewertungsansätze einander im Ergebnis nicht ausschließen sondern vielmehr überschneiden und ergänzen. Alle Ansätze beinhalten Ausprägungen des Verhältnismäßigkeitsgrundsatzes, die im Rahmen der Zweck-Mittel-Relation zu berücksichtigen sind. Für die Beurteilung der Verwerflichkeit bedeutet dies, dass diese Bewertungskriterien, neben dem immer zu berücksichtigenden Verhältnis von Mittel und Zweck, kumulativ herangezogen werden können, um nicht strafwürdiges Unterlassen auszuschließen.

---

627 Volk, JR 1981, 274, 276 f.

Kann der Betriebsrat seine Zustimmung aus Gründen verweigern, die von dem Normzweck des Mitbestimmungstatbestands erfasst sind, ist das Unterlassen der Zustimmung also rechtmäßig, ist zur Ausklammerung nicht strafwürdigen Unterlassens unter Berücksichtigung der in Rechtsprechung und Literatur entwickelten Bewertungskriterien zu fragen, ob der Handlungsspielraum des Arbeitgebers durch die vom Betriebsrat im Zuge des Koppelungsgeschäfts gesetzte Bedingung erweitert wird oder nicht. Es kommt darauf an, ob sich die Situation des Arbeitgebers dadurch, dass er nicht auf die Forderung des Betriebsrats eingeht, empfindlich verschlechtern würde oder ob nur der Status quo bestehen bliebe bzw. ob es dem Arbeitgeber trotz mangelnder Konnexität zugemutet werden kann, den drohenden Beeinträchtigungen, d. h. zunächst der Nichtumsetzbarkeit der Maßnahme und den damit ggf. verbundenen weiteren Nachteilen vor allem wirtschaftlicher und finanzieller Art, selbstverantwortlich standzuhalten. Entscheidend ist somit, ob sich für den Fall, dass der Arbeitgeber der Forderung des Betriebsrats nicht entspricht, eine gravierende Verschlechterung seiner Situation ergibt und gleichzeitig das als „Ausweg" aufgezeigte, nämlich das für die Zustimmung geforderte Verhalten, eine weitere Zwangslage bedeutet, so dass gleichgültig, wie sich der Arbeitgeber entscheidet, er sich einer Zwangssituation ausgesetzt sieht und es ihm daher unmöglich ist, einen freien Entschluss zu fassen. Die hierfür maßgeblichen Faktoren können vor allem die Größe des Betriebs, die wirtschaftliche und finanzielle Situation des Betriebs und die Position des Arbeitgebers am Markt sein.

Abschließend ist zur Frage der Verwerflichkeit eines rechtmäßigen Unterlassens noch einmal darauf hinzuweisen, dass die Ausführungen des Bundesgerichtshofs vor dem Hintergrund der besonderen Sachverhaltskonstellation zu verstehen sind. Anders als das Verhältnis einer bei einem Diebstahl ertappten Frau zu dem Detektiv oder einer Arbeitnehmerin zu ihrem Arbeitgeber, der ihr die Kündigung in Aussicht stellt, ist das Verhältnis des Arbeitgebers zum Betriebsrat nicht von einer generellen Abhängigkeit i. S. e. Über-/Unterordnungsverhältnisses geprägt. Zwar ist der Arbeitgeber im Bereich der mitbestimmungspflichtigen Angelegenheiten auf die Mitwirkung des Betriebsrats angewiesen. Solange aber die Koppelung der Zustimmung an ein anderweitiges Verhalten des Arbeitgebers diesen nicht in eine wirtschaftlich existenzbedrohende Situation bringt, wird man dem Arbeitgeber aufgrund seiner im Betrieb übergeordneten Stellung tendenziell zumuten können, dem Ansinnen des Betriebsrats selbstverantwortlich zu widerstehen, so dass insgesamt mit der Annahme eines verwerflichen Verhaltens des Betriebsrats i. S. d. § 240 Abs. 2 StGB Zurückhaltung geboten sein wird.

(3) Vorrang staatlicher Zwangsmittel

Ein weiterer Grundsatz der vielfach zur Begründung der Verwerflichkeit eines nötigenden Verhaltens herangezogen wird, ist das Prinzip des Vorrangs staatlicher Zwangsmittel. Danach wird um des sozialen Friedens willen wegen Nötigung bestraft, wer bei der Verfolgung seiner Zwecke zur Selbsthilfe greift, obwohl ihm der Schutz des Staates zur Verfügung steht. Wer staatliche Hilfe rechtzeitig in Anspruch nehmen kann, muss sich zur Durchsetzung seiner Ansprüche dieser Zwangsmittel bedienen.[628] Ebenso handelt verwerflich, wer das Recht des Staates zur Erzwingung von Gesetzestreue missachtet und sich anmaßt, den Staat dabei mit Nötigungsmitteln zu vertreten.[629] Dementsprechend entschied der Bundesgerichtshof, dass die Vertreibung und Einschüchterung anderer Personen, um sie von einem geplanten Überfall abzubringen, verwerflich sei, da das Recht zur Erzwingung von Gesetzestreue in erster Linie dem Staat, im konkreten Fall der Polizei, zukomme.[630] Ebenso urteilte das Oberlandesgericht Hamm, wonach die Eintreibung rückständiger Forderungen aus einem Mietverhältnis durch den Vermieter verwerflich sei, wenn dieser zu diesem Zweck die Belieferung mit Heizöl im Winter unterbreche. Der Vermieter könne und müsse seine wirklichen oder vermeintlichen Ansprüche gerichtlich geltend machen.[631] *Roxin* bildet das Beispiel, dass verwerflich handele, wer sich für seine Forderung gewaltsam, indem er etwa dem Schuldner die Geldbörse entreiße, Befriedigung verschaffe.[632] Sinn und Zweck des Prinzips des Vorrangs staatlicher Zwangsmittel liegen in der Sicherung des Gewaltmonopols des Staates. Selbstjustiz der Bürger soll unterbunden werden. Für die Einhaltung der rechtlichen Ordnung hat ausschließlich der Staat Sorge zu tragen. Hierfür legt der Staat das rechtliche Verfahren fest, das ausschließlich durch staatliche Stellen umgesetzt wird. Dies gilt sowohl für die Durchsetzung von Ansprüchen als auch bei der Erzwingung von Gesetzestreue anderer und der Verhinderung von Straftaten. Bedeutendes Merkmal eines staatlichen Zwangsmittels ist die einseitige, staatliche Intervention zur Regelung einer bestimmten Angelegenheit.

Im Hinblick auf Koppelungsgeschäfte zwischen Betriebsrat und Arbeitgeber wird in der Literatur, allerdings ohne nähere Begründung, teilweise vertreten, die Verwerflichkeit der Zustimmungsverweigerung zum Zwecke der Durchsetzung

---

628 MK-*Sinn*, § 240, Rn. 132; Roxin, JuS 1964, 373, 377; Sch/Sch-*Eser/Eisele*, § 240, Rn. 19a; a. A. Lesch, FS-Rudolphi, S. 492 ff.

629 BGHSt 39, 133, 137.

630 BGHSt 39, 133, 137.

631 OLG Hamm NJW 1983, 1505.

632 Roxin, JuS 1964, 373, 377.

einer anderweitigen Forderung des Betriebsrats folge auch aus dem grundsätzlichen Vorrang staatlicher Zwangsmittel.[633] Die Verwerflichkeit des Verhaltens des Betriebsrats wird also damit begründet, dass diesem ein staatliches Verfahren zur Verfügung stehe, über das er seine Forderung gegenüber dem Arbeitgeber durchsetzen könne und müsse. Nach der hier vertretenen Auffassung erscheint es jedoch zweifelhaft, ob das Prinzip des Vorrangs staatlicher Zwangsmittel zu der hier zu untersuchenden Konstellation eines Koppelungsgeschäfts zwischen Arbeitgeber und Betriebsrat passt. Denn es gilt zu beurteilen, ob der Betriebsrat den Arbeitgeber mit der Verweigerung seiner Zustimmung in verwerflicher Weise nötigt, wenn er seine Zustimmung von einer Gegenleistung des Arbeitgebers abhängig macht. Es wird nicht in erster Linie untersucht, ob die Durchsetzung einer Regelung durch den Betriebsrat unter Umgehung eines möglicherweise staatlich vorgesehenen Verfahrens eine Nötigung darstellt. Dieses Problem taucht vielmehr erst aufgrund der Koppelung von Zustimmungsverweigerung und Gegenleistung auf.

Soweit man dennoch der Vollständigkeit halber der Frage nachgeht, ob eine Verweigerung der Zustimmung durch den Betriebsrat zum Zwecke der Durchsetzung einer anderweitigen Forderung wegen der Missachtung des Vorrangs staatlicher Zwangsmittel verwerflich ist, kommt es darauf an, ob dem Betriebsrat ein gesetzliches, nach dem Betriebsverfassungsgesetz vorgesehenes Verfahren zur Verfügung steht, mit dem er seine Forderung gegenüber dem Arbeitgeber durchsetzen könnte und müsste. Als gesetzlich vorgesehenes Verfahren, das der Betriebsrat zur Durchsetzung einer eigenen Forderung missachtet haben könnte, käme ein Verfahren vor der Einigungsstelle in Betracht. Ob eine solche Möglichkeit im Einzelfall besteht, hängt wiederum von der Art der Forderung ab, und zwar davon, ob in der betreffenden Angelegenheit ein Initiativrecht des Betriebsrats besteht.[634] Besteht ein Initiativrecht, kann der Betriebsrat über die Anrufung der Einigungsstelle einseitig die Regelung einer Materie erreichen und ist insofern nicht gezwungen abzuwarten, bis der Arbeitgeber beschließt, diese Angelegenheit regeln.

Für die Verwerflichkeit einer zum Zwecke der Durchsetzung einer anderweitigen Forderung des Betriebsrats angedrohten Zustimmungsverweigerung aufgrund der Missachtung des Vorrangs staatlicher Zwangsmittel ließe sich anführen, dass das Einigungsstellenverfahren dem Betriebsrat jedenfalls im Umfang des Initiativrechts eine gesetzlich vorgesehene Möglichkeit zur Verfügung

633 Rieble/Klebeck, NZA 2006, 758, 762.

634 Vgl. 1. Teil/C. IV. 1.

stellt, seine Ideen und Vorschläge einzubringen.[635] Allerdings stellt nicht jedes gesetzlich geregelte Procedere oder jeder vorgesehene Verfahrensablauf ein staatliches Zwangsmittel dar. Es kommt vielmehr darauf an, ob das vorgesehene Verfahren die Möglichkeit der einseitigen, staatlichen Intervention zur abschließenden Regelung einer bestimmten Angelegenheit vorsieht. Eine solche Funktion kommt der Einigungsstelle nach dem Betriebsverfassungsgesetz jedoch nicht zu. Die Einigungsstelle soll als innerbetriebliche Schlichtungsstelle in erster Linie bei Meinungsverschiedenheiten zwischen den Betriebspartnern vermitteln, um eine einvernehmliche Lösung zu finden.[636] Mit der Errichtung der Einigungsstelle hat der Gesetzgeber das der Betriebsverfassung zugrunde liegende Konfliktlösungsmodell, das auf die Zusammenarbeit und die Beilegung von Streitigkeiten ausschließlich im Verhandlungsweg und auf die Vermeidung von Arbeitskämpfen angelegt ist (vgl. §§ 2 Abs. 1, 74 Abs. 1 BetrVG), institutionalisiert.[637] Soweit der Spruch der Einigungsstelle eine Einigung zwischen Betriebsrat und Arbeitgeber ersetzt, nimmt diese subsidiär Aufgaben wahr, die an und für sich den Betriebspartnern obliegen.[638] Die Einigungsstelle ist außerdem nicht mit hoheitlicher Gewalt ausgestattet.[639] Sie ist weder ein Gericht noch eine Verwaltungsbehörde sondern eine privatrechtliche Einrichtung der Betriebsverfassung.[640] Es entspricht daher nicht der Stellung und der Funktion der Einigungsstelle, sie als staatliches Zwangsmittel zur Sicherung des Gewaltmonopols des Staates einzustufen. Sie hat weder die Funktion, einseitig Regelungsvorhaben einer Partei durch- und umzusetzen, noch als betriebsverfassungsrechtliche Aufsichtsstelle über die Betriebspartner zu wachen. Nach der hier vertretenen Ansicht kann die Verwerflichkeit einer angedrohten Zustimmungsverweigerung zu dem Zweck der Durchsetzung einer Forderung daher grundsätzlich nicht anhand des Prinzips des Vorrangs staatlicher Zwangsmittel begründet werden.

4. *Fallbeispiel: Beschluss des Hessischen Landesarbeitsgerichts vom 13.10.2005*

Nachdem Tatbestand und Rechtswidrigkeit der Nötigung im Hinblick auf Koppelungsgeschäfte erörtert worden sind, soll nun in dieser Hinsicht der Sachverhalt,

635 Rieble/Klebeck, NZA 2006, 758, 762.
636 GK-*Kreutz*, § 76, Rn. 5; Richardi-*Richardi*, § 76, Rn. 6.
637 D/K/KW-*Berg*, § 76, Rn. 1.
638 BAG 22.1.1980 AP Nr. 3 zu § 87 BetrVG 1972 Lohngestaltung.
639 Richardi-*Richardi*, § 76, Rn. 7.
640 D/K/K/W-*Berg*, § 76, Rn. 1; Richardi-*Richardi*, § 76, Rn. 7.

der dem Beschluss des Hessischen Landesarbeitsgerichts vom 13.10.2005 zugrunde lag,[641] strafrechtlich untersucht werden. Kurz zur Erinnerung: Seit längerem wartete die Arbeitgeberin auf Ersatzteile, die dringend benötigt wurden, um einen überfälligen Reparaturauftrag fertigzustellen. Als die Ersatzteile verspätet eintrafen, beabsichtigte die Arbeitgeberin, eine vorübergehende Verlängerung der betriebsüblichen Arbeitszeit anzuordnen, was der Betriebsrat zunächst ablehnte. In der Folge machte er seine Zustimmung zu der Anordnung von Mehrarbeit davon abhängig, dass die befristeten Arbeitsverträge von drei bestimmten Mitarbeitern verlängert würden.

Nach den hier gefundenen betriebsverfassungsrechtlichen Ergebnissen wäre in dem vorgenannten Beschluss auf Grundlage der arbeitsgerichtlichen Feststellungen eine tatbestandsmäßige Nötigung durch den Betriebsrat gegeben. Nach der hier vertretenen Auffassung ist der Betriebsrat bei der Verweigerung seiner Zustimmung an den Normzweck des jeweiligen Mitbestimmungsrechts gebunden, so dass die Verweigerung der Zustimmung zur Anordnung von Überstunden zu dem Zweck der Verlängerung drei befristeter Arbeitsverträge rechtswidrig ist.[642] Mit der Ankündigung der Zustimmungsverweigerung hat der Betriebsrat dem Arbeitgeber somit mit einem rechtswidrigen Unterlassen gedroht. Allerdings dürfte in der Praxis damit zu rechnen sein, dass sich ein Strafgericht an den von den Arbeitsgerichten gefundenen Ergebnissen, wonach

641 Vgl. 2. Teil/D. I. 1.

642 Das Mitbestimmungsrecht des Betriebsrats bei Überstunden gemäß § 87 Abs. 1 Nr. 3 BetrVG dient im Verhältnis zum Arbeitgeber dem Gesundheitsschutz, dem Schutz vor Überlastung und Überforderung sowie der Sicherung ausreichender Freizeit der betroffenen Arbeitnehmer, vgl. GK-*Wiese*, § 87, Rn. 361. Als betriebsverfassungsrechtlich zulässiges Koppelungsansinnen wird es daher z. B. erachtet, wenn der Betriebsrat seine Zustimmung von einem entsprechenden Freizeitausgleich innerhalb des Berechnungszeitraums für die betriebliche Arbeitszeit abhängig macht, vgl. GK-*Wiese*, § 87, Rn. 361; auch eine große Lärmbelastung kann unter betriebsverfassungsrechtlichen Gesichtspunkten ein Grund sein, den Umfang von Überstunden zu begrenzen oder ganz zu verweigern, wenn zusätzliche Überstunden zu signifikanten Überforderungen oder gesundheitlichen Gefahren in einer Gesamtschau aller Belastungen führen könnten, vgl. Gentz, NZA 2004, 1011, 1012; als nicht vom Schutzzweck des § 87 Abs. 1 Nr. 3 BetrVG erfasstes und somit betriebsverfassungsrechtlich unzulässiges Koppelungsansinnen wird es hingegen grundsätzlich angesehen, wenn der Betriebsrat die Zustimmung zu Überstunden von Neueinstellungen abhängig macht, da er kein beschäftigungspolitisches Mandat hat, vgl. GK-*Wiese*, § 87, Rn. 361; Zöllner/Loritz/Hergenröder, Arbeitsrecht, § 48 V; differenzierend Brosette, ZfA 1992, 379, 437.

eine Zustimmungsverweigerung grundsätzlich zulässig ist, orientieren wird und dementsprechend eine tatbestandsmäßige Nötigung ablehnen dürfte.[643] Soweit man der hier vertretenen Auffassung folgt und eine tatbestandsmäßige Nötigung annimmt, wäre ferner anhand der Zweck-Mittel-Relation die Verwerflichkeit der Zustimmungsverweigerung durch den Betriebsrat festzustellen. Zweck der Zustimmungsverweigerung war hier die Verlängerung von drei bestimmten befristeten Arbeitsverträgen. Die von der Arbeitgeberin geforderte Leistung käme also unmittelbar nicht der gesamten Belegschaft zu Gute, sondern es würden nur drei bestimmte Arbeitnehmer hiervon profitieren. Allerdings würde die Verlängerung der befristeten Arbeitsverträge den Erhalt des Arbeitsplatzes und die Sicherung der Existenzgrundlage für die drei betroffenen Arbeitnehmer bedeuten, so dass man von einem grundsätzlich legitimen Nötigungszweck sprechen kann. Hierzu ist die Intensität der Zwangswirkung für die Arbeitgeberin ins Verhältnis zu setzen. In dem genannten Beschluss kommt in diesem Zusammenhang dem zeitlichen Aspekt große Bedeutung zu. Die Arbeitgeberin befand sich wegen der verspäteten Lieferung der Ersatzteile mit den bei ihr in Auftrag gegebenen Reparaturarbeiten bereits in Verzug, was für eine besondere Intensität der Zustimmungsverweigerung und damit für die Verwerflichkeit der Nötigung spricht. Weitere mögliche im Rahmen der Verwerflichkeitsprüfung zu berücksichtigende Aspekte wären darüber hinaus z. B., ob und in welchem Umfang sich eine weitere Verzögerung des Reparaturauftrags in finanzieller Hinsicht für die Arbeitgeberin ausgewirkt hätte, für welchen Zeitraum die befristeten Arbeitsverträge verlängert werden sollten oder ob die Arbeitgeberin für die drei betroffenen Arbeitnehmer Verwendung im Betrieb gehabt hätte. Da sich der Entscheidung hierzu keine Angaben entnehmen lassen, ist es an dieser Stelle jedoch nicht möglich, eine abschließende Entscheidung hinsichtlich der Verwerflichkeit der Zustimmungsverweigerung in dem Fallbeispiel zu treffen.

II. Zur Strafbarkeit wegen Verstoßes gegen das Arbeitskampfverbot des § 74 Abs. 2 Satz 1 1. HS BetrVG

Die Grenze der zulässigen und erwünschten Einwirkung des Betriebsrats auf den Arbeitgeber könnte auch überschritten sein, wenn der Betriebsrat entgegen § 74 Abs. 2 Satz 1 1. HS BetrVG Arbeitskampfmaßnahmen durchführt oder solche unterstützt. § 74 Abs. 2 Satz 1 1. HS BetrVG statuiert ein umfassendes Arbeitskampfverbot für den Betriebsrat und seine Mitglieder. Ihnen sind in ihrer Funktion als Betriebsratsmitglieder nach dieser Vorschrift neben allen unmittelbaren

643 Vgl. 1. Teil/IV. 2. a).

Teilnahmeakten an einem Arbeitskampf auch jegliche Leitungs- und Organisationsmaßnahmen, alle Einleitungs- Vorbereitungs- und Unterstützungsmaßnahmen sowie die Drohung mit einem Arbeitskampf und die an die Arbeitnehmer gerichtete Aufforderung hierzu untersagt.[644] Der Betriebsrat als Gremium kann dergestalt an einem Arbeitskampf beteiligt sein, dass ein Betriebsratsbeschluss gefasst wird, aufgrund dessen Kampfmaßnahmen vorbereitet und organisiert werden und die Belegschaft zum Arbeitskampf aufgerufen oder dies in Aussicht gestellt wird, oder, sollte der Arbeitskampf bereits im Gange sein, die Belegschaft zur Fortführung aufgefordert wird. Im Folgenden wird dies als *„vom Betriebsrat initiierter Arbeitskampf"* bezeichnet. Initiiert der Betriebsrat einen Arbeitskampf oder unterstützt er Arbeitskampfmaßnahmen Dritter, um den Arbeitgeber unter dem Druck drohender finanzieller und wirtschaftlicher Beeinträchtigungen eines Arbeitskampfes zu einem bestimmten Verhalten zu veranlassen, könnte hierin eine Nötigung des Arbeitgebers gemäß § 240 Abs. 1 StGB liegen.

1. Fallbeispiel: Ermittlungsverfahren der Generalstaatsanwaltschaft Stuttgart gegen den Gesamtbetriebsratsvorsitzenden der DaimlerChrysler AG

Aktueller Bezugspunkt des hier unter dem Gesichtspunkt der Nötigung zu untersuchenden Verstoßes gegen das Arbeitskampfverbot sind die in jüngerer Zeit zu beobachtenden, mutmaßlich zumindest auch durch Betriebsräte initiierten Arbeitskämpfe zur Durchsetzung von Beschäftigungssicherungsvereinbarungen.[645] Verschiedenen Presseberichten in den Jahren 2004 und 2005 war zu entnehmen, dass es bei der DaimlerChrysler AG im Sommer 2004 zu einer bundesweiten Protestwelle kam, im Rahmen derer zehntausende Arbeitnehmer wiederholt ihre Arbeit niederlegten, um einen angekündigten Abbau von bis zu 6.000 Arbeitsplätze als Folge einer geplanten Verlagerung von Produktionsstätten zu verhindern.[646] Der Vorsitzende des Betriebsrats soll den Berichten zufolge die Arbeitsniederlegung zumindest mitveranlasst haben, um seine Position im Rahmen der Verhandlungen mit dem Arbeitgeber zum Abschluss einer Beschäftigungssicherungsvereinbarung zur Standortsicherung zu stärken.[647] Die Staatsanwaltschaft Stuttgart untersuchte

---

644 Unbenommen ist den Betriebsratsmitgliedern, in ihrer Stellung als Arbeitnehmer des Betriebs an einem rechtmäßigen Arbeitskampf einer tariffähigen Partei teilzunehmen, vgl. 1. Teil/C. V. 3.

645 Große Vorholt, Der betriebsratsgeführte Arbeitskampf, Rn. 2.

646 Große Vorholt, Der betriebsratsgeführte Arbeitskampf, Rn. 3; FAZ v. 16.7.2004 und 23.7.2005.

647 Rieble, RdA 2005, 200; FAZ v. 16.7.2004 und 23.7.2005.

im Rahmen eines Ermittlungsverfahrens das Verhalten des damaligen Betriebsratsvorsitzenden, stellte das Verfahren jedoch schließlich nach § 170 Abs. 2 StPO ein.[648] Ob und inwieweit ein strafbares Verhalten des Betriebsratsvorsitzenden gegeben war, bleibt damit auch in tatsächlicher Hinsicht ungeklärt.

2. *Tatbestand*

In einem ersten Schritt wird untersucht, ob die Arbeitskampfmittel Streik sowie Betriebsblockade und Betriebsbesetzung den Tatbestand der Nötigung gemäß § 240 Abs. 1 StGB erfüllen. Streik ist seit jeher *das* Kampfmittel der Arbeitnehmer.[649] Betriebsbesetzungen und Betriebsblockaden haben seit den 1980er Jahren zunehmend Bedeutung erlangt, was sich auch in der arbeitsgerichtlichen Rechtsprechung und Literatur widerspiegelt.[650] Diesen Arbeitskampfmitteln ist gemeinsam, dass sie in unmittelbarer Folge zu einer Beeinträchtigung des Betriebs- und Produktionsablaufs führen. Insofern eignen sie sich aus Arbeitnehmer- bzw. Betriebsratsperspektive besonders als Druckmittel auf die Arbeitgeberseite. In einem zweiten Schritt wird dann der Frage nachgegangen, in welcher Form die einen Arbeitskampf initiierenden Betriebsratsmitglieder an den Kampfmaßnahmen strafrechtlich beteiligt sind. Dabei beschränken sich die Ausführungen auf Handlungen, die mit den jeweiligen Kampfmitteln notwendig einhergehen. Strafbare Handlungen, die lediglich anlässlich eines Arbeitskampfes begangen werden, bleiben außen vor.

a) Streik als Mittel der Nötigung

aa) Streik als Gewalt

Ob ein Streik das Tatbestandsmerkmal der Gewalt erfüllt, hängt davon ab, welche Definition des Gewaltbegriffs man zugrunde legt.[651] Als heute überwiegend

---

648 Die Einstellung des Verfahrens wird in der Literatur vielfach als unbefriedigend erachtet: vgl. Große Vorholt, Der betriebsratsgeführte Arbeitskampf, Rn. 3; Rieble/Klebeck, NZA 2006, 758, ff.

649 BAGE 1, 292 ff.; 14, 52 ff.; 30, 50 ff.; 58, 343 ff.; zum wiederholten Streik der Lufthansamitarbeiter am 22.4.2013 vgl. FAZ v. 20.4.2013 (http://www.faz.net-/aktuell/wirtschaft/verdi-streik-am-montag-lufthansa-streicht-fast-alle-fluege-12156683.html); vgl. auch die Übersicht der geführten Streiks zwischen 1983 und 2000 bei Kissel, Arbeitskampfrecht, § 3, Rn. 2 ff.

650 LAG Köln DB 1984, 2095; LAG Schleswig-Holstein DB 1987, 55; BAG NJW 1989, 1881 (Betriebsblockade); LAG Hamm DB 1976, 343; BAG SAE 1980, 139, 140 (Betriebsbesetzung).

651 Ausführlich zur Entwicklung des Gewaltbegriffs in Rechtsprechung und Literatur vgl. MK-*Sinn*, § 240, Rn. 31 ff.

akzeptierter Ausgangspunkt des Gewaltbegriffs ist ein besonderer körperlicher Kraftaufwand durch den Täter kein notwendiges, wenngleich relativ sicheres Gewaltmerkmal. Vielmehr ist ein geringfügiger Kraftaufwand ausreichend und der Zwangswirkung auf das Opfer kommt entscheidende Bedeutung zu. Nach wie vor umstritten ist jedoch die Frage, ob es sich hierbei um eine körperliche Zwangswirkung handeln muss oder ob rein psychisch vermittelter Zwang von einigem Gewicht ausreichend ist. Hält man eine physische Zwangswirkung für erforderlich, wäre ein Streik grundsätzlich keine Gewalt i. S. d. § 240 Abs. 1 StGB. Hält man hingegen eine rein psychische Zwangswirkung von einigem Gewicht für ausreichend, ließe sich in den wohl meisten Fällen ein Streik unter das Tatbestandsmerkmal der Gewalt subsumieren. Denn wegen der engen arbeitsteiligen Verflechtung der Betriebe untereinander und der damit verbundenen sofortigen gravierenden Auswirkungen auf andere Betriebsteile und Zulieferer, wegen der mit dem Streik verbundenen Produktionsausfälle sowie des steigenden Konkurrenzdrucks wird man davon ausgehen können, dass ein Streik beim Arbeitgeber erheblichen psychischen Druck auslöst.[652]

Das Reichsgericht verstand unter Gewalt ursprünglich die unter Anwendung von Körperkraft erfolgende Einwirkung auf den Körper des Opfers zur Überwindung eines Widerstands.[653] Es kam danach auf die physische Einwirkung des Täters auf das Opfer an, die bei diesem als körperlicher Zwang wirkte. Zwar wurde an dieser Definition grundsätzlich festgehalten, jedoch wurden das Maß der aufgewandten Kraft sowie das Erfordernis einer körperlichen Zwangswirkung beim Nötigungsopfer stetig verringert.[654] Bereits in einer seiner ersten Entscheidungen stellte der Bundesgerichtshof heraus, dass für die Anwendung von Gewalt auf Täterseite ein ganz geringer körperlicher Kraftaufwand ausreichend sei und es maßgeblich auf die Zwangswirkung beim Opfer ankomme.[655] War zunächst noch eine, wenn auch geringfügige physische Zwangswirkung auf das Opfers erforderlich, mündete die Ausdehnung des Gewaltbegriffs schließlich in eine völlige Gleichstellung von körperlich und psychisch wirkendem Zwang. Die Einwirkung auf den Körper des Opfers verlor jegliche Bedeutung und allein die wie auch immer ausgelöste psychische Zwangswirkung sollte entscheidend sein.[656] Im Zuge dieser sog. Vergeistigung des Gewaltbegriffs entschied der Bundesgerichtshof mit Urteil vom 4.6.1955, dass Demonstrationen und Streiks, die ein Tätigwerden

652 Kümmel, Streik und Strafrecht, S. 81.

653 RGSt 56, 87, 88; 64, 113, 115.

654 Vgl. BVerfGE 92, 1, 15.

655 BGHSt 1, 145, 147.

656 BGHSt 23, 46, 54; 37, 350, 35; Kümmel, Streik und Strafrecht, S. 53.

der Verfassungsorgane verhindern sollten, grundsätzlich Gewalt (i. S. d. § 80 Abs. 1 StGB) darstellen könnten. Auslöser der Entscheidung waren von den Angeklagten geplante Demonstrationen und Streiks bis hin zum Massen- und Generalstreik, die zur Ausschaltung der Bundesregierung und des Bundestags in seiner durch die Wahlen gegebenen Zusammensetzung führen und deren weitere Tätigkeit unmöglich machen sollten. Der Bundesgerichtshof führte hierzu aus: *„Das Ziel der geplanten Aktionen war (…) die Ausschaltung der Bundesregierung und des Bundestags in seiner durch die Wahlen gegebenen Zusammensetzung. Es sollte also auf diese Verfassungsorgane in einer Weise eingewirkt werden, die ihre weitere Tätigkeit unmöglich machte. Dazu war die Anwendung von Körperkraft in irgendeiner Form gegen ihre Mitglieder weder das erforderliche noch das geeignete Mittel. Vorstellungen solcher Art gehören einer vergangenen Zeit an; die Gegenwart kennt andere und nicht minder wirksame Methoden des gewaltsamen Umsturzes. Eine Auslegung, die für den Begriff der Gewalt i. S. d. § 80 StGB körperliche Kraftentfaltung fordert, würde also die praktische Bedeutung der Vorschrift weitgehend entwerten. Entscheidend kann nur die Zwangswirkung sein. (…) Geht man hiervon aus, dann können Demonstrationen und Streiks keineswegs als „typische Mittel der Gewaltlosigkeit" angesehen werden. Jeder Streik stellt eine aktive Kraftentfaltung dar und ist auch als solche gedacht. Mit ihr braucht zwar nicht notwendig eine Zwangswirkung erstrebt und erzielt zu werden, jedoch kann dies sehr wohl der Fall sein. Ob eine der körperlichen Kraftentfaltung vergleichbare Wirkung erstrebt und erzielt werden soll, wird von der Art und dem Umfang des Streiks wie davon abhängen, auf wen durch ihn eingewirkt werden soll. (…).“*[657] Diese Ausführungen des Bundesgerichtshofs sind auch für den hier zu betrachtenden einfachen, arbeitsrechtlichen Streik von Bedeutung. Zwar stellte der Bundesgerichtshof klar, dass ein örtlich begrenzter oder auf einen bestimmten, nicht lebenswichtigen Industrie- oder Berufszweig begrenzter Streik regelmäßig keine Gewalt gegenüber Verfassungsorganen darstelle, dies aber nur deshalb, weil keine Zwangswirkung auf die *Verfassungsorgane* ausgeübt werde.

Der zunehmenden Ausdehnung des Gewaltbegriffs hat das Bundesverfassungsgericht mit Beschluss vom 10.1.1995 Einhalt geboten.[658] Nach Auffassung des Gerichts verstößt die erweiternde Auslegung des Gewaltbegriffs durch die Strafgerichte gegen Art. 103 Abs. 2 GG. Anlass der Entscheidung war eine Blockadeaktion der Beschwerdeführer vor einer militärischen Einrichtung zu Protestzwecken. Die Beschwerdeführer hatten sich auf die Straße gesetzt,

---

657 BGHSt 8, 102, 103 ff.

658 BVerfGE 92, 1 ff.

wodurch Fahrzeuge der Bundeswehr an der Weiterfahrt gehindert wurden. Anknüpfungspunkt des Bundesverfassungsgerichts war das Tatbestandsmerkmal „nötigen". Dieses beschreibe als solches Zwang, weshalb Gewalt darüber hinausgehen müsse. Das „Mehr" im Gewaltbegriff gegenüber dem bereits in dem Merkmal des Nötigens enthaltenen Zwang sieht das Bundesverfassungsgericht in der körperlichen Kraftentfaltung auf Täterseite und der physischen Zwangswirkung beim Opfer.[659] Das Gericht führte dazu aus, dass Gewalt zum einen nicht mit dem bewirkten Zwang zusammenfallen könne, sondern über diesen hinausgehen müsse, zum anderen könne Gewalt nicht lediglich in der körperlichen Anwesenheit bestehen und die Zwangslage auf den Genötigten nicht nur psychischer Natur sein. Zwangseinwirkungen, die nicht auf dem Einsatz körperlicher Kraft sondern auf geistig-seelischem Einfluss beruhten, erfüllten unter Umständen die Tatbestandsalternative der Drohung, nicht jedoch die der Gewaltanwendung.[660]

An diese Entscheidung des Bundesverfassungsgerichts anknüpfend setzt Gewalt nach dem derzeitigen Stand der Rechtsprechung einen zumindest geringen körperlichen Kraftaufwand des Täters voraus, der zu einer Zwangswirkung auf Seiten des Opfers führt, die den Bereich den Psychischen verlässt und sich als physisch wirkender Zwang darstellt.[661]

Ein großer Teil der Lehre hält mit der Rechtsprechung einen geringen körperlichen Kraftaufwand des Täters für das Vorliegen von Gewalt i. S. d. § 240 Abs. 1 StGB für erforderlich – aber auch ausreichend – und misst mit unterschiedlichen Akzentuierungen der zumindest auch physisch vermittelten Zwangswirkung auf das Opfer entscheidende Bedeutung bei.[662] Gewalt erfordere entweder eine unmittelbare Einwirkung auf den Körper des Betroffenen oder aber eine physisch vermittelte Zwangswirkung durch Schaffen eines nicht oder nur unter größter oder unzumutbarer Anstrengung zu überwindenden Hindernisses.[663]

---

659 Vgl. MK-*Sinn*, § 240, Rn. 37.

660 BVerfGE 92, 1, 17.

661 BGHSt 41, 182, 185; 44, 34, 40; OLG Köln NJW 1996, 472.

662 Arzt/Weber/Heinrich/Hilgendorf-*Weber*, Strafrecht BT, § 9, Rn. 73; NK-*Toepel*, § 240, Rn. 56; Krey/Hellmann/Heinrich, Strafrecht BT 1, § 4, Rn. 393 f.; LK-*Träger/Altvater*, § 240, Rn. 41 f.; Maurach/Schroeder/Maiwald, Strafrecht BT 1, § 13, Rn. 18 f.; MK-*Sinn*, § 240, Rn. 39, 60 ff.; Müller-Dietz, GA 1974, S. 33, 49 ff.; Rengier, BT 2, § 23, Rn. 17 ff.; Wessels/Hettinger, Strafrecht BT 1, Rn. 383 ff.

663 Krey/Hellmann/Heinrich, Strafrecht BT 1, § 4, Rn. 393; Maurach/Schroeder/Maiwald, Strafrecht BT 1, § 13, Rn. 18, 19; a.A. MK-*Sinn*, § 240, Rn. 41, 62 wonach unmittelbar ausgeübter physisch wirkender Zwang erforderlich sei.

Demgegenüber verzichten einige Vertreter im Schrifttum in Anlehnung an die frühere Rechtsprechung des Bundesgerichtshofs nach wie vor weitestgehend auf das Körperlichkeitselement. Zur Erfassung aller strafwürdig erscheinenden Fälle sei Gewalt die physische *oder* psychische Zwangswirkung aufgrund einer gegenwärtigen Übelszufügung.[664] Auf Grundlage dieses Verständnisses von nötigender Gewalt wird unter Bezugnahme auf die vorstehend erwähnte Entscheidung des Bundesgerichtshofs aus dem Jahr 1955[665] und den dort zugrunde gelegten Gewaltbegriff zum Teil vertreten, dass auch ein Streik Gewalt i. S. d. § 240 Abs. 1 StGB darstelle, auch wenn die Zwangswirkung primär durch die Aussicht auf Fortsetzung desselben eintrete.[666]

Diesem extensiven Verständnis von Gewalt kann insbesondere im Hinblick auf die bereits erwähnte Entscheidung des Bundesverfassungsgerichts nicht gefolgt werden. Wie das Gericht ausführte, hat der Gesetzgeber in § 240 Abs. 1 StGB gerade nicht jede Zwangswirkung auf den Willen Dritter unter Strafe stellen wollen, da andernfalls auch zahlreiche Verhaltensweisen im Sozialleben, etwa im Erziehungswesen, in der Arbeitswelt oder im Verkehrsbereich, die entweder erforderlich oder unvermeidbar seien, der Strafandrohung unterfallen würden. Um dies zu vermeiden, habe man das strafbare Verhalten von der Wahl eines der gesetzlich bestimmten Zwangsmittel abhängig gemacht. Die Auslegung der Begriffe, mit denen der Gesetzgeber die pönalisierten Mittel bezeichnet habe, dürfe also nicht dazu führen, dass die dadurch bezweckte Eingrenzung der Strafbarkeit im Ergebnis wieder aufgehoben werde.[667] Genau dies geschieht aber, wenn auf das Merkmal eines körperlich wirkenden Zwangs verzichtet wird. Zwar erscheint es möglich, dass, wie teilweise angeführt, bei einem Verzicht auf eine körperliche Zwangswirkung eine größere Zahl strafwürdig erscheinender Fälle erfasst werden kann.[668] Das insoweit zur Begrenzung verwendete Merkmal der psychischen Einwirkung von einigem Gewicht vermag jedoch keine eindeutigen Konturen für das Zwangsmittel der Gewalt zu schaffen. Es ist daher von einem engeren Gewaltverständnis auszugehen. Auf das Merkmal einer körperlich empfundenen Zwangswirkung kann nach der hier vertretenen Auffassung nicht verzichtet werden, so dass das Merkmal der Gewalt mit der überwiegenden Lehre entweder eine unmittelbare Einwirkung auf den Körper des Betroffenen oder

---

664 Gössel/Dölling, Strafrecht BT 1, § 17, Rn. 41; Sch/Sch-*Eser/Eisele*, Vorbem §§ 234 ff., Rn. 8; SK-*Horn/Wolters*, § 240, Rn. 9, 11 ff.

665 BGHSt 8, 102 ff.

666 Sch/Sch-*Eser/Eisele*, Vorbem §§ 234 ff., Rn. 15.

667 BVerfGE 92, 1, 16.

668 Sch/Sch-*Eser/Eisele*, Vorbem §§ 234 ff., Rn. 8.

aber eine physisch vermittelte Zwangswirkung durch Schaffen eines nicht oder nur unter größter oder unzumutbarer Anstrengung zu überwindenden Hindernisses voraussetzt.

Insofern kann auch ein Streik nicht unter das Tatbestandsmerkmal der Gewalt subsumiert werden.[669] Streik, d. h. die Niederlegung der Arbeit, bedeutet nämlich gerade das Ruhen jeglichen physischen Krafteinsatzes in Bezug auf den Arbeitgeber.[670] Eine physische Zwangswirkung auf Seiten des Arbeitgebers liegt bei einem Streik nicht vor. Die Zwangswirkung kann allenfalls rein psychischer Natur sein. Ein Streik als solcher stellt daher nach dem hier vertretenen Gewaltverständnis keine Nötigung mit Gewalt dar.

bb) Streik als Drohung mit einem empfindlichen Übel

Fordert der Betriebsrat die Arbeitnehmer zur Arbeitsniederlegung auf oder, wenn ein Streik bereits im Gange ist, hält er diese an, die Arbeit nur unter bestimmten Voraussetzungen wieder aufzunehmen, sollte sich der Arbeitgeber nicht bestimmten Vorgaben entsprechend verhalten, kann dies jedoch die Drohung mit einem empfindlichen Übel darstellen. Das Tatbestandsmerkmal der Drohung erfordert das Inaussichtstellen eines künftigen Nachteils, auf dessen Eintritt der Drohende Einfluss zu haben vorgibt und dessen Verwirklichung er nach dem Inhalt seiner Äußerung für den Fall des Bedingungseintritts auch will. Die Empfindlichkeit eines Übels ist anzunehmen, wenn der in Aussicht gestellte Nachteil von einer Erheblichkeit ist, dass seine Ankündigung geeignet erscheint, den Bedrohten im Sinne des Täterverlangens zu motivieren, es sei denn, dass gerade von diesem Bedrohten in seiner Lage erwartet werden kann, dass er der Drohung in besonnener Selbstbehauptung standhält.[671]

Ein Streik führt zur Unterbrechung der Produktion oder zu einer Beeinträchtigung der vom Arbeitgeber angebotenen Dienstleistungen, jedenfalls aber zu einer Störung des betrieblichen Ablaufs. Damit sind in der Regel Beeinträchtigungen des Arbeitgebers in seiner wirtschaftlichen Situation und der Wettbewerbsfähigkeit verbunden. Wegen der engen arbeitsteiligen Verflechtung der Betriebe oder Betriebsteile untereinander werden sich die Auswirkungen eines Streiks häufig nicht auf einen Betrieb oder einen Betriebsteil begrenzen lassen. Oftmals werden auch Zulieferer und weiterverarbeitende Betriebe betroffen

669 Däubler-*Reinfelder*, Arbeitskampfrecht, § 15, Rn. 62; Löwisch/Krauß, Arbeitskampf X, Rn. 3; Niese, Streik und Strafrecht, S. 26.

670 Franke, JuS 1980, 891.

671 Vgl. 2. Teil/D. I. 2. a).

sein. Zudem kann von einem in einem Betrieb durchgeführten Streik eine Signalwirkung für andere Betriebe ausgehen. Um diese Risiken wissen auch die übrigen Marktteilnehmer wie Geschäftspartner, finanzierende Banken oder eventuelle Kapitalgeber. Es besteht daher die Gefahr, dass dem Arbeitgeber neben den primär betrieblichen Nachteilen weitere Schäden wie z. B. verweigerte Kredite durch Banken, verschlechterte Verhandlungspositionen gegenüber Vertragspartnern oder mögliche Vertragsstrafen wegen Lieferverzögerungen entstehen.[672] Solche Nachteile von gegebenenfalls erheblichem Ausmaß scheinen geeignet, einen besonnenen Arbeitgeber zu veranlassen, auf die Streikforderung, oder zumindest einen Kompromiss, einzugehen, sei es, um wirtschaftliche Schäden sowie Imageschäden von Anfang an zu verhindern, sei es, um die Produktion schnellstmöglich wieder aufnehmen zu können, so dass ein Streik bzw. die Ankündigung eines solchen, in der Regel eine Drohung mit einem empfindlichen Übel darstellt.[673]

Abzugrenzen ist die Drohung mit einem empfindlichen Übel von einer bloßen Warnung. Diese unterscheidet sich von einer Drohung darin, dass lediglich auf eine unabhängig vom Willen des Warnenden eintretende Folge eines bestimmten Verhaltens hingewiesen wird.[674] So sind Äußerungen des Betriebsrats, wie etwa der Arbeitgeber werde in den nächsten Tagen *„von einer Belegschaft hören, die sich zu wehren weiß“*[675] oder man werde geplante Sparmaßnahmen *„nicht kampflos hinnehmen“*[676], noch nicht als Drohung zu bewerten, da hiermit generell auf mögliche Proteste hingewiesen wird, nicht aber deutlich zum Ausdruck gebracht wird, dass diese vom Willen des Betriebsrats abhängen.[677]

cc) Streik als Drohung mit einem Tun oder Unterlassen

Den bisherigen Ausführungen zur Tatbestandsmäßigkeit eines Streiks liegt die Annahme zugrunde, dass es sich bei einem Streik um ein bloßes Nichtarbeiten

---

672 Vgl. Große Vorholt, Der betriebsratsgeführte Arbeitskampf, Rn. 32.

673 Zur Drohung mit einem empfindlichen Übel, das auf einem Verhalten Dritter beruht vgl. 2. Teil/D. I. 2. a).

674 BGH NStZ-RR 2001, 171, 172; Sch/Sch-*Eser/Eisele*, Vorbem §§ 234 ff., Rn. 31.

675 Die Welt v. 7.7.2004 (http://www.welt.de/print-welt/article325740/Betriebsrat-kritisiert-Sparplaene-von-Daimler-Chrysler.html).

676 Stern v. 12.7.2004 (http://www.stern.de/wirtschaft/unternehmen/meldungen/-gewerkschaften-daimlerchrysler-steht-turbulente-woche-bevor-526730.html).

677 a. A. Kieble/Klebeck, NZA 2006, 758, 760, die der Ansicht sind, im Falle der zweiten Äußerung sei die Schwelle zur strafrechtlich relevanten Willensbeugung überschritten.

handelt. Angesichts des – je nach Ausmaß eines Streiks – erheblichen organisatorischen Aufwands und der im Regelfall erheblichen Außenwirkung eines Streiks stellt sich die Frage, ob sich ein Streik tatsächlich auf ein bloßes Nichtarbeiten beschränken lässt oder ob er auch Elemente eines aktiven Tuns enthält. Dies ist wesentlich, da für den Fall, dass ein Streik ein Unterlassen darstellt, sich wie im Rahmen des Koppelungsgeschäfts die Frage nach der Drohung mit einem rechtmäßigen Unterlassen stellen würde.

Ein strafrechtlich relevantes Unterlassen ist dadurch gekennzeichnet, dass der Täter, obwohl er könnte, keine Aktivität entfaltet und nicht in ablaufende Kausalprozesse eingreift. Der Erfolg wird durch ein Wirken anderer Umstände herbeigeführt. Ein aktives Tun liegt dagegen vor, wenn durch den Einsatz von Energie ein Kausalgeschehen in Gang gesetzt oder in eine bestimmte Richtung gelenkt wird und dadurch in irgendeiner Weise verändernd in die Außenwelt eingegriffen wird.[678]

Das ältere Schrifttum vertritt die Auffassung, dass es sich bei der Streikankündigung bzw. der Ankündigung, die Arbeit nur unter bestimmten Voraussetzungen wieder aufzunehmen, um die Drohung mit einem Unterlassen handele. Die Niederlegung der Arbeit sei gerade durch das Unterlassen jeglicher Aktivität gekennzeichnet.[679] Sicherlich sind die Nichterbringung der geschuldeten Arbeitsleistung oder die Drohung damit wesentlicher Bestandteil eines jeden Streiks. Das Wesen des Streiks erschöpft sich jedoch darin in der Regel nicht.[680] Ein Merkmal eines (gewerkschaftlich) organisierten Streiks – im Unterschied zum sog. wilden Streik – liegt jedenfalls auch in dem kollektiven Zusammenschluss, dem organisierten Willen vieler, durch solidarisches Zusammenhalten die Fortsetzung der Produktion erheblich zu beeinträchtigen oder gar unmöglich zu machen.[681] Der Streikende sitzt also nicht passiv zu Hause, sondern geht auf die Straße und mobilisiert die öffentliche Meinung.[682] Erst mit Bekanntwerden in der Öffentlichkeit entfaltet der Streik seine volle Wirkung. Hierdurch wird der Druck auf den Arbeitgeber um ein Vielfaches erhöht. Ein Streik lässt sich damit nicht lediglich auf ein bloßes Nichtarbeiten im Sinne eines Unterlassens reduzieren, sondern enthält auch Elemente eines

678 Fischer, Vor § 13, Rn. 3; Kümmel, Streik und Strafrecht, S. 39; Wessels/Beulke, Strafrecht AT, Rn. 699.

679 Klein, Zum Nötigungstatbestand, S. 155; Schmidt, Der Streik im Rahmen des Strafrechts, S. 97 f.; Schröder, BB 1953, 1015.

680 Kümmel, Streik und Strafrecht, S. 43 ff.

681 Niese, Streik und Strafrecht, S. 25; Kümmel, Streik und Strafrecht, S. 38 ff.

682 Ostendorf, Kriminalisierung des Streikrechts, Rn. 49.

aktiven Tuns. Es treffen also Elemente von Tun und Unterlassen in einem Verhalten zusammen. Damit stellt sich die Frage, welcher Bestandteil eines Streiks – Tun oder Unterlassen – den maßgeblichen Anknüpfungspunkt für die strafrechtliche Beurteilung bildet.

Zu dem Problem der Abgrenzung von Tun und Unterlassen bei mehrdeutigen Verhaltensweisen sind in Rechtsprechung und Literatur eine Fülle von Abgrenzungslehren entwickelt worden, die sich kaum noch überblicken lassen.[683] Trotz unterschiedlicher Gewichtung hat sich inzwischen ihre Einteilung in zwei Gruppen durchgesetzt. Alle Theorien stellen für die Abgrenzung letztlich entweder auf Wertungsgesichtspunkte oder auf den äußeren Befund und den anhand eines tatsächlichen Energieeinsatzes feststellbaren Kausalverlauf ab.[684]

(1) Abgrenzung anhand von Wertungskriterien

Eine erste Meinungsgruppe wird von der Rechtsprechung des Bundesgerichtshofs geprägt, wonach es für die Abgrenzung von Tun und Unterlassen auf den Schwerpunkt der Vorwerfbarkeit des strafrechtlich relevanten Verhaltens ankommt.[685] Bereits in BGHSt 6, 46, 59 führt der Bundesgerichtshof aus, dass es *„jeweils nur auf den Schwerpunkt der Vorwerfbarkeit“* ankomme. Dieser Ansatz geht zurück auf *Mezger*, demzufolge die Abgrenzung von Tun und Unterlassen *„nicht nach der äußeren Gestaltung des einzelnen Falles, sondern allein danach beantwortet werden kann, wogegen der rechtliche Vorwurf sich jeweils richtet“*. Die Unterscheidung sei also *„keine Tatsachen-, sondern eine Wertungsfrage“*.[686] Dem ist auch ein Teil der Lehre gefolgt, der die Abgrenzung von Tun und Unterlassen ebenfalls anhand von Wertungsgesichtspunkten vornimmt. Hierbei wird zum Teil der Rechtsprechung folgend auf den *„Schwerpunkt der Vorwerfbarkeit“*[687], oder aber *„den sozialen Sinn des Geschehens“*[688] bzw. die *„Richtung des rechtlichen Vorwurfs“*[689] abgestellt. Teilweise wird auch vertreten, dass bei Zusammentreffen

683 Hierzu vgl. die umfassende Darstellung bei Stoffers, Die Formel „Schwerpunkt der Vorwerfbarkeit“ bei der Abgrenzung von Tun und Unterlassen.

684 Brammsen, GA 2002, 193, 194.

685 BGHSt 6, 46, 59; 40, 257, 265 f.; BGH NStZ RR 2006, 174, 175.

686 Mezger/Blei, Strafrecht AT, S. 81.

687 Sch/Sch-*Stree/Bosch*, Vorbem §§ 13 ff., Rn. 158; Krey/Esser, Strafrecht AT, § 35, Rn. 1107; Ostendorf, Kriminalisierung des Streikrechts, Rn. 49; Wessels/Beulke, Strafrecht AT, Rn. 700.

688 Schmidt, FS-Engisch, S. 339, 350 f.

689 Mezger/Blei, Strafrecht AT, S. 81.

von Aktivitäts- und Unterlassungselementen in einem einheitlichen Verhalten im Zweifel ein aktives Tun anzunehmen sei.[690]

(2) Abgrenzung anhand des Kausalitätskriteriums

Die zweite im Schrifttum vertretene Meinungsgruppe knüpft demgegenüber bei der Abgrenzung von Tun und Unterlassen an den tatsächlichen Energieeinsatz an. Für die Abgrenzung komme es auf die Aufwendung von Energie in eine bestimmte Richtung und den dadurch angestoßenen Kausalverlauf an.[691] Stehe ein aktiver Energieaufwand in gesetzmäßigem Zusammenhang mit einem Erfolg, sei ein Begehungsdelikt zu prüfen. Fehle es daran, könne ein Unterlassungsdelikt geprüft werden. Die Annahme eines Tuns oder eines Unterlassens wird nach dieser Auffassung also vom Vorliegen oder Nichtvorliegen einer Begehungskausalität abhängig gemacht.[692]

(3) Stellungnahme

Einer Entscheidung welcher der beiden Abgrenzungsmethoden der Vorzug zu geben ist, bedarf es im Rahmen dieser Arbeit nicht, wenn beide Auffassungen im Fall des durch den Betriebsrat initiierten Streiks zu demselben Ergebnis führen.

Soweit sich im Schrifttum mit dem Thema „Streik und Strafrecht“ befasst wurde, wird jedenfalls dem gewerkschaftlich organisierten Streik überwiegend die Qualität eines aktiven Tuns beigemessen. Diese Autoren nehmen die Abgrenzung von Tun und Unterlassen wohl anhand von Wertungsgesichtspunkten vor und rücken das Wesen des Streiks in den Mittelpunkt.[693] Das Wesen eines Streiks werde ganz entscheidend durch die Drohung mit den Machtmitteln der Organisation, mit all dem, was die Organisation an aktiver Kraftentfaltung aufbieten könne, geprägt.[694] Einem Streik gehe als Willensbildungsakt die gewerkschaftliche Urabstimmung voraus. Dieser Kollektivakt manifestiere sich in der kollektiven Arbeitsniederlegung.[695] Darüber hinaus stehe die Gewerkschaft als lenkende und leitende Organisation hinter den Streikenden und nehme u. a.

---

690 Spendel, FS-Schmidt, S. 183, 194; Kaufmann, FS-Schmidt, S. 200, 212.

691 LK-*Jescheck*, Vor § 13, Rn. 90 (11. Auflage); Engisch, FS-Gallas, S. 163, 172 ff.; SK-*Rudolphi*, Vor § 13, Rn. 90; MK-*Freund*, § 13, Rn. 9; Welzel, Das Deutsche Strafrecht, S. 203; Samson, FS-Welzel, S. 579, 589 ff.; Roxin, Strafrecht AT 2, § 31, Rn. 78.

692 Roxin, Strafrecht AT 2, § 31, Rn. 77.

693 Franke, JuS 1980, 891, 892, Fn. 10; Kümmel, Streik und Strafrecht, S. 45; Niese, Streik und Strafrecht, S. 25, 26; a. A. Schröder, BB 1953, 1015.

694 Kümmel, Streik und Strafrecht, S. 44.

695 BAGE 1, 291, 304; Franke, JuS 1980, 891, 892, Fn. 10.

durch ständige Lenkung und Versammlungen der Streikenden, durch Kontaktaufnahmen mit nahestehenden Gewerkschaften und anderen gewerkschaftsfreundlichen Organisationen sowie durch Weitergabe von Informationen an die Medien Einfluss auf den Streik und verleihe so der Forderung Nachdruck.[696] Der Akzent sei bei einem Streik daher nicht auf die Abkehr von den bestehenden Vertragsbeziehungen oder das Nichtarbeiten zu legen, sondern auf die positive Kraftentfaltung des kollektiven Zusammenschlusses.[697]

Überträgt man diesen Gedankengang auf einen vom Betriebsrat initiierten Streik, stellt sich die Frage, ob sich auch für diesen aufgrund einer wertenden Betrachtung die Qualität eines Tuns annehmen lässt, ob also auch hier der Schwerpunkt der Vorwerfbarkeit auf einem Tun liegt. Grundsätzlich wird auch ein vom Betriebsrat initiierter Streik von dem gemeinsamen Bestreben geprägt sein, durch solidarisches Zusammenhalten den Arbeitgeber zu einem bestimmten Verhalten zu veranlassen. Allerdings erscheint es zweifelhaft, ob einem durch den Betriebsrat veranlassten Streik die gleiche durchschlagende Wirkung wie einem gewerkschaftlich organisierten Streik beigemessen werden kann. Initiiert der Betriebsrat einen Streik, geschieht dies dergestalt, dass er den Streik vorbereitet, organisiert und/oder einleitet, indem er die Arbeitnehmer des Betriebs zur Durchführung der Kampfmaßnahmen aufruft. Ein gemeinsamer Willensbildungsakt aller streikenden Arbeitnehmer im Sinne einer Urabstimmung geht dem jedoch nicht voraus. Ein entsprechender Beschluss des Betriebsrats, durch den die Betriebsratsmitglieder ihren bzw. den Willen der Arbeitnehmer zum Ausdruck bringen, kann mit einer kollektiv getroffenen Streikentscheidung durch die Arbeitnehmer selbst nicht gleichgesetzt werden. Zudem wird der einen Streik initiierende Betriebsrat in der Regel nicht wie die Gewerkschaft als lenkende und leitende Organisation in einem Umfang Einfluss auf das Streikgeschehen nehmen können, dass sich der Schwerpunkt von einem schlichten Nichtarbeiten auf ein aktives Tun verlagert. Zum einen ist der Betriebsrat nicht Tarifpartner des Arbeitgebers und somit rechtlich nicht zur Verhandlung über tarifvertragliche Ziele legitimiert. Zum anderen wird der Betriebsrat auch aufgrund seiner internen Organisation, seiner personellen Ausstattung sowie in finanzieller Hinsicht in der Regel nicht darauf ausgerichtet sein, Streiks in größerem Umfang zu führen und leiten. Vor diesem Hintergrund wird bei einem durch den Betriebsrat initiierten Streik, anders als bei einem gewerkschaftlich organisierten Streik, in der Regel der Schwerpunkt der Vorwerfbarkeit nicht auf

696 Niese, Streik und Strafrecht, S. 25 f.

697 Niese, Streik und Strafrecht, S. 24.

einem aktiven Tun sondern auf der Nichterbringung der geschuldeten Arbeitsleistung und damit auf dem Unterlassen liegen.

Grenzt man Tun und Unterlassen anhand des Kausalitätskriteriums voneinander ab, kommt es darauf an, ob ein positives Tun seitens der Streikenden gegeben ist, das kausal den Eintritt des Nötigungserfolgs herbeigeführt hat. Ziel eines Streiks ist es, den Arbeitgeber zu einem für die Arbeitnehmer günstigen Verhalten zu bewegen, z. B. dem Erhalt von Arbeitsplätzen, der Verbesserung von Arbeitsbedingungen oder einer Lohnerhöhung. Dieser Nötigungserfolg ist auf das mit einem Streik in Aussicht gestellte empfindliche Übel zurückzuführen. Kausal hierfür im Sinne der sine conditio qua non-Formel ist in erster Linie das Nichtarbeiten und nicht die einem organisierten Streik innewohnende, auch nach außen tretende positive Kraftentfaltung des organisierten kollektiven Zusammenschlusses. Denn die Arbeitsniederlegung lässt sich nicht hinwegdenken, ohne dass auch der Erfolg der Nötigung entfiele. Nach dieser Abgrenzung stellen sich ein Streik oder die Ankündigung eines Streiks ebenfalls als die Drohung mit einem Unterlassen dar.

Nachdem sowohl die Abgrenzung anhand von Wertungsgesichtspunkten als auch die Abgrenzung anhand des Kausalitätskriteriums jedenfalls für den durch den Betriebsrat initiierten Streik zu demselben Ergebnis führen, braucht eine Entscheidung, welcher Abgrenzungsmethode der Vorzug zu geben ist, für die weitere Untersuchung nicht getroffen zu werden. Als Zwischenergebnis kann festhalten werden, dass sich ein durch den Betriebsrat initiierter Streik als Drohung mit einem Unterlassen darstellt.

Das Unterlassen ist auch rechtswidrig. Verweigern die streikenden Arbeitnehmer ihre Arbeitsleistung, bedeutet die Arbeitsverweigerung bei bestehendem ungekündigten Arbeitsverhältnis eine Verletzung der arbeitsvertraglichen Pflichten. Diese wird aber dann gerechtfertigt, wenn sie im Rahmen eines rechtmäßigen Streiks erfolgt. Bei der Beteiligung an einem rechtswidrigen Streik sind die Arbeitnehmer hingegen trotz des Streiks verpflichtet, die geschuldete Arbeitsleistung zu erbringen.[698] Dies gilt nach einhelliger Auffassung auch für die Teilnahme an einem vom Betriebsrat initiierten Streik,[699] allein die Begründungen differieren. Teilweise wird die Rechtswidrigkeit der Arbeitsverweigerung unmittelbar aus § 74 Abs. 2 Satz 1 1 .HS BetrVG abgeleitet. Ein vom Betriebsrat organisierter und geführter Belegschaftsstreik sei betriebsverfassungswidrig,

698 Kissel, Arbeitskampfrecht, § 46, Rn. 7; § 47, Rn. 64.

699 Brox/Rüthers, Arbeitskampfrecht, Rn. 406; GK-*Kreutz*, § 74, Rn. 40; Hueck/Nipperdey, Lehrbuch des Arbeitsrechts II/2, S. 985, 1013.

rechtswidrig und illegitim, so dass Arbeitnehmer, die sich hieran beteiligten, schon deshalb an einem rechtswidrigen Streik mit all seinen Konsequenzen teilnähmen.[700] Nach anderer Ansicht ergibt sich Rechtswidrigkeit der Beteiligung an einem vom Betriebsrat initiierten Streik aus den allgemeinen Grundsätzen des Arbeitskampfrechts und des Arbeitsvertragsrechts, da in den Fällen des betriebsverfassungswidrigen Streiks ein rechtswidriger, wilder Belegschaftsstreik gegeben sei.[701] Nach beiden Begründungen stellt die Beteiligung an einem rechtswidrigen, vom Betriebsrat initiierten Streik eine Verletzung der arbeitsvertraglichen Pflichten dar und ist somit rechtwidrig.

b) Betriebsbesetzung und Betriebsblockade als Mittel der Nötigung

Als weitere mögliche Mittel einer Nötigung werden nun die Arbeitskampfmittel Betriebsbesetzung und Betriebsblockade auf ihre Tatbestandsmäßigkeit hin untersucht. Zweck dieser Arbeitskampfmittel, die in der Regel zusätzlich zu einem Streik durchgeführt werden, ist es, über die Verweigerung der eigenen Arbeitsleistung hinaus, die komplette Produktion und den gesamten Betriebsablauf des Arbeitgebers zu stören. Da das Arbeitskampfverbot des § 74 Abs. 2 Satz 1 1. HS BetrVG für alle Kampfmittel gleichermaßen gilt, ist es dem Betriebsrat auch untersagt, derartige streikbegleitenden und -unterstützenden Maßnahmen zu initiieren.

Bei einer Betriebsbesetzung halten sich die streikenden Arbeitnehmer gegen den Willen des Arbeitgebers im Betrieb auf, besetzen ihre streikbedingt leer stehenden Arbeitsplätze und/oder nehmen Einfluss auf Arbeitswillige und Betriebsmittel. Bei einer Betriebsblockade blockieren die streikenden Arbeitnehmer Zugänge und Zufahrten des Betriebs von außen und versuchen auf diesem Weg, Betriebsabläufe zu beeinträchtigen.[702] Beiden Arbeitskampfmitteln ist gemeinsam, dass durch die Inbesitznahme bzw. die Blockade des Betriebs die Verrichtung betriebsnotwendiger Arbeit durch andere Arbeitnehmer verhindert und dem Arbeitgeber die Verfügungsgewalt über die Produktionsmittel entzogen wird.[703] Durch die Störung des Betriebsablaufs soll Druck auf den Arbeitgeber aufgebaut oder verstärkt werden, um den Willen des Arbeitgebers den Forderungen des Betriebsrats entsprechend zu beugen. Leitet der Betriebsrat

---

700 GK-*Kreutz*, § 74, Rn. 40; Hueck/Nipperdey, Lehrbuch des Arbeitsrechts, II/2, S. 985, 1013.

701 Brox/Rüthers, Arbeitskampfrecht, Rn. 406.

702 Vgl. 1. Teil/C. V. 1. b).

703 Olbrich, Die Betriebsbesetzung als Arbeitskampfmaßnahme, S. 42; Wesch, Neue Arbeitskampfmittel, S. 61.

Blockade- oder Besetzungsmaßnahmen ein, ruft er die Belegschaft dazu auf, oder, sollte die Blockade bzw. Besetzung bereits im Gange sein, fordert er die Belegschaft zur Fortführung auf, könnte darin neben einem Verstoß gegen das betriebsverfassungsrechtliche Arbeitskampfverbot auch eine strafrechtlich relevante Beeinträchtigung der Willensfreiheit des Arbeitgebers liegen.

aa) Betriebsbesetzung als Gewalt oder Drohung mit einem empfindlichen Übel

Die Schwierigkeit bei der Einordnung einer Betriebsbesetzung als Gewalt oder als Drohung mit einem empfindlichen Übel besteht darin, dass es *den* Typus einer Betriebsbesetzung nicht gibt.[704] Die Erscheinungsformen einer Betriebsbesetzung sind vielfältig und die Übergänge vom bloßen Verweilen am Arbeitsplatz zum Überreden bis hin zum Bedrohen oder gewaltsamen Abhalten Arbeitswilliger von ihrer Arbeit, dem Absperren einzelner Räumlichkeiten bis hin zu ganzen Betriebsteilen sowie von der einfachen Behinderung der Produktion zur Produktionsunterbrechung fließend.[705] Gemeinsames Kennzeichen der verschiedenen Erscheinungsformen einer Betriebsbesetzung ist der Entzug der Verfügungsgewalt des Arbeitgebers über seine Produktionsmittel.[706] Entscheidend ist, dass der Arbeitgeber infolge der Besetzung nicht frei über die Produktionsmittel verfügen kann und gezwungen ist, auf die Fortsetzung der Produktion zu verzichten. Dies bildet den Anknüpfungspunkt der strafrechtlichen Bewertung.

Im Schrifttum wird teilweise die Auffassung vertreten, bei Betriebsbesetzungen werde Gewalt gegenüber dem Arbeitgeber verübt.[707] Die Besetzung stelle eine psychische Einwirkung auf den Arbeitgeber dar. Dieser werde dadurch, dass die Arbeitsplätze besetzt seien, gezwungen, auf die Fortsetzung der Produktion zu verzichten. Dass es nicht notwendig zu körperlicher Kraftentfaltung durch die Betriebsbesetzer komme, ändere an der Tatsache der Gewaltanwendung nichts.[708] Da Gewalt als absoluter Zwang auch mittels Einwirkung auf Sachen ausgeübt werden könne, nötigten die Besetzer den Arbeitgeber mit der Inbesitznahme des Betriebs, d. h. dem Entzug der Verfügungsgewalt, mit Gewalt zur Unterlassung der Produktion bzw. zur Duldung der Produktionsstörung.[709]

---

704 Zechlin, Streik, Strafrecht, Polizei, S. 71.

705 Vgl. 1. Teil/C. V. 1. b).

706 Berghaus, Betriebsbesetzung und Betriebsblockade, S. 14.

707 Berghaus, Betriebsbesetzung und Betriebsblockade, S. 155 f., 158 f.; Olbrich, Die Betriebsbesetzung als Arbeitskampfmaßnahme, S. 41 f.

708 Olbrich, Die Betriebsbesetzung als Arbeitskampfmaßnahme, S. 41 f.

709 Berghaus, Betriebsbesetzung und Betriebsblockade, S. 155.

Nach der durch das Bundesverfassungsgericht in BVerfGE 92, 1, 16 ff. vorgegebenen Einschränkung des Gewaltbegriffs und dem in Anlehnung daran hier vertretenen Gewaltbegriff kann diese Auffassung nicht geteilt werden. Danach muss Gewalt i. S. d. § 240 Abs. 1 StGB zum einen über den durch die Gewaltanwendung ausgelösten Zwang hinausgehen; zum anderen kann für das Vorliegen von Gewalt auf das Merkmal einer vom Opfer körperlich empfundenen Zwangswirkung nicht verzichtet werden. Gewalt ist daher nach der hier zugrunde gelegten Definition der auf das Opfer der Nötigung körperlich wirkende Zwang durch die Entfaltung von Kraft oder durch physische Einwirkung sonstiger Art, die nach ihrer Zielrichtung, Intensität und Wirkungsweise dazu bestimmt und geeignet ist, die Willensfreiheit eines anderen aufzuheben oder zu beeinträchtigen.[710] Für die Anwendung von Gewalt gegen Sachen bedeutet dies, dass mit der herrschenden Meinung in Rechtsprechung und Lehre Gewalt erst dann gegeben ist, wenn diese insoweit über eine bloße Einwirkung auf die Sache hinausgeht, als sie mittelbar gegen eine Person wirkt und sich ihr gegenüber als körperlich vermittelter Zwang darstellt.[711] Richtet sich die Gewalt nur gegen eine Sache, ist Sachbeschädigung und nicht Gewalt i. S. d. § 240 Abs. 1 StGB gegeben.[712] So ist z. B. das Abdrehen von Elektrizität oder Heizkraft, um einen Mieter zum Auszug zu bewegen, erst dann Gewalt, wenn der Betroffene nicht mehr lesen kann oder zu frieren beginnt.[713] Im Hinblick auf eine Betriebsbesetzung folgt daraus, dass sich zwar einzelne Maßnahmen der Besetzung je nach Art ihrer Durchführung als Ausübung von Gewalt gegenüber dem Arbeitgeber darstellen können, wenn beispielsweise der Arbeitgeber durch Festhalten davon abgehalten wird, Maschinen in Betrieb zu nehmen oder in einem separaten Raum eingeschlossen wird. Der Entzug der Verfügungsgewalt über die Produktionsmittel als solcher wirkt sich für den Arbeitgeber jedoch nicht als körperlicher Zwang aus. Zwar wird eine psychisch vermittelte Zwangswirkung in aller Regel gegeben sein, diese erfüllt jedoch nicht die Voraussetzungen des hier vertretenen Gewaltbegriffs.

---

710 Wessels/Hettinger, Strafrecht BT 1, Rn. 383; vgl. auch 2. Teil/D. II. 2. a) aa).

711 OLG Hamm NJW 1983, 1505, 1506; OLG Köln NJW 1996, 472; Arzt/Weber/Heinrich/Hilgendorf-*Weber*, Strafrecht BT, § 9, Rn. 55; Krey, Strafrecht BT 1, § 4, Rn. 398; LK-*Träger/Altvater*, § 240, Rn. 49; MK-*Sinn*, § 240, Rn. 65; Rengier, Strafrecht BT 1, § 23, Rn. 30; Sch/Sch-*Eser/Eisele*, Vorbem §§ 234 ff., Rn. 13; a. A. SK-*Horn/Wolters*, § 240, Rn. 11b, wonach eine Sacheinwirkung zur Nötigung werde, wenn sie geschehe, um den Betroffenen zu einem bestimmten Verhalten zu zwingen.

712 MK-*Sinn*, § 240, Rn. 64; Sch/Sch-*Eser/Eisele*, Vorbem §§ 234 ff., Rn. 13.

713 MK-*Sinn*, § 240, Rn. 64; Sch/Sch-*Eser/Eisele*, Vorbem §§ 234 ff., Rn. 13.

In Betracht kommt aber eine Nötigung durch Drohung mit einem empfindlichen Übel. Eine Betriebsbesetzung führt wie ein Streik zu einer Störung des Betriebsablaufs und damit verbunden in der Regel zu Beeinträchtigungen der wirtschaftlichen und finanziellen Lage des Arbeitgebers. Je gravierender die drohenden Nachteile sind, desto eher werden sie einen besonnenen Arbeitgeber dazu veranlassen, auf die seitens der Belegschaft bzw. des Betriebsrats gestellte Forderung einzugehen oder einen Kompromiss zu schließen. Halten sich die streikenden Arbeitnehmer gegen den Willen des Arbeitgebers im Betrieb auf, ohne ihrer vertraglich geschuldeten Tätigkeit nachzugehen, stellen sie damit in Aussicht, diese für den Arbeitgeber nachteilige Situation herbeizuführen, sollte er sich nicht der gestellten Forderung entsprechend verhalten. Soweit sich eine Betriebsbesetzung nicht lediglich auf einen kleinen Teil des Betriebs beschränkt und die dem Arbeitgeber damit in Aussicht gestellten Beeinträchtigungen nicht nur marginal sind, handelt es sich bei einer Betriebsbesetzung daher wie bei einem Streik in aller Regel um die Drohung mit einem empfindlichen Übel.[714]

bb) Betriebsblockade als Gewalt oder Drohung mit einem empfindlichen Übel

Eine Betriebsblockade führt wie eine Betriebsbesetzung zu einem Entzug der Verfügungsgewalt des Arbeitgebers über seine Produktionsmittel, indem die streikenden Arbeitnehmer Zugänge und Zufahrten des Betriebs von außen blockieren und dadurch die Betriebsabläufe beeinträchtigen. Unter Berücksichtigung des hier vertretenen Gewaltbegriffs stellt eine Betriebsblockade als Entzug der Verfügungsgewalt des Arbeitgebers über die Produktionsmittel mangels körperlicher Auswirkungen keine Anwendung von Gewalt dar. Wegen der mit einer Betriebsbesetzung verbundenen wirtschaftlichen und finanziellen Beeinträchtigungen des Arbeitgebers wird diese – wie eine Betriebsbesetzung – regelmäßig eine Drohung mit einem empfindlichen Übel gegenüber dem Arbeitgeber darstellen.

cc) Betriebsbesetzung und Betriebsblockade als Dreiecksnötigung

In Betracht kommt auch eine Nötigung des Arbeitgebers in Form der Dreiecksnötigung durch eine Betriebsbesetzung oder eine Betriebsblockade. Anknüpfungspunkt der strafrechtlichen Bewertung ist in diesem Fall nicht der Entzug der Verfügungsgewalt über die Produktionsmittel gegenüber dem Arbeitgeber, sondern die durch eine Besetzung oder Blockade des Betriebs verursachte Einwirkung auf

714 Kissel, Arbeitskampfrecht, § 61, Rn. 66; a. A. Berghaus, Betriebsbesetzung und Betriebsblockade, S. 158, der auch in einer Betriebsblockade die Anwendung von Gewalt sieht.

arbeitswillige Arbeitnehmer. Werden Arbeitswillige daran gehindert, den Betrieb zu betreten oder ihrer arbeitsvertraglichen Tätigkeit nachzugehen, könnte darin eine strafrechtlich relevante Einwirkung auf diese Personen liegen, die sich nötigend i. S. d. § 240 Abs. 1 StGB auf den Arbeitgeber auswirkt.

Die Fälle der Dreiecksnötigung sind dadurch gekennzeichnet, dass der Täter das Nötigungsmittel gegenüber einem Dritten anwendet, um den zu Nötigenden zu einem bestimmten Verhalten zu bewegen. Die Nötigungsbeziehung und die Anwendung des Nötigungsmittels laufen somit nicht parallel, sondern fallen auseinander.[715] Sowohl in Form der Anwendung von Gewalt als auch durch Drohung gegenüber einem Dritten ist eine Dreiecksnötigung möglich.[716] In der Variante der Gewaltanwendung gegen eine dritte Person wird teilweise gefordert, dass sich die Gewaltanwendung gegenüber dem Dritten für den Nötigungsadressaten nicht auf eine irgendwie geartete Zwangswirkung beschränken dürfe,[717] sondern sich auch für diesen als körperlicher Zwang auswirken müsse. Ohne eine physische Zwangswirkung beim Nötigungsopfer könne keine Dreiecksnötigung in Form von Gewalt vorliegen.[718] Dem ist unter Berücksichtigung des hier vertretenen Gewaltbegriffs zuzustimmen. Nimmt man die durch das Bundesverfassungsgericht vorgegebene Einschränkung des Gewaltbegriffs ernst,[719] ist auch für eine Gewaltanwendung in Form der Dreiecksnötigung eine körperliche Zwangswirkung bei dem Opfer der Nötigung zu fordern. In der Variante der Drohung mit einem empfindlichen Übel kommt es darauf an, dass der Adressat der Nötigung das gegenüber dem Dritten angedrohte Übel als eigene Übelszufügung empfindet.[720] Eine besondere Nähebeziehung zwischen Genötigtem und Drittem ist in beiden Varianten der Dreiecksnötigung jedoch nicht erforderlich.[721]

---

715 LK-*Träger/Altvater*, § 240, Rn. 46.

716 BGH GA 1961, 82 f.; Krey/Hellmann/Heinrich, Strafrecht BT 1, § 4, Rn. 399; Sch/Sch-*Eser/Eisele*, Vorbem §§ 234 ff., Rn. 19; Wessels/Hettinger, Strafrecht BT 1, Rn. 397 (Dreiecksnötigung in Form von Gewaltanwendung); BGHSt 16, 316, 318; 38, 86; Krey/Hellmann/Heinrich, Strafrecht BT 1, § 4, Rn. 376; MK-*Sinn*, § 240, Rn. 84; NK-*Toepel*, § 240, Rn. 110 f.; Sch/Sch-*Eser/Eisele*, Vorbem §§ 234 ff., Rn. 36 (Dreiecksnötigung durch Bedrohung eines Dritten).

717 Bohnert, JR 1982, 397; Krey, Strafrecht BT 1, § 4, Rn. 399.

718 LK-*Träger/Altvater*, § 240, Rn. 46; MK-*Sinn*, § 240, Rn. 66; NK-*Toepel*, § 240, Rn. 59; Wessels/Hettinger, Strafrecht BT 1, Rn. 397.

719 Vgl. BVerfGE 92, 1, 16 ff.

720 BGHSt 16, 316, 318; Krey, Strafrecht BT 1, § 4, Rn. 376; Sch/Sch-*Eser/Eisele*, Vorbem §§ 234 ff., Rn. 36.

721 Krey/Hellmann/Heinrich, Strafrecht BT 1, § 4, Rn. 399; MK-*Sinn*, § 240, Rn. 66, 84; NK-*Toepel*, § 240, Rn. 110 f.; Sch/Sch-*Eser/Eisele*, Vorbem §§ 234 ff., Rn. 19, 36.

(1) Betriebsbesetzung und Betriebsblockade als Gewalt oder Drohung mit einem empfindlichen Übel gegenüber den Arbeitnehmern des Betriebs

Ziel von Betriebsbesetzung und Betriebsblockade ist es, arbeitswillige Arbeitnehmer am Betreten des Betriebs zu hindern und dort deren Arbeitsplätze zu besetzen. Gelingt dies, werden die betroffenen Arbeitnehmer in der Ausübung ihres Rechts, ihrer Arbeit nachzugehen, beeinträchtigt.[722] Hinsichtlich einer Dreiecksnötigung stellt sich die Frage, ob durch eine Betriebsbesetzung oder eine Betriebsblockade Gewalt gegenüber den Arbeitswilligen angewandt oder ihnen gegenüber mit einem empfindlichen Übel gedroht wird.

Ausgehend von dem hier vertretenen Gewaltbegriff kommt es für die Beantwortung der Frage, ob eine Betriebsbesetzung oder eine Blockade Gewalt gegenüber den Arbeitswilligen darstellen, maßgeblich darauf an, ob die jeweiligen Maßnahmen eine körperlich empfundene Zwangswirkung für die arbeitswilligen Arbeitnehmer bedeuten. Soweit vor den Betriebstoren positionierte Streikposten Arbeitswillige durch Festhalten, Schläge oder Einsperren in einem aus mehreren Streikposten gebildeten Kessel für längere Zeit am Betreten des Betriebsgeländes oder des Betriebs hindern, handelt es sich um eine gewaltsame Durchführung der Betriebsblockade.[723] Gleiches gilt, wenn im Betrieb verweilende streikende Arbeitnehmer Arbeitswillige durch Festhalten, Schläge oder Einsperren an der Erbringung ihrer geschuldeten Arbeitsleistung hindern.

Verlaufen Inbesitznahme und Blockade des Betriebs insoweit friedlich, als Streikposten Zu- und Ausfahrten oder einzelne Werkstore des Betriebs versperren, Streikketten gebildet werden oder die Besetzung der Arbeitsplätze durch untätiges Verweilen erfolgt, liegt jedenfalls keine Einwirkung auf die Arbeitswilligen durch unmittelbare körperliche Berührung vor. Da Gewalt i. S. e. physischen Zwangs aber auch durch die Schaffung eines nicht oder nur unter größter oder unzumutbarer Anstrengung zu überwindenden Hindernisses vermittelt werden kann,[724] kommt es im Einzelfall darauf an, ob eine solche Barriere gegeben ist. Denkbar wäre die Schaffung eines solchen Hindernisses beispielsweise in der Form, dass eine größere Gruppe von Streikposten einzelne Arbeitswillige umzingelt, um sie am Betreten des Betriebsgeländes zu hindern, Zu- und Ausfahrten des Betriebs durch massive, für die Arbeitswilligen unüberwindbare Hindernisse versperrt werden oder die Besetzer Betriebszugänge oder einzelne

722 Kissel, Arbeitskampfrecht, § 61, Rn. 67, 114.

723 Löwisch/Krauß, Arbeitskampf X, Rn. 24.

724 Vgl. 2. Teil/D. II. 2. a) aa); Krey/Hellmann/Heinrich, Strafrecht BT 1, § 4, Rn. 393, 396.

Räume des Betriebs von innen abriegeln. Verhindern die Besetzer bzw. die Blockierenden dagegen allein durch ihre körperliche Anwesenheit, dass Arbeitswillige ihre Arbeit verrichten oder an ihren Arbeitsplatz oder auf das Betriebsgelände gelangen, wird dadurch weder die Grenze einer körperlich empfundenen Zwangswirkung erreicht noch wird es sich um ein unüberwindbares oder nur unter größter oder unzumutbarer Anstrengung zu überwindendes Hindernis handeln.[725] Versperren einzelne Streikposten den Arbeitswilligen den Zutritt zum Betrieb, indem sie sich schlicht in den Weg stellen, besetzen Streikende ihren Arbeitsplatz oder bilden Streikposten einfache Streikketten, fehlt es in aller Regel an dem erforderlichen Kriterium der körperlichen Zwangswirkung seitens der Arbeitswilligen, so dass diese Maßnahmen keine Gewalt i. S. d. § 240 Abs. 1 StGB darstellen.[726]

Eine durch schlichte körperliche Anwesenheit durchgeführte Betriebsblockade oder Betriebsbesetzung könnte jedoch eine Drohung mit einem empfindlichen Übel gegenüber den arbeitswilligen Arbeitnehmern darstellen. So kann beispielsweise eine Drohung vorliegen, wenn Streikposten Streikbrechern zurufen, sie sollten umkehren, andernfalls würden sie demnächst verprügelt werden.[727] Blockieren Streikposten z. B. die Zu- und Ausfahrten des Betriebs mittels Streikketten oder besetzen die Streikenden ihre Arbeitsplätze, ohne zu arbeiten, beschränken sich diese Maßnahmen auf die Gegenwart. Das Verhalten

---

725 Vgl. hierzu auch die sog. Sitzblockadeentscheidungen des Bundesverfassungsgerichts BVerfGE 73, 206; 92, 1; 104, 92; LK-*Träger/Altvater*, § 240, Rn. 32.

726 Ebenso Zechlin, Streik, Strafrecht, Polizei, S. 53 ff.; i. E. wohl auch Ostendorf, Kriminalisierung des Streikrechts, Rn. 50 ff.; a. A. Berghaus, Rechtsprobleme der Betriebsbesetzung und Betriebsblockade, S. 157; Olbrich, Die Betriebsbesetzung als Arbeitskampfmaßnahme, S. 42, Schröder, BB 1953, 1015, 1018, die für das Merkmal der Gewalt auch psychische Zwangswirkungen von einigem Gewicht ausreichen lassen wollen. Im Hinblick auf Streikketten entschied das Bayerische Oberste Landesgerichts 1955, dass diese nur dann keine Gewaltanwendung darstellen, wenn ein völlig gefahrenloser, genügend breiter und leicht erkennbarer Zugang zur Arbeitsstätte freibleibt, den zu benutzen nicht einem Spießrutenlaufen gleichkommen darf, vgl. NJW 1955, 1806 f. Nach der sog. Zweite-Reihe-Rechtsprechung des Bundesgerichtshofs kann Gewalt auch dann gegeben sein, wenn ein Demonstrant bei einer Sitzblockade den ersten aufgrund psychischen Zwangs anhaltenden Fahrzeugführer und sein Fahrzeug bewusst als Werkzeug zur Errichtung eines physischen Hindernisses für die nachfolgenden Fahrzeugführer benutzt, vgl. BGHSt 41, 182, 184 ff.; bestätigt durch BVerfG NJW 2011, 3020, 3021; kritisch hierzu MK-*Sinn*, § 240, Rn. 52.

727 Zechlin, Streik, Strafrecht, Polizei, S. 52.

der Streikposten enthält in diesem Fall regelmäßig keine in der Zukunft wirkende Drohung, so dass auch keine Drohung mit einem empfindlichen Übel i. S. d. § 240 Abs. 1 StGB vorliegen wird.[728]

(2) Nötigende Wirkung auf Seiten des Arbeitgebers

Stellen eine Betriebsbesetzung oder eine Betriebsblockade nach den obigen Ausführungen die Anwendung von Gewalt oder die Drohung mit einem empfindlichen Übel gegenüber arbeitswilligen Arbeitnehmern dar, kommt es für eine (Dreiecks)Nötigung des Arbeitgebers weiter darauf an, ob durch die Anwendung des Nötigungsmittels gegenüber den Arbeitnehmern der Arbeitgeber zu einem bestimmten Verhalten gezwungen werden soll. Da durch die Besetzung oder die Blockade Arbeitswillige am Betreten des Betriebs und an der Besetzung ihrer Arbeitsplätze gehindert werden und insofern die Fortführung des Betriebs erschwert oder unmöglich gemacht werden soll, werden diese streikbegleitenden Maßnahmen in aller Regel eingesetzt, um der Streikforderung Nachdruck zu verleihen und Druck auf den Arbeitgeber in dieser Richtung aufzubauen.

Bei einer gewaltsamen Durchführung von Betriebsbesetzung oder Betriebsblockade ist es zudem erforderlich, dass sich diese auch für den Arbeitgeber als körperlich wirkender Zwang darstellt.[729] Es kommt somit im Einzelfall darauf an, ob auch der Arbeitgeber von der Zwangswirkung der Gewalt mittelbar betroffen ist. Werden Arbeitswillige gewaltsam am Betreten des Betriebes oder der Verrichtung ihrer arbeitsvertraglichen Tätigkeit gehindert, wird sich die körperlich empfundene Zwangswirkung in der Regel jedoch auf die unmittelbar betroffenen Arbeitnehmer beschränken. Regelmäßig wird daher eine Nötigung des Arbeitgebers in Gestalt einer Dreiecksnötigung nur durch Drohung mit einem empfindlichen Übel gegenüber den Arbeitswilligen in Betracht kommen.

---

728 Zechlin, Streik, Strafrecht, Polizei, S. 52, 66; Ostendorf, Kriminalisierung des Streikrechts, Rn. 54 differenziert bei Betriebsblockaden nach der Dauer der Blockade. So sollen längere Blockaden unter den Nötigungstatbestand fallen, kürzere Blockaden hingegen sollen kein empfindliches Übel darstellen. Im Fall von Sitzblockaden wird teilweise angenommen, dass eine Bestrafung von passiv blockierenden Demonstrationsteilnehmern über die Drohungsalternative erfolgen könne. Das in Aussicht gestellte Übel soll für die auf die Demonstranten zufahrenden Verkehrsteilnehmer darin bestehen, einen menschlichen Körper zu überrollen bzw. deswegen bestraft zu werden, vgl. MK-*Sinn*, § 240, Rn. 92 mwN.

729 Vgl. 2. Teil/D. II. 2. a) aa).

c) Nötigungserfolg

Der Nötigungserfolg ist das kausal auf der Nötigungshandlung beruhende Handeln, Dulden oder Unterlassen des Arbeitgebers. Wie in den Fällen der Koppelungsgeschäfte soll der Arbeitgeber mit einem Streik, der Drohung mit einem Streik und gegebenenfalls ergänzend durch Betriebsbesetzungen und Betriebsblockaden veranlasst werden, eine bestimmte Angelegenheit der Forderung des Betriebsrats entsprechend zu Gunsten der Arbeitnehmer zu gestalten oder auf eine geplante Maßnahme zu verzichten. Verhält der Arbeitgeber sich um der Fortführung des Betriebs und der Produktion Willen entsprechend, liegt hierin das erzwungene Handeln, Dulden oder Unterlassen.

d) Exkurs: Betriebsbesetzung als Hausfriedensbruch gemäß § 123 StGB

Nachdem die Arbeitskampfmittel Streik sowie Betriebsbesetzung und Betriebsblockade im Hinblick auf eine tatbestandsmäßige Nötigung untersucht wurden, soll der Vollständigkeit halber der in der Literatur häufig im Hinblick auf Betriebsbesetzungen aufgegriffenen Frage nachgegangen werden, ob die Besetzer den Tatbestand des Hausfriedensbruchs gemäß § 123 StGB verwirklichen.[730] § 123 StGB schützt den Hausrechtsinhaber in seiner Entscheidung, wer sich innerhalb der geschützten Räume und des befriedeten Besitztums aufhalten darf und wer nicht.[731] Zu den geschützten Räumlichkeiten zählen auch Geschäftsräume und Betriebsräumlichkeiten des Arbeitgebers sowie das befriedete Betriebsgelände.[732]

Die Tathandlung des § 123 Abs. 1 StGB besteht in einem widerrechtlichen Eindringen oder in einem ohne Befugnis und gegen den Willen des Berechtigten Verweilen in den geschützten Räumlichkeiten. Ein Eindringen liegt vor, wenn der Täter gegen den Willen des Berechtigten in die von § 123 Abs. 1 StGB geschützten Räumlichkeiten gelangt.[733] Kein Eindringen ist es hingegen, wenn der Berechtigte mit dem Betreten einverstanden ist. Die Erlaubnis schließt den Tatbestand aus.[734] Ein Verweilen ist gegeben, wenn sich der Täter trotz entsprechender Aufforderung des Berechtigten gegen dessen Willen nicht aus den

730 Vgl. Berghaus, Betriebsbesetzung und Betriebsblockade, S. 151 ff.; Hellenthal, NZA 1987, 52 f.; Olbrich, Die Betriebsbesetzung als Arbeitskampfmaßnahme, S. 37 ff.; Zechlin, Streik, Strafrecht, Polizei, S. 71 ff.

731 Wessels/Hettinger, Strafrecht BT 1, Rn. 573.

732 Berghaus, Betriebsbesetzung und Betriebsblockade, S. 151; Sch/Sch-*Lenckner/Sternberg-Lieben*, § 123, Rn. 5 f.; Wesch, Neue Arbeitskampfmittel, S. 60.

733 MK-*Schäfer*, § 123, Rn. 25; Wessels/Hettinger, Strafrecht BT 1 Rn. 584.

734 MK-*Schäfer*, § 123, Rn. 29.

geschützten Räumlichkeiten entfernt.[735] Voraussetzung beider Tatbestandsvarianten ist, dass der Berechtigte seinen entgegenstehenden Willen zum Ausdruck bringt.[736] Berechtigter i. S. d. § 123 Abs. 1 StGB ist der Inhaber des Hausrechts, der die Befugnis innehat, anderen den Zugang zu den geschützten Räumlichkeiten zu verwehren.[737] Verletzt der Täter das fremde Hausrecht, ohne selbst ein stärkeres Recht zu haben, erfolgt das Eindringen widerrechtlich.[738] Das Merkmal „ohne Befugnis" entspricht dem Begriff „widerrechtlich" in der Alternative des Eindringens.[739] Beide Merkmale, das der Widerrechtlichkeit und das der Unbefugtheit, zählen nicht zum Tatbestand sondern kennzeichnen das allgemeine Deliktsmerkmal der Rechtswidrigkeit. Die Rechtswidrigkeit kann insbesondere aufgrund privat- oder öffentlich-rechtlicher Befugnisse, die dem Hausrecht vorgehen, entfallen.[740]

Dass sich die Besetzer bei einer Betriebsbesetzung gegen den Willen des Arbeitgebers im Betrieb aufhalten, dürfte klar sein. Es stellt sich jedoch die Frage, ob die Besetzer mit dem Eindringen in den Betrieb das Hausrecht des Arbeitgebers verletzen, ohne ein stärkeres Recht zu verwirklichen, bzw. ob sie befugt sind, dort zu verweilen. Ist das Hausrecht des Arbeitgebers das stärkere Recht, ist dieser berechtigt, die Besetzer des Betriebes zu verweisen, so dass diese widerrechtlich in den Betrieb gelangt sind bzw. unbefugt dort verweilen. Besteht im Rahmen der Betriebsbesetzung ein Recht der Streikenden zum Aufenthalt im Betrieb, könnte dieses Recht das Hausrecht des Arbeitgebers überlagern.

Anknüpfungspunkt für die Berechtigung zur Hausrechtsausübung ist die besitzrechtliche Situation innerhalb des Betriebes.[741] Der Besitz i. S. d. § 854 Abs. 1 BGB an den Betriebs- und Geschäftsräumen sowie dem Betriebsgelände steht als vom Verkehr anerkannte tatsächliche Herrschaft einer Person über eine Sache grundsätzlich dem Arbeitgeber zu.[742] Teilweise wird das Hausrecht im Betrieb auch dem Eigentümer zugesprochen, der in der Regel ebenfalls

---

735 Fischer, § 123, Rn. 27 f.

736 Fischer, § 123, Rn. 16.

737 MK-*Schäfer*, § 123, Rn. 34; Sch/Sch-*Lenckner/Sternberg-Lieben*, § 123, Rn. 16, 29.

738 Fischer, § 123, Rn. 34; MK-*Schäfer*, § 123, Rn. 48.

739 Fischer, § 123, Rn. 37; MK-*Schäfer*, § 123, Rn. 53.

740 Sch/Sch-*Lenckner/Sternberg-Lieben*, § 123, Rn. 31; Wessels/Hettinger, Strafrecht BT 1, Rn. 598.

741 Arzt/Weber/Heinrich/Hilgendorf-*Hilgendorf*, Strafrecht BT, § 8, Rn. 10; NK-*Ostendorf*, § 123, Rn. 33; LK-*Lilie*, § 123, Rn. 27.

742 Olbrich, Die Betriebsbesetzung als Arbeitskampfmaßnahme, S. 38.

der Arbeitgeber ist.[743] Daraus ergibt sich, dass allein dem Arbeitgeber das Recht zukommt, zu bestimmen, wer sich im Betrieb und auf dem Betriebsgelände aufhalten und die Betriebseinrichtungen nutzen darf.[744] Die Arbeitnehmer dürfen den Betrieb nur insoweit betreten und sich dort aufhalten, als der Arbeitgeber ihnen ein Zutritts- und Aufenthaltsrecht zur Erbringung der Arbeitsleistung und den damit zusammenhängenden Tätigkeiten gestattet.[745] Dies gilt auch Arbeitnehmern gegenüber, denen der Arbeitgeber den Aufenthalt einmal gestattet hat. Denn besitzrechtlich ist eine einmal erteilte Zustimmung zu Aufenthalt und Nutzung jederzeit widerruflich.[746] Nicht überzeugend ist dagegen die in diesem Zusammenhang von *Däubler* vertretene Ansicht, wonach den Arbeitnehmern bei gültigem Arbeitsverhältnis der Aufenthalt im Betrieb zum Zwecke der Betriebsbesetzung nicht verwehrt werden könne, da das Hausrecht dem Unternehmer und den Beschäftigten gleichermaßen zustehe.[747] Selbst wenn man Betrieb und Unternehmen wie *Däubler* als *„soziales Gebilde"* oder *„Personenverbund"* ansieht, folgt daraus keine innerbetriebliche Gleichberechtigung von Arbeitgeber und Arbeitnehmern hinsichtlich des Hausrechts. Die Arbeitnehmer sind rechtlich keine Mitunternehmer.[748] Das Hausrecht steht somit ausschließlich dem Arbeitgeber zu.[749] Mit einer streikbedingten Arbeitsniederlegung entfällt die Zustimmung des Arbeitgebers zum Aufenthalt der Arbeitnehmer im Betrieb und auf dem Betriebsgelände. Eines ausdrücklichen Widerrufs bedarf es insoweit nicht. Legen die Streikenden ihre Arbeit nieder, besteht für sie keine Berechtigung zum Aufenthalt im Betrieb oder auf dem Betriebsgelände mehr.[750] Halten sich die Streikenden bei der

---

743 v. Hoyningen-Huene, Jus 1987, 503, 513; Wesch, Neue Arbeitskampfmittel, S. 57.

744 Olbrich, Die Betriebsbesetzung als Arbeitskampfmaßnahme, S. 39.

745 v. Hoyningen-Huene, Jus 1987, 503, 513.

746 Olbrich, Die Betriebsbesetzung als Arbeitskampfmaßnahme, S. 39.

747 *Däubler*, Strafbarkeit von Arbeitskämpfen?, S. 115 ff.; in diese Richtung auch Däubler-*Bieback/Unterhinninghofen*, Arbeitskampfrecht, § 17, Rn. 222.

748 Hellenthal, NZA 1987, 52, 53; Seiter, Streikrecht und Aussperrungsrecht, S. 522 f.

749 Wesch, Neue Arbeitskampfmittel, S. 57.

750 LAG Düsseldorf DB 1994, 887; LK-*Lilie*, § 123, Rn. 73; Loritz, DB 1987, 223, 230; Rudolphi, RdA 1987, 160, 161; Sch/Sch-*Leckner/Sternberg-Lieben*, § 123, Rn. 33; Ule, Streik und Strafrecht, S. 40; a. A. NK-*Ostendorf*, § 123, Rn. 31; Zechlin, Streik, Strafrecht, Polizei, S. 75 ff., die ein das Hausrecht des Arbeitgebers überlagerndes arbeitsvertragliches Aufenthaltsrecht der Streikenden annehmen; Däubler-*Bieback/Unterhinninghofen*, Arbeitskampfrecht, § 17, Rn. 219 halten die Auffassung, dass das Aufenthaltsrecht an die Erfüllung des Arbeitsvertrages gebunden sei, für „nicht zwingend".

Betriebsbesetzung dennoch im Betrieb und auf dem Betriebsgelände auf, liegt daher regelmäßig ein rechtswidriger Hausfriedensbruch vor.[751]

e) Vorsatz

Eine Strafbarkeit wegen Nötigung setzt vorsätzliches Handeln hinsichtlich aller Merkmale des objektiven Tatbestands voraus. Erforderlich ist somit, dass das betreffende Betriebsratsmitglied positiv weiß oder zumindest die Möglichkeit erkennt, dass der Streik, die Betriebsbesetzung oder die Betriebsblockade eine Drohung mit einem empfindlichen Übel gegenüber dem Arbeitgeber darstellen. Soweit hinsichtlich des Nötigungserfolgs teilweise absichtliches Handeln gefordert wird, wird das durch den vom Betriebsrat initiierten Arbeitskampf abgenötigte Verhalten des Arbeitgebers regelmäßig bewusst und gewollt herbeigeführt werden, so dass ein absichtliches Handeln gegeben sein dürfte.[752]

3. *Rechtswidrigkeit*

Eine Nötigung ist rechtswidrig, wenn nach der Zweck-Mittel-Relation des § 240 Abs. 2 StGB das Nötigungsmittel zu dem angestrebten Zweck als verwerflich anzusehen ist. Mithin ist zu prüfen, ob die Nötigungsmittel Streik, Betriebsbesetzung und Betriebsblockade im Verhältnis zu der damit verfolgten Forderung als sozialwidrig zu bewerten sind.[753]

Für das Nötigungsmittel des Streiks gilt die Besonderheit, dass der Streik einerseits eine Form der Tatbestandsverwirklichung darstellt, andererseits ist der Streik in bestimmten Grenzen als solcher zugleich ein nach Art. 9 Abs. 3 GG verfassungsrechtlich garantierter Rechtfertigungsgrund.[754] Für die Frage, ob ein Streik bei Nichtvorliegen dieses Rechtfertigungsgrundes verwerflich und damit rechtswidrig ist, kommt es darauf an, ob der Streik im konkreten Fall die Grenzen, innerhalb derer er rechtfertigende Kraft besitzt, in einem Maß überschreitet, dass er sich als verwerflicher Willenszwang darstellt. Hält sich der Streik in den rechtlich anerkannten Grenzen des Arbeitskampfes, wird ihm eine solche rechtfertigende Wirkung allgemein zugesprochen.[755] Umgekehrt kann jedoch

751 Fischer, § 123, Rn. 39; Kissel, Arbeitskampfrecht, § 61, Rn. 65; Loritz, DB 1987, 223, 230; MK-*Schäfer*, § 123, Rn. 63; Sch/Sch-*Leckner/Sternberg-Lieben*, § 123, Rn. 33.

752 Vgl. 2. Teil/D. I. 2. d).

753 Vgl. 2. Teil/D. I. 3. a).

754 BAGE 1, 192, 300; Däubler-*Reinfelder*, Arbeitskampfrecht, § 15, Rn. 62; NK-*Toepel*, § 240, Rn. 190; LK-*Träger/Altvater*, § 240, Rn. 107; Neumann, ZStrW 1997, 1, 4 ff.; Sch/Sch-*Eser/Eisele*, § 240, Rn. 25 mwN.

755 Kümmel, Streik und Strafrecht, S. 119; Niese, Streik und Strafrecht, S. 50.

nicht der Schluss gezogen werden, dass arbeitsrechtswidrige Formen des Streiks, d. h. auch ein vom Betriebsrat initiierter Streik, grundsätzlich verwerflich sind, da das strafrechtliche Unrecht des Streiks unabhängig von dem arbeitsrechtlichen bzw. hier dem betriebsverfassungsrechtlichen Unrecht zu ermitteln ist.[756] Verallgemeinerungen, wonach bei betrieblichen Arbeitskämpfen, die gegen § 74 Abs. 2 Satz 1 1. HS BetrVG verstoßen, Nötigungsmittel und Nötigungszweck nicht in einem adäquaten Verhältnis zueinander stünden[757] bzw. solche Arbeitskämpfe widerrechtlich im privatrechtlichen wie strafrechtlichen Sinne seien[758], sind daher unzutreffend. Die Rechtswidrigkeit einer Nötigung durch Streik ist vielmehr erst gegeben, wenn der Streik zu dem angestrebten Zweck als verwerflich anzusehen ist. Dafür sind zunächst der Zweck der Nötigung und das Nötigungsmittel zu betrachten und diese sodann zueinander in Beziehung zu setzen.

a) Nötigungszweck

Wie bereits im Rahmen der Verwerflichkeitsprüfung von Koppelungsgeschäften der Betriebspartner erläutert, ist die Anwendung des nötigenden Zwangs umso tolerierbarer, je billigenswerter der verfolgte Zweck ist; je weniger billigenswert der Zweck ist, desto weniger ist der Zwang sozial hinnehmbar.[759] Der Zweck eines vom Betriebsrat initiierten Arbeitskampfes wird darin bestehen, den Arbeitgeber zu einem bestimmten, für die Belegschaft günstigen Verhalten zu bewegen. Daher ist zunächst das mit dem Arbeitskampf verbundene Anliegen in den Blick zu nehmen:

Arbeitskämpfe um höhere Löhne bilden insbesondere im Hinblick auf gewerkschaftlich geführte Arbeitskämpfe die traditionell wichtigste Gruppe.[760] Arbeitskämpfe können aber auch auf Einzelmaßnahmen gerichtet sein, z. B. um ein vertragswidriges Verhalten des Arbeitgebers abzuwehren oder um diesen zu zwingen, bestimmte arbeitsrechtliche Einzelmaßnahmen wie die Einstellung oder Entlassung einzelner Arbeitnehmer vorzunehmen,[761] oder um

756 Vgl. 2. Teil/D. I. 3. a) bb).

757 Sch/Sch-*Eser/Eisele*, § 240, Rn. 25.

758 Schröder, BB 1953, 1015, 1016.

759 Vgl. 2. Teil/D. I. 3. c).

760 Vgl. BAGE 1, 291 ff.; LAG Sachsen, Urteil v. 2.11.2007, Az. 7 SaGa 19/07 (Lokomotivführerstreik); zum wiederholten Streik der Lufthansamitarbeiter am 22.4.2013 vgl. FAZ v. 20.4.2013 (http://www.faz.net/aktuell/wirtschaft/verdi-streik-am-montag-lufthansa-streicht-fast-alle-fluege-12156683.html).

761 Vgl. BAGE 14, 52 ff.; 30, 50 ff.; LAG Hamm BB 1952, 549 ff.; Niese, Streik und Strafrecht, S, 56 f.

Kündigungen zu unterlassen.[762] Im Zentrum aktueller Konflikte stehen vermehrt Streiks mit dem Ziel der Beschäftigungs- und/oder Standortsicherung durch den Abschluss von Standortsicherungsverträgen bzw. den Abschluss sog. betrieblicher Bündnisse für Arbeit zwischen Betriebsrat und Arbeitgeber.[763] Hierbei strebt der Betriebsrat eine Einwirkung auf die unternehmerische Entscheidung des Arbeitgebers an mit dem Ziel, die Beschäftigungssituation am Standort zu sichern oder geplante Standortverlagerungen oder -schließungen zu verhindern oder jedenfalls eine Abmilderung der damit verbundenen sozialen Folgen zu erreichen. Im Mittelpunkt steht in der Regel ein Verzicht des Arbeitgebers auf betriebsbedingte Kündigungen für einen bestimmten Zeitraum. Aber auch Zusagen, Investitionen am Standort des Betriebs vorzunehmen, Auszubildende nach Abschluss der Ausbildung zu übernehmen, bestehende Produktlinien am Standort weiterzuführen oder Investitionen in die Modernisierung des Betriebs zur Steigerung der Wettbewerbsfähigkeit vorzunehmen, werden in diesem Zusammenhang von Seiten des Betriebsrats oder der Belegschaft gefordert.[764] Besondere Bedeutung erlangen Streiks mit dem Ziel der Beschäftigungs- und/ oder Standortsicherung im Zusammenhang mit geplanten Betriebsänderungen nach § 111 BetrVG. Beabsichtigt der Arbeitgeber, eine Betriebsänderung i. S. d. § 111 Satz 3 BetrVG vorzunehmen, hat er die in §§ 112 ff. BetrVG normierten Voraussetzungen, insbesondere die Vorschriften über die Durchführung eines Interessenausgleichs und die Aufstellung eines Sozialplans, zu berücksichtigen. Erforderlich ist danach eine Einigung der Betriebspartner über die Betriebsänderung (Interessensausgleich) und den Sozialplan.[765] Insofern kann es aus Sicht des Betriebsrats sinnvoll erscheinen, einen Streik (mit)zuveranlassen, um z. B. seine Position im Rahmen der Verhandlungen mit dem Arbeitgeber über eine Vereinbarung zur Beschäftigungs- und/oder Standortsicherung zu stärken oder um für die Belegschaft das bestmögliche Ergebnis hinsichtlich eines Interessenausgleichs und eines Sozialplans zu erreichen.

Hinsichtlich der Legitimität des mit einer Nötigung verfolgten Zwecks gilt auch hier, dass Anliegen des Betriebsrats, die der Belegschaft zu Gute kommen,

---

762 LAG Schleswig-Holstein 25.11.1999 AP Nr. 157 zu Art. 9 GG Arbeitskampf.

763 LAG Schleswig-Holstein 25.11.1999 AP Nr. 157 zu Art. 9 GG Arbeitskampf; LAG Hamm 31.5.2000 AP Nr. 158 zu Art. 9 GG Arbeitskampf; LAG Schleswig-Holstein, Urteil v. 27.3.2003, Az. 5 Sa 137/03; LAG Niedersachsen, Urteil v. 2.6.2004, Az. 7 Sa 819/04; ErfK-*Dietrich*, 10, Art. 9, Rn. 75; GK-*Kreutz*, § 77, Rn. 2, 14.

764 Heidemann, Betriebsvereinbarungen zur Beschäftigungssicherung, S. 2 f; Seifert, Betriebliche Bündnisse für Arbeit, S. 9.

765 Vgl. 1. Teil/C. IV. 1.

für sich betrachtet grundsätzlich zu billigen sein werden. Unterschiede bei der Billigung des Nötigungszwecks können sich vor allem im Hinblick auf Inhalt und Umfang der Forderung ergeben. Je gewichtiger das Anliegen des Betriebsrats ist und je weitreichender die angestrebten positiven Folgen für die Arbeitnehmer sind, desto eher wird sich dies positiv auch auf die Bewertung des Zwecks auswirken.[766]

Soweit die Legitimität einer Forderung des Betriebsrats ihrem Inhalt nach beurteilt wird, wird dieses Kriterium vor allem bei erstrebten Verbesserungen von Arbeitsbedingungen, dort vor allem bei erstrebten Lohnerhöhungen für die Belegschaft, zum Tragen kommen. Das Ziel, höhere Löhne zu erreichen, ist für sich betrachtet grundsätzlich nicht zu beanstanden. Allerdings kann es sich nachteilig auf die Legitimität dieses Nötigungszwecks auswirken, wenn der Betriebsrat eine nach verständigem Urteil eines neutralen Betrachters eindeutig überzogene Lohnerhöhung für die Arbeitnehmer fordert. Gleiches gilt für die erstrebte Änderung anderer wirtschaftlicher Arbeitsbedingungen, wie z. B. die Erhöhung von Weihnachtsgeld durch die Änderung einer betrieblichen Übung, wenn diese ihrem Inhalt nach maßlos ist und die wirtschaftliche Lage des Betriebs gänzlich außer Acht lässt. Wenig positiv wird es sich auf den Nötigungszweck auswirken, wenn der Betriebsrat eine verhältnismäßig bedeutungslose Forderung mit einem Arbeitskampf durchzusetzen versucht. So wird beispielsweise die Forderung, die Frühstückspause zu verlegen, grundsätzlich im Verhältnis zu den mit einem Arbeitskampf für den Arbeitgeber verbundenen Nachteilen, in ihrer Bedeutung eher gering zu bewerten sein. Arbeitskämpfe werden jedoch nicht nur mit dem Ziel geführt, Neuerungen und Verbesserungen der Arbeitsbedingungen für die Belegschaft zu erreichen, sondern auch um seitens des Arbeitgebers zu Lasten der Arbeitnehmer geplante Veränderung der Arbeitsbedingungen zu verhindern. Hierzu zählen Veränderungen der Arbeitszeiten ebenso wie eine geplante Schließung oder Verlagerung eines Produktionsstandorts. Ungeachtet des Umstands, dass eine solche Forderung für sich betrachtet, ein legitimes Ziel darstellt, ist auch hierbei auf die Belange des Arbeitgebers zu blicken. So kann es für die Billigung des Nötigungszwecks von Bedeutung sein, ob der Arbeitgeber auf die Umsetzung der beabsichtigten Regelung zur Fortführung des Betriebs dringend angewiesen ist, um beispielsweise das Unternehmen vor einer drohenden Insolvenz zu bewahren, oder ob es sich um eine Regelung zur reinen Profitsteigerung zu Lasten der Arbeitnehmer handelt. Ebenso kann es zu berücksichtigen sein, ob der Betriebsrat und die Belegschaft die Bereitschaft signalisieren, finanzielle

---

766 Vgl. 2. Teil/D. I. 3. c) aa).

Risiken und Einschnitte einer Standortsicherung mitzutragen, um dadurch mögliche finanzielle Verluste des Arbeitgebers auszugleichen.

Neben dem Inhalt der Forderung kann auch der Umfang der Forderung Einfluss auf die Legitimität des Nötigungszwecks nehmen. Hierbei gilt, dass das Anliegen des Betriebsrats in der Regel umso eher zu billigen sein wird, je weitreichender dieses ist. Je größer die Zahl derjenigen ist, denen die mit einem Arbeitskampf verfolgte Forderung zu Gute kommt, desto eher kann dies für einen zu billigenden Nötigungszweck sprechen.[767] Geht es um die Erzwingung arbeitsrechtlicher Einzelmaßnahmen wie beispielsweise einen Verzicht des Arbeitgebers auf Kündigungen für einen bestimmten Zeitraum oder umgekehrt die Entlassung eines bestimmten Arbeitnehmers,[768] kann es daher unterschiedlich zu bewerten sein, ob das geforderte Verhalten des Arbeitgebers die gesamt Belegschaft, große Teile oder nur einzelne Arbeitnehmer betrifft.

Die Frage, ob Fernziele im Sinne übergeordneter Ziele zum Wohle der Beschäftigten im Rahmen des Nötigungszwecks bei der Verwerflichkeitsprüfung Berücksichtigung finden, stellt sich auch im Rahmen der Nötigung durch Arbeitskampf nicht.[769] Der unmittelbare Nötigungserfolg eines Arbeitskampfes liegt darin, dass der Arbeitgeber sich entsprechend der Arbeitskampfforderung verhält und eine bestimmte Angelegenheit der Forderung des Betriebsrats entsprechend zu Gunsten der Arbeitnehmer gestaltet oder auf eine geplante Maßnahme verzichtet. Bereits das unmittelbar abgenötigte Verhalten enthält den Aspekt, dass der Betriebsrat das Wohl der Beschäftigten mit dem Arbeitskampf verfolgt, so dass dieser Aspekt nicht über sog. Fernziele in die Zweck-Mittel-Relation eingeführt werden muss.

b) Nötigungsmittel

aa) Intensität des Nötigungsmittels

Wie im Rahmen der Ausführungen zur Verwerflichkeit von Koppelungsgeschäften erläutert, gilt auch im Fall von Arbeitskampfmaßnahmen: Je massiver und intensiver der Täter sein Nötigungsmittel wählt und je stärker und erheblicher das dem Opfer abgenötigte Handeln, Dulden oder Unterlassen dessen Freiheitssphäre beeinträchtigt, um so gravierender müssen die ein verwerfliches Missverhältnis zwischen Mittel und Zweck ausschließenden Umstände sein. Umgekehrt wird es an dem erforderlichen erhöhten Grad einer Verhaltensmissbilligung regelmäßig umso eher fehlen, je

767 Vgl. 2. Teil/D. I. 3. c) aa) (1).

768 Vgl. bei Kümmel, Streik und Strafrecht S. 146 ff. die Zusammenstellung typischer arbeitsrechtlicher Einzelmaßnahmen.

769 Vgl. 2. Teil/D. I. 3. c) aa) (2).

belangloser das vom Täter eingesetzte Nötigungsmittel ausfällt und je geringfügiger das dem Opfer abgenötigte Verhalten dessen Willensfreiheit tangiert.[770]

Ganz entscheidend wird die Intensität des Nötigungsmittels durch die mit einem Arbeitskampf für den Arbeitgeber verbundenen Auswirkungen wirtschaftlicher und finanzieller Art geprägt sein. Dabei spielen Dauer und Umfang eines Arbeitskampfes eine große Rolle. Je länger ein Arbeitskampf dauert und je umfassender er geführt wird, desto gravierender sind die Auswirkungen für den Arbeitgeber und desto eher wird er geneigt sein, sich der Forderung des Betriebsrats zu beugen. So wird es einen Unterschied im Hinblick auf die Intensität des Nötigungsmittels bedeuten, ob lediglich ein kleiner Teil des Betriebs durch den Arbeitskampf betroffen ist oder ob der gesamte Betrieb und die gesamte Produktion durch den Arbeitskampf beeinträchtigt sind.

Auch die Dauer des durch einen Arbeitskampf erstrebten Verhaltens kann Einfluss auf die Intensität des Nötigungsmittels haben. Je langfristiger das erstrebte Verhalten den Arbeitgeber bindet, desto stärker wird er dadurch in seiner Freiheitssphäre beeinträchtigt sein. So wird es für den Arbeitgeber in der Regel einen Unterschied bedeuten, ob mit dem Arbeitskampf ein langfristiger Kündigungsverzicht oder eine einmalige Sonderzahlung erstrebt wird.

Ferner kann es für die Intensität des Nötigungsmittels von Bedeutung sein, ob die Gefahr eines Nachahmungseffekts oder eines Sympathiestreiks in anderen Betrieben des Unternehmens besteht. Die Ausweitung eines Streiks wäre für den Arbeitgeber mit weiteren wirtschaftlichen und finanziellen Nachteilen verbunden, so dass er dies in jedem Fall wird verhindern wollen. Zudem können auch negative Auswirkungen in der öffentlichen Darstellung für den Fall, dass der Arbeitgeber der Forderung des Betriebsrats nicht nachgibt, die Intensität der Zwangswirkung verstärken.

bb) Vorrang staatlicher Zwangsmittel

Diejenigen Autoren, die die Verwerflichkeit von Koppelungsgeschäften unter Bezugnahme auf eine Missachtung des Vorrangs staatlicher Zwangsmittel begründen, halten aus den von ihnen hierfür angeführten Gründen auch durch den Betriebsrat initiierte Arbeitskämpfe jedenfalls bei Betriebsänderungen i. S. d. § 111 Satz 3 BetrVG für verwerflich. Mit den Instrumenten des Interessenausgleichs und des Sozialplans nach §§ 111 ff. BetrVG sei dem Betriebsrat ein geordnetes Verfahren zur Verfügung gestellt, die Interessen der Belegschaft durchzusetzen.[771]

770 Vgl. 2. Teil/D. I. 3. c) bb).
771 Rieble/Klebeck, NZA 2006, 758, 762.

Nach dem Prinzip des Vorrangs staatlicher Zwangsmittel handelt verwerflich, wer bei der Verfolgung seiner Zwecke zur Selbsthilfe greift, obwohl ihm der Schutz des Staates zur Verfügung steht. Es stellt sich daher die Frage, ob die Mittel des Interessenausgleichs und des Sozialplans staatliche Zwangsmittel in dem Sinne darstellen, dass sie durch einseitige staatliche Intervention zur Regelung einer bestimmten Angelegenheit das staatliche Gewaltmonopol sichern und Selbstjustiz verhindern sollen.[772] Durch einen Interessenausgleich sollen die Veränderungsinteressen des Arbeitgebers und die Bestandsinteressen der Arbeitnehmer in Ausgleich gebracht werden.[773] Führen Verhandlungen der Betriebspartner über einen Interessenausgleich zu keiner Einigung, können Unternehmer und Betriebsrat gemäß § 112 Abs. 2 BetrVG zunächst den Vorstand der Bundesagentur für Arbeit um Vermittlung ersuchen. Erfolgt kein Vermittlungsersuchen oder bleibt der Vermittlungsversuch ergebnislos, besteht die Möglichkeit der Anrufung der Einigungsstelle. Davon zu unterscheiden ist die Aufstellung eines Sozialplans, der darauf zielt, die durch eine Betriebsänderung eingetretenen wirtschaftlichen Nachteile der Arbeitnehmer auszugleichen.[774] Kommt eine Einigung über den Sozialplan nicht zustande, entscheidet ebenfalls die Einigungsstelle. Zwar stellen das Vermittlungsersuchen an die Bundesagentur für Arbeit und das Einigungsstellenverfahren ein gesetzlich vorgesehenes Verfahren bei der Durchführung eines Interessenausgleichs und der Aufstellung eines Sozialplans dar, das es dem Betriebsrat ermöglicht, die Interessen der Arbeitnehmer einzubringen. Wie bereits zum Koppelungsgeschäft ausgeführt, handelt es sich jedoch nicht bei jedem gesetzlich geregelten Procedere oder jedem vorgesehenen Verfahrensablauf um ein staatliches Zwangsmittel. Die Bundesagentur für Arbeit und die Einigungsstelle sind keine Institutionen, die der Position der einen Partei oder anderen Partei durch staatliches Einschreiten Geltung verschaffen würden. Ein solches Verständnis entspricht auch nicht der Stellung und der Funktion dieser inner- bzw. außerbetrieblichen Schlichtungsstellen, die bei Meinungsverschiedenheiten der Betriebspartner in erster Linie vermitteln sollen, um eine einvernehmliche Lösung zu finden.[775] Die Verwerflichkeit eines durch den Betriebsrat initiierten Arbeitskampfes lässt sich somit auch bei Betriebsänderungen i. S. d. § 111 Satz 3 BetrVG nicht aufgrund einer Missachtung des Vorrangs staatlicher Zwangsmittel begründen.

---

772 Vgl. 2. TeilD. I. 3. c) bb) (3).

773 Siemes, ZfA 1998, 183.

774 Fischinger, Arbeitskämpfe bei Standortverlagerung und -schließung, S. 29.

775 Vgl. 2. TeilD. I. 3. c) bb) (3).

4. *Täterschaft und Teilnahme*

Nachdem die Arbeitskampfmittel Streik sowie Betriebsbesetzung und Betriebsblockade im Hinblick auf ihre Tatbestandsmäßigkeit und Rechtswidrigkeit nach § 240 StGB sowie einen möglichen Hausfriedensbruch gemäß § 123 StGB untersucht wurden, ist nun die Frage zu klären, in welcher Form die einen Arbeitskampf initiierenden Betriebsratsmitglieder daran strafrechtlich beteiligt sind. Initiiert der Betriebsrat einen Arbeitskampf, geschieht dies dergestalt, dass der Betriebsrat den Arbeitskampf vorbereitet, organisiert und einleitet, indem er die Arbeitnehmer des Betriebs zur Durchführung der Kampfmaßnahmen aufruft oder dies dem Arbeitgeber gegenüber in Aussicht stellt. Es sind mithin die Arbeitnehmer, die die Arbeitskampfmaßnahmen unmittelbar umsetzen, indem sie im Fall eines Streiks ihre Arbeit einstellen oder im Rahmen einer Betriebsbesetzung oder Betriebsblockade im oder vor dem Betrieb verweilen. Es stellt sich daher die Frage, wie die Mitglieder des die Arbeitskampfmaßnahmen initiierenden Betriebsrats daran beteiligt sind. Sind sie (Mit-)Täter oder sind sie lediglich Teilnehmer?

a) Abgrenzung von Täterschaft und Teilnahme

Zur Abgrenzung von Täterschaft und Teilnahmen werden heute im Wesentlichen zwei Auffassungen vertreten: Einerseits wird eine subjektiv geprägte Abgrenzung vorgenommen. Andererseits wird sich auf die sog. Tatherrschaftslehre gestützt.[776] Insbesondere die ältere Rechtsprechung nahm die Abgrenzung von Täterschaft und Teilnahme anhand subjektiver Kriterien vor, die an die Willensrichtung und an die innere Einstellung der Beteiligten zur Tat anknüpfen. Täter sei, wer mit Täterwillen handele und die Tat als eigene wolle; Teilnehmer sei, wer mit Teilnehmerwillen tätig werde und die Tat als fremde Tat veranlassen oder fördern wolle.[777] Die neuere Rechtsprechung hält zwar grundsätzlich an dieser subjektiv orientierten Abgrenzung fest. Die subjektive Theorie erfährt jedoch nunmehr eine Objektivierung, indem die subjektive Einstellung zur Tat aufgrund einer wertenden Gesamtschau beurteilt wird. Wesentliche Anhaltspunkte für den Täterwillen seien der Grad des eigenen Interesses am Taterfolg, der Umfang der Tatbeteiligung sowie die Tatherrschaft oder der Wille zur

---

776 Vgl. die Darstellung der einzelnen Abgrenzungstheorien bei LK-*Schünemann*, § 25, Rn. 1 ff.

777 BGHSt 8, 393, 396 f.; 18, 87, 89 ff., 95; 28, 346, 348 f.; BGH NStZ 2008, 273, 275.

Tatherrschaft.[778] Diese Abgrenzung wird auch als „normative Kombinationstheorie" oder „Gesamtbetrachtungslehre" bezeichnet.[779]

In der strafrechtlichen Lehre hat sich mit unterschiedlicher Ausprägung die „Tatherrschaftslehre" durchgesetzt, die den aus objektiven und subjektiven Kriterien bestehenden Begriff der „Tatherrschaft" zum Leitprinzip für die Abgrenzung zwischen Täterschaft und Teilnahme entwickelt hat. Tatherrschaft in diesem Sinne bezeichnet das vom Vorsatz umfasste In-den-Händen-Halten des tatbestandsmäßigen Geschehensablaufs.[780] Täter ist hiernach, wer bei der Deliktsverwirklichung durch seinen maßgeblichen Einfluss auf das Geschehen als Schlüsselfigur erscheint; Teilnehmer ist, wer ohne eigene Tatherrschaft als Randfigur des realen Geschehens die Begehung der Tat veranlasst oder auf sonstige Weise fördert.[781]

Der herrschenden Lehre ist beizupflichten, da das Tatherrschaftskriterium für die Abgrenzung von Täterschaft und Teilnahme eine ausgewogene Synthese objektiver und subjektiver Kriterien bietet. Es knüpft mit dem Merkmal der Tatherrschaft richtigerweise an ein objektives Kriterium an. Dies steht im Einklang mit den einzelnen Strafgesetzen, die der Täter durch die objektive Begehung und nicht lediglich durch den Willen hierzu verwirklicht. Obwohl die Rechtsprechung sich im Zuge der Gesamtbetrachtungslehre von einer rein anhand subjektiver Kriterien vorzunehmenden Abgrenzung entfernt hat, bleiben objektive Kriterien wie der Umfang der Tatbeteiligung und die Tatherrschaft nur Indizien für die innere Einstellung des Täters zur Tat. Zudem stellt die Gesamtbetrachtungslehre kein abschließendes Prinzip für die Abgrenzung von Täterschaft und Teilnahme zur Verfügung. Vielmehr ist es so, dass die Rechtsprechung für die Abgrenzung von Täterschaft und Teilnahme aus den verschiedenen zur Verfügung stehenden Indizien das gewünschte Abgrenzungskriterium wählen kann. Dies können objektive Kriterien wie der Umfang der Tatbeteiligung oder die Tatherrschaft sein, es kann aber auch auf die rein subjektiven Kriterien abgestellt werden, so dass die Rechtsprechung durch eine Beliebigkeit in der Argumentation gekennzeichnet

---

778 BGHSt 40, 218, 236 f.; 45, 270, 296; 51, 219, 221 ff.; BGH NStZ 2011, 87, 88; BGH NStZ 2012, 379.

779 Murmann, Grundkurs Strafrecht, § 27, Rn. 10; Roxin, Strafrecht AT 2, § 25, Rn. 22.

780 Maurach/Gössel/Zipf, Strafrecht AT 2, § 47, Rn. 89, 92; Wessels/Beulke, Strafrecht AT, Rn. 512.

781 Maurach/Gössel/Zipf, Strafrecht AT 2, § 47, Rn. 84 f.; LK-*Schünemann*, § 25, Rn. 32 ff.; MK-*Joecks*, § 25, Rn. 27 ff.; Krey/Esser, Strafrecht AT, § 25, Rn. 800 ff., 844 ff.; Roxin, Strafrecht AT 2, § 25, Rn. 27 ff.; Wesels/Beulke, Strafrecht AT, Rn. 512, 517 ff.

ist.[782] In den meisten Fällen führen die Tatherrschaftslehre und die Gesamtbetrachtungslehre der Rechtsprechung jedoch zu demselben Ergebnis.

b) Vom Betriebsrat initiierter Arbeitskampf

Soweit sich die arbeitsstrafrechtliche Literatur vereinzelt mit der Frage der Strafbarkeit von Betriebsräten im Hinblick auf eine Nötigung durch eines seitens des Betriebsrats initiierten Arbeitskampfes befasst, wird auf das Problem von Täterschaft und Teilnahme nicht näher eingegangen. Die Autoren scheinen vielmehr stillschweigend davon auszugehen, dass die einen Arbeitskampf initiierenden Betriebsratsmitglieder Täter einer hierdurch gegebenenfalls verwirklichten Nötigung seien.[783] Ist der Betriebsrat an einem Arbeitskampf beteiligt, indem er Kampfmaßnahmen vorbereitet, organisiert und die Belegschaft zum Arbeitskampf aufruft, oder dies in Aussicht stellt, könnten die handelnden Betriebsratsmitglieder jedoch auch lediglich Teilnehmer einer durch die Arbeitnehmer gegebenenfalls begangenen Nötigung bzw. eines Hausfriedensbruchs sein. Hierfür kommt es mit der herrschende Lehre darauf an, ob die handelnden Betriebsratsmitglieder die Tatherrschaft über den vom Betriebsrat initiierten Arbeitskampf innehaben, ob sie also den tatbestandsmäßigen Geschehensablauf in den Händen halten, so dass sie als Schlüsselfiguren des Geschehens erscheinen. Bevor auf die Rolle des Betriebsrats in einem von ihm initiierten Arbeitskampf und die sich daraus ergebenden Konsequenzen im Hinblick auf eine Täterschaft oder Teilnahme der Betriebsratsmitglieder eingegangen wird, soll zunächst der klassische – der gewerkschaftlich organisierte – Fall eines Streiks dargestellt werden, um daraus mögliche Schlussfolgerungen für einen durch den Betriebsrat initiierten Arbeitskampf ableiten zu können.

aa) Vergleich zum gewerkschaftlich organisierten Arbeitskampf

Zum gewerkschaftlich organisierten Streik wird ganz überwiegend die Auffassung vertreten, dass (Mit-)Täter einer durch Streik begangenen Nötigung die Initiatoren, d. h. die für die Planung und Durchführung des Streiks verantwortlichen Gewerkschaftsfunktionäre, seien.[784] Aufgrund der gewerkschaftlichen Richtlinien

---

782 Herzberg, JZ 1991, 856, 861; Krey/Esser, Strafrecht AT, § 25, Rn. 839; LK-*Schünemann*, § 25, Rn. 30; Roxin, Täterschaft und Tatherrschaft, S. 561 f., 565.

783 Große Vorholt, Der betriebsratsgeführte Arbeitskampf, Rn. 29 ff.; Rieble/Klebeck, NZA 2006, 758, 760.

784 Löwisch/Krauß, Arbeitskampf X, Rn. 8; Loritz, DB 1987, 223, 230; Kümmel, Streik und Strafrecht, S. 190 f.; Niese, Streik und Strafrecht, S. 83 ff.; Schmidt, Der Streik im Rahmen des Strafrechts, S. 247 f. Darüber, ob die einzelnen Arbeitnehmer Mittäter oder Gehilfen sind, gehen die Auffassungen jedoch auseinander.

und Satzungen könne die Gewerkschaft den Arbeitskampf maßgeblich bestimmen und habe daher Tatherrschaft über das Streikgeschehen. Zwar müsse nach den Vorgaben der gewerkschaftlichen Richtlinien und Satzungen das zuständige Organ der Gewerkschaft den Streikbeschluss genehmigen. Die Gewerkschaft sei an das Ergebnis der Urabstimmung aber nicht gebunden. Auch könne die Gewerkschaft als allein tariffähiger Partner der Arbeitnehmerseite bestimmen, ob ein Tarifvertrag gekündigt und damit der Weg für einen Streik freigemacht werde. Zudem seien die Gewerkschaftsmitglieder verbandsrechtlich zur Streikteilnahme verpflichtet; Zuwiderhandlungen könnten zum Ausschluss aus der Gewerkschaft führen. Auch die Möglichkeit der Gewerkschaft, Streikunterstützung zu zahlen oder zu verweigern, stelle ein gewichtiges Druckmittel gegenüber ihren Mitgliedern dar, um sie zu einem Verhalten im Sinne der Gewerkschaft zu motivieren. Im Übrigen bestimme die Gewerkschaft, welche Forderungen an die Arbeitgeberseite gerichtet würden, führe die Verhandlungen und spreche die Streikdrohung aus. Im Ergebnis liege es somit in der Hand der Gewerkschaft, ob und wie ein Streik geführt werde, so dass die zuständigen Gewerkschaftsfunktionäre die Tatherrschaft innehätten.[785] Anders verhält es sich nach den im Schrifttum vertretenen Auffassungen hingegen bei einer Betriebsblockade und einer Betriebsbesetzung. Hier seien die Mitglieder des für die Streikführung zuständigen Gremiums als Anstifter strafbar, wenn sie im Arbeitskampf zu einer Betriebsbesetzung oder einer Betriebsblockade aufriefen.[786]

bb) Stellungnahme

Die Ausführungen zeigen, dass die Gewerkschaft im Regelfall jedenfalls aufgrund satzungsmäßiger und organisatorischer Voraussetzungen die Tatherrschaft im Rahmen eines Streiks ausübt.[787] Eine vergleichbare Position nimmt der Betriebsrat als Repräsentant der Belegschaft nicht ein. Zwischen dem Betriebsrat und den Arbeitnehmern eines Betriebs bestehen keine internen Strukturen, die es dem Betriebsrat ermöglichen würden, einen der Gewerkschaft vergleichbaren Einfluss auf die Arbeitnehmer und das Arbeitskampfgeschehen zu nehmen.

---

785 Kümmel, Streik und Strafrecht, S. 190; Niese, Streik und Strafrecht, S. 84; Schmidt, Der Streik im Rahmen des Strafrechts, S. 248.

786 Loritz, DB 1987, 223, 230; Olbrich, Die Betriebsbesetzung als Arbeitskampfmaßnahme, S. 50 f.; Berghaus, Betriebsbesetzung und Betriebsblockade, S. 161 hält auch Mittäterschaft für möglich.

787 Zu den Rechtsfolgen rechtmäßiger Arbeitskampfmaßnahmen im Verhältnis zwischen Gewerkschaft und Mitglied vgl. Hromadka/Maschmann, Arbeitsrecht 2, § 14, Rn. 93.

Dem Betriebsrat steht kein Druckmittel für den Fall zur Verfügung, dass die Arbeitnehmer der Aufforderung zum Arbeitskampf nicht folgen, mit dem seine Vorgaben durchgesetzt werden könnten. Der Betriebsrat ist vielmehr darauf angewiesen, dass die Belegschaft ein eigenes, freiwilliges Interesse an einem Arbeitskampf und dessen Durchführung hat. Man wird daher in aller Regel nicht annehmen können, dass ein Betriebsrat das Streikgeschehen in einem Umfang lenkend in den Händen hält, dass den Mitgliedern des Gremiums Tatherrschaft zukommt. Die Tatherrschaft werden vielmehr die ihre Arbeit niederlegenden Arbeitnehmer des Betriebs innehaben. Daher werden auch sie – und nicht die Mitglieder des Betriebsrats – Täter einer durch einen vom Betriebsrat initiierten Arbeitskampf begangenen Nötigung sein. Für die Betriebsratsmitglieder kommt im Regelfall lediglich eine Teilnehmerstrafbarkeit in Betracht. Auch bei einer durch eine Betriebsbesetzung oder eine Betriebsblockade begangenen Nötigung bzw. einem Hausfriedensbruch wird man vor diesem Hintergrund im Regelfall keine Tatherrschaft des Betriebsrats annehmen können, so dass auch hier nur eine Teilnehmerstrafbarkeit der Betriebsratsmitglieder in Betracht kommen wird.

Eine strafbare Teilnahmehandlung als Anstifter gemäß § 26 StGB erfordert das vorsätzliche Bestimmen eines anderen zu dessen vorsätzlich begangener rechtswidriger Tat. Rufen die einen Arbeitskampf initiierenden Betriebsratsmitglieder den Entschluss der Arbeitnehmer zum Arbeitskampf hervor, kommt eine Strafbarkeit wegen Anstiftung zur Nötigung in Betracht.[788] Ebenso kann eine Anstiftung vorliegen, wenn die Arbeitnehmer sich zwar mit dem Gedanken eines Streiks tragen, aber noch schwanken, den Streik tatsächlich zu beginnen, da Mitursächlichkeit des Bestimmens nach § 26 StGB ausreichend ist.[789] Keine Anstiftung ist hingegen gegeben, wenn die Arbeitnehmer zum Streik bereits fest entschlossen sind (sog. omnimodo facturus). In diesem Fall fehlt es an der erforderlichen Kausalität der Anstiftungshandlung.[790]

Eine Teilnehmerstrafbarkeit als Gehilfe nach § 27 Abs. 1 StGB kommt insbesondere dann in Betracht, wenn ein Arbeitskampf maßgeblich durch eine Gewerkschaft geführt wird und die Beteiligung des Betriebsrats in der Unterstützung oder Erleichterung desselben besteht.[791] Unterstützungshandlungen nach § 27 Abs. 1 StGB können u. a. in dem Bereitstellen von Räumen des Betriebsrats für Streikzwecke, der Zurverfügungstellung finanzieller Mittel zum

788 Fischer, § 26, Rn. 3.

789 BGHSt 45, 373, 374; Fischer, § 26, Rn. 3 b.

790 Fischer, § 26, Rn. 3 b; Sch/Sch-*Heine*, § 26, Rn. 7.

791 Vgl. Wessels/Beulke, Strafrecht AT, Rn. 582.

Druck von Aushängen oder Flugblättern oder in der Propaganda im Betrieb für den Arbeitskampf bestehen.[792] Nach den vorangegangenen Ausführungen zum gewerkschaftlich organisierten Streik sind in diesem Fall die zuständigen Funktionäre der Gewerkschaft Mittäter einer durch Streik, Betriebsblockade oder Betriebsbesetzung begangenen Nötigung.[793] Hichsichtlich der für eine strafbare Beihilfe der Betriebsratsmitglieder erforderlichen vorsätzlichen, rechtswidrigen Haupttat ist zu berücksichtigen, dass ein gewerkschaftlich geführter Streik unter den Voraussetzungen, dass eine zulässige Tarifregelung erstritten werden soll, die Friedenspflicht aus dem Tarifvertrag abgelaufen ist, die Arbeitskampfmaßnahme verhältnismäßig, d.h. geeignet, erforderlich und angemessen ist und die Arbeitskampfmaße als letztes Mittel (ultima ratio) eingesetzt wird,[794] im Rahmen der grundgesetzlich garantierten Koalitionsfreiheit nach Art. 9 Abs. 3 GG gerechtfertigt ist.[795] In diesem Fall fehlt es an einer rechtswidrigen Haupttat, so dass eine Teilnehmerstrafbarkeit der Betriebsratsmitglieder entfällt.

Ob Tatherrschaft des Betriebsrats gegeben ist oder nicht und ob die an einem durch den Betriebsrat initiierten Arbeitskampf beteiligten Betriebsratsmitglieder Täter oder lediglich Teilnehmer einer Nötigung sind, hängt letztendlich von den tatsächlichen Geschehnissen im Einzelfall ab. Insoweit kann nicht generell ausgeschlossen werden, dass die von den Betriebsratsmitgliedern vorgenommenen Vorbereitungs- und Organisationshandlungen bei einem Streik über eine Hilfeleistung i. S. d. § 27 Abs. 1 StGB hinausgehen und sich die Betriebsratsmitglieder in einem Umfang lenkend und gestaltend in das Arbeitskampfgeschehen einbringen, so dass ihnen Tatherrschaft zukommt. In einem solchen Fall beruht die Tatherrschaft allerdings nicht wie die der Gewerkschaft auf einem organisations- und satzungsmäßigen, sondern vielmehr auf einer tatsächlich ausgeübten Einflussnahme auf das Geschehen. Die handelnden Betriebsratsmitglieder

792 Vgl. 1. Teil/C. V. 2.

793 Vgl. Kümmel, Streik und Strafrecht, S. 189 ff.; Schmidt, Der Streik im Rahmen des Strafrechts, S. 247 f.

794 Hromadka/Maschmann, Arbeitsrecht 2, § 14 Rn. 38 ff. mwN.

795 BVerfGE 84, 212, 224 ff.; 94, 268, 282 ff.; BAGE 1, 291; 23, 292; Hromadka/Maschmann, Arbeitsrecht 2, § 14 Rn. 4; v. Mangold/Klein/Starck-*Kemper*, GG, Art. 9, Rn. 166 ff; Kümmel, Streik und Strafrecht, S. 100 ff.; ablehnend zum verfassungsrechtlichen Schutz durch Art. 9 Abs. 3 GG von Betriebsblockaden und Betriebsbesetzungen vgl. BAG 21.6.1988, AP Nr. 108 zu Art. 9 GG; BGH NJW 1989, 1881, 1882 ff.; Hellenthal, NZA 1987, 52, 53 ff.; v. Mangold/Klein/Starck-*Kemper*, GG, Art. 9, Rn. 166; eine Darstellung verschiedener rechtswidriger Streiks findet sich bei Kümmel, Streik und Strafrecht, S. 142 ff.

wären dann als Mittäter gemäß § 25 Abs. 2 StGB strafbar. Ob Tatherrschaft gegeben ist, kann jedoch nur im konkreten Fall festgestellt werden und ist Tatfrage. Je stärker und umfassender ein Betriebsrat in die Planung und Durchführung des Arbeitskampfgeschehens eingebunden ist und dieses gestaltet, desto eher wird Tatherrschaft begründet sein. Indikatoren dafür, dass ein Betriebsratsmitglied als Schlüsselfigur maßgeblichen Einfluss auf das Kampfgeschehen nimmt, können beispielsweise sein, dass der Betriebsrat Entscheidungen zum Zeitpunkt, zum Ort oder zur Dauer der Arbeitskampfmaßnahmen trifft, dass er vorgibt, welche Betriebe oder Betriebsteile bestreikt werden sollen oder dass der Betriebsrat als Ansprech- und Verhandlungspartner gegenüber dem Arbeitgeber und gegenüber Dritten auftritt.

5. *Fallbeispiel: Ermittlungsverfahren der Generalstaatsanwaltschaft Stuttgart gegen den Gesamtbetriebsratsvorsitzenden der DaimlerChrysler AG*

In dem eingangs geschilderten Fallbeispiel[796] ermittelte die Generalstaatsanwaltschaft Stuttgart gegen den damaligen Betriebsratsvorsitzenden der DaimlerChrysler AG, da der Betriebsrat mutmaßlich Streiks mitveranlasst hatte, um seine Position im Rahmen der Verhandlungen mit dem Arbeitgeber zum Abschluss einer Beschäftigungssicherungsvereinbarung zur Standortsicherung zu stärken. Die Ermittlungen in diesem Verfahren wurden jedoch eingestellt. Insofern ist es schwierig, den Sachverhalt an dieser Stelle abschließend zu beurteilen. Für eine Strafbarkeit des Betriebsratsvorsitzenden wäre es darauf angekommen, inwieweit der Betriebsrat die Streiks in tatsächlich mitveranlasst und wie stark seine Beteiligung die Arbeitnehmer in ihrer Entscheidung, die Arbeit niederzulegen, beeinflusst hat. Anhand dessen wäre festzustellen gewesen, ob das „Mitveranlassen“ durch den Betriebsrat den Entschluss der Arbeitnehmer zum Streik gemäß § 26 StGB hervorgerufen hat. Sofern sich herausgestellt hätte, dass die Streiks maßgeblich auf den Betriebsrat zurückzuführen gewesen waren, wäre der Streik als ein vom Betriebsrat initiierter Streik rechtswidrig gewesen. Dementsprechend hätte die Arbeitsniederlegung durch die Beschäftigten der DaimlerChrysler AG die Voraussetzungen einer tatbestandsmäßigen Nötigung erfüllt.[797] Soweit der

796 Vgl. 2. Teil/D. II. 1.

797 Große Vorholt, Der betriebsratsgeführte Arbeitskampf, Rn. 33 mit Verweis auf die nicht veröffentlichte Verfügung der Generalstaatsanwaltschaft Stuttgart v. 6.10.2005, Az. 23 ZS 1634/05. Die Generalstaatsanwaltschaft Stuttgart vertrat die Auffassung, dass kein empfindliches Übel vorliege. Der Vorstand müsse der Drohung mit Arbeitsniederlegungen auch bei wirtschaftlich erheblichen potenziellen Produktionsausfällen

Streik der Arbeiternehmer eine vorsätzliche und rechtswidrige Haupttat war, zu welcher der Betriebsratsvorsitzende vorsätzlich den Tatentschluss bei den Arbeitnehmern hervorgerufen hat, wäre der Betriebsratsvorsitzende als Anstifter gemäß § 26 StGB strafbar gewesen. Hätten die Ermittlungen ergeben, dass die Streiks maßgeblich durch die Gewerkschaften veranlasst worden waren, wären die Streiks als gewerkschaftlich getragener Arbeitskampf unter den oben genannten Voraussetzungen gerechtfertigt gewesen[798], so dass eine Teilnehmerstrafbarkeit des Betriebsratsvorsitzenden mangels rechtswidriger Haupttat nicht in Betracht gekommen wäre.

E. Strafbarkeit wegen Erpressung gemäß § 253 StGB

Tritt neben eine Nötigung – entweder durch eine unzulässige Koppelung der Zustimmung zu einer mitbestimmungspflichtigen Maßnahme an eine eigene Forderung oder durch einen vom Betriebsrat initiierten Arbeitskampf – eine Vermögensschädigung des Arbeitgebers, ist auch eine Strafbarkeit wegen Erpressung gemäß § 253 StGB zu erwägen. § 253 StGB schützt neben der Willensfreiheit auch das Vermögen des Opfers.[799] Über den Nötigungstatbestand hinaus fordert § 253 Abs. 1 StGB im objektiven Tatbestand – nach nicht unumstrittener Ansicht – eine Vermögensverfügung des Genötigten, einen unmittelbar aus der Vermögensverfügung resultierenden Vermögensnachteil sowie im subjektiven Tatbestand neben dem Vorsatz die Absicht rechtswidriger Bereicherung des Täters.

I. Zur Strafbarkeit bei Koppelungsgeschäften

1. *Vermögensverfügung und Vermögensnachteil*

Nach umstrittener, in der Lehre herrschender Meinung, muss es sich im Tatbestand der Erpressung bei der erzwungenen Handlung, Duldung oder Unterlassung um eine Vermögensverfügung des Genötigten handeln. Dies wird aus der parallelen Struktur zwischen § 263 StGB und § 253 StGB als

in besonnener Selbstbehauptung standhalten. Zur Begründung verweist die Generalstaatsanwaltschaft u. a. darauf, dass die fehlende Nötigungswirkung der Ankündigung der Arbeitsniederlegung bereits dadurch belegt werde, dass der Vorstand keine Strafanzeige gegen den Beschuldigten erstattet habe.

798 Vgl. 2.Teil/D. II. 4. a) bb).

799 BGHSt 41, 123, 125; MK-*Sander*, § 253, Rn. 1; Sch/Sch-*Eser/Bosch*, § 253, Rn. 1.

Selbstschädigungsdelikt gefolgert.[800] Inhaltlich ist für das Vorliegen einer Vermögensverfügung ein willentliches, nicht aber unbedingt freiwilliges, Verhalten erforderlich, aber auch ausreichend, das kausal auf der Nötigungshandlung beruht.[801] Lässt sich der Arbeitgeber unter dem Druck einer in Aussicht gestellten Zustimmungsverweigerung auf ein Koppelungsgeschäft ein und erfüllt die Forderung des Betriebsrats oder verpflichtet sich hierzu, wird darin in aller Regel eine Verfügung i. S. d. § 253 Abs. 1 StGB liegen.

Weiter kommt es darauf an, ob diese Verfügung zu einer Vermögensminderung für den Arbeitgeber führt. Lässt sich eine Minderung feststellen, ist im Wege der Gesamtsaldierung zu ermitteln, ob ein Vermögensnachteil eingetreten ist.[802] Der Begriff des Vermögensnachteils in § 253 Abs. 1 StGB deckt sich mit dem Merkmal des Vermögensschadens in § 263 Abs. 1 StGB.[803] Voraussetzung ist zunächst, dass der Koppelungsforderung überhaupt ein Vermögenswert zukommt, so dass das Vermögen des Arbeitgebers dadurch, dass er die Forderung des Betriebsrats erfüllt, gemindert wird. Wie die Auswertung der arbeitsgerichtlich entschiedenen Fälle zeigt, machte der Betriebsrat seine Zustimmung bei Koppelungsgeschäften bisher vor allem von der Erhöhung von Leistungen[804] oder von bestimmten personellen Entscheidungen des Arbeitgebers abhängig.[805] Lässt sich für den Fall, dass der Betriebsrat eine Erhöhung der Leistungen des Arbeitgebers in Form von höheren Zuschlägen, Zulagen o. Ä. fordert, ein Vermögenswert noch ohne größere Schwierigkeiten bejahen, ist dies bei personellen Einzelmaßnahmen weniger eindeutig. Ob einer personellen Maßnahme ein Vermögenswert zukommt, hängt von dem geforderten Verhalten ab. Fordert der Betriebsrat beispielsweise, der Arbeitgeber solle auf bestimmte Kündigungen verzichten oder außerordentliche Kündigungen zurücknehmen,[806] kann darin eine Vermögensminderung liegen. Denn zum

---

800 Fischer, § 263, Rn. 10; Lackner/Kühl, StGB, § 253, Rn. 3; Maurach/Schroeder/Maiwald, Strafrecht BT 1, § 42, Rn. 6; MK-*Sander*, § 253, Rn. 14 ff.; Rengier Strafrecht BT 1, § 11, Rn. 25 ff.; Sch/Sch-*Eser/Bosch*, § 253, Rn. 8; Wessels/Hillenkamp, Strafrecht BT 2, Rn. 712; a. A. BGHSt 7, 252, 254; 42, 196, 199; Krey/Hellmann/Heinrich, Strafrecht BT 2, § 4, Rn. 299, 305; LK-*Herdegen*, § 249, Rn. 24, wonach das Vorliegen einer Vermögensverfügung bei §§ 253, 255 StGB nicht notwendig sei; vielmehr liege in jedem Raub zugleich eine Erpressung.

801 MK-*Sander*, § 253, Rn. 21; Sch/Sch-*Eser/Bosch*, § 253, Rn. 8.

802 Vgl. 2. Teil/B. I. 5. c).

803 Wessels/Hillenkamp, Strafrecht BT 2, Rn. 716.

804 Vgl. LAG Nürnberg NZA 1991, 281; Arbeitsgericht Hamburg AiB 1994, 120 f.

805 Vgl. Hessisches LAG, Beschluss v. 13.10.2005, Az. 5/9 TaBV 51/05; LAG Hamm, Beschluss v. 9.2.2007, Az. 10 TaBV 54/06.

806 Vgl. LAG Hamm, Beschluss v. 9.2.2007, Az. 10 TaBV 54/06.

Bestandteil des geschützten Vermögens zählen auch subjektive Vermögensrechte wie das Gestaltungsrecht der Kündigung, soweit dessen Ausübung wirtschaftliche Konsequenzen hat.[807] Auch die Verlängerung befristeter Arbeitsverträge[808] kann sich vermögensmindernd auswirken, wenn hierdurch eine neue Verbindlichkeit des Arbeitgebers begründet wird.

Ist eine Vermögensminderung in Folge eines Koppelungsgeschäfts gegeben, stellt sich die Frage, ob die im Zuge der Erfüllung der Koppelungsforderung vom Betriebsrat erteilte Zustimmung eine kompensierende Gegenleistung darstellt. Um dies festzustellen, ist die Vermögenslage des Arbeitgebers vor und nach der Verfügung unter wirtschaftlicher Betrachtungsweise bei einer Gesamtsaldierung zu vergleichen.[809] Sieht man in der durch den Abschluss eines Koppelungsgeschäfts erlangten Zustimmung ein ausgleichendes Äquivalent, liegt kein Vermögensnachteil des Arbeitgebers vor. Im Folgenden wird zunächst untersucht, ob der Zustimmung des Betriebsrats grundsätzlich kompensierende Wirkung zukommen kann. Daran schließt sich die Frage an, wie Leistung und Gegenleistung, d. h. die vermögensmindernde Leistung oder Verpflichtung des Arbeitgebers und die erlangte Zustimmung, zu saldieren sind.

a) Zustimmung als Kompensation

Im Hinblick auf eine mögliche Kompensationsfähigkeit der Zustimmung als Gegenleistung ist danach zu unterscheiden, ob der Betriebsrat der mitbestimmungspflichtigen Angelegenheit hätte zustimmen müssen oder nicht.

Verweigert der Betriebsrat seine Zustimmung zu einer mitbestimmungspflichtigen Angelegenheit aus Gründen, die von dem Normzweck des Mitbestimmungsrechts gedeckt sind, ist dieses Verhalten in betriebsverfassungsrechtlicher Hinsicht zulässig.[810] Die Untersuchung zu § 240 StGB führte zu dem Ergebnis, dass auch im Fall der Drohung mit einem rechtmäßigen Unterlassen der Tatbestand der Nötigung gegeben sein kann, da nicht strafwürdiges rechtmäßiges Unterlassen erst im Rahmen der Verwerflichkeitsprüfung herauszufiltern ist.[811] Insofern kommt auch in diesen Fällen eine tatbestandsmäßige Erpressung in Betracht. Erlangt nun der Arbeitgeber durch den Abschluss eines Koppelungsgeschäfts mit dem Betriebsrat, indem er die begehrte vermögensmindernde Leistung erbringt oder sich hierzu verpflichtet, als Gegenleistung die benötigte Zustimmung, folgt diese unmittelbar

807 Fischer, § 263, Rn. 73; Sch/Sch-*Cramer/Perron*, § 263, Rn. 85.
808 Vgl. Hessisches LAG, Beschluss v. 13.10.2005, Az. 5/9 TaBV 51/05.
809 Vgl. 2. Teil/B. I. 5. c).
810 Vgl. 1.Teil/C. IV. 2.
811 Vgl. 2. Teil/D. I. 2. b) bb) (3).

aus der Vermögensverfügung. Es bedarf keiner weiteren rechtlich selbständigen Handlung, um einen Vermögenszuwachs beim Arbeitgeber zu bewirken. Die Vermögensverfügung bringt vielmehr selbst Vorteil und Nachteil zugleich hervor. Grundsätzlich ist eine vom Normzweck des Mitbestimmungsrechts gedeckte zunächst verweigerte und dann erteilte Zustimmung daher geeignet, eine Vermögensminderung des Arbeitgebers zu kompensieren.

Verweigert der Betriebsrat seine Zustimmung sachgrundlos oder aus normzweckwidrigen Gründen, ist die Verweigerung der Zustimmung unzulässig.[812] Erteilt er die Zustimmung dann auf Grund des Koppelungsgeschäfts, gewährt der Betriebsrat mit der Zustimmung etwas, was der Arbeitgeber ohnehin verlangen könnte. Es stellt sich somit die Frage, ob auch eine Gegenleistung des Täters, die der Betroffene ohnehin beanspruchen könnte, geeignet ist, eine eingetretene Vermögensminderung zu kompensieren.

Zur Beantwortung dieser Frage kann auf die Rechtsprechung des Bundesgerichtshofs zur entgeltlichen „Rückveräußerung" einer gestohlenen Sache an den Eigentümer zurückgegriffen werden.[813] Nach Auffassung des Bundesgerichtshofs, die auch von der ganz überwiegenden Lehre geteilt wird,[814] erleidet das Opfer einen Vermögensnachteil, wenn der Täter zunächst eine Sache entwendet und sie dem Opfer anschließend gegen Zahlung von Lösegeld zurückgewährt. Zwar erhalte das Opfer das Diebesgut zurück, allerdings sei der Täter ohnehin nach §§ 861, 985 BGB zur alsbaldigen unentgeltlichen Rückgabe der gestohlenen Sache verpflichtet. Er erbringe mit der Herausgabe daher keine Gegenleistung, die ihm wertmäßig gutgebracht werden könne, sondern gleiche lediglich den bereits angerichteten Vermögensschaden wieder aus. Dadurch, dass der Täter für die Rückgabe unter Drohungen ein Lösegeld verlange und erhielte, füge er dem Opfer einen weiteren Schaden zu.[815] Im Kern nimmt der Bundesgerichtshof mit dieser Entscheidung eine Einschränkung der wirtschaftlichen Schadensberechnung vor.[816] Mit der Entwendung der Sache durch den Täter ist diese dem Vermögen des Eigentümers entzogen. Der Herausgabeanspruch des Eigentümers gegenüber dem unbekannten Täter ist bei wirtschaftlicher Betrachtung jedoch regelmäßig wertlos. In der

---

812 Vgl. 1. Teil/C. IV. 2. b).

813 BGHSt 26, 346 ff.

814 Graul, Jus 1999, 562, 565 f; Küper, Strafrecht BT, S. 383; LK-*Tiedemann*, § 263, Rn. 195; LK-*Vogel*, § 253, Rn. 22; MK-*Sander*, § 253, Rn. 24; Sch/Sch-*Eser/Bosch*, § 253, Rn. 9; Stoffers, Jura 1995, 113, 119; a. A. OLG Hamburg MDR 1974, 330; Trunk, JuS 1985, 944, 946 f.

815 BGHSt 26, 346, 347 f.

816 Küper, Strafrecht BT, S. 383.

Konsequenz würde die Rückgabe der entwendeten Sache – die Gegenleistung des Täters – die Vermögensverfügung des Eigentümers – die Zahlung des Lösegeldes – kompensieren, so dass der Eigentümer nicht geschädigt wäre.[817] Ein solches Ergebnis vermag jedoch nicht zu überzeugen. Daher ist der Herausgabeanspruch des Opfers gegen den Täter nicht nach wirtschaftlicher Betrachtungsweise als wertlos einzustufen, sondern mit seinem (normativ bestimmten) Nennwert zugrunde zu legen.[818] Dann erlischt rechtlich durch die Rückgewähr der entwendeten Sache der gleichwertige Herausgabeanspruch des Opfers. Da das Opfer das Lösegeld verliert, wird es um diesen Betrag geschädigt.[819] Hinter dieser Überlegung steht der Gedanke, dass bei der Kompensation ein Vermögenszuwachs aus Rechtsgründen nicht als Äquivalent berücksichtigt werden kann, der dem Geschädigten nach der Rechtsordnung ohnehin unentgeltlich zusteht.[820]

In Anlehnung an die zitierte Rechtsprechung und die auch in der überwiegenden Lehre geteilte Einschränkung der wirtschaftlichen Schadensberechnung kann auch bei sachgrundloser oder normzweckwidriger Zustimmungsverweigerung ein Vermögensnachteil des Arbeitgebers durch das Koppelungsgeschäft mit dem Betriebsrat angenommen werden: Zwar erhält der Arbeitgeber im Ergebnis die benötigte Zustimmung zu der geplanten mitbestimmungspflichtigen Maßnahme, so dass diese wirksam umgesetzt werden kann. Allerdings wäre der Betriebsrat, soweit er sich auf keine vom Normzweck des Mitbestimmungsrechts gedeckten Gründe stützen kann, ohnehin nach dem Betriebsverfassungsrecht zur Zustimmung verpflichtet. Der Betriebsrat erbringt mit der Zustimmung somit keine Gegenleistung, die ihm wertmäßig gutgebracht werden könnte. Erfüllt der Arbeitgeber die Forderung des Betriebsrats, setzt er folglich eine Leistung ein, für die er keine adäquate Gegenleistung erhält. Die Erteilung einer sachgrundlos oder normzweckwidrig verweigerten Zustimmung, die der Arbeitgeber nach dem Betriebsverfassungsrecht beanspruchen kann, ist daher aus Rechtsgründen nicht geeignet, den Wert der vom Arbeitgeber eingesetzten Leistung oder Verpflichtung zu kompensieren, so dass ein Vermögensnachteil des Arbeitgebers anzunehmen ist.[821]

b) Saldierung von Leistung und Zustimmung

Nachdem festgestellt ist, dass nur im Fall der rechtmäßigen Zustimmungsverweigerung die erlangte Zustimmung zur Kompensation geeignet ist, stellt sich

817 OLG Hamburg MDR 1974, 330; Trunk, JuS 1985, 944, 946 f.
818 Graul, JuS 1999, 562, 566.
819 Küper, Strafrecht BT, S. 383.
820 Graul, JuS 1999, 562, 566; Küper, Strafrecht BT, S. 383.
821 Rieble/Klebeck, NZA 2006, 758, 762.

weiter die Frage, wie die Saldierung von Leistung und Gegenleistung vorzunehmen ist. Nach dem Prinzip der Gesamtsaldierung sind die unmittelbar aus der Vermögensverfügung resultierenden Zu- und Abflüsse in das und aus dem Vermögen des betroffenen Arbeitgebers zu verrechnen. Ergibt ein Vergleich der Vermögenslage des Arbeitgebers vor und nach der Vermögensverfügung, dass das Vermögen nach der Verfügung geringer ist als vorher, und weist das Vermögen des Arbeitgebers einen negativen Saldo aus, ist ein Vermögensnachteil gegeben.[822] Der wirtschaftliche Wert der beiderseitig erbrachten und zu verrechnenden Leistungen bestimmt sich nach der wirtschaftlichen Vermögensauffassung wie auch nach der hier vertretenen ökonomisch-juristischen Vermögenslehre[823] grundsätzlich anhand eines objektiven Maßstabs, also nach dem Verkehrs- oder Marktwert eines Gegenstandes oder einer Leistung.[824] Als einheitliche Verrechnungsgröße für eine Vergleichbarkeit der Vermögenslagen und eine Verrechnung des Wertes von Leistung und Gegenleistung ist nach der sog. Geldwerttheorie der Geldwert der zu- und abfließenden Güter heranzuziehen. Danach muss die Einbuße an Werten grundsätzlich in Geld ausdrückbar sein.[825] Dieser Auffassung wird teilweise entgegengehalten, dass eine Umrechnung von Leistung und Gegenleistung in ihren Geldwert in den Bereichen versage, in denen kein messbarer Umsatz stattfinde; im Übrigen werde der Grundsatz der objektiv-individuellen Schadensberechnung verfehlt. Maßgeblich sei vielmehr das konkrete wirtschaftliche Gewicht, das einem bestimmten Gut im Zusammenhang eines bestimmten Vermögens beizumessen sei. Ein Schaden liege bei einer Einbuße vor, die nach allgemeiner Verkehrsanschauung das Potenzial des Vermögensträgers mindere, sich im Wirtschaftsleben zu behaupten.[826] Dieser Ansatz, jegliche Minderung des wirtschaftlichen Potenzials für einen Vermögensnachteil genügen zu lassen, wird von einem Großteil der Vertreter im Schrifttum jedoch als zu weitgehend erachtet.[827] Mit einem derartigen Verständnis sei man nahe bei der abzulehnenden personalen Vermögenslehre angelangt.[828] Auch nach der hier vertretenen Auffassung ist daher an dem Erfordernis einer grundsätzlichen Quantifizierbarkeit des Schadens in Geldwert festzuhalten.

822 Vgl. 2. Teil/B. I. 5. c).

823 Vgl. 2. Teil/B. I. 5. b).

824 BGHSt 16, 220, 222; LK-*Tiedemann*, § 263, Rn. 163; MK-*Hefendehl*, § 263, Rn. 447.

825 BGHSt 16, 220, 222; Lampe, FS-Otto, S. 623, 625 f.

826 LK-*Lackner*, § 263, Rn. 125 (10. Auflage).

827 LK-*Tiedemann*, § 263, Rn. 158 mwN; MK-*Hefendehl*, § 263, Rn. 448 f.; Waßmer, Untreue bei Risikogeschäften, S. 117.

828 MK-*Hefendehl*, § 263, Rn. 448.

Im Hinblick auf eine Saldierung der durch den Arbeitgeber erbrachten Leistung oder eingegangenen Verpflichtung mit der erlangten Zustimmung des Betriebsrats ist daher der Geldwert von Leistung und Gegenleistung zugrunde zu legen. Die Schwierigkeit liegt dabei darin, den Wert der Zustimmung zu beziffern. Der Wert der Zustimmung als solcher wird sich schwerlich in Geld ausdrücken lassen. Denkbar ist es aber, sich an dem Wert der geplanten mitbestimmungspflichten Maßnahme des Arbeitgebers und den daraus gegebenenfalls folgenden Umsatz- und Gewinnmöglichkeiten zu orientieren. Der so ermittelte Wert der Zustimmung ließe sich jedenfalls in Geld ausdrücken und mit dem Wert der erbrachten Leistung oder eingegangenen Verpflichtung verrechnen. Schwierigkeiten können sich jedoch auch bei dieser Vorgehensweise insbesondere dann ergeben, wenn es sich um eine rein betriebsinterne Maßnahme, wie beispielsweise eine Veränderung der Kantinenöffnungszeiten[829], handelt, deren Umsetzung keine Umsatz- und Gewinnmöglichkeiten zur Folge hat. Soweit sich vor diesem Hintergrund der Wert der Zustimmung bzw. der Wert der mitbestimmungspflichtigen Maßnahme nicht beziffern lässt, kann dies für das handelnde Betriebsratsmitglied insoweit ein Risiko darstellen, als sich eine Kompensation der beim Arbeitgeber eingetretenen Vermögensminderung nicht zweifelfrei feststellen lässt und in diesen Fällen ein Vermögensschaden des Arbeitgebers zu bejahen ist.

2. *Vorsatz und Absicht rechtswidriger Bereicherung*

Ist eine Vermögensminderung des Arbeitgebers nicht vollständig durch die im Gegenzug erlangte Zustimmung kompensiert, fordert § 253 Abs. 1 StGB neben dem Vorsatz die Absicht des Täters, sich oder einen Dritten zu Unrecht zu bereichern. Wann die Rechtswidrigkeit des erstrebten Vermögensvorteils gegeben ist, ist im Einzelnen nicht abschließend geklärt.[830] Übereinstimmung besteht jedoch insoweit, als ein Vorteil, auf dessen Erlangung der Täter nach den Vorschriften des Zivil- und des öffentlichen Rechts einen fälligen einredefreien Anspruch hat, jedenfalls nicht rechtswidrig ist.[831] Im Hinblick auf Koppelungsgeschäfte wird in aller Regel ein entsprechender Anspruch jedenfalls

829 Nach § 87 Abs. 1 Nr. 8 BetrVG hat der Betriebsrat bei Form, Ausgestaltung und Verwaltung von Sozialeinrichtungen, wozu auch die Öffnungszeiten der Werkskantine zählen, mitzubestimmen, vgl. Richardi-*Richardi*, § 87, Rn. 619.

830 Maurach/Schroeder/Maiwald, Strafrecht BT 1, § 14, Rn. 143.

831 BGHSt 19, 206, 215 f.; LK-*Tiedemann*, § 263, Rn. 264; Maurach/Schroeder/Maiwald, Strafrecht BT 1, § 14, Rn. 143; MK-*Sander*, § 253, Rn. 32; Sch/Sch-*Cramer/ Perron*, § 253, Rn. 19; Wessels/Hillenkamp, Strafrecht BT 2, Rn. 585.

des Betriebsrats auf das dem Arbeitgeber abgenötigte Verhalten nicht bestehen. Das Wesen von Koppelungsgeschäften liegt nämlich gerade darin, dass der Betriebsrat durch die Verweigerung der Zustimmung die Regelung einer Angelegenheit durchzusetzen beabsichtigt, die er sonst nicht erreichen könnte. Im Falle fremdnütziger Bereicherungsabsicht ist es jedoch ausreichend, wenn dem Dritten ein entsprechender Anspruch zusteht.[832] Erstrebt der Betriebsrat mit dem Koppelungsgeschäft eine für die Arbeitnehmer günstige Maßnahme oder Regelung, kann die Rechtswidrigkeit der erstrebten Bereicherung daher entfallen, wenn ein Anspruch der Arbeitnehmer auf das abgenötigte Verhalten des Arbeitgebers besteht.

II. Zur Strafbarkeit wegen Verstoßes gegen das Arbeitskampfverbot des § 74 Abs. 2 Satz 1 1. HS BetrVG

Auch bei einem Verstoß gegen das betriebsverfassungsrechtliche Arbeitskampfverbot kommt eine Erpressung in Betracht. Da eine Erpressung bei einer vom Bereicherungsstreben getragenen Nötigung eines anderen zur Preisgabe eigener oder fremder Vermögenswerte gegeben ist, gelten für Täterschaft und Teilnahme im Hinblick auf einen vom Betriebsrat initiierten Arbeitskampf die diesbezüglichen Ausführungen zur Nötigung.[833] Wie festgestellt wurde, werden die einen Arbeitskampf initiierenden Betriebsratsmitglieder regelmäßig nicht die Tatherrschaft über das Kampfgeschehen innehaben, so dass nur eine Strafbarkeit als Anstifter gemäß § 26 StGB oder als Gehilfe gemäß § 27 StGB in Betracht kommt. Insoweit wäre für eine Teilnehmerstrafbarkeit von Betriebsmitgliedern maßgeblich, ob eine Erpressung des Arbeitgebers durch die Arbeitnehmer gegeben ist.[834] Andererseits ist es nicht denkunmöglich, dass die Betriebsratsmitglieder (Mit-)Täter einer Erpressung sein können, nämlich dann, wenn sie das Tatgeschehen leitend in den Händen halten oder die Tat selbst begehen. Daher wird im Folgenden der Frage nachgegangen, ob bei einer durch einen Arbeitskampf hervorgerufenen Vermögensbeeinträchtigung des Arbeitgebers eine durch das betreffende Betriebsratsmitglied als Täter begangene Erpressung gegeben sein kann.

---

832 MK-*Sander*, § 253, Rn. 32.

833 Vgl. 2. Teil/D. II. 4.

834 Vgl. hierzu Kümmel, Streik und Strafrecht, S. 197 ff.; Schmidt, Der Streik im Rahmen des Strafrechts, S. 239 ff.

1. Vermögensverfügung und Vermögensnachteil

Lässt sich der Arbeitgeber um der Fortführung des Betriebs und der Produktion willen auf die mit dem Streik verfolgte Forderung ein, wird es sich hierbei ebenfalls um ein zwar unfreiwilliges, aber willentliches Verhalten handeln.[835]

Für die Frage nach einem auf der arbeitgeberseitigen Verfügung beruhenden Vermögensnachteil kommt es weiter darauf an, dass der Arbeitskampfforderung ein Vermögenswert zukommt. Bei einem Arbeitskampf um wirtschaftliche Ziele, insbesondere um höhere Löhne, Zuschläge[836] o. Ä. lässt sich der Vermögenswert der Forderung in Höhe der geforderten Zahlung beziffern. Für den Fall, dass mit dem Arbeitskampf bestimmte arbeitsrechtliche Einzelmaßnahmen wie die Einstellung oder Entlassung einzelner Arbeitnehmer durchgesetzt werden sollen, kommt es auf die Forderung und deren wirtschaftlichen Wert im Einzelfall an. Insoweit kann auf die diesbezüglichen Ausführungen zum Koppelungsgeschäft verwiesen werden, wonach insbesondere dem Verzicht auf eine Kündigung oder der Verlängerung einzelner Arbeitsverträge ein Vermögenswert zukommen kann.[837] Das gilt auch für einen Arbeitskampf mit dem Ziel der Beschäftigungs- und/oder Standortsicherung durch den Abschluss eines Standortsicherungsvertrags bzw. den Abschluss eines sog. betrieblichen Bündnisses für Arbeit zwischen Betriebsrat und Arbeitgeber.[838] Hierbei wird es dem Betriebsrat in der Regel ebenfalls um personelle Einzelmaßnahmen, nämlich um einen Verzicht auf betriebsbedingte Kündigungen für einen bestimmten Zeitraum, gehen. Soweit der Standort- und/oder Beschäftigungssicherungsvertrag zudem Investitionen am Standort des Betriebs, Garantien zur Übernahme von Auszubildenden oder die Weiterführung bestehender Produktlinien am Standort zum Gegenstand hat, wird man auch hier in der Regel einen Vermögenswert der einzelnen Maßnahmen, um dessen Wert das Vermögen des Arbeitgebers gemindert wird, beziffern können.

Kein Vermögensnachteil des Arbeitgebers infolge der Vermögensminderung ist gegeben, wenn die Minderung durch einen unmittelbar aus der

---

835 Vgl. 2. Teil/E. I. 1.

836 Vgl. BAGE 1, 291 ff.; LAG Sachsen, Urteil v. 2.11.2007, Az. 7 SaGa 19/07 (Lokomotivführerstreik); zum wiederholten Streik der Lufthansamitarbeiter am 22.4.2013 vgl. FAZ v. 20.4.2013 (http://www.faz.net/aktuell/wirtschaft/verdi-streik-am-montag-lufthansa-streicht-fast-alle-fluege-12156683.html).

837 Vgl. 2. Teil/E. I. 1.

838 Vgl. LAG Hamm 31.5.2000 AP Nr. 158 zu Art 9 GG Arbeitskampf; LAG Schleswig-Holstein, Urteil v. 27.3.2003, Az. 5 Sa 137/03; LAG Niedersachsen, Urteil v. 2.6.2004, Az. 7 Sa 819/04.

Vermögensverfügung fließenden Gegenwert wirtschaftlich voll kompensiert wird. Anders als im Fall des Koppelungsgeschäfts, bei dem der Arbeitgeber die benötigte Zustimmung des Betriebsrats erlangt, erbringt der Betriebsrat im Fall des von ihm initiierten Arbeitskampfes selbst keine Gegenleistung. Eine Kompensation ist allerdings durch Zugeständnisse seitens der Belegschaft denkbar, wenn diese unmittelbar aus der Vermögensverfügung des Arbeitgebers hervorgehen d. h. ohne rechtlich selbständige Handlung eintreten und einen Vermögenszuwachs beim Arbeitgeber bewirken.[839] Verdeutlichen lässt sich dies am Beispiel des Abschlusses von Beschäftigungs- und/oder Standortsicherungsvereinbarungen zwischen Betriebsrat und Arbeitgeber. Kennzeichen einer solchen Vereinbarung ist, dass sich sowohl der Arbeitgeber als auch die Arbeitnehmerseite zu bestimmten Leistungen verpflichten und Zugeständnisse gegenüber tariflichen Standards im Rahmen des § 4 Abs. 3 TVG einräumen.[840] Als Zugeständnisse der Arbeitnehmer kommen beispielsweise eine Wochenarbeitszeitverkürzung ohne Lohnausgleich, eine Anhebung der Wochenarbeitszeit oder geringere Entgeltzuwächse in Betracht.[841]

2. *Vorsatz und Absicht rechtswidriger Bereicherung*

In subjektiver Hinsicht setzt eine Strafbarkeit nach § 253 Abs. 1 StGB voraus, dass das betreffende Betriebsratsmitglied vorsätzlich und in der Absicht rechtswidriger (Dritt-)Bereicherung gehandelt hat. Da es im Falle fremdnütziger Bereicherungsabsicht zum Ausschluss der Rechtswidrigkeit der erstrebten Bereicherung ausreichend ist, wenn ein Anspruch eines Dritten auf das abgenötigte Verhalten besteht, ist auch ein entsprechender Anspruch der Arbeitnehmer grundsätzlich geeignet, die Rechtswidrigkeit entfallen zu lassen.[842]

---

839 Wessels/Hillenkamp, Strafrecht BT 2, Rn. 538; vgl. 2.Teil/B. I. 5. c).

840 Seifert, Betriebliche Bündnisse für Arbeit, S. 6.

841 Hübler, Sind betriebliche Bündnisse für Arbeit erfolgreich?, S. 632.

842 Vgl. 2. Teil/E. I.2. Im Hinblick auf die Frage, ob ein Anspruch der Arbeitnehmer auf das abgenötigte Verhalten des Arbeitgebers besteht, ist zu berücksichtigen, dass Arbeitskämpfe, insbesondere um höhere Löhne, Zuschläge etc., im Kontext der Rechtswidrigkeit des erstrebten Vermögensvorteils einen Sonderfall darstellen. Mit dem Arbeitskampf soll der Anspruch auf höhere Löhne oder andere vermögenswerte Leistungen erst begründet werden, so dass es nicht unmittelbar sondern nur mittelbar um eine Leistung geht. Da auch ein rechtmäßiger Arbeitskampf um vermögenswerte Leistungen stets eine tatbestandsmäßige Erpressung darstellen würde, kann nach einhelliger Auffassung im Schrifttum die Rechtswidrigkeit des erstrebten Vermögensvorteils nicht von dem Bestehen eines entsprechenden Anspruchs

F. Strafbarkeit wegen Verletzung von Betriebs- und Geschäftsgeheimnissen

Tätigkeit und Aufgaben des Betriebsrats bringen es mit sich, dass die Betriebsratsmitglieder regelmäßig mit sensiblen Informationen in Berührung kommen, an denen der Arbeitgeber ein Geheimhaltungsinteresse hat. Insbesondere im Rahmen der Mitbestimmung in wirtschaftlichen Angelegenheiten nach §§ 106 ff. und §§ 111 ff. BetrVG kommt dies zum Tragen. So hat beispielsweise der Wirtschaftsausschuss, dem mindestens ein Mitglied des Betriebsrats angehört, nach § 106 Abs. 1 BetrVG die Aufgabe, wirtschaftliche Angelegenheiten mit dem Unternehmer zu beraten und den Betriebsrat zu unterrichten.[843] Hierzu ist der Wirtschaftsausschuss rechtzeitig und umfassend durch Vorlage der erforderlichen Unterlagen zu informieren. Auch bei geplanten Betriebsänderungen nach §§ 111 ff. BetrVG nimmt der Betriebsrat gemäß § 111 Abs. 1 Satz 1 BetrVG eine beratende Rolle ein und ist zeitig über die Pläne des Unternehmers in Kenntnis zu setzen. Im Rahmen dieser Unterrichtungs- und Informationspflichten muss der Arbeitgeber Informationen an den Betriebsrat herausgeben, die nicht für die Öffentlichkeit bestimmt sind und an denen er in der Regel ein berechtigtes

---

der Arbeitnehmer abhängen (vgl. Kümmel, Streik und Strafrecht, S. 198; Niese, Streik und Strafrecht, S. 87 f.; Schmidt, Der Streik im Rahmen des Strafrechts, S. 244). In der arbeitsrechtlichen und arbeitsstrafrechtlichen Literatur wird daher unter Bezugnahme auf einen materiellen Unrechtsgehalt die Rechtswidrigkeit des erstrebten Vermögensvorteils dann als gegeben angesehen, wenn die Rechtsordnung den mit dem Arbeitskampf neu zu begründenden Anspruch missbillige und er deshalb vor ihr keinen Bestand haben könne. Gleichzeitig wird festgestellt, dass die Frage, wann eine Lohnforderung unerträglich hoch bemessen sei, im Einzelfall eine schwierige Entscheidung darstellen (vgl. Kümmel, Streik und Strafrecht, S. 200 ff.; Niese, Streik und Strafrecht, S. 88 f.; Reents, Die Verwerflichkeitsklausel, S. 251 f.; Schmidt, Der Streik im Rahmen des Strafrechts, S. 244 f.). Im Falle des Lohnstreiks seien für die Überprüfung, ob die angebotene Arbeitsleistung und die geforderte Entlohnung in einem auffälligen Missverhältnis stünden, verschiedene Gesichtspunkte wie die Höhe der Inflation, die Höhe anderer Lohnerhöhungen in vergleichbaren Branchen, die Ertragslage des bestreikten Unternehmens, aber auch die Ausbildung der Arbeitnehmer sowie besondere Erschwernisse wie Schmutz, Gefahr oder Schichtarbeit des streikenden Berufszweigs zu berücksichtigen (vgl. Schmidt, Der Streik im Rahmen des Strafrechts, S. 245).

843 Zu den wirtschaftlichen Angelegenheiten zählen gemäß § 106 Abs. 3 BetrVG u. a. die wirtschaftliche und finanzielle Lage sowie die Produktions- und Absatzlage des Unternehmens, geplante Produktions- und Investitionsprogramme, Rationalisierungsvorhaben oder die Verlegung von Betrieben oder Betriebsteilen.

Geheimhaltungsinteresse hat.[844] Dieses Geheimhaltungsinteresse wird auch strafrechtlich geschützt. Mit Blick auf Betriebs- und Geschäftsgeheimnisse kommen bei unbefugter Weitergabe von Unternehmensdaten die Tatbestände gemäß § 120 Abs. 1 Nr. 1, Abs. 3 Nr. 2 BetrVG sowie nach § 17 Abs. 1 UWG in Betracht. Handelt es sich bei den weitergegebenen Umständen um Insiderinformationen gemäß § 13 Abs. 1 WpHG, ist auch an eine Strafbarkeit gemäß § 38 Abs. 1 Nr. 2 c) i. V. m. § 39 Abs. 2 Nr. 3 WpHG zu denken, wonach die Offenbarung und Verwertung von Betriebs- und Geschäftsgeheimnissen unter Strafe gestellt ist.

I. Zur Strafbarkeit gemäß § 120 Abs. 1 Nr. 1, Abs. 3 Satz 2 BetrVG

Nach § 79 Abs. 1 BetrVG sind die Mitglieder des Betriebsrats verpflichtet, Betriebs- oder Geschäftsgeheimnisse, die ihnen wegen ihrer Zugehörigkeit zum Betriebsrat bekannt geworden und vom Arbeitgeber ausdrücklich als geheimhaltungsbedürftig bezeichnet worden sind, nicht zu offenbaren und nicht zu verwerten. Verstößt ein Betriebsratsmitglied gegen diese Pflichten, kommt eine Strafbarkeit nach § 120 Abs. 1 Nr. 1 ggf. i.V.m. Abs. 3 Satz 3 BetrVG in Betracht, der dem Schutz von Betriebs- und Geschäftsgeheimnissen dient.[845]

1. Fallbeispiel: Beschluss des Bundesarbeitsgerichts vom 26.2.1987

In einem vom Bundesarbeitsgericht im Jahr 1987 zu beurteilenden Sachverhalt stritten die Beteiligten darüber, ob der Betriebsrat der Antragstellerin berechtigt war, von ihm gefertigte Auswertungen aus den Bruttogehaltslisten der Mitarbeiter Dritten bekanntzugeben. Die Antragstellerin betrieb einen Verlag, der acht jeweils wöchentlich erscheinende Zeitschriften herausgab. Auf Anfrage des Betriebsrats gewährte die Antragstellerin diesem Einblick in die Listen aller Arbeitnehmer einschließlich der Redakteure und der außertariflich Angestellten. Hierbei wies die Antragstellerin auf § 79 BetrVG hin und erklärte die Lohn- und Gehaltsdaten ausdrücklich für geheimhaltungsbedürftig. In der Folgezeit gab der Betriebsrat zwei Informationsblätter heraus, mit welchen er die Bruttodurchschnittsgehälter, die Gehaltsspannen, die übertariflichen Zulagen und die Spanne der übertariflichen Zulagen veröffentlichte. Die antragstellende Arbeitgeberin beantragte, dem Betriebsrat aufzugeben, es zu unterlassen, die genannten Gehaltsdaten zu veröffentlichen; der Betriebsrat beantragte, den Antrag zurückzuweisen. Das Bundearbeitsgericht teilte die Auffassung der Vorinstanzen, wonach

844 Vgl. 1. Teil/C. VI. 1.

845 GK-*Oetker*, § 120, Rn. 7; H/S/W/G/N/R-*Hess*, § 120, Rn. 4.

der Betriebsrat mit der Veröffentlichung der Brutto-Durchschnittsgehälter und der übertariflichen Zulagen gegen § 79 Abs. 1 Satz BetrVG verstoßen habe.

Mit der Veröffentlichung dieser Daten habe der Betriebsrat ein Betriebs- oder Geschäftsgeheimnis offenbart. Zwar könne die Frage, ob innerbetriebliche Lohn- und Gehaltsstrukturen zu den Geschäftsgeheimnissen i. S. d. § 79 Abs. 1 BetrVG zu zählen seien, nicht generell beantwortet werden. Voraussetzung einer Geheimhaltungspflicht sei, dass die Geheimhaltung dieser Daten für den wirtschaftlichen Erfolg des Betriebs insofern einen Vorteil darstellen, als die Konkurrenz mit deren Kenntnis ihre eigene Wettbewerbsfähigkeit steigern könne. Denn mit § 79 Abs. 1 BetrVG solle die ungestörte Ausübung des Gewerbes auch gerade aufgrund Dritten nicht zugänglicher Kenntnisse, Erfahrungen und Unterlagen und damit die Wettbewerbsfähigkeit des Betriebsinhabers geschützt werden. Im konkreten Fall sei zu berücksichtigen, dass die betriebsverfassungsrechtliche Auseinandersetzung der Beteiligten nicht in einem industriellen Produktionsbetrieb, sondern in einem Zeitschriftenverlag geführt werde. In einem solchen Betrieb seien die Kosten für die redaktionellen Mitarbeiter weitgehend mit den Produktionskosten identisch und daher ein wesentlicher Kalkulationsfaktor. Über den Gehaltsfaktor werde auch die Erfüllung des unternehmerischen Zwecks eines Verlages maßgeblich bestimmt, indem hochqualifizierte Mitarbeiter mit besonderen Kenntnissen der Materie durch weit überdurchschnittliche Entlohnung gehalten oder angeworben würden. Die Kenntnis dieser Faktoren, die den Erfolg einer Zeitschrift am Markt wesentlich mitbestimmten, ließen für den Konkurrenten Schlüsse auf die Leistungsfähigkeit des Verlages zu.[846]

2. *Tatbestand*

a) Verstoß gegen § 79 Abs. 1 Satz 1 BetrVG

§ 120 Abs. 1 Nr. 1, Abs. 3 Satz 2 BetrVG knüpft an die Geheimhaltungsverpflichtung des § 79 Abs. 1 Satz 1 BetrVG an. Voraussetzung einer Strafbarkeit nach § 120 Abs. 1 Nr. 1 BetrVG ist, dass ein Betriebsratsmitglied ein fremdes Betriebs- oder Geschäftsgeheimnis offenbart hat, das die Voraussetzungen eines materiellen und formellen Geheimnisses erfüllt. Die Verwertung eines Betriebs- oder Geschäftsgeheimnisse, d. h. die Ausnutzung des Geheimnisses zu eigenen wirtschaftlichen Zwecken, ohne es zu offenbaren, wird als eigenständiges Delikt gemäß § 120 Abs. 3 Satz 2 BetrVG unter eine höhere Strafandrohung gestellt.

---

846 BAG 26.2.1987 AP Nr. 2 zu § 79 BetrVG 1972.

b) Unbefugtes Offenbaren oder Verwerten eines Betriebs- oder Geschäftsgeheimnisses

Der strafrechtliche Schutz nach § 120 Abs. 1 Nr. 1, Abs. 3 Satz 2 BetrVG beschränkt sich auf das unbefugte Offenbaren und Verwerten von Betriebs- und Geschäftsgeheimnissen. Unbefugt ist die Offenbarung oder Verwertung, wenn sie ohne Zustimmung des Arbeitgebers an Personen erfolgt, die nicht einem der in § 79 BetrVG genannten Gremien angehören.[847]

Ob dem Begriff „unbefugt" i. S. d. § 120 Abs. 1 Nr. 1, Abs. 3 Satz 2 BetrVG die Funktion eines Tatbestandsmerkmals[848] oder eines allgemeinen Merkmals der Rechtswidrigkeit[849] zukommt, wird unterschiedlich beurteilt. Die dogmatische Einordnung dieses Merkmals hat zum einen Auswirkungen darauf, ob die Zustimmung des Arbeitgebers zur Weitergabe oder zur Verwertung bereits ein tatbestandsausschließendes Einverständnis oder erst eine rechtfertigende Einwilligung darstellt. Da für ein tatbestandsausschließendes Einverständnis einerseits und eine rechtfertigende Einwilligung andererseits unterschiedliche Anforderungen gelten, kann die Einordnung als Einverständnis oder als Einwilligung zu unterschiedlichen Ergebnissen führen. Zum anderen kommt es auf die dogmatische Einordnung als Einverständnis oder Einwilligung bei der irrtümlichen Annahme einer Zustimmung an.[850] Hält man die Zustimmung des Arbeitgebers für ein tatbestandsauschließendes Einverständnis, hat der Irrtum einen den Vorsatz ausschließenden Tatbestandsirrtum gemäß § 16 Abs. 1 Satz 1 StGB zur Folge. Behandelt man die Zustimmung hingegen als rechtfertigende Einwilligung, führt ein Irrtum über die Zustimmung zu einem Erlaubnistatbestandsirrtum, der nach der überwiegenden Literaturansicht lediglich den Vorsatzschuldvorwurf entfallen lässt (sog. rechtsfolgenverweisende eingeschränkte Schuldtheorie).[851]

---

847 Hitzfeld, Geheimnisschutz im Betriebsverfassungsrecht, S. 82; Sch/Sch-*Lenckner-Eisele*, § 203, Rn. 21.

848 H/S/W/G/N/R-*Hess*, § 120, Rn. 15; Krumm-Mauermann, Rechtsgüterschutz durch die Straf- und Bußgeldvorschriften des Betriebsverfassungsgesetzes, S. 112, 113; W/P/K-*Preis*, § 120, Rn. 11.

849 D/K/K/W-*Trümner*, § 120, Rn. 8; Fitting, § 120, Rn. 3; GK-*Oetker*, § 120, Rn. 17.

850 Vgl. Krumm-Mauermann, Rechtsgüterschutz durch die Straf- und Bußgeldvorschriften des Betriebsverfassungsgesetzes, S. 112, 113; Rieble/Klebeck, NZA 2006, 758, 765.

851 BGH NStZ 2012, 272, 273; Jescheck/Weigand, Strafrecht AT, S. 464; Maurach/Zipf, Strafrecht AT 1, § 37, Rn. 43; NK-*Puppe*, § 16, Rn. 133 ff.; Wessels/Beulke, Strafrecht AT, Rn. 479, umfassend zum Streitstand vgl. MK-*Joecks*, § 16, Rn. 113 ff.

Nach herkömmlicher Unterscheidung beurteilt sich die Abgrenzung von tatbestandsausschließendem Einverständnis und rechtfertigender Einwilligung danach, ob sich der Unwert der Tat daraus ableitet, dass sie gegen den Willen oder lediglich ohne Zustimmung des Betroffenen erfolgt. Leitet sich der Unwertgehalt aus dem entgegenstehenden Willen des Betroffenen ab, liegt in der Zustimmung ein tatbestandsausschließendes Einverständnis. Eine rechtfertigende Einwilligung ist hingegen bei Delikten gegeben, bei denen ein Handeln gegen den Willen des Opfers nicht zum Tatbestand gehört.[852] Bereits der Begriff des Geheimnisses kann vom Willen des Betroffenen nicht getrennt werden und setzt daher als eine Komponente einen Geheimhaltungswillen des Betroffenen voraus.[853] Im Rahmen des § 120 Abs. 1, Abs. 3 Satz 2 BetrVG kommt dies dadurch zum Ausdruck, dass Voraussetzung für das Vorliegen eines Geheimnisses nach dieser Vorschrift ein formelles Geheimnis i. S. d. § 79 Abs. 1 BetrVG ist, also die Geheimhaltungsbedürftigkeit ausdrücklich durch den Arbeitgeber erklärt wird. Die tatbestandlichen Handlungen des § 120 Abs. 1, Abs. 3 Satz 2 BetrVG richten sich somit unmittelbar und ausschließlich gegen den Willen des Betroffenen.[854] Dafür spricht auch, dass durch § 120 BetrVG ausschließlich das Individualinteresse an der Geheimhaltung bestimmter Tatsachen geschützt ist. Ein jedenfalls mittelbarer Schutz der Allgemeinheit, wie er nach teilweise vertretener Ansicht bei § 203 StGB hinzutritt,[855] kommt im Rahmen des betriebsverfassungsrechtlichen Geheimnisschutzes nicht in Betracht.[856] Die Norm dient daher nur dem Geheimhaltungsinteresse des Arbeitgebers.[857] Bei fehlendem Geheimhaltungswillen liegt somit keine Rechtsgutsverletzung vor, da der Arbeitgeber kein besonderes Vertrauen in die Geheimhaltung setzt.[858] Eine Disposition

852 BGHSt 23, 1, 3; Fischer, Vor § 32, Rn. 3 b; Kindhäuser, Strafrecht AT, § 12, Rn. 33; Rengier, Strafrecht AT, § 23, Rn. 3; Sch/Sch-*Lenckner/Sternberg-Lieben*, Vorbem §§ 32 ff., Rn. 31; Wessels/Beulke, Strafrecht AT, Rn. 362.

853 Fischer, § 203, Rn. 6; LK-*Schünemann*, § 203, Rn. 19 ff., 24 ff.

854 Krumm-Mauermann, Rechtsgüterschutz durch die Straf- und Bußgeldvorschriften des Betriebsverfassungsgesetzes, S. 113.

855 MK-*Cierniak*, § 203, Rn. 5; Sch/Sch-*Lenckner-Eisele*, § 203, Rn. 3 jeweils mwN.

856 GK-*Oetker*, § 120, Rn. 7; Sax, Strafbestimmungen des Betriebsverfassungsrechts, S. 29, 30; a. A. Tag, BB 2001, 1578, 1580, die für § 120 Abs. 2 BetrVG das Allgemeininteresse an der Funktionsfähigkeit der Institution „Betriebsrat" und damit der Verschwiegenheit der Betriebsratsmitglieder zumindest als mittelbar geschütztes Rechtsgut ansieht.

857 Krumm-Mauermann, Rechtsgüterschutz durch die Straf- und Bußgeldvorschriften des Betriebsverfassungsgesetzes, S. 113.

858 Vgl. Sch/Sch-*Lenckner-Eisele*, § 203, Rn. 22.

des Arbeitgebers muss in diesem Fall möglich sein. Die besseren Argumente sprechen somit dafür, eine Zustimmung des Arbeitgebers zur Offenbarung oder Verwertung des Betriebs- oder Geschäftsgeheimnisses als tatbestandsausschließendes Einverständnis zu werten. Daran anknüpfend befindet sich ein Betriebsratsmitglied bei irrtümlicher Annahme einer Zustimmung in einem den Vorsatz ausschließenden Tatbestandsirrtum gemäß § 16 Abs. 1 Satz 1 StGB.

c) Subjektiver Tatbestand

Im subjektiven Tatbestand erfordert eine Strafbarkeit nach § 120 Abs. 1 Nr. 1 BetrVG vorsätzliches Handeln der Betriebsratsmitglieder, wobei bedingter Vorsatz ausreichend ist.[859] Mangels ausdrücklicher Anordnung ist eine fahrlässige Offenbarung eines Betriebs- oder Geschäftsgeheimnisses straflos.

d) Besonderes persönliches Merkmal

Die unter Strafe gestellte Geheimnisoffenbarung und -verwertung gemäß § 120 Abs. 1 Nr. 1, Abs. 3 Satz 2 BetrVG knüpft an die Amtsträgereigenschaft der Betriebsratsmitglieder an und stellt für diese ein echtes Sonderdelikt dar.[860] Da die Eigenschaft als Betriebsratsmitglied ein besonderes persönliches strafbegründendes Merkmal im Sinne des § 28 Abs. 1 StGB darstellt, ist eine Teilnahme eines Nichtschweigepflichtigen über § 28 Abs. 1 StGB möglich.[861]

3. *Rechtswidrigkeit*

Nicht rechtswidrig und damit nicht unbefugt handelt ein schweigepflichtiges Betriebsratsmitglied, wenn für die Offenbarung des Geheimnisses ein Rechtfertigungsgrund gegeben ist.[862] Eine Befugnis zur Offenbarung kann sich aufgrund einer gesetzlichen Pflicht oder einer Befugnis zur Offenbarung ergeben.

Eine Schweigepflicht im Hinblick auf Betriebs- und Geschäftsgeheimnisse besteht nicht, soweit § 79 Abs. 1 Satz 3, 4, Abs. 2 BetrVG eine Mitteilung gegenüber anderen Funktionsträgern erlaubt. Die Weitergabe an diesen Personenkreis ist daher nicht rechtswidrig ist.[863] Als weitere Offenbarungspflichten und -befugnisse kommen, nicht nur für § 120 Abs. 1 Nr. 1, Abs. 3 Satz 2 BetrVG, sondern auch im Rahmen der strafbewehrten Geheimhaltungsvorschriften des Gesetzes

859 GK-*Oetker*, § 120, Rn. 14; H/S/W/G/N/R-*Hess*, § 120, Rn. 16.
860 GK-*Oetker*, § 120, Rn. 20.
861 GK-*Oetker*, § 120, Rn. 57; Richardi-*Annuß*, § 120, Rn. 16.
862 GK-*Oetker*, § 120, Rn. 17; MK-*Cierniak*, § 203, Rn. 82.
863 Krumm-Mauermann, Rechtsgüterschutz durch die Straf- und Bußgeldvorschriften des Betriebsverfassungsgesetzes, S. 115.

gegen unlauteren Wettbewerb sowie des Wertpapierhandelsgesetzes, vor allem zivil- und strafprozessuale Aussagepflichten sowie der rechtfertigende Notstand gemäß § 34 StGB in Betracht.

a) Prozessuale Zeugnispflicht

Soweit ein nach § 120 Abs. 1 BetrVG schweigepflichtiges Betriebsratsmitglied aufgrund einer prozessualen Zeugnispflicht vor Gericht als Zeuge aussagt, könnte die Offenbarung befugt und die Rechtswidrigkeit der Geheimnisoffenbarung zu verneinen sein. In dieser Situation stehen sich die widerstreitenden Interessen des strafbewehrten Geheimnisschutzes einerseits sowie die Funktionstüchtigkeit und die auf Wahrheitsfindung gerichtete Rechtspflege andererseits gegenüber.[864] Nach der ganz überwiegenden Meinung geht im Interesse der Einheit der Gesamtrechtsordnung die prozessuale Aussagepflicht der Schweigepflicht vor, soweit dem Schweigepflichtigen kein Zeugnisverweigerungsrecht eingeräumt ist.[865] Die materiell-rechtliche Schweigepflicht begründet für sich allein insofern kein Aussageverweigerungsrecht.[866] Eine Verletzung der Geheimhaltungspflicht durch ein Mitglied des Betriebsrats führt bei Bestehen einer prozessualen Aussagepflicht daher nicht zu einer Strafbarkeit nach § 120 Abs. 1 Nr. 1 BetrVG. Etwas anderes gilt jedoch, wenn einem nach § 120 Abs. 1 BetrVG schweigepflichtigen Betriebsratsmitglied ein Zeugnisverweigerungsrecht zusteht. Übt das Betriebsratsmitglied dieses Recht nicht aus, ist die Offenbarung des Geheimnisses rechtswidrig.

Die Vorschriften der §§ 52 ff. StPO sehen für bestimmte Personengruppen ein strafprozessuales Zeugnisverweigerungsrecht vor. Hierauf können sich die Mitglieder des Betriebsrats jedoch nicht berufen. Insbesondere § 53 Abs. 1 Satz 1 StPO, der ein Zeugnisverweigerungsrecht für bestimmte Berufsgeheimnisträger vorsieht, findet keine Anwendung auf Betriebsratsmitglieder. Für diese gilt die staatsbürgerliche Aussagepflicht des Zeugen im Strafprozess, die sich u. a. in den §§ 70 Abs. 1, 161 a StPO widerspiegelt.[867] Einer erweiternden Auslegung des Kreises der nach § 53 Abs. 1 Satz 1 StPO Zeugnisverweigerungsberechtigten auch auf Betriebsratsmitglieder steht der abschließend enumerative Ausnahmecharakter der Vorschrift entgegen. Die enumerative Aufzählung der Zeugnisverweigerungsberechtigten

---

864 Vgl. BVerfGE 33, 367, 383.

865 Vgl. GK-*Oetker*, § 120, Rn. 18; Krumm-Mauermann, Rechtsgüterschutz durch die Straf- und Bußgeldvorschriften des Betriebsverfassungsgesetzes, S. 116; Meyer-Goßner, § 53, Rn. 4; Sch/Sch-*Lenckner-Eisele*, § 203, Rn. 29 mwN.

866 MK-*Cierniak*, § 203, Rn. 88.

867 Meyer-Goßner, Vor § 48, Rn. 5.

lässt gerade auf den Willen des Gesetzgebers schließen, nicht allen strafbewehrten Schweigepflichtigen ein Zeugnisverweigerungsrecht zuzubilligen.[868] Auch wegen der Notwendigkeit, eine funktionstüchtige Rechtspflege zu erhalten, bedarf die Einräumung eines Aussageverweigerungsrechts aus beruflichen Gründen stets einer besonderen Legitimation und der Kreis der Zeugnisverweigerungsberechtigten muss auf das unbedingt erforderliche Maß begrenzt bleiben.[869] Vor diesem Hintergrund hält es auch das Bundesverfassungsgericht unter Zustimmung der Lehre mit dem Grundgesetz für vereinbar, dass § 53 Abs. 1 StPO den Mitgliedern von Betriebsräten kein berufsbezogenes Zeugnisverweigerungsrecht einräumt. Die Betriebsratsmitglieder seien nach ihrer Aufgabenstellung nicht mit den in § 53 Abs. 1 StPO genannten Berufsträgern vergleichbar. Deren Berufsbild sei durch die Begründung eines höchstpersönlichen, grundsätzlich keine Offenbarung duldenden Vertrauensverhältnisses gekennzeichnet. Eine solche Position nehme der Betriebsrat nicht ein.[870] In der Regel besteht somit eine Aussagepflicht der Betriebsratsmitglieder im Strafprozess, so dass eine Strafbarkeit gemäß § 120 Abs. 1 Nr. 1 BetrVG aufgrund einer Geheimnisoffenbarung in einem Strafprozess mangels Rechtswidrigkeit nicht gegeben ist.[871]

Anders ist die Rechtslage im Rahmen eines Zivilprozesses oder eines arbeitsgerichtlichen Verfahrens. Der Aussagepflicht gemäß § 390 Abs. 1 ZPO (für das arbeitsgerichtliche Verfahren i. V. m. § 495 ZPO, § 46 Abs. 2 ArbGG) steht das auch für die Mitglieder des Betriebsrats geltende Aussageverweigerungsrecht gemäß § 383 Abs. 1 Nr. 6 ZPO gegenüber.[872] Danach sind diejenigen Personen zur Verweigerung des Zeugnisses berechtigt, die ein Amt bekleiden, bei dem sie charakteristischerweise Einblicke in fremde Geheimnisse erlangen. Das Betriebsverfassungsrecht setzt die Information des Betriebsrats durch den Arbeitgeber voraus, so dass die Mitglieder des Betriebsrats kraft ihres Amtes mit Betriebs- und Geschäftsgeheimnissen in

---

868 GK-*Oetker*, § 120, Rn. 18; Krumm-Mauermann, Rechtsgüterschutz durch die Straf- und Bußgeldvorschriften des Betriebsverfassungsgesetzes, S. 117.

869 BVerfGE 33, 367, 383; 38, 312, 321; Meyer-Goßner, § 53, Rn. 2.

870 BVerfG NJW 1979, 1286; Rengier, BB 1980, 321, 322.

871 In besonders gelagerten Einzelfällen kann ein Zeugnisverweigerungsrecht mit Rücksicht auf Art. 1 Abs. 1, 2 GG unter der Voraussetzung zugebilligt werden, dass das Mittel des Zeugenzwangs außer Verhältnis zum Wahrheitserforschungszweck steht, vgl. Krumm-Mauermann, Rechtsgüterschutz durch die Straf- und Bußgeldvorschriften des Betriebsverfassungsgesetzes, S. 118; BVerfGE 33, 367, 374 ff.

872 GK-*Oetker*, § 120, Rn. 18; Krumm-Mauermann, Rechtsgüterschutz durch die Straf- und Bußgeldvorschriften des Betriebsverfassungsgesetzes, S. 117; Stürner, JZ 1985, 453, 454.

Berührung kommen und daher zu dieser Personengruppe zu zählen sind. Übt ein nach § 120 Abs. 1 BetrVG schweigepflichtiges Betriebsratsmitglied sein zivilprozessuales Aussageverweigerungsrecht nicht aus, ist die Offenbarung des Geheimnisses rechtswidrig. Eine Rechtfertigung kommt nur nach allgemeinen Grundsätzen (z. B. mutmaßliche Einwilligung, § 34 StGB) in Betracht.

b) Rechtfertigender Notstand

Nach dem Prinzip des überwiegenden Interesses kann eine Tat bei Vorliegen der Voraussetzungen des rechtfertigenden Notstands gemäß § 34 StGB gerechtfertigt sein. Nicht rechtswidrig handelt danach, wer in einer gegenwärtigen Gefahr für andere Rechtsgüter zur Abwendung dieser – nicht anders abwendbaren – Gefahr eine Straftat begeht und bei Abwägung der widerstreitenden Interessen die anderen Rechtsgüter überwiegen. Notstandsfähig ist jedes schutzwürdige und schutzbedürftige Rechtsgut. Hierfür genügt jedes rechtlich geschützte Interesse, gleichgültig von welchem Teil der Rechtsordnung es diesen Schutz erfährt.[873] Die Rechtfertigung der Notstandshandlung hängt von einer zweifachen Wertung ab, bei welcher erstens das Rangverhältnis der kollidierenden Interessen und zweitens die sozialethische Angemessenheit der Tat erfasst wird.

Im Hinblick auf eine nach § 120 Abs. 1 Nr. 1 BetrVG strafbewehrte Geheimnisoffenbarung könnte in Erwägung zu ziehen sein, ob ein etwaiges Informationsinteresse der Belegschaft z. B. bei drastischem Rückgang des Absatzes,[874] die Offenbarung eines Betriebs- oder Geschäftsgeheimnisses zu rechtfertigen vermag. Voraussetzung wäre, dass das Informationsinteresse der Belegschaft das von § 120 Abs. 1 Nr. 1 BetrVG geschützte Interesse des Arbeitgebers an einer Geheimhaltung der Betriebs- und Geschäftsgeheimnisse überwiegt. Einem überwiegenden Informationsinteresse der Belegschaft wird man jedoch in der Regel entgegenhalten können, dass das Gesetz dem Informationsinteresse der Belegschaft durch genaue Vorschriften über Art und Umfang der Unterrichtung, insbesondere in wirtschaftlichen Angelegenheiten (§§ 106 Abs. 2, 110, 111 Satz 1 BetrVG), Rechnung trägt,[875] so dass ein reines Informationsinteresse grundsätzlich eine Offenbarung nicht zu rechtfertigen vermag.[876]

---

873 Sch/Sch-*Perron*, § 34, Rn. 9; Wessels/Beulke, Strafrecht AT, Rn. 300.

874 Krumm-Mauermann, Rechtsgüterschutz durch die Straf- und Bußgeldvorschriften des Betriebsverfassungsgesetzes, S. 119.

875 Galperin/Löwisch, § 79, Rn. 7, § 120, Rn. 9

876 Galperin/Löwisch, § 79, Rn. 7, § 120, Rn. 9; H/S/W/G/N/R-*Hess*, § 120, Rn. 10; Krumm-Mauermann, Rechtsgüterschutz durch die Straf- und Bußgeldvorschriften des Betriebsverfassungsgesetzes, S. 119.

4. *Qualifikation, § 120 Abs. 3 Satz 1 BetrVG*

Eine Strafschärfung sieht das Gesetz nach § 120 Abs. 3 BetrVG vor, wenn ein Betriebsratsmitglied gegen Entgelt oder in der Absicht, sich oder einen anderen zu bereichern, ein Geschäfts- oder Betriebsgeheimnis offenbart oder verwertet.

5. *Fallbeispiel: Beschluss des Bundesarbeitsgerichts vom 26.2.1987*

Im Hinblick auf den zu Beginn der Ausführungen zum Tatbestand des § 120 Abs. 1 Nr. 1, Abs. 3 Satz 2 BetrVG dargestellten Fall[877] entschied das Bundesarbeitsgericht mit Beschluss vom 26.2.1987, dass die Veröffentlichung innerbetrieblicher Gehaltsstrukturen im konkreten Fall eine gegen § 79 Abs. 1 BetrVG verstoßende Offenbarung eines Geschäftsgeheimnisses durch den Betriebsrat darstelle. Vor diesem Hintergrund dürfte auch eine Strafbarkeit der an der Veröffentlichung der Lohn- und Gehaltsdaten beteiligten Betriebsratsmitglieder gemäß § 120 Abs. 1 Nr. 1 BetrVG gegeben sein, soweit die Betriebsratsmitglieder die Veröffentlichung der Daten wissent- und willentlich, jedenfalls aber billigend in Kauf nahmen.

II. Zur Strafbarkeit gemäß § 17 Abs. 1 UWG

Wird mit der Weitergabe eines Betriebs- oder Geschäftsgeheimnisses zwar nicht die betriebsverfassungsrechtliche Geheimhaltungspflicht gemäß § 79 Abs. 1 Satz BetrVG verletzt, kann ein solches Verhalten aber dennoch strafbar sein. Als allgemeine Geheimhaltungsvorschrift schützt § 17 UWG ebenfalls die Betriebs- und Geschäftsgeheimnisse des Arbeitgebers. Anders als §§ 79 Abs. 1 Satz 1, 120 Abs. 1 Nr. 1 BetrVG knüpft die Vorschrift jedoch nicht an die Zugehörigkeit zum Betriebsrat sondern an die arbeitsvertragliche Stellung der Betriebsratsmitglieder an. Auch im Rahmen ihres Arbeitsvertrages sind die Betriebsratsmitglieder als Arbeitnehmer zur Geheimhaltung verpflichtet.[878] Wird einem Mitglied des Betriebsrats in seiner Eigenschaft als Arbeitnehmer im Rahmen seines Arbeitsverhältnisses ein Geschäfts- oder Betriebsgeheimnis anvertraut oder zugänglich gemacht und teilt es das Geheimnis jemandem unbefugt zu Zwecken des Wettbewerbs, aus Eigennutz, zugunsten eines Dritten oder in der Absicht, dem Inhaber des Unternehmens Schaden zuzufügen, mit, ist der Tatbestand des § 17 Abs. 1 UWG erfüllt. Die Erlaubnis des Arbeitgebers zur Offenbarung stellt eine rechtfertigende Einwilligung dar, so dass bei Vorliegen einer entsprechenden

877 Vgl. 2. Teil/F. I. 1.

878 Vgl. 1. Teil/C. VI. 2.

Erlaubnis die Rechtswidrigkeit der Tat entfällt.[879] Nicht rechtswidrig ist die Tat auch dann, wenn eine gesetzliche Pflicht oder Befugnis zur Offenbarung für das Betriebsratsmitglied z. B. aufgrund einer prozessualen Zeugnispflicht oder unter den Voraussetzungen des rechtfertigenden Notstands gemäß § 34 StGB, besteht.[880]

III. Zur Strafbarkeit gemäß §§ 38 Abs. 1 Nr. 2 c), 39 Abs. 2 Nr. 3 WpHG i. V. m. § 14 Abs. 1 Nr. 2 WpHG

Geht es um die unbefugte Weitergabe unternehmensbezogener Informationen durch ein Mitglied des Betriebsrats, ist auch an die Geheimhaltungsvorschriften des Wertpapierhandelsgesetzes zu denken. Nach § 14 Abs. 1 Nr. 2 WpHG ist es verboten und nach § 38 Abs. 1 Nr. 2 c) i. V. m. § 39 Abs. 2 Nr. 3 WpHG mit Strafe bedroht, Insiderinformationen, von denen aufgrund eines Amtes Kenntnis erlangt wurde, unbefugt anderen mitzuteilen oder zugänglich zu machen.[881]

1. Verstoß gegen § 14 Abs. 1 Nr. 2 WpHG

Ein Verstoß gegen § 14 Abs. 1 Nr. 2 WpHG setzt voraus, dass ein Betriebsratsmitglied eine Insiderinformation i. S. d. § 13 Abs. 1 WpHG einem anderen unbefugt mitteilt oder zugänglich macht. Nach § 13 Abs. 1 Satz 1 WpHG ist unter einer Insiderinformation jede konkrete Information über nicht öffentlich bekannte Umstände zu verstehen, die sich auf einen oder mehrere Emittenten von Insiderpapieren oder auf die Insiderpapiere selbst beziehen und die geeignet sind, im Falle ihres öffentlichen Bekanntwerdens den Börsen- oder Marktpreis der Insiderpapiere erheblich zu beeinflussen. Typischerweise gehören hierzu Unternehmensdaten wie Umsatz, Erfolg, Dividenden- und Kapitalerhöhungen oder gesellschaftsrechtliche Strukturveränderungen.[882] Da das Gesetz jedoch ganz allgemein von „Umständen“ spricht, ist das Merkmal der Insiderinformation

---

879 Köhler/Bornkamm -*Köhler*, UWG, § 17, Rn. 21; MK-*Brammsen*, Lauterkeitsrecht, § 17 UWG, Rn. 51, 52.

880 Vgl. 2. Teil/F. I. 3.

881 Der Gesamtbetriebsratsvorsitzende und zugleich stellvertretende Aufsichtsratsvorsitzende eines großen börsennotierten Kaufhaus- und Versandhandelsunternehmens teilte in einer Belegschaftsversammlung mit, dass dem Unternehmen die Insolvenz drohe, sollten die Arbeitnehmer im Zuge der Sanierungsbemühungen keine Einschnitte hinnehmen; hierauf sank der Aktienkurs um über 7 %, vgl. FAZ v. 5.10.2004; Sparchholz/Trümner, Die strafrechtliche Verantwortlichkeit von Betriebsratsmitgliedern, S. 29.

882 Röder/Merten, NZA 2005, 268, 269.

weit auszulegen, so dass zu den potenziellen Insiderinformationen auch arbeitsrechtlich relevante Unternehmensinformationen zählen, solange sie nicht öffentlich bekannt sind und den Börsen- oder Marktpreis erheblich beeinflussen können.[883] Als relevante Maßnahmen und Vorgänge mit betriebsverfassungsrechtlichem Bezug kommen insbesondere Betriebsänderungen als größere Restrukturierungsmaßnahmen gemäß § 111 Satz 3 Nr. 1–3 BetrVG, wesentliche Änderungen der Personalkosten beispielsweise durch Arbeitszeitverlängerungen ohne Lohnausgleich oder Zusammenschlüsse oder Spaltungen von Unternehmen oder Betrieben i. S. d. § 106 Abs. 2, Abs. 3 Nr. 8 BetrVG in Betracht.[884] Über diese Maßnahmen ist der Betriebsrat rechtzeitig zu unterrichten, so dass die Betriebsratsmitglieder mit den Insiderinformationen aufgrund ihrer Tätigkeit gemäß § 38 Abs. 1 Nr. 2 WpHG bestimmungsgemäß in Berührung kommen.

2. *Unbefugtes Mitteilen oder Zugänglichmachen*

Der strafrechtliche Schutz von Insiderinformationen ist wie der Schutz des Geschäfts- und Betriebsgeheimnisse gemäß § 120 Abs. 1 Nr. 1 BetrVG und § 17 UWG auf das unbefugte Mitteilen und Zugänglichmachen von Informationen beschränkt. Die herrschende Meinung im Schrifttum ordnet das Merkmal „unbefugt" als Tatbestandsmerkmal ein.[885] Damit wird dem Umstand Rechnung getragen, dass die unternehmerischen und betrieblichen Erfordernisse es teilweise gebieten, Insiderinformationen in bestimmtem Umfang weiterzugeben. Nicht jede Weitergabe einer Information begründet daher einen Unrechtsakt, so dass bereits der Tatbestand durch das Merkmal „unbefugt" zu begrenzen ist.[886] Soweit eine Pflicht oder Befugnis zur Weitergabe des betreffenden Betriebsratsmitglieds besteht, entfällt daher der objektive Tatbestand des § 14 Abs. 1 Nr. 2 WpHG.[887] Die Zustimmung des durch die Insiderinformation betroffenen Unternehmers ist unerheblich, da § 14 WpHG das Funktionieren des Kapitalmarktes schützt, das nicht der Disposition des Emittenten unterliegt.[888]

---

883 Röder/Merten, NZA 2005, 268, 269.

884 Röder/Merten, NZA 2005, 268, 269 f.

885 Achenbach/Ransiek-*Schröder*, § 2, Rn. 197 mwN; Buck-Heeb, Kapitalmarktrecht, Rn. 264; Röder/Merten, NZA 2005, 268, 271.

886 Buck-Heeb, Kapitalmarktrecht, Rn. 264.

887 Röder/Merten, NZA 2005, 268, 269; zum Merkmals „unbefugt" im Einzelnen, vgl. Schwark/Zimmer-*Schwark/Kruse*, Kapitalmarktrechts-Kommentar, § 14 WpHG, Rn. 45 ff.

888 Assmann/Schneider-*Assmann*, WpHG, § 14 WpHG, Rn. 178.

3. *Subjektiver Tatbestand*

Im subjektiven Tatbestand erfordert eine Strafbarkeit nach § 38 Abs. 1 Nr. 2 c) i. V. m. § 39 Abs. 2 Nr. 3 WpHG vorsätzliches Handeln der Betriebsratsmitglieder, wobei bedingter Vorsatz ausreichend ist.[889] Nach § 38 Abs. 3 WpHG steht auch ein leitfertiger Verstoß gegen § 14 Abs. 1 Nr. 2 WpHG unter Strafe.

IV. Konkurrenzen

§ 120 Abs. 1 BetrVG schließt die Anwendung des § 17 UWG für Arbeitnehmer, die gleichzeitig Mitglied des Betriebsrats sind, nicht aus. Wird das Betriebs- oder Geschäftsgeheimnis dem Betriebsratsmitglied sowohl in seiner Funktion als Amtsträger als auch wegen der Erfüllung der arbeitsvertraglichen Pflichten mitgeteilt und sind die Voraussetzungen beider Tatbestände im Übrigen erfüllt, besteht Tateinheit gemäß § 52 StGB zwischen beiden Straftatbeständen.[890]

Handelt es sich bei dem offenbarten Betriebs- oder Geschäftsgeheimnis um eine Insiderinformation i. S. d. § 13 Abs. 1 Nr. 2 WpHG und hat das Betriebsratsmitglied hiervon im Rahmen der Erfüllung betriebsverfassungsrechtlicher Aufgaben Kenntnis erlangt, stehen die Tatbestände des § 120 Abs. 1 Nr. 1 BetrVG und der §§ 38 Abs. 1 Nr. 2, 39 Abs. 2 Nr. 3 WpHG i. V. m. § 14 Abs. 1 Nr. 2 WpHG ebenfalls in Tateinheit zueinander. Da die Strafvorschriften des Betriebsverfassungsgesetzes und des Wertpapierhandelsgesetzes jedoch unterschiedliche Rechtsgüter schützen – die betriebsverfassungsrechtliche Strafvorschrift schützt das Geheimhaltungsinteresse des Arbeitgebers, die des Wertpapierhandelsgesetzes die Funktionstüchtigkeit des organisierten Kapitalmarktes[891] – wird § 120 Abs. 1 Nr. 1 BetrVG unter dem Gesichtspunkt der Klarstellungsfunktion der Idealkonkurrenz nicht durch die Strafvorschriften des Wertpapierhandelsgesetzes verdrängt.[892]

G. Fazit

Ziel dieser Arbeit war es, anhand praxisrelevanter Sachverhalte aufzuzeigen, in welchen Situationen eine Strafbarkeit von Betriebsratsmitgliedern wegen

889 GK-*Oetker*, § 120, Rn. 14; H/S/W/G/N/R-*Hess*, § 120, Rn. 16.

890 Galperin/Löwisch, § 120, Rn. 10; GK-*Oetker*, § 120, Rn. 62; H/S/W/G/N/R-*Hess*, § 120, Rn. 27; Müller-Gugenberger/Bieneck-*Blessing*, § 35, Rn. 20; Richardi-*Annuß*, § 120, Rn. 29; W/P/K-*Preis*, § 120, Rn. 30.

891 Assmann/Schneider-*Assmann*, WpHG, § 14, Rn. 7.

892 Fitting, § 120, Rn. 11; GK-*Oetker*, § 120, Rn. 64.

Verstoßes gegen betriebsverfassungsrechtliche Vorschriften gegeben sein kann. Die Untersuchung der ausgewählten bundes- und landesarbeitsgerichtlich entschiedenen Fälle hat zu folgenden Ergebnissen geführt:

Bei der Frage nach einer Strafbarkeit wegen **Betrugs gemäß § 263 Abs. 1 StGB** im Zusammenhang mit einer **ungerechtfertigten Entgeltfortzahlung gemäß § 611 Abs. 1 BGB i.V.m. § 37 Abs. 1 BetrVG** liegt der Schwerpunkt Prüfung auf dem Tatbestandsmerkmal der Täuschung. Gibt ein Betriebsratsmitglied bei seiner Abmeldung von dem zuständigen Vorgesetzten wahrheitswidrig an, während der Dauer der Arbeitsbefreiung erforderlichen Betriebsratsaufgaben nachzugehen, liegt darin eine Täuschung des Arbeitgebers. Ebenso kann eine Täuschung durch die widerspruchlose Entgegennahme einer unberechtigterweise erhaltenen Entgeltfortzahlung begangen werden, da das Betriebsratsmitglied hierdurch in der Regel konkludent zum Ausdruck bringt, es habe erforderliche Betriebsratsaufgaben wahrgenommen und die der empfangenen Leistung zugrunde liegende Voraussetzung – die Vornahme erforderlicher Betriebsratsaufgaben – sei gegeben. Zahlt der Arbeitgeber aufgrund eines Irrtums hierüber das volle Arbeitsentgelt, liegt darin ein irrtumsbedingter Vermögensschaden des Arbeitgebers. In einer deratigen Fallkonstellation ist eine Strafbarkeit wegen Betrugs in der Regel gegeben, soweit keine rechtfertigenden oder schuldausschließenden Gründe vorliegen.

Auch in Bezug auf eine mögliche **Betrugsstrafbarkeit** wegen der **Abrechnung nicht entstandener oder nicht erforderlicher Kosten auf der Grundlage der Kostentragungspflicht des Arbeitgebers gemäß § 40 Abs. 1 BetrVG** liegt das Augenmerk auf der Feststellung der Täuschung des Arbeitgebers. Hierbei geht es um die Frage, ob in der Geltendmachung des Freistellungsanspruchs nach § 257 BGB bzw. des Erstattungsanspruchs nach § 40 Abs. 1 BetrVG eine Täuschung über Tatsachen liegt. Eine Tatsachentäuschung liegt jedenfalls vor, wenn das Betriebsratsmitglied Kostenerstattung oder Freistellung unter Vorlage manipulierter Abrechnungsnachweise begehrt. Soweit die Täuschung den Arbeitgeber zu einer irrtumsbedingten Vermögensverfügung veranlasst, indem er die angeblich entstandenen erforderlichen Kosten erstattet oder das betreffende Betriebsratsmitglied von der behaupteten Verbindlichkeit befreit, wird – außer im dem Fall der „versuchten befreienden Schuldübernahme“ durch den Arbeitgeber ohne bestehende Verbindlichkeit – ein Vermögensschaden eintreten. Dagegen wird bei einem reinen Kostenerstattungsbegehren ohne Vorlage von Nachweisen in aller Regel mangels Täuschung kein Betrug gegeben sein.

Eine Strafbarkeit der Betriebsratsmitglieder wegen **Untreue gemäß § 266 Abs. 1 StGB** zum Nachteil des Arbeitgebers scheidet schon deshalb aus, weil den Betriebsratsmitgliedern keine Vermögensbetreuungspflicht hinsichtlich des Vermögens des Arbeitgebers obliegt. Da das strafbegründende Merkmal der Vermögensbetreuungspflicht nur bei dem Täter vorliegen muss, können die Betriebsratsmitglieder jedoch Teilnehmer einer Untreue sein.

Eine **tatbestandsmäßige Nötigung gemäß § 240 Abs. 1 StGB** liegt bei **Koppelungsgeschäften** in Form der Drohung mit einem Unterlassen vor, wenn der Betriebsrat seine Zustimmung zu einer mitbestimmungspflichtigen Maßnahme verweigert oder dies in Aussicht stellt. Der Schwerpunkt liegt auf der Feststellung der Rechtswidrigkeit der Zustimmungsverweigerung gemäß § 240 Abs. 2 StGB. Hierbei kommt es darauf an, ob der im konkreten Fall verfolgte Zweck und das eingesetzte Mittel der Zustimmungsverweigerung in einem sozialwidrigen Verhältnis zueinander stehen. Da der Tatbestand sowohl bei einer rechtswidrigen als auch bei einer rechtmäßigen Zustimmungsverweigerung erfüllt sein kann, gilt es insbesondere die Fälle des nicht strafwürdigen rechtmäßigen Unterlassens herauszufiltern.

Eine Strafbarkeit wegen **Nötigung** kommt auch in Betracht, wenn der Betriebsrat entgegen **§ 74 Abs. 2 Satz 1 1. HS BetrVG** einen Arbeitskampf initiiert. Streik bedeutet die Niederlegung der Arbeit und stellt somit eine Drohung mit einem Unterlassen dar. Eine Betriebsbesetzung und eine Betriebsblockade als der Entzug der Verfügungsgewalt über die Produktionsmittel stellen ebenfalls eine Drohung mit einem empfindlichen Übel dar. Das Hauptaugenmerk ist bei einem vom Betriebsrat initiierten Arbeitskampf neben der Rechtswidrigkeitsprüfung gemäß § 240 Abs. 2 StGB auf die Abgrenzung von Täterschaft und Teilnahme zu legen. In aller Regel werden die Betriebsratsmitglieder den Arbeitskampf nicht in einem Umfang lenkend in den Händen halten, dass sie Tatherrschaft haben, so dass lediglich eine Teilnehmerstrafbarkeit in Betracht kommt.

Bei einer Strafbarkeit der Betriebsratsmitglieder wegen **Erpressung gemäß § 253 StGB** liegt der Schwerpunkt auf der Frage, ob eine Minderung des Vermögens des Arbeitgebers durch eine Gegenleistung des Betriebsrats kompensiert wird. Im Fall eines **Koppelungsgeschäfts** kann der Zustimmung des Betriebsrats zu einer mitbestimmungspflichtigen Maßnahme nur dann kompensierende Wirkung zukommen, wenn die zunächst erklärte Verweigerung der Zustimmung zulässig war. Lässt sich der Wert der Zustimmung bzw. der Wert der mitbestimmungspflichtigen Maßnahme nicht beziffern, stellt dies für die Betriebsratsmitglieder insoweit ein Risiko dar, als sich eine Kompensation der beim Arbeitgeber eingetretenen Vermögensminderung nicht zweifelfrei feststellen lässt und ein Vermögensschaden des Arbeitgebers zu bejahen ist. Insoweit kann sich eine Strafbarkeit wegen Erpressung ergeben. Ebenso ist eine

Strafbareit wegen Erpressung gegeben, wenn die erteilte Zustimmung zunächst sachgrundlos oder aus normzweckwidrigen Gründen verweigert wurde, da der Zustimmung in diesem Fall aus Rechtsgründen keine kompensierende Wirkung zukommt. Im Fall eines **vom Betriebsrat intiierten Arbeitskampfes** erbringt dieser selbst zwar keine kompensierende Gegenleistung. Eine Kompensation ist allerdings durch Zugeständnisse der Belegschaft möglich, wenn diese unmittelbar aus der Vermögensverfügung des Arbeitgebers hervorgehen, was insbesondere beim Abschluss von Beschäftigungs- und/oder Standortsicherungsvereinbarungen Bedeutung erlangt. Lässt sich eine kompensierende Gegenleistung feststellen, scheidet eine Strafbarkeit wegen Betruges aus.

Eine Strafbarkeit wegen **unbefugter Offenbarung und/oder Verwertung eines Betriebs- oder Geschäftsgeheimnisses** kann gemäß **§ 120 Abs. 1 Nr. 1 und Abs. 3 Satz 3 BetrVG,** gemäß **§ 17 Abs. 1 UWG** oder gemäß **§§ 38 Abs. 1 Nr. 2 c), 39 Abs. 2 Nr. 3 WpHG i. V. m. § 14 Abs. 1 Nr. 2 WpHG** gegeben sein. Nicht rechtswidrig ist die Tat, wenn eine gesetzliche Pflicht oder Befugnis zur Offenbarung für das Betriebsratsmitglied, z. B. aufgrund einer prozessualen Zeugnispflicht oder unter den Voraussetzungen des rechtfertigenden Notstands gemäß § 34 StGB, besteht.

Soweit man aufgrund der in der Einleitung zu dieser Arbeit angeführten Berichterstattungen und Urteile den Eindruck erlangt haben könnte, die Ausübung des Betriebsratsamtes sei per se in strafrechtlicher Hinsicht besonders risikobehaftet,[893] hat sich dieser Eindruck durch die vorliegende Untersuchung der ausgewählten gerichtlichen Entscheidungen nicht bestätigt. Es hat sich vielmehr gezeigt, dass eine Strafbarkeit von Betriebsratsmitgliedern bei der Ausübung ihres Amtes nur dann in Betracht kommt, wenn diese ihre betriebsverfassungsrechtlichen Befugnisse und Kompetenzen vorsätzlich überschreiten. Ist ein bestimmtes Verhalten nach dem Betriebsverfassungsrecht zulässig, können sich daraus nach dem Gedanken der ultima ratio des Strafrechts keine strafrechtlichen Sanktionen anschließen. Bewegen sich also die Betriebsratsmitglieder bei der Ausübung ihres Amtes im Rahmen ihrer betriebsverfassungsrechtlichen Komptenzen und Befugnisse, müssen sie nicht befürchten, strafbare Handlungen zu begehen.

---

893 Vgl. Sparchholz/Trümner, Die strafrechtliche Verantwortlichkeit von Betriebsratsmitgliedern, S. 7.

Literaturverzeichnis

Achenbach, Hans / Ransiek, Andreas, Handbuch des Wirtschaftsstrafrechts, 2. Aufl., Heidelberg 2008.

Arzt, Gunther, Anmerkung zum Beschluss des BGH vom 5.5.1988, JZ, Seite 772 ff.

ders., Zur Garantenstellung beim unechten Unterlassungsdelikt (1.Teil), JA 1980, Seite 553 ff.

ders., Zur Untreue durch befugtes Handeln, in: Festschrift für Hans-Jürgen Bruns zum 70. Geburtstag, Köln/Berlin/Bonn/München 1978.

ders., Zum Zweck und Mittel der Nötigung, in: Festschrift für Hans Welzel zum 70. Geburtstag, Berlin 1974.

Arzt, Gunther / Weber, Ulrich / Heinrich, Bernd / Hilgendorf, Eric, Strafrecht Besonderer Teil, 2. Aufl., Bielefeld 2009.

Assmann, Heinz-Dieter / Schneider, Uwe H., Wertpapierhandelsgesetz Kommentar, 5. Aufl., Köln 2009.

Baumann, Jürgen / Weber, Ulrich / Mitsch, Wolfgang, Strafrecht Allgemeiner Teil, 11. Auflage, Bielefeld 2003.

Belling, Detfef W., Die Haftung des Betriebsrates und seiner Mitglieder für Pflichtverletzungen, Tübingen 1990.

Berghaus, Michael, Rechtsprobleme der Betriebsblockade und Betriebsbesetzung, Konstanz 1989.

Bergmann, Alfred, Das Unrecht der Nötigung, Berlin 1983.

Bergwitz, Christoph, Die Rechtsstellung des Betriebsrats, Berlin 2003.

Beule, Jutta, Die arbeitsvertragliche Stellung des nach § 37 ABS. 2 BetrVG gelegentlich befreiten Betriebsratsmitglieds, Frankfurt 1993.

Beulke, Werner / Bachmann, Gregor, Die „Lederspray-Entscheidung" – BGHSt 37, 106, JuS 1992, Seite 737 ff.

Binding, Karl, Lehrbuch des Gemeinen Deutschen Strafrechts Besonderer Teil 1, 2. Aufl., Leipzig 1902.

Bockelmann, Paul, Betrug verübt durch Schweigen, in: Festschrift für Eberhard Schmidt, Göttingen 1961.

ders., Zum Begriff des Vermögensschaden beim Betrug, JZ 1952, Seite 461 ff.

Bohnert, Joachim, Gibt es eine Drittbeziehung bei der strafrechtlichen Nötigung?, JR 1982, Seite 397 ff.

Brammsen, Joerg, Tun oder Unterlassen? Die Bestimmung der strafrechtlichen Verhaltensformen, GA 2002, Seite 193 ff.

Brandl, Daniela, Koppelungsgeschäfte in der Rechtsordnung unter besonderer Berücksichtigung des Betriebsverfassungsrechts, Lohmar/Köln 2000.

Brossette, Josef, Der Zweck als Grenze der Mitbestimmungsrechte des Betriebsrats, ZfA 1992, Seite 379 ff.

Brox, Hans / Rüthers, Bernd, Arbeitskampfrecht, 2. Aufl., Stuttgart 1982.

Buck-Heeb, Petra, Kapitalmarktrecht, 5. Aufl., Heidelberg 2011.

Buri, Maximilian von, Über Causalität und deren Verantwortung, Leipzig 1987, Nachdruck des Verlages Ferdinand Keip 1970.

Caspari, Karl-Burkhard, Die geplante Insiderregelung in der Praxis, ZGR 1994, Seite 530 ff.

Creifelds, Carl / Weber, Klaus, Rechtswörterbuch, 20. Aufl., München 2011.

Däubler, Wolfgang, Arbeitskampfrecht, 3. Aufl., Baden-Baden 2011

ders., Arbeitskampfrecht, 2. Aufl., Baden-Baden 1987.

ders., Strafbarkeit von Arbeitskämpfen?, in: Baumann, Jürgen / Dähn, Gerd (Hrsg.), Studien zum Wirtschaftsstrafrecht; Tübingen 1972.

Däubler, Wolfgang / Kittner, Michael / Klebe, Thomas / Wedde, Peter, Betriebsverfassungsgesetz, 13. Aufl., Nördlingen 2011.

Dieterich, Thomas / Müller-Glöge, Rudi / Preis, Ulrich / Schaub, Günter, Erfurter Kommentar zum Arbeitsrecht, 7. Aufl., München 2007.

Dreher, Eduard, Das Dritte Strafrechtsänderungsgesetz, JZ 1953, Seite 421 ff.

Dütz, Wilhelm, Eigenmächtige Arbeitsversäumnis und Freizeitnahme durch Arbeitnehmer und Betriebsratsmitglieder (I), DB 1976, Seite 1428 ff.

Dunkel, Wolfgang, Erfordernis und Ausgestaltung des Merkmals „Vermögensbetreuungspflicht" im Rahmen des Missbrauchstatbestandes der Untreue (§ 266 I 1. Alternative StGB), Bochum 1976.

Edenfeld, Stefan, Betriebsverfassungsrecht, 3. Aufl., Heidelberg 2010.

Ehrich, Christian / Hoß, Axel, Die Kosten des Betriebsrats – Umfang und Grenzen der Kostentragungspflicht des Arbeitgebers, NZA 1996, Seite 1075 ff.

Eich, Rolf-Achim, Rechtsmißbräuchliche Nutzung von Mitbestimmungsrechten durch den Betriebsrat (Koppelungsgeschäfte), ZfA 1988, Seite 93 ff.

Ellmer, Manfred, Betrug und Opfermitverantwortung, Berlin 1986.

Engisch, Karl, Tun und Unterlassen, in: Festschrift für Wilhelm Gallas zum 70. Geburtstag, Berlin, New York 1973.

ders., Die Kausalität als Merkmal der strafrechtlichen Tatbestände, Tübingen 1931.

Eser, Albin, Irritationen um das „Fernziel", Zur Verwerflichkeitsrechtsprechung bei Sitzblockaden, in: Festschrift für Gerd Jauch zum 65. Geburtstag, München 1990.

Fischer, Thomas, Strafgesetzbuch, 59. Aufl., München 2012.

Fischinger, Philipp S., Arbeitskämpfe bei Standortverlagerung und -schließung, Berlin 2006.

Fitting, Karl / Engels, Gerd / Schmidt, Ingrid / Trebinger, Yvonne / Linsenmaier, Wolfgang, Betriebsverfassungsgesetz, 24. Aufl., München 2008.

Fischer, Ulrich, Korruptionsbekämpfung in der Betriebsverfassung, BB 2007, Seite 997 ff.

Franke, Dietmar, Strafrecht: Ein Arbeitskampf mit Folgen, JuS 1980, Seite 891 ff.

Franzen, Martin, Die vertragliche Haftung des Betriebsrats und seiner Mitglieder bei der Beauftragung Dritter – Überlegungen zum Urteil des Bundesgerichtshofs vom 25.10.2012 – III ZR 266/11 in: Festschrift für Gerrick Freiherr. v. Hoyningen-Huene zum 70. Geburtstag, München 2014.

ders., Zwingende Wirkung der Betriebsverfassung, NZA 2008, Seite 250 ff.

ders., Standortverlagerung und Arbeitskampf, ZfA 2005, Seite 315 ff.

Fritz, Constanze, Zulässigkeit und Grenzen von Koppelungsgeschäften zwischen Betriebsrat und Arbeitgeber, Frankfurt am Main 2010.

Galperin, Hans / Löwisch, Manfred, Kommentar zum Betriebsverfassungsgesetz, Band 2, §§ 74–123, 6. Aufl., Heidelberg 1982.

Gentz, Manfred, Schutz gegen den Missbrauch (?) von Mitbestimmungsrechten, NZA 2004, Seite 1011 ff.

Gössel, Karl Heinz / Dölling, Dieter, Strafrecht Besonderer Teil 1, 2. Aufl., Heidelberg 2004.

Götting, Horst-Peter / Nordemann, Axel, UWG, Baden-Baden 2010.

Goetze, Erik, Arzthaftungsrecht und kassenärztliches Wirtschaftlichkeitsgebot, Berlin/Heidelberg/New York/London/Paris/Tokyo 1989.

Graul, Eva, Die kriminelle Auswertung eines wertvollen Gemäldes – Lösungshinweise mit Punktverteilung, JuS 1999, Seite 562 ff.

dies., Können auch Erfahrungssätze und Rechtssätze Tatsachen i.S. des § 263 StGB sein?, JZ 1995, Seite 595 ff.

Große Vorholt, André, Der betriebsratsgeführte Arbeitskampf zwischen Strafrecht und der Verteidigung kollektiver Arbeitnehmerinteressen, in: Arbeitsstrafrecht im Umbruch, 5. Ludwigsburger Rechtsgespräch, München 2009.

Haffke, Bernhard, Gewaltbegriff und Verwerflichkeitsklausel, ZStrW 1972, Band 84, Seite 37 ff.

Hanau, Peter / Reitze, Serge, Annexregelungen und Koppelungsgeschäfte in der Rechtsordnung unter besonderer Berücksichtigung des Betriebsverfassungsrechts bei der Mitbestimmung in sozialen Angelegenheiten, in: Festschrift für Günther Wiese zum 70. Geburtstag, Neuwied/Kriftel 1998.

Heermann, Peter W. / Hirsch, Günter, Münchener Kommentar zum Lauterkeitsrecht, Band 2, §§ 5–22 UWG, München 2006.

Hefendehl, Roland, Vermögensgefährdung und Exspektanzen, Berlin 1994.

Heidemann, Winfried, Betriebsvereinbarungen zur Beschäftigungssicherung – Neuere Entwicklungen, Hans-Böckler-Stiftung Düsseldorf 2003 (www.boeckler.de).

Heinze, Meinhard, Inhalt und Grenzen betriebsverfassungsrechtlicher Rechte, ZfA 1988, Seite 53 ff.

Hellenthal, Markus, Zur Rechtswidrigkeit von sogenannten Betriebsblockaden, NZA 1987, Seite 52 ff.

Hennings, Frank, Teleologische Reduktion des Betrugstatbestandes aufgrund von Mitverantwortung des Opfers, Berlin 2002.

Herzberg, Rolf Dietrich, Mittäterschaft durch Mitvorbereitung: eine actio communis in causa?, JZ 1991, Seite 856 ff.

ders., Der reumütige Kurschatten: Ein Bericht über eine strafrechtliche Examensklausur, JuS 1984, Seite 369 ff.

ders., Die Unterlassung im Strafrecht und das Garantenprinzip, Berlin/New York 1972.

ders., Funktionale Beziehung zwischen Täuschung und Vermögensschaden beim Betrug – OLG Stuttgart, NJW 1971, 632.

Hess, Harald / Schlochauer, Ursula / Worzalla, Michael / Glock, Dirk / Nicolai, Andrea / Rose, Franz-Josef, Kommentar zum Betriebsverfassungsgesetz, 8. Aufl., Köln 2011.

Hilgendorf, Eric, Tatsachenaussagen und Werturteile im Strafrecht, Berlin 1998.

ders., Fragen zur Kausalität bei Gremienentscheidungen am Beispiel des Lederspray-Urteils, NStZ 1994, Seite 561 ff.

Hitzfeld, Ulrike, Geheimnisschutz im Betriebsverfassungsrecht, Frankfurt am Main, Bern, New York, Paris 1990.

Horn, Eckhard, Die Drohung mit einem erlaubten übel: Nötigung?, NStZ 1983, Seite 497 ff.

Hromadka, Wolfgang / Maschmann, Frank, Arbeitsrecht Band 2, 5. Aufl., Berlin/Heidelberg 2010.

Hübler, Olaf, Sind betriebliche Bündnisse für Arbeit erfolgreich? in: Jahrbücher für Nationalökonomie und Statistik, Seite 631 ff., Band 225/6, Stuttgart 2005.

Hueck, Alfred / Nipperdey, Lehrbuch des Arbeitsrecht, Band 2, 2. Halbband Kollektives Arbeitsrecht, 7. Aufl., Berlin/Frankfurt 1970.

dies., Hans Carl, Lehrbuch des Arbeitsrechts, Band 1, 7. Aufl., Berlin/Frankfurt 1963.

Hoyningen-Huene, Gerrick von, Betriebsverfassungsrecht, 6. Aufl., München 2007.

ders., Die Abwicklung der Betriebsratskosten nach § 40 I BetrVG, in: Altersgrenzen und Alterssicherung im Arbeitsrecht, Wolfgang Blomeyer zum Gedenken, München 2003.

ders., Das >>Betriebsverhältnis<< als Grundbeziehung im Betriebsverfassungsrecht, in: Festschrift für Günther Wiese zum 70. Geburtstag, Neuwied/Kriftel 1998.

ders., Mit dem Betriebsrat in die 90er Jahre, NZA 1991, Seite 7 ff.

ders., Die fehlerhafte Beteiligung des Betriebsrats in sozialen Angelegenheiten – Rechtsfolgen und Handlungsmöglichkeiten des Betriebsrats, DB 1987, Seite 1426 ff.

ders., Rechtmäßigkeitsvoraussetzungen aktueller Arbeitskampfmittel der Gewerkschaften, JuS 1987, Seite 503 ff.

Jähnke, Burkhard / Laufhütte, Heinrich Wilhelm / Odersky, Walter, Strafgesetzbuch, Leipziger Kommentar Strafgesetzbuch, Band 6, §§ 223–263 a, 11. Aufl., Berlin 2003.

Jakobs, Günther, Strafrecht Allgemeiner Teil, 2. Aufl., Berlin 1991.

Jawad, Alexander, Die rechtliche Stellung und die Rechtsfähigkeit des Betriebsrats, Aachen 2004.

Jescheck, Hans-Heinrich / Ruß, Wolfgang / Willms, Günther, Leipziger Kommentar Strafgesetzbuch, Band 6, §§ 263–302 a, 10. Aufl., Berlin 1988.

Jescheck, Hans-Heinrich / Weigand, Thomas, Lehrbuch des Strafrechts Allgemeiner Teil, 5. Aufl., Berlin 1996.

Joecks, Wolfgang / Miebach, Klaus, Münchener Kommentar zum Strafgesetzbuch, Band 1, §§ 1–37, 2. Aufl., München 2011.

dies., Münchener Kommentar zum Strafgesetzbuch, Band 4, §§ 185–262, 2. Aufl. München 2012.

dies., Münchener Kommentar zum Strafgesetzbuch, Band 4, §§ 263–358, München 2006.

Joecks, Wolfgang, Anmerkung zum Beschluss des OLG Stuttgart vom 19.6.1979, JA 1980, Seite 127 f.

Kaiser, Eberhard, Betrug durch bewusstes Ausnutzen von Fehlern beim Geldwechseln, NJW 1971, Seite 601 f.

Kargl, Walter, Die Bedeutung der Entsprechungsklausel beim Betrug durch Schweigen, ZStrW 2007, Band 119, Seite 250 ff.

ders., Die Missbrauchskonzeption der Untreue (§ 266 StGB), ZStrW 2001, Band 113, Seite 565 ff.

Kaskel, Walter, Arbeitsrecht, 5. Aufl., Berlin/Göttingen/Heidelberg 1957.

Kaufmann, Arthur, Subsidiaritätsprinzip und Strafrecht, in: Festschrift für Heinrich Henke, Grundfragen der gesamten Strafrechtswissenschaft, Berlin/New York 1974.

ders., Die Bedeutung hypothetischer Erfolgsursachen im Strafrecht, in: Festschrift für Eberhard Schmidt zum 70. Geburtstag, Göttingen 1961.

Kindhäuser, Urs, Strafrecht Allgemeiner Teil, 5. Aufl., Baden-Baden 2011.

Kindhäuser, Urs / Neumann, Ulfrid / Paeffgen, Hans-Ullrich, Strafgesetzbuch Kommentar, Band 1, §§ 1–79 b, 4. Aufl., Baden-Baden 2013.

dies., Strafgesetzbuch Kommentar, Band 2, §§ 80–231, 4. Aufl., Baden-Baden 2013.

dies., Strafgesetzbuch Kommentar, Band 3, §§ 232–358, 4. Aufl., Baden-Baden 2013.

Kissel, Rudolf, Arbeitskampfrecht, München 2002.

Klein, Agnes, Zum Nötigungstatbestand – Strafbarkeit der Drohung mit einem Unterlassen, Gelsenkirchen 1988.

Knauer, Christoph, Die Kollegialentscheidung im Strafrecht, München 2001.

Köhler, Helmut / Bornkamm, Joachim, Gesetz gegen den unlauteren Wettbewerb, 30. Aufl., München 2012.

Köhler, Helmut / Piper, Henning, Gesetz gegen den unlauteren Wettbewerb, München 2001.

Konzen, Horst, Der Mißbrauch betrieblicher Beteiligungsrechte, in: Festschrift für Wolfgang Zöllner: zum 70. Geburtstag, Köln/Berlin/Bonn/München 1998.

ders. Privatrechtssystem und Betriebsverfassung, ZfA 1985, S. 469 ff.

Krey, Volker / Esser, Robert, Deutsches Strafrecht Allgemeiner Teil, 5. Aufl., Stuttgart 2012.

Krey, Volker / Hellmann, Uwe / Heinrich, Manfred, Strafrecht Besonderer Teil, Band 1, 15. Aufl., Stuttgart 2012.

Krey, Volker / Hellmann, Uwe / Heinrich, Manfred, Strafrecht Besonderer Teil, Band 2, 16. Aufl., Stuttgart 2012.

Krumm-Mauermann, Claudia, Rechtsgüterschutz durch die Straf- und Bußgeldbestimmungen des Betriebsverfassungsgesetzes, Konstanz 1990.

Kühl, Kristian, Strafrecht Allgemeiner Teil, 6. Aufl., München 2008.

Kümmel, Heinrich, Streik und Strafrecht, München 1979.

Küper, Wilfried, Strafrecht Besonderer Teil, 8. Aufl., Heidelberg/München/Landsberg/Fre-chen, Hamburg 2012.

Kuhlen, Lothar, Strafhaftung bei unterlassenem Rückruf gesundheitsgefährdender Produkte, NStZ 1990, Seite 566 ff.

Labsch, Karl Heinz, Grundprobleme des Missbrauchstatbestandes der Untreue (I), Jura 1987, Seite 343 ff.

Lackner, Karl / Kühl, Kristian, Strafgesetzbuch Kommentar, 27. Aufl., München 2011.

Lampe, Ernst-Joachim, Personales Unrecht beim Betrug, in: Festschrift für Harro Otto zum 70. Geburtstag, Köln/Berlin/München 2007, Seite 623 ff.

Laufhütte, Heinrich Wilhelm / Rissing-van Saan, Ruth / Tiedemann, Klaus, Leipziger Kommentar Strafgesetzbuch, Band 1, Einleitung, §§ 1–31, 12. Aufl., Berlin 2007.

dies., Leipziger Kommentar Strafgesetzbuch, Band 5, §§ 110–145 d,12. Aufl., Berlin 2009.

dies., Leipziger Kommentar Strafgesetzbuch, Band 6, §§ 146–210,12. Aufl., Berlin 2010.

dies., Strafgesetzbuch, Kommentar, Großkommentar, Band 8, §§ 242–262, 12. Aufl., Berlin 2010.

dies., Leipziger Kommentar Strafgesetzbuch, Band 9/1.Teil, §§ 263–266 b,12. Aufl., Berlin 2012.

Lesch, Heiko, Die Nötigung als Delikt gegen die Freiheit, in: Festschrift für Hans-Joachim Rudolphi zum 70. Geburtstag, München 2004.

Liegl, Christian, Die Drohung mit einem an sich rechtmäßigen Verhalten, Regensburg 2001.

Löwisch, Manfred / Krauß, Ernst-Friedrich, Arbeitskampf und öffentliche Ordnung, in: Arbeitsrecht-Blattei Systematische Darstellungen, Dieterich, Thomas / Schwab, Brent / Neef, Klaus (Hrsg.), Arbeitskampf X, 23. Lfg, Oktober 1995.

Loritz, Karl-Georg, Betriebsbesetzung – ein rechtswidriges Mittel im Arbeitskampf, DB 1987, Seite 223 ff.

Maaß, Wolfgang, Betrug verübt durch Schweigen, Gießen 1982.

Mangoldt, Hermann von / Klein, Friedrich / Starck, Christian, Kommentar zum Grundgesetz, Band 1, Präambel, Artikel 1–19, 6. Aufl., München 2010. (zitiert: v. Mangoldt/Klein, Starck-Bearbeiter, GG, Art., Rn.).

Maurach, Reinhart / Gössel, Karl Heinz / Zipf, Heinz, Strafrecht Allgemeiner Teil, Teilband 2, 7. Aufl., Heidelberg 1989.

Maurach, Reinhart / Schroeder, Friedrich-Christian / Maiwald, Manfred, Strafrecht Besonderer Teil, Teilband 1, 10. Aufl., Heidelberg 2009.

Maurach, Reinhart / Zipf, Heinz, Strafrecht Allgemeiner Teil, Teilband 1, 8. Aufl., Heidelberg 1992.

Mayer, Hellmuth, Strafrecht Allgemeiner Teil, Stuttgart 1953.

Meier, Bernd-Dieter, Verbraucherschutz durch Strafrecht? – Überlegungen zur strafrechtlichen Produkthaftung nach der "Lederspray"-Entscheidung des BGH, NJW 1992, Seite 3193 ff.

Mezger, Edmund / Blei, Hermann, Strafrecht I Allgemeiner Teil, 14. Aufl., München 1970.

Meyer-Goßner, Lutz, Strafprozessordnung, 55. Aufl., München 2012.

Mitsch, Wolfgang, Strafrecht Besonderer Teil 2 / Teilband 1, 2. Aufl., Berlin, Heidelberg 2003.

Müller, Bernd, Betrug durch Geltendmachung von Ehemaklerlohn? – OLG Stuttgart, NJW 1979, 2573, JuS 1981, Seite 255 ff.

Müller-Dietz, Heinz, Zur Entwicklung des strafrechtlichen Gewaltbegriffs, GA 1974, Seite 33 ff.

Müller-Gugenberger, Christian / Bieneck, Klaus, Handbuch des Wirtschafts- und Ordnungswidrigkeitenrechts, 5. Aufl. Köln 2011.

Mundt, Stefan, Über die Zulässigkeit von Koppelungsgeschäften im Zusammenhang mit den Mitbestimmungstatbeständen in den sozialen Angelegenheiten des § 87 Abs. 1 Betriebsverfassungsgesetz, Kiel 2001.

Murmann, Uwe, Grundkurs Strafrecht, München 2011.

Naucke, Wolfgang, Anmerkung zum Beschluss des BGH v. 9.8. 1984–4 StR 459/84, StV 1985, Seite 187 f.

ders., Zur Lehre vom strafbaren Betrug, Berlin 1964.

Neef, Klaus, Die Neuregelung des Interessenausgleichs und ihre praktischen Folgen, NZA 1997, Seite 65 ff.

Nettesheim, Wolfgang, Können sich Gemeinderäte der „Untreue" schuldig machen?, BayVBl. 1989, Seite 161 ff.

Neudecker, Gabriele, Die strafrechtliche Verantwortlichkeit der Mitglieder von Kollegialorganen, Frankfurt am Main 1995.

Neumann, Ulfried, Zur Systemrelativität strafrechtsrelevanter sozialer Deutungsmuster – am Beispiel der Strafbarkeit von Streiks und Blockadeaktionen, ZStrW 1997, Band 109, Seite 1 ff.

Neumann-Duesberg, Horst, Betriebsverfassungsrecht, Berlin 1960.

Niese, Werner, Streik und Strafrecht, Tübingen 1954.

Offermann-Burckart, Susanne, Vermögensverfügungen Dritter im Betrugstatbestand, Berlin 1994.

Olbrich, Sabine, Die Betriebsbesetzung als Arbeitskampfmaßnahme, 1990.

Ostendorf, Heribert, Anmerkung zum Beschluss des BGH vom 5.5.1988, StV 1988, Seite 488 ff.

ders., Kriminalisierung des Streikrechts – Ein strafrechtliches Gutachten zu alten und neuen Streikformen, Darmstadt 1987.

ders., Voraussetzung einer Nötigung durch Unterlassen – Anmerkung zum Urteil des OLG Hamburg v. 02.04.1980, NJW 1980, Seite 2592 f.

Ottmann, Christian, Das betriebsverfassungsrechtliche Rechtsverhältnis zwischen Arbeitgeber und Betriebsrat, Tübingen 1993.

Otto, Harro, Die Struktur des strafrechtlichen Vermögensschutzes, Berlin 1970.

Palandt, Otto, Bürgerliches Gesetzbuch, 72. Aufl., München 2013.

Pelke, Bernhard, Die strafrechtliche Bedeutung der Merkmale „Übel" und „Vorteil", München 1990.

Puppe, Ingeborg, Anmerkung zu BGHSt 37, 107, JR 1992, Seite 30 f.

Ransiek, Andreas, Unternehmensstrafrecht, Heidelberg 1996.

Reents, Udo, Die Verwerflichkeitsklausel, Göttingen 1969.

Rengier, Rudolf, Strafrecht Allgemeiner Teil, 4. Aufl., München 2012.

ders., Strafrecht Besonderer Teil 1, 14. Aufl., München 2012.

ders., Strafrecht Besonderer Teil 2, 13. Aufl., München 2012.

ders., Zum strafprozessualen Zeugnisverweigerungsrecht des Betriebs- und Personalrats, BB 1980, Seite 321 f.

Richardi, Reinhard, Betriebsverfassungsgesetz mit Wahlordnung, 12. Aufl., München 2010.

Richardi, Reinhard / Wlotzke, Otfried / Wißmann, Hellmut / Oetker, Hartmut, Münchener Handbuch zum Arbeitsrecht, Band 3, Kollektives Arbeitsrecht, 2. Aufl., München 2000.

Rieble, Volker, Die Betriebsratsvergütung, NZA 2008, Seite 276 ff.

ders., Arbeitsniederlegung zur Standorterhaltung, RdA 2005, Seite 200 ff.

Rieble, Volker / Klebeck, Ulf, Strafrechtliche Risiken der Betriebsratsarbeit, NZA 2006, Seite 758 ff.

Rieble, Volker / Klumpp, Steffen / Gistel, Cornelia, Rechtsmißbrauch in der Betriebsverfassung, München 2006.

Röder, Gerhard / Merten, Frank, Ad-hoc-Publizitätspflicht bei arbeitsrechtlich relevanten Maßnahmen, NZA 2005, Seite 268 ff.

Rosset, Christoph, Rechtssubjektivität des Betriebsrats und Haftung seiner Mitglieder, Heidelberg 1985.

Roß, Anika Andrea, Das Arbeitskampfverbot des Betriebsrats, Münster 2010.

Roxin, Claus, Strafrecht Allgemeiner Teil, Band 1, 4. Aufl., München 2006.

ders., Täterschaft und Tatherrschaft, 8. Aufl., Berlin 2006.

ders., Strafrecht Allgemeiner Teil, Band 2, München 2003.

ders., Anmerkung zum Beschluss des BGH v. 13.01.1983, JuS 1983, Seite 333 ff.

ders., Verwerflichkeit und Sittenwidrigkeit als unrechtbegründende Merkmale im Strafrecht, JuS 1964, Seite 373 ff.

ders., Pflichtwidrigkeit und Erfolg bei fahrlässigen Delikten, ZStrW 1962, Band 74, Seite 411 ff.

Rudolphi, Hans-Joachim, Gewerkschaftliche Beschlüsse über Betriebsbesetzungen bei Aussperrungen als strafbares Verhalten gemäß § 111 StGB, RdA 1987, Seite 160 ff.

Rückert, Marianne, Koppelungsgeschäfte des Betriebsrats, Hamburg 2003.

Säcker, Franz Jürgen / Rixecker, Roland, Münchener Kommentar zum Bürgerlichen Gesetzbuch, Band 1, §§ 1–240, 6. Aufl., München 2012.

dies., Münchener Kommentar zum Bürgerlichen Gesetzbuch, Band 2, §§ 241–432 BGB, 6. Aufl., München 2012.

Samson, Erich, Begehung und Unterlassung, in: Festschrift für Hans Welzel zum 70. Geburtstag, Berlin, New York 1994, Seite 579 ff.

Satzger, Helmut / Schmitt, Bertram / Widmaier, Gunter, Strafgesetzbuch Kommentar, Köln 2009.

Sax, Walter, Die Strafbestimmungen des Betriebsverfassungsrechts, 1975.

Schaal, Alexander, Strafrechtliche Verantwortlichkeit bei Gremienentscheidungen in Unternehmen, Berlin 2001.

Schwark, Eberhard / Zimmer, Daniel, Kapitalmarktrechts-Kommentar, 4. Aufl., Müchen 2010.

Schlüchter, Ellen, Grundfälle zur Lehre von der Kausalität, JuS 1976, Seite 312 ff., 378 ff.

Schmidt, Eberhard, Soziale Handlungslehre, in: Festschrift für Karl Engisch zum 70. Geburtstag, Frankfurt am Main 1969.

Schmidt, Ulrich, Der Streik im Rahmen des Strafrechts, Bochum 1982.

Schönke, Adolf / Schröder, Horst, Strafgesetzbuch Kommentar, 28. Aufl., München 2010.

Schroeder, Friedrich-Christian, Nötigung und Erpressung durch Forderung von Gegenleistungen?, JZ 1983, Seite 284 ff.

Schröder, Horst, Die Irrtumsrechtsprechung des BGH, ZStrW 1953, Band 65, Seite 178 ff.

Schröder, Anmerkung zum Urteil des BGH vom 12.11.1957, JR 1958, Seite 106 ff.

Schubarth, Martin, Nötigung durch Unterlassen – Anmerkung zum Beschluss des BGH v. 13.01.1983, NStZ 1983, Seite 312 f.

ders., Grenzen der Strafbarkeit sexueller Zumutungen, JuS 1981, Seite 726 ff.

Schweibert, Ulrike, Buse, Sandra, Rechtlichen Grenzen der Begünstigung von Betriebsratsmitgliedern – Schattenbosse zwischen „Macht und Ohnmacht", NZA 2007, Seite 1080 ff.

Seibert, Thomas, Die Garantenpflichten beim Betrug, Hamburg 2007.

Seifert, Hartmut, Betriebliche Bündnisse für Arbeit – Beschäftigen statt entlassen, Hans-Böckler-Stiftung Düsseldorf 2000 (www.boeckler.de).

Seiter, Hugo, Streikrecht und Aussperrungsrecht, Tübingen 1975.

Siemes, Christiane, Die Selbstbindung der Betriebspartner an den Interessenausgleich gemäß § 112 Abs. 1 Satz 1 BetrVG, ZfA 1998, Seite 183 ff.

Sinn, Arndt, Die Nötigung, JuS 2009, Seite 577 ff.

Soergel, Bürgerliches Gesetzbuch mit Einführungsgesetz und Nebengesetzen, Band 1, §§ 1–103, Stuttgart, Berlin, Köln, 1990.

Sparchholz, Karsten / Trümner, Ralf, Die strafrechtliche Verantwortlichkeit von Betriebsratsmitgliedern, Arbeitspapier 173, Hans Böckler Stiftung Düsseldorf 2009 (www.boeckler.de).

Spendel, Günter, Zur Unterscheidung von Tun und Unterlassen, in: Festschrift für Eberhard Schmidt zum 70. Geburtstag, Göttingen 1961, Seite 183 ff.

ders., Die Kausalitätsformel der Bedingungstheorie für die Handlungsdelikte, Heidelberg 1948.

Staudingers, J. von., Kommentar zum Bürgerlichen Gesetzbuch, §§ 164–240, Berlin 2004.

Stege, Dieter / Weinspach, F. K., Betriebsverfassungsgesetz, 8. Aufl., Köln 1999.

Sternberg-Lieben, Irene, Der gefälschte Caspar David Friedrich, Jura 1996, Seite 544 ff.

Stofferns, Kristian, Die entgeltliche Rückveräußerung einer gestohlenen Sache an deren Eigentümer durch einen Dritten, Jura 1995, Seite 113 ff.

ders., Die Formel „Schwerpunt der Vorwerfbarkeit“ bei der Abgrenzung von Tun und Unterlassen, Berlin 1992.

ders., Drohung mit dem Unterlassen einer rechtlich nicht gebotenen Handlung im Rahmen der §§ 240, 253 StGB, JR 1988, Seite 492 ff.

Stübinger, Stephan, „Subjektiv-objektive“ Tatbestandsmerkmale, in: Festschrift für Ingeborg Puppe zum 70. Geburtstag, Berlin 2011.

Stürner, Rolf, Die gewerbliche Geheimsphäre im Zivilprozess, JZ 1985, Seite 453 ff.

Tag, Brigitte, Der lückenhafte Schutz von Arbeitnehmergeheimnissen gemäß § 120 Abs. 2 BetrVG, BB 2001, Seite 1578 ff.

Thies, Kathrin, Kosten und Sachaufwand des Betriebsrats, Münster 1998.

Triebel, Götz, Die Haftung des Betriebsrats und der Durchgriff auf seine Mitglieder, Berlin 2003.

Tröndle, Herbert, Ein Plädoyer für die Verfassungsmäßigkeit des § 240 StGB, in: Festschrift für Karl Lackner zum 70. Geburtstag, Berlin 1987.

Trunk, Stefan, Der Vermögensschaden nach § 253 StGB beim Rückverkauf des gestohlenen Gutes an den Eigentümer – BGHSt 23, 346, JuS 1985, Seite 944 ff.

Ule, Carl Hermann, Streik und Polizei, 2. Aufl., Köln/Berlin/Bonn/München 1974.

Veit, Barbara, Die funktionelle Zuständigkeit des Betriebsrats, München 1998.

Volk, Klaus, Nötigung durch Drohung mit Unterlassen, JR 1981, Seite 274 ff.

Vorbaum, Thomas, Die strafrechtliche Beurteilung des Scheckkartenmissbrauchs – OLG Köln, NJW 1978, 713; JuS 1981, Seite 20 ff.

Wallau, Rochus, Der „Mensch“ in §§ 240, 241, 253 StGB und die Verletzung der Rechte juristischer Personen, JR 2000, Seite 312 ff.

Waßmer, Martin Paul, Untreue bei Risikogeschäften, Heidelberg 1997.

Weber, Ulrich, Können sich Gemeinderatsmitglieder durch ihre Mitwirkung an Abstimmungen der Untreue (§ 266 StGB) strafbar machen?, BayVBl. 1989, Seite 166 ff.

Weißer, Bettina, Kausalitäts- und Täterschaftsprobleme bei der strafrechtlichen Würdigung pflichtwidriger Kollegialentscheidungen, Berlin 1996.

Welzel, Hans, Das Deutsche Strafrecht, 11. Aufl., Berlin 1969.

Wesch, Martin, Neue Arbeitskampfmittel am Beispiel von Betriebsbesetzungen und Betriebsblockaden, Berlin 1993.

Wessels, Johannes / Beulke, Werner, Strafrecht Allgemeiner Teil, 42. Aufl., Heidelberg/München/Landsberg/Frechen/Hamburg 2012.

Wessels, Johannes / Hettinger, Michael, Strafrecht Besonderer Teil 1, 35. Aufl., Heidelberg 2011.

Wessels, Johannes / Hillenkamp, Thomas, Strafrecht Besonderer Teil 2, 34. Aufl., Heidelberg 2011.

Westermann, Harm Peter / Grunewald, Barbara / Maier-Reimer, Georg, Erman Bürgerliches Gesetzbuch, Band 1, §§ 1–758, 13. Aufl., Köln 2011.

Wiese, Günther, Stellung und Aufgaben des Betriebsrats im Arbeitskampf, NZA 1984, Seite 378 ff.

ders., Das Initiativrecht nach dem Betriebsverfassungsgesetz, Neuwied, Darmstadt 1977.

Wiese, Günther / Kreutz, Peter / Oetker, Hartmut / Raab, Thomas / Weber, Christoph / Franzen, Martin, Gemeinschafskommentar zum Betriebsverfassungsgesetz, Band 1, §§ 1–73 b BetrVG, 8. Aufl., München/Neuwied 2005.

dies., Gemeinschafskommentar zum Betriebsverfassungsgesetz, Band 2, §§ 74–132 BetrVG, 8. Aufl., München/Neuwied 2005.

Witt, Carsten, Die betriebsverfassungsrechtliche Kooperationsmaxime und der Grundsatz von Treu und Glauben, Berlin 1987.

ders., Die Beteiligungsrechte des Betriebsrats und das Verbot des Rechtsmißbrauchs, BB 1989, Seite 2194 ff.

Wlotzke, Otfried / Preis, Ulrich / Kreft, Burghard, Betriebsverfassungsgesetz Kommentar, 4. Aufl., München 2009.

Wolter, Jürgen, Systematischer Kommentar zum Strafgesetzbuch, Band 1, §§ 1–45 b, 136. Lieferung, Oktober 2012.

dies., Systematischer Kommentar zum Strafgesetzbuch, Band 4, §§ 212–266b, 136. Lieferung, Oktober 2012.

Worzalla, Michael, Mitbestimmung des Betriebsrats in Eil- und Notfällen, Freiburg 1992.

Zechlin, Lothar, Streik, Strafrecht, Polizei, Köln 1986.

Zöllner, Wolfgang / Loritz, Karl-Georg/ Hergenröder, Curt Wolfgang, Arbeitsrecht, 6. Aufl., München 2008.

Zwiehoff, Gabriele, Betriebsratsbegünstigung als strafbare Untreue?; JurisPR-ArbR 2/2009 Anm. 6 (Hrsg. Düwell, Franz Josef / Bepler, Klaus).

www.ingramcontent.com/pod-product-compliance
Ingram Content Group UK Ltd.
Pitfield, Milton Keynes, MK11 3LW, UK
UKHW021909290926
8980IPUK00015B/1150

9 783631 655160